Franz Nuscheler
Internationale Migration.
Flucht und Asyl

Grundwissen Politik
Herausgegeben von Ulrich von Alemann,
Leo Kißler und Georg Simonis

Band 14

Franz Nuscheler

Internationale Migration.
Flucht und Asyl

Leske + Budrich, Opladen 1995

Der Autor:
Dr. Franz NUSCHELER, Professor für Vergleichende und Internationale Politik an der Universität-GH Duisburg; Direktor des Instituts für Entwicklung und Frieden (INEF).

ISBN 978-3-322-95747-4   ISBN 978-3-322-95746-7 (eBook)
DOI 10.1007/978-3-322-95746-7

© 1995 by Leske + Budrich, Opladen

Das Werk einschließlich aller seiner Teile ist urheberrechtlich geschützt. Jede Verwertung außerhalb der engen Grenzen des Urheberrechtsgesetzes ist ohne Zustimmung des Verlages unzulässig und strafbar. Das gilt insbesondere für Vervielfältigungen, Übersetzungen, Mikroverfolmungen und die Einspeicherung und Verarbeitung in elektronischen Systemen.

Satz: Leske + Budrich

Inhaltsverzeichnis

Verzeichnis der Tabellen und Abbildungen	9
Aufbau des Buches	11
Literatur und Dokumentation zum Thema	13
Abkürzungsverzeichnis	15

Teil I: Migration und Flucht   19

Einführung zu Teil I   21

1	Horrorszenarien der „neuen Völkerwanderungen"	23
2	Verwirrung von Begriffen und Zahlen	27
3	Ursachen von Migration und Flucht	32
3.1	Strukturelle Schubkräfte von Migration	34
3.2	Besondere Ursachen von Fluchtbewegungen	39
4	Historische Verortung von Flucht und Migration	44
4.1	Das „Jahrhundert der Flüchtlinge"	46
4.2	Europa als Auswanderungs- und Einwanderungskontinent	48
5	Weltweite Migrations- und Fluchträume	54
5.1	Brennpunkt Afrika	55
5.2	Die „neuen Heloten" am Golf	59
5.3	Konfliktregionen Südasien und Indochina	61
5.4	Die Wachstumsregion im Fernen Osten als Ziel- und Herkunftsregion von Arbeitsmigranten	63
5.5	Das „Mexiko-Syndrom"	66
5.6	Prognostische Szenarien	68
6	Grundlagen des internationalen Flüchtlingsrechts	71
6.1	Frauenspezifische Verfolgung	74
6.2	Regionale Flüchtlingskonventionen	76
6.3	Plädoyer für einen erweiterten Verfolgungs- und Flüchtlingsbegriff	77
6.4	Der Flüchtling: ein „völkerrechtliches Nichts"?	78
6.5	Das „neue Völkerrecht" und das alte Flüchtlingsrecht	79
7	Das Flüchtlingsproblem als Weltordnungsproblem	82
7.1	Die internationale Flüchtlingshilfe	83
7.1.1	Der Hohe Flüchtlingskommissar der Vereinten Nationen (UNHCR)	84
7.1.2	Kritik an der „kurativ-humanitären" Flüchtlingshilfe	86
7.2	Initiativen zur Verhinderung von Fluchtbewegungen	88
8	Friedens- und entwicklungspolitische Präventivkonzepte	92
8.1	Prävention durch einen „humanitären Interventionismus"?	94
8.1.1	Präzedenzwirkung der Resolution 688 des UN-Sicherheitsrates?	94
8.1.2	Plädoyer für einen „robusten Interventionismus" der UN- Blauhelme	96

8.2	Prävention durch einen internationalen Menschenrechts- und Minderheitenschutz	97
8.3	Prävention durch eine sozial- und umweltverträgliche Entwicklungspolitik	99
8.4	Bekämpfung der Flüchtlinge statt der Fluchtursachen	102

Teil II: Ausländer- und Asylpolitik in Deutschland   105

Einführung zu Teil II   107

1	Vom Auswanderungs- zum Einwanderungsland	109
2	Die neue Einwanderungssituation im vereinigten Deutschland	112
2.1	Ausländische Arbeitnehmer und „Inländer mit fremdem Paß"	113
2.2	Steigende Zahlen von Asylbewerbern	116
2.2.1	Woher kamen die „Asylantenfluten"?	117
2.2.2	Sinti und Roma: ein wanderndes Volk	120
2.2.3	Druck auf Art. 16 GG	121
2.3	Aussiedler: Deutsche mit fremdem Paß – Fremde mit „deutscher Volkszugehörigkeit"	122
2.3.1	Rechtliche Grundlage des Deutschtums der Aussiedler	124
2.3.2	Ausgrenzungen der Aussiedler	125
2.4	Übersiedler von Ost- nach Westdeutschland	126
2.5	Weitere Gruppen von Zuwanderern und Ausländern	126
2.6	Zusammenfassung: Statt Lösungskonzepten politische Dementis	127
3	Asylpolitische Positionen und Kontroversen	129
3.1	Der Verlust des asylpolitischen Konsens	129
3.2	Parteipolitische Konfliktlinien	130
3.2.1	Vom „Asylproblem" zum „Staatsnotstand"	132
3.2.2	Die Zwickmühle der Opposition	133
4	Das Grundrecht auf Asyl in Verfassung, Rechts- und Verwaltungspraxis	136
4.1	Das Grundrecht auf Asyl in den Beratungen des Parlamentarischen Rates	136
4.1.1	Das vorbehaltlose Asylrecht des GG	138
4.1.2	Das Privileg der Asylberechtigung	139
4.2	Einschränkung des Asylrechts auf dem Verfahrens- und Verwaltungsweg	139
4.3	Änderungen des Asylverfahrens	141
4.3.1	Beschleunigung des Verfahrens	141
4.3.2	Befugniserweiterungen von Grenz- und Ausländerbehörden	144
4.3.3	Zusammenfassung der Verfahrensänderungen seit 1978 bis zum Asylverfahrensgesetz von 1992	145
4.3.4	Beschränkung des Zugangs zum Geltungsbereich des Grundgesetzes	148
4.4	„Politische Verfolgung" in der Rechtsprechung	150
4.4.1	Eingrenzung der Nachfluchtgründe	154
4.4.2	Frauenspezifische Verfolgungsgründe in der Anerkennungspraxis	155

4.5	Abbau der Sonderrechte für „Ostblock-Flüchtlinge"	157
4.6	Weniger Geduld gegenüber geduldeten de facto-Flüchtlingen	158
4.7	Der neue Art. 16a GG und das Asylverfahrensgesetz von 1993	160
4.7.1	Kritik am Bonner „Asylkompromiß"	163
4.7.2	Ende eines asylrechtlichen Sonderweges?	165
4.8	Ansätze zu einer europäischen Harmonisierung der Asylpolitik	167
4.8.1	Asylpolitik und EU-Gemeinschaftsrecht	168
4.8.2	Tendenzen zur Abschottung der „Festung Europa"	172
5	Soziale Situation der Asylsuchenden in Deutschland	174
5.1	Zwangseinweisung in Sammellager	174
5.1.1	Kochverbot und Fremdversorgung	176
5.1.2	Eingeschränkte Bewegungsfreiheit	177
5.1.3	Vom Arbeitsverbot zum Arbeitszwang	177
5.1.4	Leben am Existenzminimum	178
5.1.5	„Entwurzelungsdepression" im deutschen Exil	179
5.1.6	Frauen und Kinder als Hauptleidtragende	180
5.2	Bilanz der „flankierenden Maßnahmen"	181
5.3	Asylsuchende: eine marginalisierte Randgruppe	182
5.4	Forderungen der „Flüchtlingslobby"	183
6	Ausländerpolitik und Ausländerrecht	184
6.1	Phasen der Ausländerpolitik	184
6.2	Das Ausländergesetz von 1990	186
6.3	Ungelöste Aufgaben der Ausländerpolitik	188

Teil III: Herausforderungen an Deutschland und Europa   191

Einführung zu Teil III   193

1	Ist das Boot voll?	195
1.1	Das „unerklärte Einwanderungsland" in Erklärungs- und Handlungsnöten	196
1.2	Besteht noch ein Bedarf nach Einwanderung?	197
1.3	Ist die „Grenze der Belastbarkeit" überschritten?	201
1.4	Kosten und Nutzen der Migration	203
1.5	Das Problem des „brain drain"	207
2	Die widerwillige Einwanderungs- und Integrationspolitik	209
2.1	Das blockierte kommunale Wahlrecht für Ausländer	211
2.2	Die doppelte Staatsbürgerschaft: Schlüssel zur Einbürgerung	213
2.3	Einwanderungsgesetz oder „Einwanderungsverhinderungsgesetz"?	216
3	Multikulturelle Gesellschaft und „offene Republik"	219
3.1	Nationalstaat, Menschenrechte und „offene Republik"	220
3.2	Multikulturelle Gesellschaft = kulturelle Pluralität	222
3.3	Kritik: Vom „linken Ringelpiez" bis zur „Entdeutschung"	223
4	Fremdenfeindlichkeit: Manifestation eines „neuen Rassismus"?	226
4.1	Erklärungsversuche von Fremdenfeindlichkeit	227
4.1.1	Erklärungsversuche zu Hoyerswerda	230

4.1.2	Schichtenspezifische und zielgruppenorientierte Fremdenfeindlichkeit	231
4.2	Die Massenmedien als Verstärker von Vorurteilen	233
4.3	Theorien des „neuen Rassismus"	235
4.4	Lichterketten: nur eine folgenlose „Betroffenheitsgala"?	238
5	Heimat und Fremdsein	240
5.1	Heimat – ein Menschenrecht	242
5.2	Das komplementäre Recht auf Freizügigkeit	243
5.3	„Heimat ist, wo sich jemand wohlfühlt"	244
5.4	Heimatverlust – „Herzasthma des Exils"	246
5.5	Heimatfindung jenseits der angestammten Heimat	248
6	Europäische Perspektiven: Defizite und Imperative	250
6.1	Der europäische Harmonisierungsbedarf	252
6.2	Bauelemente der „Festung Europa"	255
6.3	Europa zwischen „Wohlstandsfestung" und „offener Republik"	258
6.4	Europas Verantwortung in einer „neuen Weltordnung"	260
6.4.1	Entwicklungspolitische Handlungspotentiale der EU	263
6.4.2	Optionen für eine migrationshemmende Südpolitik von EU/EWR	264
6.4.3	Optionen für eine migrationshemmende Ostpolitik von EU/EWR	267
6.5	Plädoyer für ein internationales Migrationsregime	270

Verzeichnis der Tabellen und Abbildungen

Abbildung 1:	Anwachsen der Flüchtlingszahlen (in Tsd.)	27
Abbildung 2:	Interne und internationale Migration 1990 (in Mio.) nach verschiedenen Schätzungen (Quellen in Klammern)	29
Abbildung 3:	Stufen der Migration	34
Abbildung 4:	Prognosen zum Bevölkerungswachstum	36
Abbildung 5:	Das globale Wohlstandsgefälle	37
Abbildung 6:	Zusammenfassung der Fluchtursachen	42
Abbildung 7:	Fluchtbewegungen in Europa 1912-1939	47
Abbildung 8:	Die größten Aufnahmeländer für Flüchtlinge (relativ)	54
Abbildung 9:	Migration (Trends und Prognosen)	69
Abbildung 10:	Entwicklungsprojektion bis zum Jahre 2050	70
Abbildung 11:	Wanderungsbewegungen aus und nach Deutschland seit 1820 (Angaben in Tausend)	110
Abbildung 12:	Gesamtzahl der Asylbewerber 1988-92	116
Abbildung 13:	Asylbewerber 1992 in der EU lt. UNHCR-Kriterien	118
Abbildung 14:	Veränderung der Anteile der Herkunftsregionen von 1988-1992 (in %)	119
Abbildung 15:	Aussiedler in die Bundesrepublik (nach Herkunftsregionen)	123
Abbildung 16:	Ausländerbeschäftigung nach Branchen (Frühjahr 1992) (in % der jeweils Beschäftigten)	200
Abbildung 17:	Rahmenmodell zu den Bedingungsvariablen für Fremdenfeindlichkeit	229

Tabelle 1:	Binnenflüchtlinge in Afrika (Ende 1992)	28
Tabelle 2:	Asylsuchende in Europa 1980-93 (in Tsd.)	49
Tabelle 3:	Flüchtlinge aus dem ehemaligen Jugoslawien	51
Tabelle 4:	Flüchtlinge in Afrika (Ende 1992)	55
Tabelle 5:	Entwicklung der Ausländerbeschäftigung in Tsd. (I)	113
Tabelle 6:	Asylbewerber nach Hauptherkunftsländern (1985-1993)	119
Tabelle 7:	Anerkennungsquoten des Bundesamts für die Anerkennung ausländischer Flüchtlinge (in %)	121
Tabelle 8:	Aussiedler 1980-93	123
Tabelle 9:	Asylbewerber und Anerkennungsquoten 1953-1980	140
Tabelle 10:	Anerkennungsquoten im europäischen Vergleich	166
Tabelle 11:	Zusammensetzung der Wohnbevölkerung in den 12 EU-Mitgliedstaaten (in %)	250
Tabelle 12:	Ansässige Nicht-EU-Ausländer nach Nationalitäten in den 12 Mitgliedstaaten in Tsd.(1.1.1992)	251

Aufbau des Buches

Das Konzept des Buches beruht auf der Erfahrung, daß internationale Wanderungsbewegungen, die inzwischen häufig als „neue Völkerwanderungen" horrifiziert werden, erstens zu einem zentralen Problem der internationalen Politik, zweitens zu einem brisanten innenpolitischen Problem in den meisten Zielländern der Wanderungen (Arbeitsmigration oder Fluchtbewegungen) geworden sind.

Das erkenntnisleitende Interesse des Buches zielt darauf ab, die Interdependenz zwischen Vorgängen sowie die Widersprüche zwischen nationalstaatlicher Interessenpolitik und völker- und menschenrechtlichen Normen zu verdeutlichen. Das Buch kombiniert also Teildisziplinen der Politischen Wissenschaft (Internationale Politik und deutsche Innenpolitik) mit rechtswissenschaftlichen Teilgebieten (Völkerrecht, Menschenrechte, Ausländerrecht), der historischen Migrationsforschung, Arbeitsmarktforschung (Weltmarkt für Arbeit) und Interkulturellen Pädagogik. Es verdeutlicht damit, daß die Spezialisierung der Wissenschaft häufig der Komplexität und Interdependenz von innen- und außenpolitischen Problemlagen nicht gerecht wird. Am „Manifest der 60" (Migrationsforscher) zur deutschen Einwanderungspolitik wirkten Politikwissenschaftler, Soziologen, Historiker, Juristen, Ökonomen und Pädagogen mit.

Die Schwerpunkte von Teil I liegen erstens in begrifflichen Klärungen (weil mit unklaren Begriffen Politik und Angst gemacht wird), zweitens in der Analyse der Dimensionen und Ursachen der internationalen Wanderungsbewegungen, drittens in der Erarbeitung der Grundlagen des internationalen Flüchtlingsrechts, viertens in der Kritik an den Unzulänglichkeiten der bisher praktizierten internationalen Flüchtlingshilfe. Diese Kritik beruht auf der Erfahrung, daß das Migrations- und Fluchtproblem zu einem Weltordnungsproblem geworden ist, dem nur mit einer Weltordnungspolitik (Friedenspolitik und Weltsozialpolitik) wirksam begegnet werden könnte. Deshalb schließt Teil I mit einer Programmatik für eine präventive Friedens- und Entwicklungspolitik ab, die den Slogan „Nicht die Flüchtlinge, sondern die Fluchtursachen bekämpfen!" zu konkretisieren versucht.

Teil II verdeutlicht zunächst die Entwicklung der Bundesrepublik Deutschland vom Auswanderungs- zum Einwanderungsland. Die bloßen Fakten verlangen eine Auseinandersetzung mit dem litaneienhaft vorgetragenen Dementi „Wir sind kein Einwanderungsland": Die Bundesrepublik ist ein „unerklärtes Einwanderungsland". Schwerpunkte von Teil II bilden die Rekonstruktion der asylpolitischen Kontroversen und die Analyse der Involution des Grundrechts auf Asyl durch eine Serie von Asylverfahrensgesetzen, Gesetzesnovellen, Rechtsverordnungen und Gerichtsentscheidungen bis zur Ergänzung des Art. 16 GG und zur Harmonisierung der europäischen Asylpolitik durch die Abkommen von Schengen und Dublin.

Diese Analyse zeigt die Abschottung der „Festung Europa" und die Verschärfung der Aufenthaltsbedingungen für Asylsuchende, denen Art. 1 GG und Art. 16 GG nicht nur – beim Nachweis einer „begründeten Furcht vor Verfolgung" – den Anspruch auf Asyl, sondern auch den Anspruch auf menschenwürdige Behandlung versprachen. Art. 16a GG versperrt seit dem 1. Juli 1993 Asylsuchenden praktisch den Zugang zur Bundesrepublik. Das abschließende Kapitel untersucht das Zustandekommen und den Inhalt des umstrittenen Ausländergesetzes von 1990, das einerseits die Einbürgerung erleichterte, andererseits voller Mißtrauen gegenüber Ausländern steckt.

Teil III untersucht die Reaktionen der deutschen Gesellschaft und Politik auf den wachsenden Migrationsdruck aus dem Osten und Süden. Sie beschäftigt sich zunächst mit den umstrittenen Fragen, ob Deutschland schon zu viele Einwanderer hat oder aufgrund der demographischen Entwicklung sogar noch mehr braucht; ob die weitere Zuwanderung zur Sicherung des Wohlstandes notwendig ist oder den Sozialstaat gefährdet. Im Mittelpunkt von Teil III stehen die Rekonstruktion des ideologisch aufgeheizten Streites über die multikulturelle Gesellschaft, die manche als Zukunftsmodell romantisieren, manche verteufeln, sowie der Versuch, die wachsende Fremdenfeindlichkeit zu erklären, die Theoretiker des „neuen Rassismus" als Manifestation eines strukturell verankerten „alltäglichen Rassismus" deuten.

Weil alle Versuche, das Migrationsproblem angesichts offener Binnengrenzen innerhalb der EU durch nationalstaatliche Politiken zu bewältigen, scheitern müssen, behandelt dieser Teil ausführlich programmatische Optionen, die eine zum EWR erweiterte EU gegenüber Osteuropa und der Dritten Welt ergreifen müßte, um durch eine Entschärfung der Schubfaktoren von Migration in den Herkunftsregionen der Arbeitsmigranten und Flüchtlinge einer friedensgefährdenden Verschärfung der internationalen Beziehungen vorzubeugen.

Die normative Grundlage für die Kritik an der praktizierten Abschottung der „Wohlstandsfestung Europa" und für einwanderungs- und asylpolitische Optionen bildet – in Anlehnung an Dieter Oberndörfers Plädoyer für eine „offene Republik" – ein menschenrechtlich begründetes Bekenntnis zum Weltbürgertum, das allerdings den Abbau der „globalen Apartheid" höchst ungleicher Lebenschancen voraussetzt.

Literatur und Dokumentation zum Thema

Nur wenige Publikationen behandeln die Themenschwerpunkte der drei Teile dieses Buches. Die inzwischen umfangreiche Literatur zu den Themen Migration, Flucht, Asyl, Ausländer- und Integrationspolitik beschäftigen sich in der Regel entweder mit dem Weltflüchtlingsproblem (Teil I) oder mit dem Asylrecht und der Asylpolitik der Bundesrepublik Deutschland (Teil II). Mit der Perspektive der in den Maastrichter Verträgen konzipierten Politischen Union Westeuropas, die bei offenen Binnengrenzen auch die Einwanderungs- und Asylpolitik harmonisieren muß, rückte die Frage in den Vordergrund, wie sich dieses Europa nach außen versteht und organisiert (Teil III). Als Einführungs- und Begleitlektüre werden empfohlen:

Klaus J. BADE (Hrsg.) 1992: Ausländer, Aussiedler, Asyl in der Bundesrepublik Deutschland, Bonn (Bundeszentrale für politische Bildung).

Gottfried KÖFNER/Peter NICOLAUS 1986: Grundlagen des Asylrechts in der Bundesrepublik Deutschland, 2 Bände, Mainz/München (Matthias-Grünewald-Verlag/Chr. Kaiser-Verlag, 76,00 DM).

Klaus J. BADE (Hrsg.)1993: Das Manifest der 60: Deutschland und die Einwanderung, München (Verlag C. H. Beck, 14,80 DM).

STIFTUNG ENTWICKLUNG UND FRIEDEN 1993: Globale Trends 93/94. Daten zur Weltentwicklung, Frankfurt/M. (Verlag S. Fischer, 19,90 DM).

Das von der *Bundeszentrale für politische Bildung* kostenlos zu beziehende Sammelwerk von Klaus J. BADE enthält neben einer systematisierenden Einführung des Herausgebers (eines renommierten historischen Migrationsforschers) eine umfangreiche Dokumentation wichtiger Beiträge zu allen einschlägigen Themen aus Politik, Wissenschaft und Publizistik. Diese Einführung benutzte diese Dokumentation als leicht zugängliche Fundgrube verstreuter Texte. Das zweibändige Werk von KÖFNER/NICOLAUS wurde durch die Änderung des Art. 16 GG nur teilweise überholt. Der Titel ist irreführend, weil die beiden Bände neben dem deutschen Asylrecht auch – und sehr gründlich – die Migrationstheorien und das internationale Migrationsgeschehen, den Begriff des Flüchtlings im Völkerrecht und das asylrechtliche Schlüsselproblem der politischen Verfolgung behandeln, das auch bei einer Harmonisierung des Asylrechts auf europäischer Ebene das zentrale Rechtsproblem bleiben wird.

Das „Manifest der 60" ist das Ergebnis der Zusammenarbeit von 60 Migrationsforschern aus verschiedenen Disziplinen, die aus Sorge um die offensichtliche Konzeptionslosigkeit der Einwanderungspolitik in Deutschland und Europa Handlungsorientierungen in verschiedenen Politikfeldern vorlegten.

Das von der *Stiftung Entwicklung und Frieden* in Zusammenarbeit mit dem *Institut für Entwicklung und Frieden* an der Universität-Gesamthochschule-Duisburg besorgte Werk „Globale Trends 93/94" behandelt nicht nur in einem Kapitel das weltweite Migrationsproblem, sondern in weiteren datenreichen Kapiteln auch migrationsverursachende Strukturen und Entwicklungen.

Hinweise auf ergänzende Literatur und Dokumentationsstellen

„Graue Literatur", Dokumente von öffentlichen Institutionen oder Stellungnahmen und Erfahrungsberichte der vielen lokalen und regionalen Flüchtlingsräte, Menschenrechtsgruppen und NGO's (Nicht-Regierungsorganisationen), die sich mit Asylproblemen beschäftigen, sammelt die folgende (allerdings ziemlich überlastete) Dokumentationsstelle:

ZDWF (Zentrale Dokumentationsstelle der Freien Wohlfahrtspflege für Flüchtlinge e.V.), Hans-Böckler-Str. 3, 53225 Bonn.

Das Amt des Hohen Flüchtlingskommissars der Vereinten Nationen (UNHCR) in der Bundesrepublik informiert über das weltweite Flüchtlingsproblem und hat gute Plakate, Übersichtskarten etc. (Anschrift: Rheinallee 6, 53173 Bonn).

„Pro Asyl" (Postfach 10 18 43, 60018 Frankfurt/M.) profilierte sich als sachkundige und engagierte NGO in der asylpolitischen Diskussion.

Die folgenden Fachzeitschriften und Informationsschriften beschäftigen sich regelmäßig mit der Thematik des Buches:

- Flüchtlinge (hg. vom UNHCR)
- Zeitschrift für Ausländerrecht und Ausländerpolitik (ZAR)
- Informationsdienst zur Ausländerarbeit (IZA)
- International Migration

Das *Berliner Institut für vergleichende Sozialforschung (BIVS)* gibt laufend Bibliographien zum weltweiten Migrations- und Fluchtproblem heraus. Das BIVS fungiert als eine Schaltstelle in dem sich entwickelnden Verbund der europäischen Migrationsforschung. Eine bibliographische Fundgrube ist:

BIVS (Hrsg.) 1992: Deutschsprachige Literatur zu Flucht und Asyl. Eine Bibliographie, Berlin (Edition Parabolis).

Abkürzungsverzeichnis

AA	Auswärtiges Amt
AAG	Ausländeraufenthaltsgesetz
AI	Amnesty International
AIG	Ausländerintegrationsgesetz
APZ	Aus Politik und Zeitgeschichte
AsylVfG	Asylverfahrensgesetz
AuslG	Ausländergesetz
AZR	Ausländerzentralregister
BMI	Bundesministerium des Inneren
BMZ	Bundesministerium für wirtschaftliche Zusammenarbeit und Entwicklung
BSHG	Bundessozialhilfegesetz
BT-Drucks.	Bundestags-Drucksache
BVerfGE	Bundesverfassungsgericht
BVerwGE	Bundesverwaltungsgericht
BVFG	Bundesgesetz für Vertriebene und Flüchtlinge ("Bundesvertriebenengesetz")
CAHAR	Comité ad hoc sur les aspects juridiques de l'asile territorial et les refugiés
DAC	Development Assistance Committee (der OECD)
DGB	Deutscher Gewerkschaftsbund
DGVN	Deutsche Gesellschaft für die Vereinten Nationen
DIFF	Deutsches Institut für Fernstudien an der Universität Tübingen
DIHT	Deutscher Industrie- und Handelstag
DRK	Deutsches Rotes Kreuz
EBRD	European Bank for Reconstruction and Development
ECOSOC	Economic and Social Council (Wirtschafts- und Sozialrat der Vereinten Nationen)
ECRE	European Consultation on Refugees and Exiles
EEF	Europäischer Entwicklungsfonds
EKD	Evangelische Kirche in Deutschland
EP	Europäisches Parlament
EU	Europäische Union

EWR	Europäischer Wirtschaftsraum
FAZ	Frankfurter Allgemeine Zeitung
FES	Friedrich-Ebert-Stiftung
FR	Frankfurter Rundschau
G7	Gruppe der sieben führenden Industrieländer
GATT	General Agreement on Tariffs and Trade/Allgemeines Zoll- und Handelsabkommen
GFK	Genfer Flüchtlingskonvention von 1951
GG	Grundgesetz der Bundesrepublik Deutschland
GUS	Gemeinschaft der unabhängigen Staaten
HDR	Human Development Report (von UNDP)
ICARA II	Zweite Internationale Konferenz über Flüchtlingshilfe in Afrika
ICM	Intergovernmental Committee for European Migration
IDA	International Development Association
IGH	Internationaler Gerichtshof (Den Haag)
IKRK	Internationales Komitee vom Roten Kreuz
ILO	International Labour Organization
IMF/IWF	International Monetary Fund/Internationaler Währungsfonds
IMIS	Institut für Migrationsforschung und interkulturelle Studien (an der Universität Osnabrück)
IMK	Konferenz der deutschen Innenminister
INEF	Institut für Entwicklung und Frieden
IOM	International Organization for Migration
IRK	Internationales Rotes Kreuz
IRO	International Refugee Organization
IW	Institut der deutschen Wirtschaft (Köln)
IZA	Informationsdienst zur Ausländerarbeit
KSZE	Konferenz für Sicherheit und Zusammenarbeit in Europa
MRK	Europäische Menschenrechtskonvention
NGO/NRO	Non-Governmental Organization/Nichtregierungsorganisation
OAS	Organization of American States
OAU	Organization of African Unity
OBS	Otto-Benecke-Stiftung
OECD	Organization for Economic Cooperation and Development
OFPRA	Amt für den Schutz von Flüchtlingen und staatenlosen Personen (Frankreich)
OVG	Oberverwaltungsgericht
PLO	Palestine Liberation Organization

RGW	Rat für gegenseitige Wirtschaftshilfe
RuStaG	Reichs- und Staatsangehörigkeitsgesetz (von 1913)
RWI	Rheinisch-Westfälisches Institut für Wirtschaftsforschung (Essen)
SEF	Stiftung Entwicklung und Frieden
SOPEMI	Système d'Observation Permanente des Migrations
SZ	Süddeutsche Zeitung
TAZ	Die Tageszeitung
THW	Technisches Hilfswerk
TREVI	Arbeitsgruppe der Justiz- und Innenminister der EU-Staaten über Terrorismus (T), Radikalismus (R), Extremismus (E), Violence International (VI)
UN	United Nations
UNBRO	UN Border Relief Organization
UNCED	UN Conference for Environment and Development
UNDHA	UN Department of Humanitarian Affairs
UNDP	United Nations Development Programme
UNEP	United Nations Environment Programme
UNESCO	UN Education, Science and Culture Organization
UNFPA	UN Fund for Population Activities
UNHCHR	United Nations High Commissioner for Human Rights
UNHCR	United Nations High Commissioner for Refugees
UNICEF	United Nations Children Fund
UNRWA	UN Relief and Works Agency for Palestinian Refugees in the Near East
UNSC	UN Security Council (UN-Sicherheitsrat)
USCR	U.S. Committee for Refugees
WEB	Weltentwicklungsbericht (der Weltbank)
WHO	World Health Organization (Weltgesundheitsorganisation)
ZASt	Zentrale Ausländerstelle (des Zirndorfer Bundesamtes)
ZDWF	Zentrale Dokumentationsstelle der Freien Wohlfahrtspflege für Flüchtlinge

Teil I:
Migration und Flucht

Einführung zu Teil I

Um 20 Millionen Menschen sollen Anfang der 90er Jahre auf der Flucht gewesen sein. So schätzt der UN-Hochkommissar für Flüchtlinge (UNHCR), nachdem die Kriege in Bosnien-Herzegowina, Kaukasien und Zentralasien sowie in einigen afrikanischen Staaten die nach der Beendigung einiger Regionalkriege (in Indochina, Afghanistan, Äthiopien und Zentralamerika) abnehmende Zahl der Flüchtlinge wieder anschwellen ließen. Aber er zählt nur solche Personen als Flüchtlinge, die die Kriterien der Genfer Flüchtlingskonvention von 1951 erfüllen und eine „begründete Furcht vor Verfolgung" nachweisen können. Zu ihnen gehören beispielsweise nicht die vier Millionen „Binnenflüchtlinge" im Sudan, die im eigenen Land herumirren, die rund 10 Millionen „Illegalen" aus Südamerika und der Karibik, die sich als „Wirtschaftsflüchtlinge" in den USA aufhalten, oder gar die halbe Milliarde von „Umweltflüchtlingen", die von manchen Gazetten zu Horrorszenarien von „neuen Völkerwanderungen" aufgebauscht werden. Fluchtzahlen sind immer geschätzte Zahlen, die ab einer bestimmten Größenordnung unsere Vorstellungskraft überfordern.

Teil I muß zunächst Begriffe klären und Unterscheidungen treffen (z. B. zwischen freiwilligen Arbeitsmigranten und unfreiwilligen Flüchtlingen, zwischen Schub- und Sogfaktoren bei Migrationsvorgängen); sie muß sich mit dem ausgrenzenden Flüchtlingsbegriff auseinandersetzen, den das deutsche Asylverfahrensrecht aus dem Völkerrecht übernommen hat. Der Hauptteil beschäftigt sich aber mit den mindestens 200, möglicherweise sogar 250 Millionen Menschen, die in diesem „Jahrhundert der Flüchtlinge" schon auf der Flucht waren: zunächst am Rande Europas (Balkan, Türkei), während und im Gefolge des Zweiten Weltkrieges in Mittel- und Osteuropa, aber auch im Fernen Osten, dann vorwiegend in der aus Trümmern der Kolonialreiche entstandenen Dritten Welt. Nach dem Ende des Kalten Krieges und dem Abbruch des Eisernen Vorhangs, an dessen Stelle eine Wohlstandsmauer zwischen Osten und Westen stehen blieb, fühlt sich Europa von Migranten aus allen Himmelsrichtungen bedroht. Die befürchteten „neuen Völkerwanderungen" schaukeln sich zu neuen Bedrohungsängsten und Feindbildern auf, vor allem dann, wenn die Migranten aus dem arabisch-islamischen Raum kommen.

Fluchtbewegungen sind keine schicksalhaften Unglücksfälle, sondern Folgen der personalen und strukturellen Gewalt in der Weltgesellschaft. Flüchtlinge sind Opfer des Terrors von linken und rechten Diktaturen, von inner- und zwischenstaatlichen Kriegen; sie sind Treib- und Strandgut der internationalen Politik. Aber das „Weltflüchtlingsproblem" im engeren Sinne (d. h. nach den Kriterien und Zahlen des UNHCR) ist beherrschbar. 90% dieser Flüchtlinge werden in den

Herkunftsregionen gehalten und in Flüchtlingslagern durch internationale Hilfe versorgt. Das weit größere Problem bildet die wachsende Zahl von „illegalen" Migranten, die auf der Suche nach Arbeit in den Grenzregionen oder im Dschungel der Großstädte untertauchen.

Und was tut die internationale Gemeinschaft, die ziemlich einvernehmlich internationale Menschenrechtserklärungen verkündet hat, gegen diese massenhafte Verletzung der Menschenrechte? Sie verabschiedete im UN-Forum wirkungslose Resolutionen und bezahlt den UNHCR, der sich mit einem „unpolitischen" Mandat um die Flüchtlinge kümmern soll. Er kann aber nur nachträglich Nothilfe leisten, nicht vorbeugen; er kann ebensowenig wie das Völkerrecht das Verhalten von Staaten oder Regimen, die Flüchtlingsströme produzieren, verändern. Notwendig wäre aber eine dem Weltordnungsproblem der internationalen Flüchtlingsströme angemessene Weltordnungspolitik. Stattdessen zeichnet sich bereits ab, daß viele Staaten auf das Mittel der militärischen Abschreckung setzen.

1 Horrorszenarien der „neuen Völkerwanderungen"

Nach dem Ende des Kalten Krieges und der Verflüchtigung des alten Feindbildes „Osten" tauchten schnell neue Feindbilder auf. Zu ihrer diffusen Gemengelage gehören neben Ängsten vor ökologischen Gefährdungen, vor einer Drogen- und Kriminalitätswelle und vor einem „Zusammenprall der Zivilisationen" vor allem Befürchtungen vor „neuen Völkerwanderungen" aus allen Himmelsrichtungen.

Ängste vor „neuen Völkerwanderungen"

Wenn von einem neuen „Feindbild Dritte Welt" oder von „neuen Bedrohungen" aus dem Osten die Rede ist, dann verkörpert sich das Bedrohliche bzw. das als bedrohlich Empfundene vor allem in diesem wachsenden Migrationsdruck. Den Migranten, aus welchen Gründen sie auch immer unterwegs sind, schlägt das Mißtrauen entgegen, Transporteure von Drogen, Kriminalität, Krankheiten (AIDS), Fundamentalismus und Terrorismus zu sein, die allesamt den inneren Frieden der unfreiwilligen Gastgesellschaften bedrohen und Teilhabe an ihrem Wohlstand fordern. Beispielhaft für diese Feindbildkonstruktion sind die folgenden Äußerungen des „Entwicklungsministers" Carl Dieter SPRANGER, der auch alle Asylbewerber einem AIDS-Zwangstest unterwerfen wollte:

„Und damit importieren wir auch internationale, organisierte Kriminalität, Mißbrauch von Sozialleistungen, illegale Beschäftigung, zunehmende Gewalttätigkeit, Verschärfung der Wohnungsnot und der Arbeitslosigkeit nach Deutschland." (Interview in *Neue Osnabrücker Zeitung* vom 21.2.1994)

Solche Feindbilder wachsen nicht naturwüchsig, sondern werden auf vielfache Weise erzeugt und verstärkt. Massenmedien und manche Politiker beschwören tagtäglich durch suggestive Bilder und Vereinfachungen „neue Bedrohungen" herauf und verstärken latente Ängste in der Bevölkerung. Buchtitel und Schlagzeilen überbieten sich gegenseitig in verkaufsfördernden, aber angstmachenden Übertreibungen: „Die Invasion der Armen" (Jan WERNER), „Aufbruch der Massen nach Europa" (W. NICHOLSON), „Ansturm der Armen" (DER SPIEGEL vom 9.9.1991), „Die neue Völkerwanderung: 500 Millionen unterwegs" (GEO vom Dez. 1991), „Die neuen Völkerwanderungen" (TAZ in einer Sonderausgabe vom 8.6.1991) oder „Sturm auf Europa – Asylanten und Armutsflüchtlinge. Droht eine neue Völkerwanderung?" (Manfred RITTER). Dieser frühere bayerische Staatsantwalt, der ähnliche Gedanken in der *Bayerischen Staatszeitung* verbreiten durfte, verglich die drohenden „neuen Völkerwanderungen" gar mit alles verzehrenden Heuschreckenschwärmen.

Konstruktion von Feindbildern

Malthusianische Katastrophenszenarien

Solche Bilder und Vergleiche, von BILD ins Bild gesetzt, erzeugen Angst; sie gehören – wie die Panikmache vor der „Bevölkerungsbombe" – zu malthusianischen Katastrophenszenarien. Albert MÜHLUM (1993, 7) stellte ahnungsvoll fest, als hätten andere das Problem noch nicht erkannt:

„... der enorme Wanderungsdruck in den Armutszonen (wird) von den Industriestaaten in der Regel unterschätzt oder verharmlost. Tatsächlich aber hat eine globale Völkerwanderung – vom Norden fast unbemerkt – schon begonnen. Sie wird sich noch dramatisch verstärken ..."

Für den ehemaligen SPD-Vorsitzenden ENGHOLM stellten die „ständig steigenden Ströme von Zuwanderern" die „Existenzfrage für die Bundesrepublik und den ganzen Kontinent" (vgl. DIE WELT vom 3.8.1991), und das *Allgemeine Deutsche Sonntagsblatt* (vom 17.5.1991) malte – in suggestiver Frageform – die drohende Verslumung Deutschlands folgendermaßen aus:

„Wird aus Berlin ein deutsches Kalkutta, die erste unregierbare Stadt in Zentraleuropa? Aus Hamburg Bombay – mit einem schwarzen Bürgermeister? Aus Leipzig die erste neue Rauschgift-Drehscheibe?"

Realitätsverzerrende Berichterstattung

GEO überschrieb seine (journalistisch brillant aufgebaute) Kollektion von Reportagen und eindrucksvollen Farbbildern über die Dramatik des Fluchtgeschehens in aller Welt mit dem Titel „Ausbruch ins gelobte Land". Welches andere Land sollten deutsche LeserInnen hinter diesem „gelobten Land" vermuten? Das ganzseitige Foto, das den Titel untermalte, zeigte – wohl in Anspielung auf Spielszenen im Film „Der Marsch" – eine afrikanische Menschenkolonne in einer Steinwüste auf dem Marsch in dieses „gelobte Land". Man muß auch das Kleingedruckte lesen und die Weltkarte der Flüchtlingsströme genau studieren, um entdecken zu können, daß bisher nur rund 5% der weltweit registrierten Flüchtlinge (nach UNHCR-Kriterien) Europa erreicht haben. Realistischer sind die Bilder aus Flüchtlingslagern im Sudan, in Pakistan oder Kroatien: Dort spielt sich das „Weltflüchtlingsproblem" ab, von dem die laut klagenden Wohlstandsinseln nur marginal berührt werden.

„Neue Völkerwanderungen" als Schlagwort

Viele Autoren gebrauchen leichtfertig das einprägsame Schlagwort von den „neuen Völkerwanderungen", das Assoziationen mit den Bevölkerungsverschiebungen weckt, die zwischen dem 3. und 7. Jahrhundert stattfanden und eine gewalttätige Geschichte von „einander schiebenden und drängenden Völkern" darstellten (nach KULISCHER 1932, 27). Bei diesen historischen Völkerwanderungen handelte es sich jedoch um Wanderungen von ganzen Völkern auf der Suche nach neuen Lebensgrundlagen, die andere Völker überlagerten oder verdrängten. Heute findet ein solcher kollektiver Exodus allenfalls in Kriegssituationen statt – wie in Kambodscha, Afghanistan, in Eritrea, im Südsudan oder in Bosnien –, aber auch dann nicht auf Dauer, sondern mit der Hoffnung auf Rückkehr. Heute wandern Einzelpersonen oder allenfalls, unterstützt durch Migrationsnetzwerke, Familien und Sippen. Der Begriff der „neuen Völkerwanderungen" ist nur dann akzeptabel, wenn er die Größenordnung des internationalen Migrationsgeschehens zum Ausdruck bringen soll. Aber auch dann ist er dazu angetan, Mißverständnisse und Angst zu erzeugen.

Angesichts der gelegentlich hysterischen Angstmache vor „neuen Völkerwanderungen" bemerkte der Historiker und Migrationsforscher Klaus BADE: „Als bedrohliche Ausnahmesituation erlebt die Gegenwart nur, wer die Geschichte nicht kennt." Ein anderer Autor (SANTEL 1993, 61) stellte noch dezidierter fest:

Geschichtslose Hysterie

„In weiten Teilen der Öffentlichkeit herrscht angesichts der aktuellen innereuropäischen und auf Europa gerichteten Wanderungsbewegung der Eindruck vor, es handele sich hier um exzeptionelle Prozesse ohne historische Parallelen ... Diese Ansicht ist unhistorisch und daher falsch."

Horrorszenarien erzeugen Angst, und Angst ist keine gute Ratgeberin für ein rationales politisches Handeln. Deshalb hätte eine verantwortungsbewußte Politik und hat die politische Bildung zunächst einmal die Aufgabe, der Proliferation von Horrorszenarien mit nüchternen Informationen und Analysen zu begegnen. Diese Aufgabe beginnt schon beim Umgang mit Begriffen und Zahlen.

Diese Kritik am Schwelgen in Bedrohungs- und Horrorszenarien soll und darf jedoch das internationale Migrationsproblem nicht verniedlichen. Es ist zu einem Weltordnungsproblem ersten Ranges geworden, besonders nach der weltpolitischen Zäsur von 1989/90, die nicht nur Grenzen öffnete, sondern auch soziale und politische Verwerfungen und Turbulenzen auslöste, die das Bedrohungsszenario des Kalten Krieges durch neue Bedrohungsvorstellungen ersetzte. Zur Symbolik der neuen Situation: In den Kasernen der Siegermächte des Zweiten Weltkriegs, die sich aus dem vereinigten Deutschland zurückzogen, wurden Aussiedler aus der zusammengebrochenen Sowjetunion und Asylsuchende aus Osteuropa und der Dritten Welt untergebracht.

Neue Bedrohungsszenarien

Im politischen und wissenschaftlichen Diskurs wird die internationale Migration als „Herausforderung einer neuen Ära" (vgl. MEISSNER u. a. 1993) oder gar als neues Sicherheitsrisiko für Europa und den Westen wahrgenommen (vgl. WEU 1993; RUF 1993). Internationale Migration verunsichert die westlichen Gesellschaften nach dem Ende des Ost-West-Konflikts mehr als militärische Bedrohungspotentiale im Osten und Süden; deshalb wurde sie in den Problemkatalog der „erweiterten Sicherheit" einbezogen und zu einem Problemfeld, mit dem sich auch Verteidigungsministerien, militärische Führungsakademien, NATO-Gremien und sicherheitspolitische Denkfabriken (wie die *Stiftung Wissenschaft und Politik* in Ebenhausen oder die DGAP = *Deutsche Gesellschaft für Auswärtige Politik*) beschäftigen.

Was in der Weltgesellschaft geschieht, hat der *Human Development Report* 1993 von UNDP mit einem zutreffenden Bild umschrieben: Die globale Armut geht auf Reisen, ohne Paß und nicht auf Wegen, die Staaten für das „reguläre" Reisen vorschreiben. Paul KENNEDY (1993, 67) sieht in der „demographischen Explosion" und in den von ihr ausgelösten und angeschobenen Migrationsprozessen das größte und gefährlichste Problem der Weltpolitik im kommenden 21. Jahrhundert, in der ungleichen Verteilung der begrenzten Ressourcen die eigentliche Ursache der weltweiten Wanderungen:

Die globale Armut geht auf Reisen

„Wenn (dagegen) die Entwicklungswelt in ihrer Armutsfalle gefangen bleibt, werden die weiterentwickelten Länder unter die Belagerung von vielen Millionen Auswanderern und

Flüchtlingen geraten, die alles daransetzen werden, unter den wohlhabenden, aber alternden Bevölkerungen der Demokratien zu leben. So oder so werden die Resultate dieses Prozesses wahrscheinlich ungemütlich für das wohlhabende Sechstel der Erdbevölkerung, das im Moment unverhältnismäßige fünf Sechstel des Reichtums der Erde genießt."

Migration als interdisziplinäres Problem

Die Migrationsforschung wird deshalb auch zu einer neuen Dimension der Friedens- und Entwicklungsforschung. Die Reaktionen auf den Migrationsdruck in den Zielländern, also die wachsende Fremdenfeindlichkeit und das Wiederaufblühen von Nationalismus und Rassismus, stellen nicht nur der Vorurteils-, Feindbild- und Aggressionsforschung, sondern auch der politischen Bildung neue Aufgaben. Die Politische Wissenschaft muß sich erst noch auf ein neues, aber schon brisantes Problem der Innen- und Weltpolitik einstellen.

Die Vielschichtigkeit des Problems verlangt eine interdisziplinäre Zusammenarbeit der Wissenschaftsdisziplinen, die sich mit Teilaspekten des Migrationsproblems beschäftigen: der Politischen Wissenschaft, Soziologie und Sozialpsychologie, der Demographie und Wirtschaftswissenschaft, der Verhaltensforschung und interkulturellen Pädagogik, dem Staats- und Völkerrecht, den Entwicklungs- und Regionalwissenschaften, der Geschichtswissenschaft und den Kulturwissenschaften. Die Wissenschaftsorganisation stellt sich erst langsam durch die Gründung von Fachinstituten und die Einrichtung von Forschungsschwerpunkten auf ein Problem ein, das es in der Geschichte immer gab, aber nun erst eine wirklich globale Dimension erhält und zu einem Weltordnungsproblem wurde. Die fiktive Schlußszene des Filmes „Der Marsch" und die realen Szenen im Hafen von Brindisi deuteten seine potentielle Brisanz an.

2 Verwirrung von Begriffen und Zahlen

Der Begriff der Migration umfaßt alle Wanderungsbewegungen: die interne Landflucht, grenzüberschreitende Wanderungen aus verschiedenen Motiven, die freiwillige Auswanderung oder Vertreibung durch Kriege oder Diktatoren, die durch Arbeitsverträge regulierte Arbeitsmigration und die „wilde" oder illegale Suche nach Arbeit jenseits der Grenzen des eigenen Staates. Die Schlagzeile von GEO (Dezember 1991) „Die neue Völkerwanderung: 500 Millionen unterwegs" konnte nur entstehen, weil auch die innerstaatlichen Wanderungen vom Land in die Städte mitgezählt wurden.

Schub- und Sogfaktoren von Wanderungsbewegungen sind häufig so eng miteinander verflochten, daß begriffliche Abgrenzungen schwierig oder gar willkürlich sind. Objektive Tatbestände (wie Kriege oder der Terror von Diktaturen) vermengen sich mit subjektiven Wahrnehmungen (wie der Furcht vor Verfolgung oder die Einschätzung der eigenen Lebensperspektiven). Der Grad der eigenen Leidensfähigkeit, der den Entschluß zur Migration mitbestimmt, ist auch bei ähnlichen Lebensbedingungen unterschiedlich hoch.

Begriff der Migration

Abbildung 1: Anwachsen der Flüchtlingszahlen (in Tsd.)

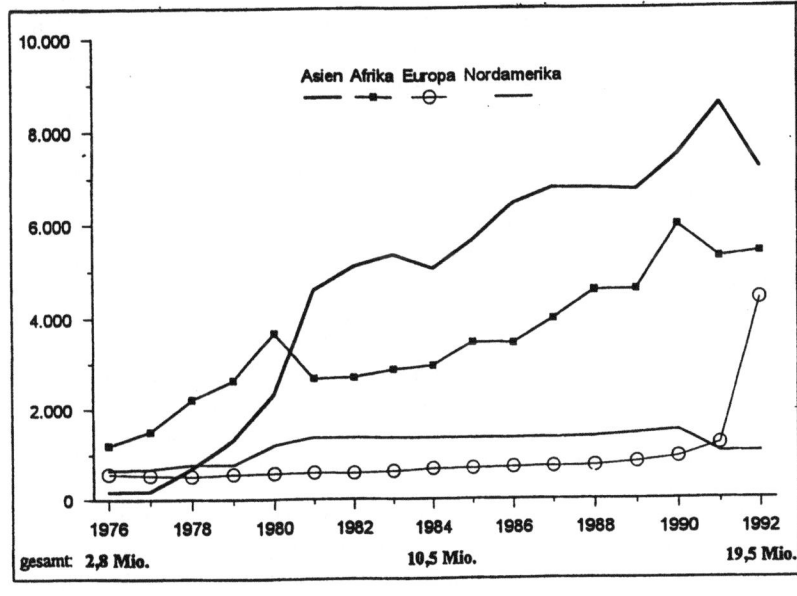

Begriff des Flüchtlings

Wir reden vom „Weltflüchtlingsproblem" und meinen damit häufig andere Menschen als der UN-Hochkommissar für Flüchtlinge (UNHCR), der auf der Grundlage der Genfer Flüchtlingskonvention von 1951 (s. u.) nur solche Personen als Flüchtlinge anerkennt und in seinen Statistiken zählt, die sich aus „wohl begründeter Furcht vor Verfolgung" im Ausland aufhalten. Deshalb erfaßt die von ihm für 1992 ausgewiesene Zahl von rund 20 Millionen Flüchtlingen nicht die mindestens ebenso große Zahl von „Binnenflüchtlingen" (*displaced persons*), die sich zwar existentiell in einer flüchtlingsähnlichen Situation befinden, aber juristisch nicht als Flüchtlinge mit dem Anspruch auf internationale Hilfe anerkannt werden, weil sie die Staatsgrenzen nicht überschritten haben. In Afrika war Ende 1993 die grob geschätzte Zahl dieser Vertriebenen im eigenen Land weit größer als die 5,5 Millionen vom UNHCR registrierten Flüchtlinge. Diese Zahlen haben sich 1994 zum Schlechteren verändert.

Tabelle 1: Binnenflüchtlinge in Afrika (Ende 1992)

Länder	Zahl	Länder	Zahl
Angola	900.000	Sierra Leone	200.000
Äthiopien	600.000	Somalia	2.000.000
Liberia	600.000	Südafrika	4.100.000
Mozambique	3.500.000	Sudan	5.000.000
Rwanda[a]	350.000	Uganda	100.000

[a] Mitte 1994: um 4 Millionen
Quelle: World Refugee Survey 1993, 52.

Politische Willkür von Definitionen

Teilweise bestimmt blanke Willkür oder der Zufall, wer – völlig unabhängig von Wanderungsmotiven oder Lebenssituationen – als Flüchtling anerkannt wird. So galten die 350.000 Khmer-Flüchtlinge aus Kambodscha in den grenznahen Flüchtlingslagern in Thailand nur als „illegale Einwanderer", weil sie die Thai-Regierung dem Rechtsschutz des UNHCR entziehen wollte, die 25.000 Insassen des vom UNHCR betreuten Lagers Kao I Dang dagegen als Flüchtlinge, obwohl sich das Motiv ihrer Flucht in keiner Weise von dem der anderen Khmer-Flüchtlinge unterschied.

Fragwürdige Zahlen des BMI

Auch in Deutschland liegen die vom UNHCR und vom Bundesinnenministerium für „Flüchtlinge" genannten Zahlen weit auseinander. Nur Spezialisten können das versteckte Zahlenspiel durchschauen: Das Bundesinnenministerium rechnet, um seine These des Überschreitens der Belastungsgrenze zu belegen, viele Gruppen zu den „Flüchtlingen", die entweder schon längst integriert sind oder das Land schon während des Asylverfahrens verlassen haben, während der UNHCR nur die anerkannten Asylbewerber und allenfalls noch die „de facto-Flüchtlinge" mit einer begrenzten Aufenthaltsduldung in seine Statistik einbezieht, weil die *Genfer Flüchtlingskonvention* ihre Abschiebung verbietet oder weil sie – wie Flüchtlinge aus Kriegsgebieten – aus humanitären Gründen geduldet werden. Etwa die Hälfte der in der Bundesrepublik lebenden „Flüchtlinge" gehört zu dieser Gruppe.

Die anschaulichen „Weltflüchtlingskarten" des UNHCR verniedlichen nicht nur die tatsächlichen Dimensionen des „Weltflüchtlingsproblems", weil sie die „Binnenflüchtlinge" nicht erfassen, sondern liefern auch nur einen Ausschnitt aus dem internationalen Migrationsgeschehen. Vier- oder gar fünfmal größer als die Zahl der grenzüberschreitenden Flüchtlinge nach UNHCR-Kriterien ist die Zahl der Migranten, die auf der Suche nach Arbeit oder Überlebenschancen innerhalb und zwischen Regionen und Kontinenten unterwegs sind, wobei wiederum die Grenzen zwischen Freiwilligkeit und Zwang fließen (siehe Abb. 2).

Aus menschenrechtlicher Sicht stellt auch Hunger eine Art von Zwang und Verfolgung dar. Aus der existentiellen Lebenslage der Betroffenen besteht zwischen der „begründeten Furcht vor Verfolgung" und der konkreten Angst um das nackte Überleben kein, aus juristischer Sicht jedoch ein substantieller Unterschied, der es Gerichten oder Verwaltungsbeamten ermöglicht, zwischen „echten" Flüchtlingen und „Scheinasylanten" zu unterscheiden.

Abbildung 2: Interne und internationale Migration 1990 (in Mio.) nach verschiedenen Schätzungen (Quellen in Klammern)

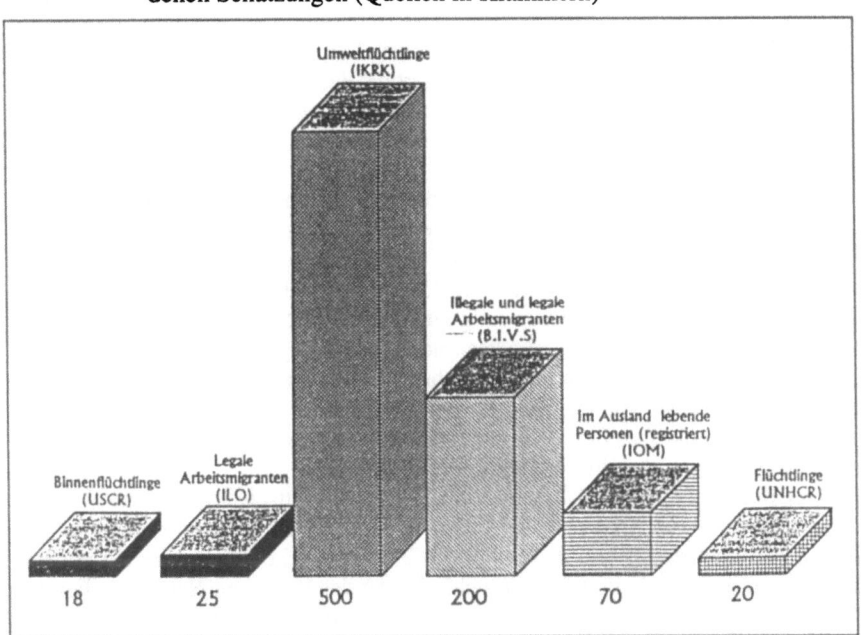

Quelle: Globale Trends 93/94, 122

Nach Angaben der *Internationalen Organisation für Migration* (IOM in Genf) halten sich rund 70 Millionen Menschen im Ausland auf, davon nur rund 25 Millionen als „legale" Arbeitsmigranten (‚Gastarbeiter') mit Arbeitserlaubnissen. Andere Schätzungen, z. B. einer Weltbank-Studie (RUSSELL/TEITELBAUM 1992), reichen bis zu 100 Millionen internationalen Migranten (die also die internen „Landflüchtlinge" nicht einschließen). Das BIVS (*Berliner Institut für vergleichende Sozialforschung*) wagte mit 200 Millionen die höchste Schätzung. Es gibt nur ungesicherte Schätzungen, weil selbst gut organisierte Staatswesen nicht genau wissen, wieviele Ausländer sich innerhalb ihrer Grenzen aufhalten, wenn

Schätzungen über Zahlen von Migranten

sie Grund haben, in der Illegalität unterzutauchen. Der *Weltbevölkerungsbericht 1993* (S.i.) stellte fest:

„Die Auswirkungen der grenzüberschreitenden Migration sind weitaus größer als es bloße Zahlenangaben vermuten lassen: Die Zahlen sind wesentlich höher als die Angaben, die den Veröffentlichungen entnommen werden können. Die Migranten sind oft in dem Lebensalter ihrer höchsten Fertilität. Sie leben oft in wenigen Gebieten konzentriert, wodurch sie besonders auffallen und kulturelle Unterschiede verstärkt wahrgenommen werden."

„Irreguläre" Migranten

Die Dunkelziffer ist vor allem bei den illegalen bzw. – nach der Sprachregelung der Vereinten Nationen – „irregulären" Arbeitsmigranten groß, die irgendwo in den Grenzregionen oder im Dschungel der Großstädte untertauchen und in der Illegalität vielen Formen der Unsicherheit und Ausbeutung ausgeliefert sind. Ihre Zahl wird allein in den USA auf rund 10 Millionen geschätzt. Auch die Erfahrung in Europa zeigt, daß bei wachsendem Migrationsdruck die Verengung der legalen Zugangstore und die Verschärfung der Asylbedingungen die irreguläre Zuwanderung vergrößern. Die schlagartige Verringerung der Zahl der Asylsuchenden seit dem Juli 1993, also nach dem Inkrafttreten des verfassungsändernden „Asylkompromisses", war von einem ebenso schlagartigen Ansteigen der irregulären Zuwanderer begleitet.

Das Geschäft mit der Illegalität

Erst die Illegalität macht das „Schlepperwesen" zum einträglichen Geschäft und bringt international operierende Schieberbanden ins Geschäft, die Menschen über Kontinente hinweg schleusen. Während die Schlepper nur kassieren und kaum ein Risiko eingehen, laufen die Geschleppten nicht nur Gefahr, an den Grenzen oder in den Ziellländern aufgegriffen zu werden, sondern viel Geld zu verlieren und sich langfristig zu verschulden. Die „irreguläre" Migration ist zum Millionengeschäft und zur millionenfachen Tragödie geworden. Teilweise nutzt auch sie über Jahrzehnte aufgebaute oder schon aus der kolonialen Arbeitsmarktpolitik stammende familiäre Migrationsnetzwerke. Auch sie gehören zum Erbe der Europäisierung der Welt.

Problematik des Begriffs der „illegalen Migration"

Der Begriff der „illegalen Migration" ist problematisch, weil er den Wanderungsvorgang in die Nähe einer kriminellen Tat rückt. Er bedeutet aber lediglich, daß der Grenzübertritt und Aufenthalt im Zielland nicht nach vorgeschriebenen Regeln erfolgte. Deshalb ist die Sprachregelung der Vereinten Nationen, die von „irregulärer" Migration sprechen, zutreffender und weniger kriminalisierend. Wolfgang HERBERT (1993) hat am japanischen Beispiel gezeigt, wie problematisch der Begriff der Illegalität ist, wenn sie lediglich durch das Überschreiten bestimmter Fristen oder Verletzungen der Visaregeln entsteht.

Zielregionen der Migranten

Während die Flüchtlinge vor politischer Verfolgung und der Gewalt von Kriegen größtenteils in den Herkunftsregionen bleiben, sind die Zielregionen der Arbeitsmigranten die westlichen Industrieländer, aber auch die Golfstaaten, die Wachstumsregion in Ost- und Südostasien, sowie überall auf der Welt Enklaven mit anlockenden Arbeits- und Verdienstmöglichkeiten. Entgegen der üblichen Annahme eines „Ansturms der Armen" auf die Wohlstandsinseln im Norden findet auch der Großteil der legalen und irregulären Arbeitsmigration innerhalb des Südens statt. Allein in Afrika sind rund 35 Millionen grenzüberschreitende Migranten unterwegs (vgl. Kap. 5.1).

Zu diesem legalen und irregulären Weltmarkt für Arbeit gehört auch der von internationalen Gangsterkartellen organisierte Frauenhandel und Prostitutionsmarkt. Auch hier geht es weltweit um Hunderttausende oder gar Millionen von Menschen, die – wie Sklavinnen des 20. Jahrhunderts – wie Waren behandelt und gehandelt werden. Seit den politischen Veränderungen und sozialen Verelendungsprozessen in den ehemaligen RGW-Staaten wurde Osteuropa zu einer neuen Nachschubquelle des Frauenhandels, der die Illegalität systematisch als Erpressungsinstrument nutzt. Es ist bemerkenswert, wie nachlässig Politiker und Strafverfolgungsbehörden in Europa, Nordamerika oder in Japan den internationalen Frauenhandel behandeln.

Der internationale Frauenhandel und Prostitutionsmarkt

3 Ursachen von Migration und Flucht

Schub- und Sogfaktoren von Migration Die Migrationsforscher unterscheiden zwischen Schub- und Sogfaktoren (push- und pull-Faktoren) von Migration, die jedoch häufig ineinander fließen. Das entscheidende Unterscheidungsmerkmal ist der Grad des Zwanges, der sehr verschiedene objektive und subjektive Ursachen haben kann. Die Leidensfähigkeit ist ebenso wie die Bereitschaft zum Risiko, das fast jede Migrationsentscheidung enthält, individuell und kollektiv sehr unterschiedlich ausgeprägt. Sozialwissenschaftliche Typologien können das Gemenge von objektiven Bedingungen und subjektiven Motiven bei Einzel- oder Gruppenentscheidungen zur Migration nur selektiv erfassen.

Schubfaktoren von Migration Schubfaktoren (push-Faktoren), die Menschen dazu bewegen oder dazu zwingen, ihre Heimat (Dorf/Stadt, Region, Land) zu verlassen, sind Bedingungen am Herkunftsort, die als unerträglich erfahren oder als bedrohlich empfunden werden. Sie können von sehr unterschiedlicher Art sein: Naturkatastrophen, Landknappheit, Arbeitslosigkeit (also Armut), soziale Diskriminierung (z. B. von ethnischen oder religiösen Minderheiten), binnen- oder zwischenstaatliche Kriege, Staatsstreiche oder Revolutionen (die Trägergruppen und Anhänger der gestürzten Regime bedrohen), politische Verfolgung (direkte Gewalt) oder der Zwang der Verhältnisse („strukturelle Gewalt"), subjektive Entfremdung und Frustration. Vertriebene werden nicht durch eigene Motive oder Entscheidungen, sondern durch Gewalt zu Flüchtlingen. Wenn viele Fluchtbewegungen dieses Jahrhunderts als „Massenzwangswanderungen" bezeichnet werden, dann deshalb, weil sie massenhaft durch Zwang in Gang gesetzt wurden.

Nach der Migrationstheorie von Albert Otto HIRSCHMAN (1974) können Menschen ihren Widerspruch zu bestehenden Verhältnissen durch Abwanderung (*exit*) demonstrieren. Im ausgehenden 20. Jahrhundert haben aber Menschen, die vor Kriegen oder existentiellen Notlagen fliehen, nicht die Option wie die europäischen Emigranten im 19. Jahrhundert, aus ihren Heimatstaaten ungehindert auszureisen und in andere Staaten einzureisen. Zwar ist das Recht auf Auswanderung völkerrechtlich anerkannt, aber diesem Menschenrecht steht kein komplementäres Recht auf Einwanderung gegenüber, wie es im 19. Jahrhundert faktisch bestand (vgl. Kap. 5.2 von Teil III).

Sogfaktoren von Migration Sogfaktoren (pull-Faktoren) entstehen in den Zielländern, indem sie etwas anbieten (Arbeit, Wohlstand, Freiheit), was auf Angehörige anderer Staaten anziehend wirkt. Während bei Fluchtbewegungen die Schubfaktoren überwiegen, scheinen bei der Emigration auf Dauer, Arbeitsmigration auf Zeit oder bei der „Wirtschaftsflucht" die Verheißungen des Ziellandes auf ein besseres Leben ausschlaggebend zu sein. Der Entscheidung, ins Ausland zu gehen, geht aber immer eine unterschiedlich begründete Unzufriedenheit mit den Lebensbedingungen im eigenen Land voraus. Der Annahme, daß Arbeitsmigration allein durch Arbeitslosigkeit im Herkunftsland entstehe, steht die Erfahrung gegenüber, daß viele Emigranten und Arbeitsmigranten eine relativ gute Ausbildung haben und Arbeitsplätze aufgeben. Es ist also Vorsicht gegenüber monokausalen Erklärungen von Migrationsvorgängen angebracht.

Schon bei den früheren Auswanderungswellen in die Kolonien oder in die „klassischen" Einwanderungsregionen in Nord- und Südamerika, im südlichen Afrika und in Ozeanien vermengten sich ebenso Schub- und Sogfaktoren wie bei den heutigen Wanderungsbewegungen aus der Dritten Welt in die Erste Welt oder zu Wohlstandsinseln innerhalb der Dritten Welt. Beispielsweise riskierten die irischen Boat-people die gefahrvolle Überfahrt auf den „schwimmenden Särgen" nach Nordamerika nicht aus Sehnsucht nach dem „gelobten Land", sondern weil sie vom „Großen Hunger" dazu getrieben wurden. Sie waren geradezu klassische „Wirtschaftsflüchtlinge", die vor dem Verhungern flüchteten. Das Mitgefühl, das die Geschichtsschreibung für sie aufbringt, können heute die Elendsflüchtlinge nicht erwarten. *Vermengung von Schub- und Sogfaktoren*

Bei den transatlantischen Massenwanderungen bedeutete Auswanderung in der Regel das definitive Verlassen des Heimatlandes mit einem vorher geplanten Ziel, obwohl neuere Forschungen herausfanden, daß viele Auswanderer die Rückwanderung einplanten. Heute gibt es sehr verschiedene Formen und Stufen der Wanderung mit Zwischenstufen (vom Land über Regionalstädte in die Metropolen und von dort, je nach Chance, die Weiterwanderung in Nachbarländer oder entfernte Zielländer). Selten wollen die Migranten auf Dauer auswandern, sondern auf Zeit Geld für den Lebensunterhalt der Familien verdienen. Häufig wird dann aber aus dieser geplanten Migration auf Zeit – wie bei der ersten Generation der Gastarbeiter – eine ungeplante Auswanderung auf Dauer, wenn sich dazu die Chance bietet. Es sind immer wieder Bedingungen auf den verschiedenen Stufen des Migrationsvorganges, die individuelle Entscheidungen konditionieren. *Formen und Stufen der Migration*

Abbildung 3: Stufen der Migration

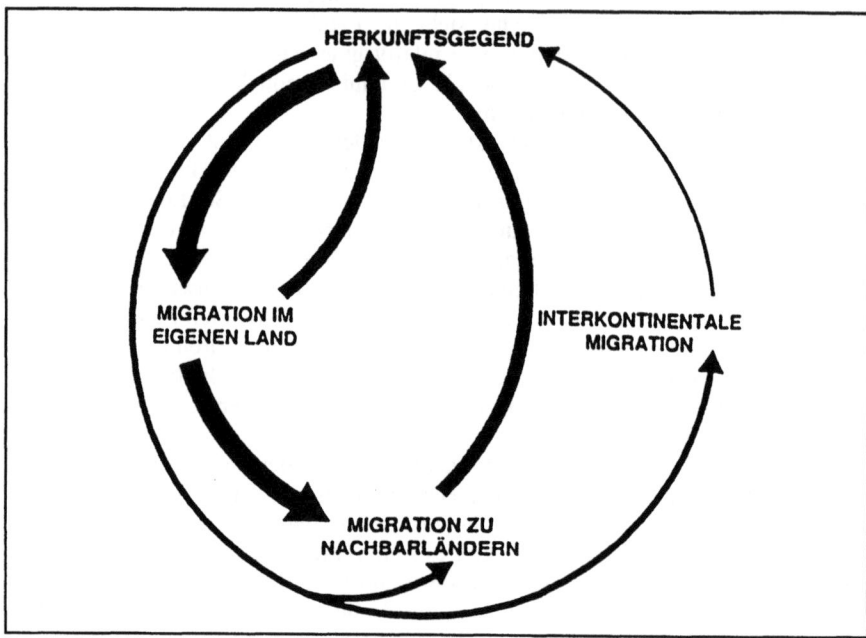

Quelle: Miteinander Teilen (Belgien). Info Nr.28 (1994).

3.1 Strukturelle Schubkräfte von Migration

Die legale und irreguläre Migration hat eine Reihe von sich wechselseitig verstärkenden strukturellen Ursachen:

<small>Das internationale Wohlstandsgefälle als Schubkraft</small>

Sie ist erstens die Folge eines globalen und regionalen Entwicklungs- und Wohlstandsgefälles und ein Barometer für sich verändernde wirtschaftliche, soziale und politische Bedingungen auf nationaler und internationaler Ebene. Die höher entwickelten Regionen mit besseren Verdienstmöglichkeiten üben eine Sogwirkung auf die weniger entwickelten Regionen aus, in denen heute nach Schätzungen der ILO (*Internationale Arbeitsorganisation*) ungefähr eine halbe Milliarde Menschen keine geregelte Arbeit mit einem regelmäßigen Einkommen hat. Die Studien der ILO zeigen, daß die offene und versteckte Arbeitslosigkeit, die vor allem die mobilen Schulabgänger trifft, in vielen Entwicklungsländern bei 40-50% liegt.

Nach Hochrechnungen müßten in den nächsten zwei Jahrzehnten in der Dritten Welt 700 Millionen neue Arbeitsplätze geschaffen werden, wenn der durch Perspektivlosigkeit erzeugte Migrationsdruck eingedämmt werden soll (vgl. GOLINI/GERANO/HEINS 1991). Der *Weltbevölkerungsbericht* von 1993, der

Migration als Schwerpunktthema behandelte, betonte, daß nicht so sehr die Erwartung eines höheren Einkommens, sondern die Suche nach Arbeit die wichtigste Schubkraft für Migration bilde. Angesichts des „jobless growth" des kapitalistischen Wirtschaftssystems sind Hoffnungen auf die notwendige Beschäftigungsexplosion ziemlich illusionär, sowohl in den Industrie- als auch in den Entwicklungsländern.

Die weltweite Suche nach Arbeit

Der *Human Development Report* 1992 sagte für die 90er Jahre die Landflucht von 300 Millionen Menschen voraus. Der *Human Development Report* 1990 sprach von einer „urbanen Explosion": Das Wachstum der Städte übertreffe alle Prognosen und vollziehe sich in einem Tempo, das ohne Parallele in der Geschichte sei. Die Bevölkerungsstatistiken zeigen, daß die Urbanisationsraten in der Regel weit höher sind als die Wachstumsraten der Bevölkerung. Die Städte sind schon heute völlig überfordert, die Zuwanderer mit Infrastruktur, Arbeit, Bildungs- und Gesundheitseinrichtungen zu versorgen, so daß sie vielfach nur eine Zwischenstation im Wanderungsgeschehen bilden. Die Arbeitslosigkeit kann auch durch die Überlebensökonomie des „informellen Sektors" nur teilweise aufgefangen werden, die in afrikanischen Städten schon heute mehr als die Hälfte der Erwerbspersonen beschäftigt.

„Urbane Explosion"

Die Aussichten, daß den wirtschaftlichen Schubkräften der Migration entgegengewirkt werden kann, sind also nicht gut. Allerdings ist Vorsicht gegenüber einigen plausibel erscheinenden Annahmen angebracht:

– Migration vollzieht sich nicht naturgesetzlich wie in einem System kommunizierender Röhren oder wie das Rutschen auf einer schiefen Ebene, weil sich Menschen nicht wie irgendeine Flüssigkeit verhalten. Wenn es eine solche Migrationsautomatik des Wohlstandsgefälles gäbe, hätten wesentlich mehr Italiener, Griechen, Spanier, Portugiesen oder Iren die Freizügigkeit innerhalb der EG genutzt. Auch die Theorie des „größten Gefälles", nach der die reichsten Länder die größte Anziehungskraft ausüben, wird durch andere Erfahrungen widerlegt. Die geographische oder kulturelle Nähe des Ziellandes, die Aufenthaltsbedingungen in den potentiellen Zielländern, das Bestehen von familiären Migrationsnetzwerken oder von religiösen Gemeinschaften können Migrationsentscheidungen mehr beeinflussen als das zu erwartende Einkommensniveau.

Wider die Migrationsautomatik des Wohlstandsgefälles

– In den neunziger Jahren wird die Bevölkerung in der Dritten Welt nach Prognosen der Vereinten Nationen um etwa 950 Millionen wachsen, also um mehr Menschen, als heute in allen OECD-Ländern leben. Etwa 95% des Zuwachses der Weltbevölkerung findet im Süden statt. Manche Demographen und Zukunftsforscher – wie Paul Kennedy – leiten aus dieser „demographischen Explosion" im Süden das Szenario eines enormen Migrationsdruckes auf die wohlhabenden Industriestaaten mit geringem Bevölkerungswachstum und einer alternden Bevölkerung ab. Diese Annahme nährt Bedrohungsängste vor der „Bevölkerungsexplosion" und vor dem „Ansturm der Armen". Beispielhaft ist das von Martin NEUFFER (1982, 61) gezeichnete Horrorszenario:

Wider das Horrorszenario der „Bevölkerungsexplosion"

„Sie werden auf allen Wegen, mit allen Mitteln, unter allen Gefahren in endlosen Massen herandrängen – überallhin, wo es nur um ein geringeres besser zu sein scheint als in ihrer

Heimat ... Die reicheren Länder werden sich gegen diesen Ansturm zur Wehr setzen. Sie werden Befestigungsanlagen an ihren Grenzen errichten, wie sie heute nur zum Schutz von Kernkraftwerken dienen. Sie werden Minenfelder legen und Todeszäune und Hundelaufgehege bauen."

Widersprüchliche Prognoseszenarien zum Bevölkerungswachstum

Abb. 4 zeigt die von den Vereinten Nationen errechneten Prognosen zum Bevölkerungswachstum. Derzeit gilt die mittlere Variante als die wahrscheinlichste. Sie geht davon aus, daß die Zahl der Kinder, die eine Frau in Entwicklungsländern im Durchschnitt zur Welt bringt, allmählich abnehmen und sich in etwa 35 bis 50 Jahren stabilisieren wird (vgl. *Weltbevölkerungsbericht* 1992)

Abbildung 4: Prognosen zum Bevölkerungswachstum

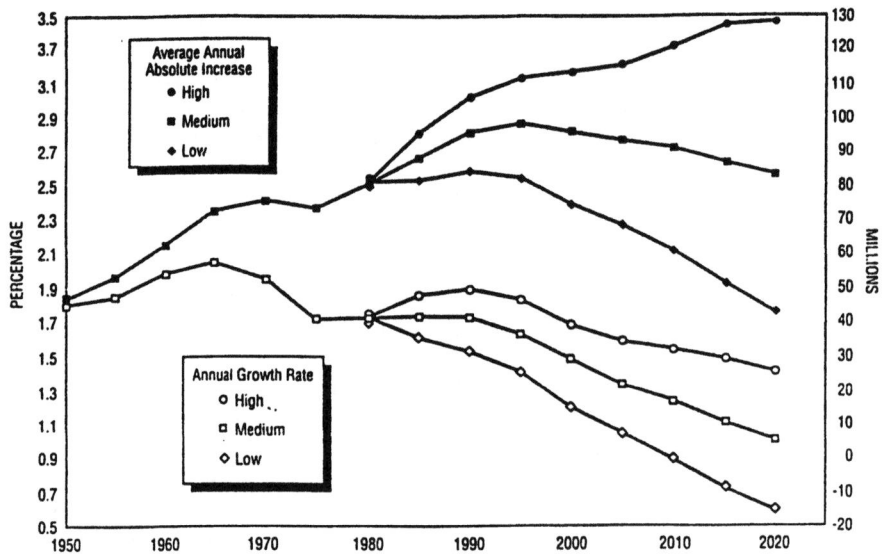

Quelle: UN Population Division: World Population Prospects 1990

Wider den Automatismus zwischen Bevölkerungswachstum und Migration

Die in diesen Prognoseszenarien beschriebene Bandbreite möglicher Entwicklungen läßt darauf schließen, daß die Zukunft der Bevölkerungsentwicklung nicht nach der Verelendungsformel von Thomas Robert Malthus unausweichlich vorbestimmt ist, sondern von Faktoren abhängt, die gesellschaftlich und politisch beeinflußt werden können. Die Entwicklung in Ost- und Südostasien, aber auch in einzelnen Ländern außerhalb dieser dynamischen Wachstumsregion – wie in Mauritius oder Tunesien – lehrt, daß die „Bevölkerungsexplosion" ebenso wie der Migrationsschub durch Entwicklung entschärft werden kann (vgl. NUSCHELER/FÜRLINGER 1994).

Wanderung findet *erstens* auch in schnell wachsenden Gesellschaften nur dann statt, wenn sie ihre junge Bevölkerung nicht produktiv absorbieren können. Es gibt keinen schicksalhaften Automatismus zwischen Bevölkerungswachstum und Migration. Dort, wo heute die Bevölkerung am schnellsten wächst – nämlich in Ost- und Zentralafrika –, könnte es nach düsteren Prognosen von Aids-Forschern sogar zu einer Verringerung der Bevölkerung kommen. Der malthusianische Defätismus könnte zu einer militärischen Aufrüstung gegen Migranten, wie sie Neuffer ausmalte, verführen, bevor überhaupt versucht wurde, durch Entwicklung das Bevölkerungswachstum einzudämmen.

Armut stellt zwar einen Schubfaktor dar, aber es wandern in der Regel nicht die Ärmsten, sondern die relativ gut ausgebildeten und mobilen Mittelschichten, die auch die Mittel für weite Reisen und Schlepperdienste haben. Es sind angstmachende Horrorszenarien, wenn auf Titelseiten der Marsch von Millionen von Elendsflüchtlingen in möglichst dramatischen Szenen ausgemalt wird. Weder sind die von der Weltbank errechneten 1,1 Milliarden „absolut Armen" noch die vom IKRK prognostizierte Milliarde von Umweltflüchtlingen zur interkontinentalen Wanderung fähig: Sie stranden größtenteils in den wachsenden Elendsvierteln der Städte und verhungern schon heute millionenfach.

<small>Nicht die „absolut Armen" wandern</small>

Abbildung 5: Das globale Wohlstandsgefälle

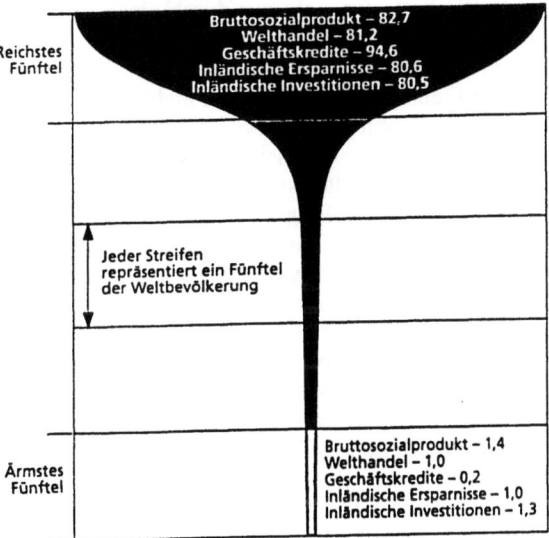

Quelle : Human Development Report 1992, 35

Migration ist *zweitens* ein Bumerangeffekt der ungleichen Entwicklung in der Weltgesellschaft (vgl. Abb. 5). Sie kulminierte und verdichtete sich in der Verschuldungskrise, die Entwicklung blockiert, Verelendungsprozesse verschärft, Demokratisierungsprozesse erschwert und migrationsfähige Mittelschichten proletarisiert hat (vgl. GEORGE 1992). Die Strukturanpassungspolitik, die Einsparungen im Bildungs- und Gesundheitswesen erzwingt, ist kontraproduktiv, weil sie ausgerechnet in den strategischen Sektoren für eine erfolgversprechende Bevölkerungspolitik ansetzt. Jeder *Weltbevölkerungsbericht* der Vereinten Nationen betont, daß Veränderungen des generativen Verhaltens nur durch Bildung und Entwicklung erreicht werden können. Die Weltbank, die ständig eine energische Geburtenkontrolle fordert und Milliardenbeträge in bevölkerungspoliti-

<small>Migration als Bumerangeffekt ungleicher Entwicklung</small>

sche Programme investiert, konterkariert diese Programme durch ihre Beteiligung an einer sozial unverträglichen Strukturanpassungspolitik. Hier geht es um Politik (und Verantwortung), nicht um die Schicksalhaftigkeit von Heuschreckenschwärmen oder ähnlichen Naturkatastrophen.

Migration als Folge der Globalisierung von Produktionsstrukturen

Internationale Migration ist *drittens* die Folge der Globalisierung von Produktionsstrukturen und Marktbeziehungen. Es ist der Weltmarkt, der neben der Globalisierung der Güter- und Finanzströme auch einen Weltmarkt für Arbeit hergestellt hat (vgl. POTTS 1988; KÖRNER 1990). Wissenschaftler, Ingenieure und Manager zirkulieren als Beschäftigte von multinationalen Unternehmen rund um die Welt. Universitäten und Forschungseinrichtungen bildeten schon immer internationalisierte Netzwerke. Die „irregulären" Arbeitsmigranten aber sind nach einem Buchtitel von Robert COHEN (1988) die „neuen Heloten" in einer neuen internationalen Arbeitsteilung. Für Frauen auf dem international organisierten Prostitutionsmarkt ist dieses Bild ebenso zutreffend.

„Global Cities" als Brennpunkte der Weltgesellschaft

Internationale Migration ist also eine Begleiterscheinung einer zusammenwachsenden Weltgesellschaft, die nicht nur durch einen immer dichteren Austausch von Kapital, Gütern, Dienstleistungen und Informationen, sondern auch durch einen größeren Austausch von Menschen geprägt ist. Allerdings schließen die GATT-Regeln die Freizügigkeit von Arbeit nicht ein. Verdichtungsorte und Brennpunkte dieser Globalisierung sind *global cities*. Hier konzentrieren sich die *global companies*; hier treffen Ortsansässige, Pendler, Binnenwanderer und Migranten aufeinander. Die „Weltstädte" sind die Arenen der Multikulturalität, von sozio-kulturellen Integrations- und Fragmentierungsprozessen, des Neben-, Mit- und Gegeneinander von multikulturellen Gesellschaften.

Migration als Folge der globalen Vernetzung

Internationale Migration ist *viertens* auch eine Folge erleichterter Mobilität im Gefolge der Revolutionierung des Transportwesens und der globalen Vernetzung der Welt durch Informationstechnologien. Die für die Expansion der Märkte notwendige Bedürfnismanipulation erzeugt nicht nur gewollte Kaufanreize, sondern auch ungewollte Migrationsanreize, weil sie tagtäglich die Bilder vom Überfluß auch in die Blech- oder Holzhütten der Slums in aller Welt überträgt. Erstmals in der Geschichte tragen die Medien nicht nur zur Verbreitung westlicher Werte und Lebensstile bei, sondern machen auch das Gefälle an Lebenschancen deutlich. Die Jugend hat nur geringen Zugang zu Beschäftigungsmöglichkeiten, aber Zugang zu Informationen über die übrige Welt.

Internationale Kommunikation als Schubkraft von Migration

Die internationale Kommunikation, dieses Nervensystem der Weltgesellschaft, fördert Migration. Dies tut auch die auswärtige Kulturpolitik der Industriestaaten, die ein möglichst positives Bild des eigenen Staates in aller Welt zu vermitteln versucht. Warum soll jemand in Afrika oder Asien Deutsch lernen, ganz ohne Absicht, einmal dort zu studieren und vielleicht auch zu arbeiten? Was als ganz normal gelten könnte und sollte, gerät durch die Angstmache vor der Überfremdung ins Zwielicht.

Mobilität als Tugend von Weltbürgern

Echte Marktwirtschaftler halten die internationale Migration nicht nur für eine normale, sondern sogar für eine wünschenswerte Mobilität der Produktionsfaktoren, durch die eine ökonomische Ressource verfügbar wird. Für sie treffen Migranten eine sehr rationale Entscheidung und folgen lediglich einem Grundprinzip der westlich-kapitalistischen Wirtschafts- und Gesellschaftsordnung: daß die Arbeitskräfte dorthin gehen, wo es Arbeit gibt. Migranten sind mobile Menschen – und Mobilität gilt als eine Tugend des modernen Weltbürgers. Sie können auch das Menschenrecht auf Freizügigkeit beanspruchen, das der Westen vier Jahrzehnte lang als politische Waffe gegen die kommunistischen Regime eingesetzt hatte, nun aber an den Barrieren der Wohlstandswahrung, der Ängste vor Konkurrenz auf dem Arbeits- und Wohnungsmarkt und vor kultureller Überfremdung abprallt.

Der *Human Development Report* 1992 von UNDP hat errechnet, daß dem Süden durch die verhinderte Migration jährlich 250 Mrd. US-$ verloren gehen. Diese Rechnung geht von der irrigen Annahme aus, daß die migrationsbereiten Arbeitskräfte auch Arbeit finden können; angesichts der wachsenden Arbeitslosigkeit in den Industrieländern hat sie keine seriöse Grundlage.

3.2 Besondere Ursachen von Fluchtbewegungen

Die Migrationstheorien gehen davon aus, daß Fluchtbewegungen auch Migrationsvorgänge sind, die vorwiegend von Schubfaktoren ausgelöst werden: Der Flüchtling flieht vor etwas. Dies gilt bei plötzlich auftretenden Bedrohungssituationen (*acute refugee situations*), die Kriege oder Naturkatastrophen herbeiführen. Hier fliehen die Menschen massenhaft und panikartig (wie in Indochina nach dem Sieg der kommunistischen Rebellenarmee, in Afghanistan nach der sowjetischen Intervention, in Äthiopien nach dem Krisengemisch von Krieg und Hunger u.a.m.). Sie fliehen nicht vor Bedingungen, die die *Genfer Flüchtlingskonvention* zur Grundlage ihrer Definition des Flüchtlings machte; und sie fliehen nicht, weil ihnen die Nachbarländer ein besseres Leben versprechen.

<small>Unterscheidung von Flucht und Migration</small>

Anders verhält es sich bei den vorausplanenden („antizipatorischen") Flüchtlingen, die ihre Flucht in mehreren Etappen vorbereiten. Dem Gedanken an eine Flucht gehen irgendwelche Frustrationen oder Bedrohungen voraus. HIRSCHMAN (1974) sprach hier vom Widerspruch gegen den „Leistungsabfall" eines Systems. Der Entscheidung zur Abwanderung folgen das Ausloten von Fluchtmöglichkeiten, das Aussuchen von potentiellen Zielländern und das Abwägen von persönlichen Verlusten und Gewinnen, die von einer Fluchtentscheidung befürchtet bzw. erhofft werden. Je stärker die familiären oder sozio-kulturellen Bindungen an die Heimat oder – nach Hirschman – subjektive Loyalitätsbindungen sind, desto schwieriger und schmerzhafter ist dieser Entscheidungsprozeß.

<small>„Vorausplanende Flüchtlinge"</small>

Die Motive und der Entscheidungsprozeß eines „vorausplanenden Flüchtlings" unterscheiden sich kaum von denen eines Arbeitsmigranten. Es fällt auf, daß viele Flüchtlinge aus der Dritten Welt, die in der Ersten Welt ankommen, den Mittel- und Bildungsschichten angehören. Sie sind als politisch artikulations- und organisationsfähige Gruppe eher politischer Verfolgung ausgesetzt als Kleinbauern, Handwerker oder Händler. Viele wurden an einheimischen oder ausländischen Universitäten mit der westlichen Zivilisation imprägniert und ihrer eigenen Kultur und Gesellschaft entfremdet. Deshalb dürften sich bei ihnen eher Schub- und Sogfaktoren vermischen als bei den „akuten Flüchtlingen", die in der

<small>Vermengung von Flucht- und Migrationsmotiven</small>

Regel in der Grenzregion des nächstgelegenen Nachbarlandes auf Warteposition gehen und sobald wie möglich zurückkehren wollen. Letztere machen rund neun Zehntel aller vom UNHCR gezählten Flüchtlinge aus.

Der Flüchtlingsbegriff als Sammelbegriff

Der Flüchtlingsbegriff ist also ein Sammelbegriff, der sehr unterschiedliche Typen von Flüchtlingen mit jeweils spezifischen Fluchtmotiven umgreift. Dem asylrechtlichen Flüchtlingsbegriff liegt dagegen ein Idealtypus des Flüchtlings mit ganz besonderen Eigenschaften, nicht der Realtypus heutiger Massenfluchtbewegungen zugrunde. Die *Genfer Flüchtlingskonvention* von 1951 hatte den Flüchtling vor der Nazi-Diktatur oder vor dem stalinistischen Terror im Blickfeld.

Es gibt in der Regel keinen einzelnen Fluchtgrund, sondern eine Mischung von Fluchtgründen. Kriege verbinden sich mit Hungersnöten (wie beispielhaft im Sudan, in Äthiopien oder in Mozambique), die manifeste Gewalt von Diktaturen mit der strukturellen Gewalt von Massenelend. Die „boat people" aus Vietnam oder Haiti wagten oder wagen noch immer die lebensgefährliche Flucht über das Meer weder allein aus politischen Gründen noch allein aus wirtschaftlichen Gründen, wie ihnen die Zielländer unterstellten, um sie als „Wirtschaftsflüchtlinge" zurückweisen zu können.

Aus dem Gemenge von Schub- und Sogfaktoren, die Fluchtbewegungen auslösen, lassen sich einzelne Hauptursachen herausschälen:

Kriege als Hauptursachen von Fluchtbewegungen

1. Die Brennpunkte des internationalen Fluchtgeschehens bilden Kriegsgebiete, die früher fast ausschließlich in der Dritten Welt lagen, nach der Auflösung der Staatsverbände der Sowjetunion und von Jugoslawien aber nach Europa zurückkehrten. Die Wurzeln dieser Kriege lagen in je besonderen Hinterlassenschaften des Kolonialismus; in Integrationskrisen künstlich geschaffener Staatsgebilde in willkürlich gezogenen Staatsgrenzen, die Ethnien und Religionen zusammenwürfelten, die nicht in einem gemeinsamen Staat zusammenleben wollten; in Machtkämpfen um staatliche Pfründen; in oligarchischen Macht- und Besitzstrukturen, die – wie in Zentralamerika – revolutionäre Bewegungen auf den Plan riefen. Hier fällt also die Fluchtursachenforschung mit der Kriegsursachenforschung zusammen. Migration ist der Archetyp der menschlichen Konflikte (vgl. Ismail KADARE in: TAZ vom 8.6.1991).

Kriegs- und Fluchtursachen

Die Konfliktforscher streiten sich zwar noch immer über das Gewicht von internen und externen Konfliktfaktoren, aber sie sind sich darin einig, daß der Ost-West-Konflikt zur Militarisierung der Dritten Welt, zur Anhäufung von Gewaltpotential und zur Brutalisierung lokaler Konflikte beigetragen hat, die wiederum Massenfluchtbewegungen auslösten. Westen und Osten haben auch lange Diktaturen unterstützt, wenn sie als nützliche Brückenköpfe in der geo-strategischen Ost-West-Rivalität dienen konnten; sie waren also am Entstehen von Konflikten und an der Aufrechterhaltung von repressiven Regimen beteiligt, die beide Millionen von Menschen zu Flüchtlingen machten. Die Militärhilfe erwies sich – nach einem treffenden Wortspiel von Willy Brandt – tatsächlich als „Kriegsentwicklungshilfe" und damit auch als Mithilfe beim Entstehen von Fluchtbewegungen. Die Rüstungsexporteure lernten auch nicht aus der Lehre des Golfkrieges, den Saddam Hussein nur mit Hilfe von Waffen- und Technologieimporten aus dem Westen und Osten beginnen konnte. Nach seinem Ende schloß der Westen mit den zahlungsfähigen Golfstaaten gigantische Rüstungsgeschäfte ab. Und die Bundesrepublik rückte auf den zweiten Platz unter den größten Rüstungsexporteuren vor.

2. Diktaturen in verschiedenem ideologischen Gewande haben immer Oppositionelle verfolgt und ins Exil getrieben. Trotz der zu Beginn der 90er Jahre in vielen Ländern obsiegenden Demokratiebewegung wird nach Berichten von *Amnesty International* weiterhin in etwa 70 Staaten gefoltert – auch in vielen vordergründig demokratischen Staaten, die von deutschen Ausländerbehörden und Gerichten als „verfolgungsfrei" erklärt werden. Diplomatische Rücksichtnahme macht es auch Folteropfern schwer, die „begründete Furcht vor Verfolgung" nachzuweisen. *(Repression als Fluchtursache)*

3. Opfer von Verfolgung und Vertreibung sind häufig ethnische oder religiöse Minderheiten, die – wie die Kurden, Tamilen, Tibeter, Molukker, Sikhs oder zahlreiche Ethnien in Afrika – Autonomie oder sogar Eigenstaatlichkeit fordern. Je fragiler die Staatswesen sind, desto größer ist die Versuchung, solchen Autonomieforderungen mit Gewalt zu begegnen. Saddam Hussein versuchte, das Kurdenproblem durch einen Genozid zu „lösen". In Bosnien-Herzegowina findet ebenfalls, mitten in Europa, eine Massenvertreibung mit barbarischen Gewaltausbrüchen statt. *(Verfolgung von Minderheiten)*

4. Es zeichnet sich bereits ab, daß die in der Dritten Welt durch das Bevölkerungswachstum und eine rücksichtslose Ausbeutung der natürlichen Lebensgrundlagen beschleunigte Umweltzerstörung noch mehr Menschen zu Flüchtlingen machen wird, als es bisher Kriege getan haben. Die Zahlen schwanken schon heute zwischen 10 und 100 Millionen Umweltflüchtlingen, wobei die vorübergehend durch Überschwemmungen, Erdbeben oder Vulkanausbrüche entwurzelten Personen nicht mitgezählt sind. Nach Berichten von IDNDR (der Internationalen Dekade zur Vorbeugung von Naturkatastrophen) nimmt die von Menschen verursachte Katastrophenanfälligkeit und -häufigkeit rapide zu. Die materiellen Schäden belaufen sich jährlich auf rund 100 Mrd. US-Dollar. Sie spielt aber in der Flüchtlingsstatistik nur eine Nebenrolle, weil die Opfer in der Regel die Staatsgrenzen nicht überschreiten. *(Umweltkatastrophen und Umweltflüchtlinge)*

5. Die Massenarmut bildet, wie bereits erwähnt, eine strukturelle Ursache von Fluchtbewegungen. Die 80er Jahre wurden auch deshalb zu einem „verlorenen Jahrzehnt" und zu einem „Jahrzehnt der Flüchtlinge", weil die Strukturanpassungspolitik des IWF und der Weltbank auch Teile der migrationsfähigen Mittelschichten proletarisiert hat. Zu derselben Zeit, als politische Reformprozesse den Fluchtgrund der politischen Repression abbauten, schufen soziale Verelendungsprozesse neue Migrationsgründe. *(Armut als Fluchtursache)*

6. Es sind fast überall junge Menschen, die der Hoffnungslosigkeit zu entfliehen versuchen und auf dieser fast weltweiten Suche nach Arbeit ein Stück Humankapital und Zukunft ihrer Herkunftsländer mitnehmen. Der Begriff des *brain drain* erfaßt und verharmlost diesen Verlust für die Herkunftsländer und potentiellen Gewinn für die Zielländer (vgl. Kap. 1.5 von Teil III). Auch diese Migranten gelten nach internationalem Flüchtlingsrecht und nach *(Das junge Humankapital auf Wanderschaft)*

unserer pauschalierenden Sprachregelung als „Wirtschaftsflüchtlinge". Die Verletzung der Menschenwürde und der sozialen Menschenrechte werden eben nicht als „asylrelevant" anerkannt.

Ein von *Misereor* erstelltes Schaubild (Abb. 6) faßt gut die Komplexität der sich wechselseitig verstärkenden Schubfaktoren von Flucht zusammen:

Abbildung 6: Zusammenfassung der Fluchtursachen

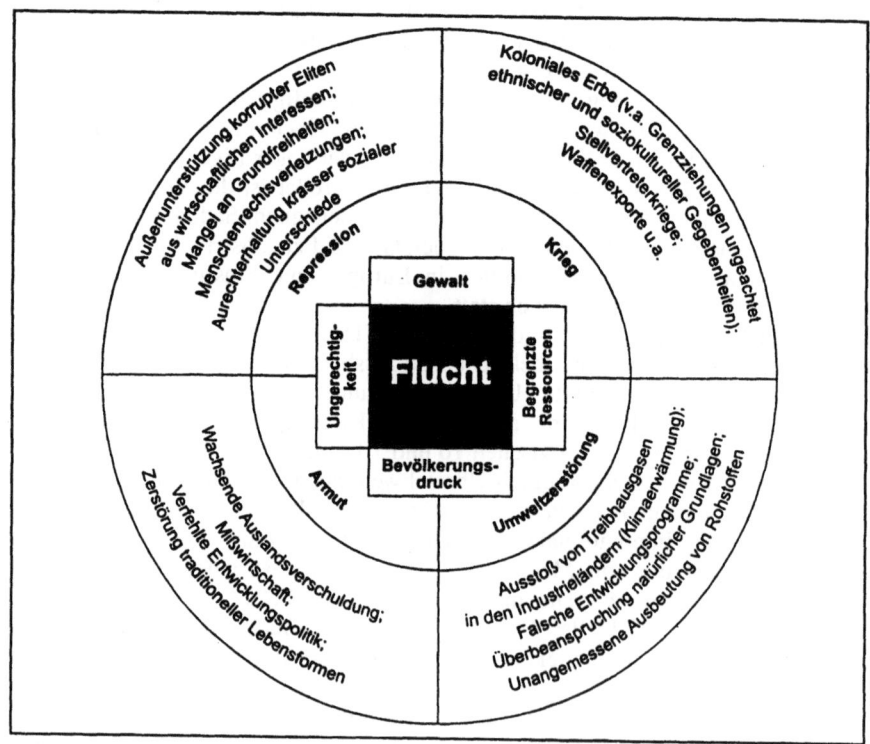

Quelle: Misereor: Werkheft 1994 (Flüchtlinge).

Das historische „Wurzelgeflecht" von Fluchtursachen

Peter J. OPITZ (1988/1992) führt die Ursachen der gegenwärtigen Fluchtbewegungen auf ein historisches „Wurzelgeflecht" zurück, das bis tief in die frühen Jahrzehnte des 20. Jahrhunderts hinabreicht:

– auf inter-imperiale Konflikte, die nach dem Ersten Weltkrieg zum Zusammenbruch der Donaumonarchie und des Osmanischen Reiches geführt hatten und nach dem Zweiten Weltkrieg zum Ost-West-Konflikt führten, in dessen Gefolge es zur Teilung von Staaten (Deutschland, Korea, China, Vietnam) und zu zahlreichen Regionalkonflikten kam, die große Fluchtbewegungen auslösten;

– auf inner-imperiale Konflikte, die zum Zusammenbruch der Sowjetunion und des jugoslawischen Staatsverbandes führten und den Bestand anderer multi-ethnischer Reiche (wie China und Indien) bedrohen;
– auf Probleme der nachkolonialen Nationenbildung, die durch schwere historische Hypotheken – wie die willkürlichen kolonialen Grenzziehungen und strukturellen Verwerfungen der ehemaligen Kolonialwirtschaften – belastet war und die Wurzel zahlreicher ethno-nationaler Konflikte bildet.

OPITZ (1992, 375) macht auch den Westen für viele der Ursachen, durch die Konflikte und Fluchtbewegungen ausgelöst wurden, verantwortlich, wenngleich „die Mitschuld nicht immer unmittelbar einsichtig und nachweisbar ist, weil die Ketten der Verursachung lang sind und kompliziert verlaufen".

4 Historische Verortung von Flucht und Migration

Die Universalgeschichte von Flucht

Die Historiker berichten über eine Universalgeschichte von Kriegen, Eroberungen, Vertreibungen und Völkerwanderungen, die bis in die wenig erschlossene Frühgeschichte zurückreicht. Die ältesten historischen und literarischen Quellen berichten von Flucht und Vertreibung, von dem als Katastrophe empfundenen Verlust der angestammten Heimat. Die „Odyssee" Homers wurde zu einer literarischen Metapher, obwohl sie eher die Geschichte einer erfolgreichen Heimkehr erzählt. Die Bibel erzählt viele Fluchtgeschichten. Das jüdische „Volk Gottes auf Wanderschaft" bildet geradezu einen Archetypus für Flucht und Vertreibung, angefangen vom babylonischen Zwangsexil, in dem es seine Identität wiederfand, über die Zerstreuung im ganzen Römischen Reich, die Massenausweisung aus Spanien bis hin zur Flucht vor der „Endlösung der Judenfrage" im Herrschaftsbereich der SS.

Herrschaft und Flucht

Flucht und Vertreibung gibt es in der Menschheitsgeschichte, seit sich Menschen in Gesellschaften organisierten, Herrschaftssysteme begründeten und zerstörten, Machtkämpfe austrugen, Kriege miteinander führten, fremde Territorien eroberten, um Jagd- und Weidegründe und später um Kolonialgebiete konkurrierten; seit sich irdische Potentaten als „Gottkaiser" gebärdeten und keine fremden Götter neben sich dulden wollten. Absolute Herrschaftsansprüche in verschiedenem Gewande, politische Unterdrückung und Verfolgung von Opposition, religiöse Intoleranz und Kriege waren immer Schubkräfte von Fluchtbewegungen. Durch literarische Zeugnisse bekannt wurde die Flucht einzelner Gestalten der Geistesgeschichte von Dante über Calvin, Hugo Grotius bis Voltaire, Rousseau oder Schiller, denen dann im 19. Jahrhundert Heine, Marx oder Mickiewitz folgten.

Religion und Flucht

Die Religion war – in Europa zumindest bis zu ihrer politischen Neutralisierung durch die Aufklärung – ein bestimmendes Moment der Flucht- und Vertreibungsgeschichte. Sie ist es heute wieder in fundamentalistischen „Gottesstaaten". Sie führte überall dort, wo sie ein legitimierendes Vehikel von Herrschaft bildete, fast zwangsläufig dazu, daß religiöse Minderheiten als politische Oppositionsgruppen verstanden, verfolgt und vertrieben wurden. Die Mischung aus Religion, Politik, Konkurrenzkampf, Intoleranz und kollektiven Vorurteilen war und blieb besonders ausgeprägt im Motivgemenge des Antisemitismus.

„Wirtschaftsflucht" in der Geschichte

Es war auch schon bei früheren Fluchtbewegungen nicht immer genau zu unterscheiden zwischen erzwungener Flucht und mehr oder weniger freiwilligen Wanderungen aufgrund wirtschaftlicher Notlagen. Aber wer aus Not wandert, tut dies nicht freiwillig. Bodenknappheit, Ernährungskrisen und Naturkatastrophen setzten ganze Völkerwanderungen in Gang. Die Bibel berichtet im 1. Buch Mo-

ses, Kap. 45, mit welch irdischen Argumenten Joseph seine Brüder zur „Flucht"
aus dem verdörrten Kanaan nach Ägypten überredete: „Denn dies sind zwei Jahre, daß es teuer im Lande ist, und es sind noch fünf Jahre, daß kein Pflügen noch Ernten sein wird." Joseph wäre vom UNHCR nicht als Flüchtling anerkannt und von der Bundesrepublik Deutschland als „Wirtschaftsflüchtling" abgeschoben worden.

Der große Unterschied der Fluchtbewegungen von heute zu jenen in biblischen Zeiten oder in den vergangenen Jahrhunderten besteht in der zunehmenden Verengung der Fluchträume. Damals gab es in den Randgebieten Europas, in der „Neuen Welt" Amerikas und in den eroberten Kolonien noch Räume, die auch größere Auswanderungs- und Fluchtwellen aus den übervölkerten Kerngebieten Europas aufnehmen konnten – freilich häufig durch Vertreibung der einheimischen Bevölkerung aus den angestammten Siedlungsgebieten. Der Mythos vom „leeren Raum" verschweigt die Vertreibung der autochthonen Bevölkerungen in allen Siedlungskolonien, ob in Amerika, in Südafrika oder in Australien. 1992 wurde das halbe Millenium der „Entdeckung Amerikas" gefeiert, die auch eine Geschichte des Massenmordes, der Vertreibung und kulturellen Zerstörung war.

Die Kolonialimperien organisierten nicht nur in großem Stil den transatlantischen Sklavenhandel, um ihre Kolonien mit Arbeitskräften zu versorgen, sondern besorgten nach der Sklavenbefreiung auch Ersatz. Beispielsweise brachte die britische Kolonialverwaltung im 19. Jahrhundert indische Kontraktarbeiter nach Ost- und Südafrika, auf die Zuckerrohrplantagen in der Karibik (Trinidad und Guyana), auf Mauritius und auf den Fidschi-Inseln oder auf die Kautschukplantagen im kolonialen Malaya. Bereits damals schufen die weltumspannenden Kolonialimperien so etwas wie einen Weltmarkt für Arbeit und hinterließen vielerorts multi-ethnische Gesellschaften mit Rassenproblemen. In Ostafrika (Uganda und Malawi) entledigten sich nachkoloniale Regierungen durch Massenausweisungen von Asiaten dieser kolonialen Hypotheken. In der Karibik (Trinidad, Guyana und Surinam) und auf den Fidschi-Inseln wurden sie zu Destabilisierungsfaktoren. Die koloniale Arbeits- und Steuergesetzgebung unterstützte die grenzüberschreitende Wanderarbeit, z. B. zu den weißen Siedlungsgebieten in Ostafrika oder zu den Minen in Nordrhodesien (Zambia) oder in Südafrika. Ebenso brachten Franzosen oder Portugiesen Arbeitskräfte dorthin, wo sie gebraucht wurden (vgl. POTTS 1988). Die internationale Migration ist also keineswegs eine neue Erscheinung.

Der koloniale „Weltmarkt für Arbeit"

Es gab damals einen gewichtigen Unterschied zu heute: Die außereuropäischen Einwanderungsländer brauchten Einwanderer. Die Auswanderer konnten sich einigermaßen darauf verlassen, wenn sie gesund waren und eine Ausbildung mitbrachten, eine Arbeit zu finden und bald eingebürgert zu werden. Es gab zwar noch kein universell anerkanntes Menschenrecht auf Freizügigkeit, aber neben dem Recht auf Auswanderung zumindest die hohe Chance (wenn auch noch nicht das Recht) auf dauerhafte Einwanderung und Einbürgerung. Allerdings sorgte auch schon damals eine selektive Einwanderungskontrolle dafür, daß z. B. in den USA die Einwanderer aus West- und Nordeuropa nicht durch Südeuropäer in die Minderheit gedrängt wurden.

Der Bedarf an Einwanderung

Grenzziehungen durch Nationalstaaten

Schließlich waren damals noch nicht die letzten Winkel der Erde von Nationalstaaten mit mehr oder weniger deutlichen Exklusivitätsansprüchen auf ethnische und kulturelle Homogenität besetzt. Der Nationalstaat zog nicht nur territoriale Grenzen, sondern schuf auch ein- und ausgrenzende Nationalitäten. Erst die Aufteilung Afrikas in Kolonialterritorien, aus denen „Nationalstaaten ohne Nation" hervorgingen, hat althergebrachte Wanderungen von Nomaden und Saisonarbeitern zu einem Problem gemacht. Je knapper die Lebensräume durch das Bevölkerungswachstum wurden, desto rigoroser gingen die Staaten gegen Zuwanderer vor. Der normative Universalismus der Menschenrechte bricht sich an der „Weltkultur der Nationalstaaten", die auch ein Erbe der Europäisierung der Welt ist, die vor 500 Jahren eingeleitet wurde. Gleichzeitig mit der Herausbildung einer Weltgesellschaft und kapitalistischen Weltökonomie erleben wir eine „Krise des politischen Universalismus" (HIRSCH 1993).

4.1 Das „Jahrhundert der Flüchtlinge"

„Politische Subkultur der Emigration" im 19. Jahrhundert

Die Erschütterung des „monarchischen Prinzips" durch liberal-demokratische Bewegungen begründete im 19. Jahrhundert eine „politische Subkultur der Emigration", der berühmte Namen der europäischen Geistesgeschichte und Hunderttausende von weniger bekannten Demokraten angehörten. Aber diese Ereignisse erscheinen im historischen Rückblick wie ein Vorgeplänkel auf die Massenfluchtbewegungen, die sich dann in der ersten Hälfte des 20. Jahrhunderts abspielen sollten, das den zutreffenden Beinamen „Jahrhundert der Flüchtlinge" erhielt.

Nationalismus und Zwangsumsiedlungen

Der Nationalismus sprengte zwei Vielvölkerreiche: die Donaumonarchie und das Osmanische Reich. Ihr Zusammenbruch löste organisierte Zwangsumsiedlungen und panikartige Fluchtbewegungen zwischen den aus ihren Bankrottmassen hervorgegangenen Nationalstaaten aus. Im Namen des Nationalstaates, dieses minderheitenfeindlichen Konstrukts der neuzeitlichen Staatsräson, fand eine „nationale Flurbereinigung" statt, die nicht danach fragte, ob die Minderheiten „heimgeführt" werden wollten – in eine „Heimat", die ihnen meistens völlig fremd war und nicht das gab, was Heimat zu geben pflegt. Die Pariser Vorortverträge gaben dieser „nationalen Heimführung" unter Zwang den völkerrechtlichen Segen, obwohl diese völkerrechtlich sanktionierte „Umsiedlung" einer Vertreibung gleichkam.

Im Namen des Nationalstaates fand auch der armenische Holocaust im Osten der Türkei statt. Franz WERFEL hat in seinem Roman „Die vierzig Tage des Musa Dagh" das Massensterben im Aushungerungslager Der-el-Zor in der syrischen Wüste beschrieben. Die internationale Gemeinschaft wußte, was „dort hinten, weit in der Türkei" geschah – und ließ es geschehen, weil ihr die Staatsräson wichtiger war als das Schicksal von Minderheiten; sie weiß auch heute, was mit den Kurden in der Osttürkei oder den bosnischen Moslems geschieht und läßt es achselzuckend, obwohl ständig über Menschenrechte redend, geschehen; sie beklagt die „ethnischen Säuberungen" in Bosnien-Herzegowina, akzeptiert aber die durch Vertreibung geschaffenen Fakten.

Abbildung 7: Fluchtbewegungen in Europa 1912-1939

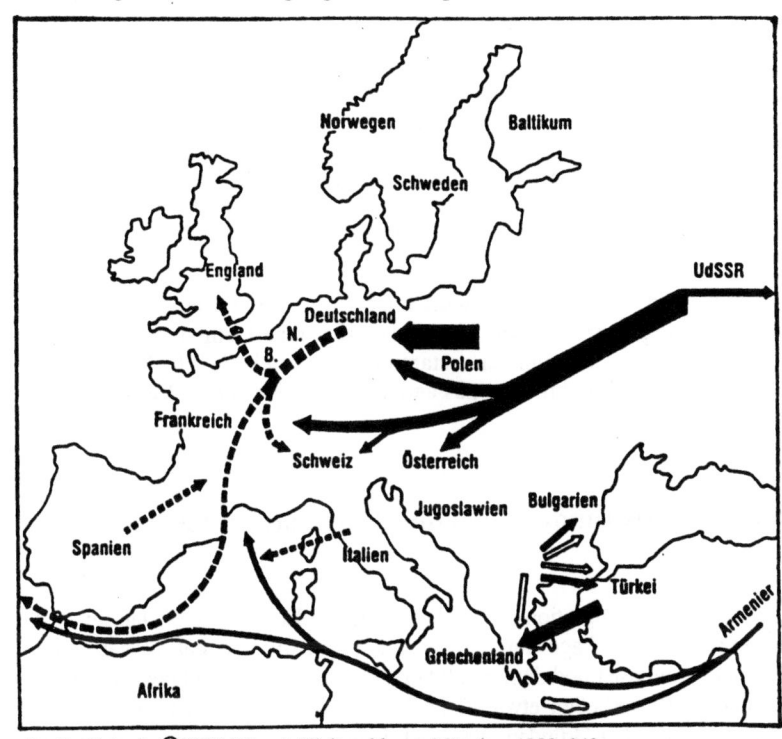

Quelle: Peter J. OPITZ (Hrsg.): Weltprobleme, München 1982, 349.

Neben den durch die „nationale Flurbereinigung" in Kern- und Randeuropa ausgelösten Flüchtlingsströmen markierten die nach der Oktoberrevolution in Rußland in alle Welt verstreuten „Revolutionsflüchtlinge" eine neue Fluchtursache, die bis in die Gegenwart reichte: eine „Abstimmung mit Füßen" gegen das stalinistische Herrschaftssystem. Wie damals im neuen Sowjetstaat löste die kommunistische Machteroberung in Osteuropa, in Teilen Asiens, in einigen afrikanischen Staaten und auf Kuba einseitige Ost-West- bzw. Süd-Nord-Fluchtbewegungen aus.

„Ethnische Säuberungen" damals und heute
„Abstimmung mit Füßen"

Neu war damals nicht einmal so sehr die Flucht von Trägergruppen des gestürzten Zarenregimes, weil jede Revolution Flüchtlinge produziert, sondern neu war der Ausbürgerungserlaß von 1921, der den Flüchtlingen eine Rückkehr unmöglich und sie zu einem „völkerrechtlichen Nichts" machte. Auch dieser Ausbürgerungserlaß des früheren Sowjetstaates sollte Schule machen, nämlich bei den Nazis und kommunistischen Regimen in ganz Osteuropa, und Millionen von Menschen zu Staatenlosen machen. Dem Völkerbund gelang es damals ebensowenig wie heute den Vereinten Nationen, Macht und Gewalt als menschenfeindliche Bewegungskräfte der Politik zu bändigen.

Totalitarismus und Ausbürgerungen

Die Fluchtkatastrophe des Zweiten Weltkriegs

Diesen ersten erzwungenen Fluchtbewegungen in unserem „Jahrhundert der Flüchtlinge" folgte dann die Katastrophe des Zweiten Weltkriegs, in dessen Verlauf und Folgegeschichte rund 60 Millionen Menschen zur Flucht gezwungen oder vertrieben wurden. Was in diesen wenigen Jahren stattfand, kann man als die größte Entwurzelung in der Geschichte bezeichnen.

„Ist das 19. Jahrhundert die Ära der friedlichen europäischen Migration gewesen, so waren die ersten Jahrzehnte des 20. Jahrhunderts Schauplatz gewaltsamer Entwurzelung und Deportation. All das, was heute Menschen aus Osteuropa, Afrika oder Asien zur Abwanderung aus ihren Heimatstaaten veranlaßt – Verfolgung aufgrund von rassischen, religiösen und politischen Gründen, wegen der ‚diffusen' Gewalt eines Bürgerkriegs oder aufgrund des ökonomisch motivierten Wunsches nach verbesserten sozialen Lebensbedingungen – hat seine historischen Vorbilder in der europäischen Migrationsgeschichte der zurückliegenden 150 Jahre." (SANTEL 1993, 63)

Man muß hinzufügen: Im 20. Jahrhundert haben weit mehr Menschen wegen Krieg und Verfolgung denn aus wirtschaftlicher Not ihre Heimat verlassen. In der ersten Hälfte unseres Jahrhunderts stammten die meisten Flüchtlinge aus Europa, das sich nun mit Flüchtlingen aus anderen Erdteilen sehr schwer tut.

4.2 Europa als Auswanderungs- und Einwanderungskontinent

Europa als Auswanderungskontinent

Dieser Rückblick auf die Migrationsgeschichte zeigt, daß Europa im 19. Jahrhundert ein Gutteil seiner sozialen Frage durch Auswanderung exportiert hat; es hat damit seine Arbeitsmärkte entlastet und dem revolutionären Druck ein Ventil geöffnet. Zwischen 1820 und 1930 verließen etwa 40 Millionen Auswanderer vorwiegend aus ökonomischen und sozialen Gründen, also nach heutiger Sprachregelung als „Wirtschaftsflüchtlinge", den „alten Kontinent" in Richtung „neue Welt". Europa war damals ein Auswanderungskontinent und Deutschland ein Auswanderungsland, erst seit den Gründerjahren mit der wachsenden Nachfrage nach Arbeitskräften zugleich Auswanderungs- und Einwanderungsland.

Europa als Einwanderungskontinent

Seit dem Zweiten Weltkrieg wurden fast alle westeuropäischen Staaten zu Einwanderungsländern. Zunächst kehrten seit Mitte der 50er Jahre im Zuge der Dekolonisierung weiße Siedler, Beamte und Kolonialtruppen nach Großbritannien, Frankreich, Belgien, in die Niederlande und später auch nach Portugal zurück. Ihnen folgten erhebliche Zahlen an „farbigen" Arbeitskräften aus den ehemaligen Kolonien. In den frühen 50er Jahren war aber die Zahl der Ausländer in den meisten Staaten Europas noch relativ klein, weil die 10 Millionen Flüchtlinge und Vertriebenen aus den Ostgebieten des Deutschen Reiches einen deutschen Paß hatten. Nur 1,3% der Einwohner Westeuropas oder 5,1 Millionen Personen hatten damals einen fremden Paß.

Arbeitsmigration in die EG

In den späten 50er und 60er Jahren begannen dann die nordwestlichen Kernländer der EG, ihren wachsenden Bedarf an Arbeitskräften durch Anwerbung in Südeuropa und im gesamten Mittelmeerraum zu decken. Zwischen 1955 und 1973 wurden rund 15 Millionen „Gastarbeiter" angeworben. Größtenteils handelte es sich noch um einen innereuropäischen Wanderungsvorgang, ergänzt durch Zuwanderung aus dem Maghreb nach Frankreich. In Deutschland wurde diese Anwerbeaktion erst nach dem Bau der Mauer, der schlagartig den Zustrom von Arbeitskräften aus der DDR stoppte, verstärkt. Zu Beginn der 70er Jahre erreichte die Beschäftigung von Ausländern in EG-Europa Rekordhöhen. 1970/71 lebten schon fast 11 Millionen Ausländer in Westeuropa. Diese Zahl stieg bis 1992 auf etwa 13 Millionen an. Davon kamen über acht Millionen aus Drittstaaten.

Seit Mitte der 70er Jahre nahm die Zahl der angeworbenen Arbeitsmigranten ab und die Zahl der nachziehenden Familienangehörigen, der in den Zuwanderungsländern geborenen Kinder und der Asylsuchenden zu. Die Zahl der Asylbewerber erhöhte sich europaweit von nur 13.000 im Jahre 1973 auf über 600.000 im Jahre 1992, wobei zwei Drittel der Asylanträge in Deutschland gestellt wurden (vgl. Tab. 2).

Tabelle 2: Asylsuchende in Europa 1980-93 (in Tsd.)

	1980	1984	1986	1988	1990	1992	1993
Belgien	2,7	3,7	7,6	4,5	13,0	17,6	26,9
Dänemark	0,2	4,3	9,3	4,7	5,3	13,9	14,3
Deutschland	107,8	35,3	99,7	103,1	193,1	438,0	322,8
Finnland	..	..	0,1	0,1	2,7	3,6	2,0
Frankreich	18,8	21,6	26,2	34,3	54,8	28,9	27,6
Griechenland	..	0,8	4,3	9,3	4,1	2,0	0,9
Großbritannien	9,9	4,2	5,7	5,7	38,2	24,5	22,4
Italien	..	4,6	6,5	1,4	3,6	2,6	1,5
Niederlande	1,3	2,6	5,9	7,5	21,2	17,1	35,4
Norwegen	0,1	0,3	2,7	6,6	4,0	5,2	12,9
Österreich	9,3	7,2	8,6	15,8	22,8	16,2	>4,7
Portugal	1,6	0,2	0,1	0,3	0,1	0,6	2,1
Spanien	..	1,1	2,8	4,5	8,6	11,7	13,8
Schweden	..	12,0	14,6	19,6	29,4	83,2	37,6
Schweiz	6,1	7,4	8,5	16,7	35,8	18,1	24,7

[a] nur EU-Staaten
Quellen: OECD (SOPEMI) 1992/1993; UNHCR-Regionalbüro Europa 1994.

Die Beschränkung der legalen Zuwanderung erhöhte gleichzeitig die irreguläre Zuwanderung. Die Zahl der „Illegalen" ist in den südeuropäischen EU-Ländern am größten. Sie wurde in Italien gelegentlich auf 1,5-2 Millionen geschätzt, aber offensichtlich erheblich überschätzt. Neuere Erhebungen pendelten sich bei einer halben Million ein (vgl. SANTEL 1993). Bis Ende der 80er Jahre vergab Italien großzügig Einreisevisa und praktizierte an seinen Außengrenzen nur lockere Personenkontrollen. Viele „Illegale" kamen als Touristen ins Land und versetzten sich selbst durch das Überschreiten der Aufenthaltsfrist in die Illegalität. Nicht die Nähe zur „heißen Nord-Süd-Grenze" am Mittelmeer, sondern die locker gehandhabte Einreisepolitik war für das Anwachsen der illegalen Zuwanderung ursächlich. Inzwischen wurden, auch unter dem Druck der Nachbarn, die Kontrollen an den Außengrenzen verstärkt und verschärft.

„Irreguläre" Zuwanderung

Ähnlich verhielt es sich auch in Spanien, bis auch hier strengere Kontrollen zu Land und zu See den Zustrom von „Illegalen" aus dem gegenüberliegenden Maghreb eindämmten. Trotz der Verschärfung der Visumpolitik und der Grenzkontrollen wurden die „klassischen" südeuropäischen Auswanderungsländer (Italien, Griechenland, Spanien und Portugal) inzwischen zu Einwanderungsländern, teilweise auch durch Rückwanderung von ehemaligen Emigranten oder Diaspora-Minderheiten.

Ost-West-Migration nach dem Ende des Ost-West-Konflikts

Nach dem Abbruch des Eisernen Vorhangs in den weltpolitischen Wendejahren von 1989/90 wurden die Staaten der EU und EFTA, also des EWR (Europäischen Wirtschaftsraumes), zur Zielregion von Wanderungsbewegungen aus dem Osten und Süden. Die Oder-Neiße-Linie wurde zur neuen Migrationsgrenze zwischen West- und Osteuropa. Das Bild symbolisiert eine Zeitenwende: Während auf der Ostseite des ehemaligen Eisernen Vorhangs die Wachtürme demontiert wurden, wurden auf der Westseite neue Wachtürme aufgebaut. EU-Europa begann, durch eine steigende Arbeitslosigkeit geschwächt und durch ausländerfeindliche Stimmungen aufgeschreckt, sich als „Festung Europa" gegen den wachsenden Migrationsdruck aus allen Himmelsrichtungen abzuschotten.

Das „Asylproblem" in Europa

Während im Süden der EU die irreguläre Zuwanderung zum innenpolitisch brisanten Problem wurde, löste in den nordwestlichen EWR-Ländern der wachsende Zustrom von Asylsuchenden heftige Kontroversen aus. Bemerkenswert ist seine unterschiedliche regionale Zusammensetzung. Während Deutschland, Österreich und die Schweiz bevorzugte Zielländer von Asylbewerbern aus Südosteuropa (dem ehemaligen Jugoslawien, Rumänien, Bulgarien und der Türkei) waren, wurden Frankreich, Großbritannien, Belgien und Holland von ihrer Kolonialgeschichte eingeholt: Hier überwog der Anteil von Asylbewerbern und irregulären Zuwanderern aus Afrika und Asien. Sprachliche Kompetenzen, vielfältige wirtschaftliche und kulturelle Beziehungen und familiäre Netzwerke wirkten als Steuerungsfaktoren der Migration durch die juristische „Hintertür" des Asylverfahrens zusammen.

Die unterschiedlichen Quellen der Migrationsströme in Richtung Westeuropa erzeugten auch unterschiedliche Problemperzeptionen in den Zielländern. Alain MINC (1991) leitete aus der Beobachtung, daß sich die deutschen Ängste auf Mitteleuropa und Rußland, die Ängste Frankreichs und der anderen Südländer der EU aber auf das Südufer des Mittelmeeres richten, sogar eine Gefährdung des Integrationsprozesses in der EU ab. Der Aufbau eines gemeinsamen Europa setze – wie zu Beginn der EWG – die Gemeinsamkeit kollektiver Angstvorstellungen voraus.

Deutschland als vorrangiges Zielland der Ost-West-Migration

Bei der Ost-West-Migration spielt Deutschland eine zentrale Rolle, weil es erstens für die bisher 2,8 Millionen deutschstämmigen Aussiedler aufgrund deren Zuwanderungsprivileg gemäß Art. 116 GG das alleinige westliche Zielland war, zweitens aus der Sicht Osteuropas – zusammen mit Österreich – das erste Immigrationsland auf dem Weg in den „gelobten Westen" ist und außerdem als besonders reich und attraktiv gilt (vgl. RONGE 1993). Die halbe Million Juden, die seit der Öffnung des Eisernen Vorhangs die GUS-Staaten verließ, emigrierte aber größtenteils nach Israel und in die USA und konfrontierte Israel mit erheblichen Integrationsproblemen, die es nur mit staatlicher und privater Finanzhilfe aus den USA bewältigen konnte.

Neben den Aussiedlern, deren Zuwanderung in den Jahren 1989 mit 377 036 und 1990 mit 397 073 den Höhepunkt erreichte und sich in den folgenden Jahren bei 230.000 einpendelte (vgl. Kap. 2.3 von Teil II), stieg die Zahl der Asylbewerber aus Südosteuropa (Jugoslawien, Rumänien, Bulgarien und Türkei) seit 1988 sprunghaft an. Aus diesen vier Ländern kamen 1992 fast zwei Drittel der 438 191 registrierten Asylbewerber (vgl. Kap. 2.2 von Teil II). Diese Zahl, die sich gegenüber dem Wendejahr 1989 vervierfachte, wurde allerdings auch deshalb so aufgebläht, weil die Kriegsflüchtlinge aus den Bürgerkriegsgebieten auf dem Balkan in das Asylverfahren gezwungen wurden.

Aussiedler und Asylbewerber aus Südosteuropa

Tabelle 3: Flüchtlinge aus dem ehemaligen Jugoslawien
(Ende 1992 nach Schätzungen des UNHCR)

Gastland	Anzahl	Gastland	Anzahl
Deutschland	350000	Albanien	5000
Schweiz	80000	Norwegen	3600
Österreich	73000	Belgien	3300
Schweden	80000	Polen	2100[a]
Ungarn	40000	Luxemburg	2050
Türkei	20000	Finnland	2050
Italien	16000	Frankreich	1000
Tschechien/Slowakei	10000		20000
Dänemark	9000	andere	30500
Niederlande	7000		
Spanien	6000		
Großbritannien	7000		
		gesamt	755698

[a] bis zu 3000

Quelle: UNHCR, Juli 1993 (interne Statistik).

Außerdem kamen bis Ende 1991 etwa 200.000 Saisonarbeiter (für maximal drei Monate) und Werkvertragsarbeitnehmer aus Osteuropa nach Deutschland. Bemerkenswert ist, daß der befürchtete Massenexodus aus Polen nach der Aufhebung der Visumpflicht nicht stattfand. Stattdessen nutzten viele Polen die Einreiseerlaubnis für illegale Arbeit oder für Geschäfte auf den „Polenmärkten". Die Zahl der (aussichtslosen) Asylanträge von Polen ging von über 29.000 (1988) schlagartig auf 3 448 (1991) zurück.

Saisonarbeiter aus Osteuropa

Trotz dieser steigenden Zahlen von Zuwanderern aus Osteuropa fand die befürchtete Ost-West-Massenwanderung nicht statt. Der Bürgerkrieg und die „ethnischen Säuberungen" im ehemaligen Jugoslawien machten zwar mindestens 3 Millionen (nach manchen Schätzungen sogar vier Millionen) Menschen zu Flüchtlingen, die aber größtenteils Hälfte in der Region blieben und notdürftig vom UNHCR und anderen Hilfsorganisationen versorgt werden. In Bosnien-Herzegowina machten die „ethnischen Säuberungen" etwa eine Dreiviertelmillion Menschen zu Fremden im eigenen Land (*displaced persons*).

Der Massenexodus aus dem Osten fand nicht statt

Die Vertreibungen von ethnischen Minderheiten in Kaukasien und Zentralasien schufen ein Flüchtlingsproblem innerhalb der GUS-Region, lösten aber keinen Marsch gen Westen aus. Der UNHCR registrierte Ende 1993 rund 950.000 Flüchtlinge aus Aserbaidschan, 520.000 aus Tadschikistan, über 417.000 aus Ar-

Das Flüchtlingsproblem innerhalb der GUS-Region

menien. Diese Zahlen enthalten nicht die Hunderttausende von Russen, die von Stalin zur Russifizierung der Randrepubliken der Sowjetunion gezwungen worden waren, nun als ehemalige Kolonialherren in den unabhängigen Republiken unerwünscht sind und mehr oder weniger freiwillig nach Rußland zurückkehren, teilweise auch hinausgeekelt werden. Selbst die FAZ (vom 9.11.1991), die ansonsten in das Horn einer Bedrohung Deutschlands durch zu viele Zuwanderer zu blasen pflegt, stellte fest:

„Eine ‚Völkerwanderung' findet weniger in Richtung Westen statt, sondern spielt sich vielmehr als Binnenwanderung im ehemaligen Ostblock ab, der jetzt seine ethnischen Energien freisetzt, die im schlimmsten Fall als Bürgerkrieg auch die westlichen Nachbarn berühren."

Das politische Spiel mit Horrorszenarien

Die Horrorszenarien einer Ost-West-Massenwanderung wurden auch von GUS-Politikern genährt, die beim Ausbleiben massiver Wirtschaftshilfe aus dem Westen den Massenexodus in den Westen androhten. Ihre Phantasiezahlen, die zwischen 20-40 Millionen schwankten, wurden von den westlichen Medien in Bedrohungsszenarien umgesetzt. Daran beteiligte sich z. B. auch die TAZ in einer ansonsten sehr gehaltvollen und illustrativen Sonderausgabe vom 8.6.1991.

Fragwürdige Momentaufnahmen von Umfragen

Eine Serie von internationalen Fachkonferenzen widerlegte die vermutete Migrationsautomatik des Ost-West-Wohlstandsgefälles, betonte die starke Heimatverbundenheit und hohe Leidensfähigkeit der slawischen Völker und wandte sich gegen das leichtfertige Gerede von der „neuen Völkerwanderung" aus dem Osten. Während eine von *World Media* durchgeführte und von der TAZ verbreitete Umfrage suggerierte, daß 10% der jungen Ungarn, Tschechen und Moskowiter schon auf den Koffern sitzen, förderte eine von der EU-Kommission in Auftrag gegebene Umfrage Anfang 1993 gerade in Ungarn, Polen und im europäischen Teil von Rußland eine geringe Migrationsneigung zutage. Aber solche Momentaufnahmen von Stimmungen haben nur einen begrenzten Erkenntniswert. Der Wahlerfolg des Nationalisten und Antisemiten Schirinowski bei der Wahl am 12. Dezember 1993 in Rußland hat unter Deutschen und Juden die Neigung zur Auswanderung verstärkt. Solche unvorhersehbaren Ereignisse und Entwicklungen machen Prognosen zu Spekulationen.

Push-Faktoren der Ost-West-Migration

Natürlich erzeugt das wachsende Wohlstandsgefälle zwischen West- und Osteuropa, das einen neuen Ost-West-Konflikt begründet, einen Migrationsdruck, der sich bei einer Verschärfung der Wirtschafts- und Sozialkrisen und Vermehrung der kriegerischen Konflikte verstärken könnte. Volker RONGE (1993, 23) leitet aus den beiden osteuropäischen Push-Faktoren für Migration, der Verschlechterung der Lebensbedingungen und der Zunahme ethnischer Auseinandersetzungen, die Prognose ab, daß sie die „hochgerechnete Extrapolationskurve der derzeitigen Zuwanderung eher nach oben als nach unten treiben werden" – sofern die Politik nicht interveniert. Sie interveniert bereits, sowohl durch massive Wirtschaftshilfe und private Aktionen wie „Ein Herz für Rußland" als auch durch die Verriegelung der Ostgrenzen. Die „Festung Europa" hat im Hafen von Brindisi vorexerziert, wie sie mit unerwünschten Ostflüchtlingen umzugehen gedenkt.

Die Bundesrepublik Deutschland hat seit Mitte 1993 durch Rücknahmeverträge mit den östlichen Nachbarn einen *cordon sanitaire* gegen unerwünschte

Zuwanderer aus dem Osten aufgebaut, der auch Schlepperorganisationen das Geschäft erschwert. Den Grenztruppen Polens, Tschechiens und Ungarns wurde also mit finanzieller und logistischer Unterstützung aus dem Westen eine Art von Vorwärtsverteidigung der „Festung Europa" übertragen. Ließen die kommunistischen Regime ihre Bürger nicht ausreisen, so lassen sie nun die westlichen Nachbarn nicht einreisen.

Es wird auch aus dem Süden keine „neue Völkerwanderung" geben. Es mag im Maghreb schon bald ein Migrationspotential von 30 Millionen Menschen geben, wie französische Demographen vorausgesagt haben. Aber auch ihr bevorzugtes Zielland Frankreich hat die Zuwanderung praktisch auf Null gesenkt. Fast alle europäischen Staaten reagierten auf das sprunghafte Ansteigen der Zahlen von Asylbewerbern zu Beginn der 90er Jahre mit Abwehrmaßnahmen – zunächst durchaus erfolgreich. Dieser kurzfristige Abschreckungserfolg könnte den fatalen Irrtum nähren, daß der Migrationsdruck auch langfristig durch Abdichtung der Außengrenzen abgewehrt werden kann.

<small>Barrieren gegen „neue Völkerwanderungen"</small>

Europa wurde zum Einwanderungskontinent, obwohl alle europäischen Staaten litaneienhaft betonen, keine Einwanderungsländer zu sein und werden zu wollen. Diese Entwicklung zum Einwanderungskontinent war begleitet von sinkenden Geburtenraten und steigender Lebenserwartung, die den Anteil der aktiven Erwerbsbevölkerung stetig verringerten und den Bedarf an ausländischen Arbeitskräften erhöhten. Die Altersklerose der europäischen Gesellschaften macht eine weitere Zuwanderung zur bloßen Wohlstandssicherung unausweichlich. Europa kommt erstens bei offenen Binnengrenzen nicht an einer Harmonisierung der Einwanderungs- und Asylpolitik, zweitens nicht an einer Steuerung der Zuwanderung durch ein europäisches Einwanderungsgesetz vorbei. Bisher konnte sich Europa nur auf eine Harmonisierung der Abschreckungsmaßnahmen einigen (vgl. Kap. 4.8 von Teil II).

<small>Europa als Einwanderungskontinent wider Willen</small>

5 Weltweite Migrations- und Fluchträume

Das „Weltflüchtlingsproblem" findet im Süden statt

Das Migrationsgeschehen in und um Europa ist nur das Teilgeschehen eines weltweiten Vorganges. Die größten Aufnahmeländer für Flüchtlinge befinden sich absolut und relativ (d. h. im Verhältnis zur Gesamtbevölkerung) nicht im Norden, sondern im Süden (vgl. Abb. 8). Hierher hatte sich nach dem Zweiten Weltkrieg das Gravitationszentrum des „Weltflüchtlingsproblems" verlagert; hier sind die meisten Arbeitsmigranten unterwegs und hier hat der befürchtete „Ansturm der Armen" seinen Ausgangspunkt. Europa kehrte erst durch die „ethnischen Säuberungen" im zusammengebrochenen Jugoslawien wieder in die Statistik der Herkunftsregionen von Flüchtlingen zurück.

Abbildung 8: Die größten Aufnahmeländer für Flüchtlinge (relativ)
(Verhältnis Flüchtlinge/Gesamtbevölkerung in % 1990)

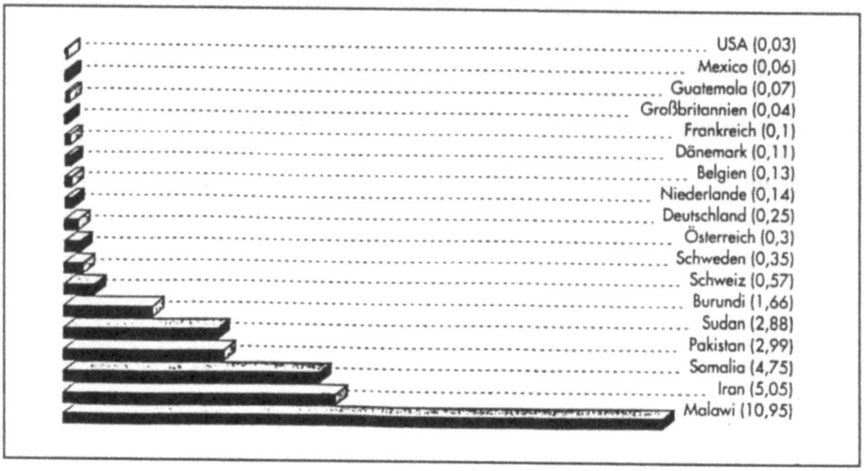

USA (0,03)
Mexico (0,06)
Guatemala (0,07)
Großbritannien (0,04)
Frankreich (0,1)
Dänemark (0,11)
Belgien (0,13)
Niederlande (0,14)
Deutschland (0,25)
Österreich (0,3)
Schweden (0,35)
Schweiz (0,57)
Burundi (1,66)
Sudan (2,88)
Pakistan (2,99)
Somalia (4,75)
Iran (5,05)
Malawi (10,95)

Quelle: Globale Trends 93/94,131

Im Folgenden werden die Brennpunkte des internationalen Migrations- und Fluchtgeschehens dargestellt. Brennpunkte ignorieren weniger spektakuläre Vorgänge. So tauchen beispielsweise die Abwanderungen von der südpazifischen Inselwelt in den Wanderungsstatistiken nicht auf, weil sie zahlenmäßig unbedeutend sind; sie sind aber tatsächlich so dramatisch, daß Pazifikforscher schon von einer tendenziellen Entvölkerung der Inselregion sprechen; und sie sind vordergründig schwer verständlich, weil hier ein Auszug aus einem angeblichen „Südsee-Paradies" stattfindet. Die Touristen kommen, aber die Einheimischen zieht es dorthin, woher die Touristen kommen.

5.1 Brennpunkt Afrika

Der Migrationsdruck auf Europa kommt vor allem aus Afrika, weil hier die Schubfaktoren für Migration kumulieren und gleichzeitig das nur durch das Mittelmeer getrennte und durch vielfältige historische und sprachliche Bande mit Afrika verbundene Europa starke Sogwirkungen ausübt. Die Zahl der grenzüberschreitenden Migranten in Afrika südlich der Sahara wird auf etwa 35 Millionen und damit auf fast die Hälfte aller Migranten in der Welt geschätzt, obwohl in Afrika nur etwa ein Zehntel der Weltbevölkerung lebt. Die Beschreibung Afrikas als „Kontinent der Flüchtlinge" ist keineswegs nur ein von sensationslüsternen Medien gezimmertes Fehlbild, wie Walter MICHLER (1992, 101) zu suggerieren versuchte. Die nackten Zahlen widersprechen ihm.

Intrakontinentale Migration in Afrika

Tabelle 4: Flüchtlinge in Afrika (Ende 1992)

Zielländer	Zahl	Herkunftsländer[a]	Zahl
Äthiopien/Eritrea	416000	Somalia	400000
Burundi	1073500	Rwanda	81000
Côte d'Ivoire	195500	Liberia	195000
Djibouti	96000	Somalia	85000
Guinea	485000	Liberia	385000
		Sierra Leone	100000
Kenya	422900	Somalia	320000
		Äthiopien	80000
Liberia	100000	Sierra Leone	100000
Malawi	1070000	Mozambique	1070000
Mauretanien	40000	Mali	40000
Rwanda	24500	Burundi	24000
Senegal	55100	Mauretanien	55000
Südafrika	250000	Mozambique	250000
Sudan	750500	Äthiopien/Eritrea	730000
Swaziland	52000	Mozambique	45000
Tanzania	257800	Burundi	143000
		Mozambique	72000
Uganda	179600	Rwanda	83000
		Sudan	90000
Zaire	442400	Angola	280000
		Sudan	120000
Zambia	155700	Angola	118000
Zimbabwe	265000	Mozambique	265000
Afrika gesamt	5698450		

[a] hauptsächliche Herkunftsländer
Quelle: World Refugee Survey 1993, 50.

Der Großteil dieser Migration findet innerhalb des Kontinents statt. Aber zu den Hauptherkunftsländern von Asylsuchenden in Westeuropa gehören auch einige afrikanische Länder (Ghana, Zaire, Nigeria, Äthiopien), weil der Migrationsdruck auch die verstopften Ventile nach außen zu durchbrechen ver-

Afrika als „Flüchtlingskontinent"

sucht. Dies sind freilich nicht die Millionen von Elends- und Umweltflüchtlingen, deren Ansturm auf Europa die eingangs erwähnten Horrorszenarien der „neuen Völkerwanderungen" ausmalen oder gar mit Heuschreckenschwärmen vergleichen, sondern migrationsfähige Angehörige der Mittelklasse, fast ausnahmslos junge Leute, die Schlepperdienste und familiäre Migrationsketten nutzen.

Fast alle afrikanischen Länder sind in das miteinander verwobene Migrations- und Fluchtgeschehen einbezogen. Überall vermengen sich Fluchtbewegungen, die durch Kriege und Repression verursacht werden, mit internen und grenzüberschreitenden Wanderungen auf der Suche nach Arbeit und Überlebenschancen. Die in Tabelle 4 angegebenen Zahlen hatten schon im Verlaufe der Jahre 1992/93 nur noch eine begrenzte Gültigkeit, weil neue Fluchtbewegungen entstanden (wie in Angola und Rwanda) oder Flüchtlinge zurückkehren konnten, wie aus dem Sudan nach Äthiopien und Eritrea.

Bürgerkriege als Hauptursache

Hauptursache von Fluchtbewegungen blieben Bürgerkriege (vgl. RICHTER 1992). Zwar hat sich die mit dem Ende des Ost-West-Konflikts verbundene Hoffnung auf die Beendigung der „Stellvertreterkriege" in Namibia, Äthiopien und Ende 1992 auch in Mozambique erfüllt, aber gleichzeitig haben sich andere Konflikte verschärft (im Sudan, in Angola und Liberia) oder sind neu entbrannt (in Somalia, Rwanda, Burundi und Togo). Allein der erneut zwischen der Tutsi-Minderheit und Hutu-Mehrheit in Rwanda ausgebrochene Bürgerkrieg hatte Ende 1992/Anfang 1993 nach Angaben des Roten Kreuzes etwa 1 Million Menschen aus ihren Heimatgebieten vertrieben, teilweise auch über die Grenzen zu Uganda, Tanzania und Zaire hinweg. Kaum war der Konflikt in Rwanda entschärft worden, entbrannte im Nachbarstaat Burundi ebenfalls ein blutiger Bürgerkrieg, der nach Erkenntnissen internationaler Hilfsorganisationen etwa 800.000 Menschen in die Nachbarländer vertrieb, 300.000 in das völlig übervölkerte Rwanda, wo in überfüllten Flüchtlingslagern täglich Hunderte an Unterernährung und Krankheiten starben. Die Welt nahm von diesem Geschehen kaum Kenntnis, weil die TV-Teams nicht vor Ort waren.

Herrschaftskrisen und Gewaltausbrüche

Im Frühjahr/Sommer 1994 ereignete sich in Rwanda eine Flüchtlingskatastrophe apokalyptischen Ausmaßes, der eine Orgie von Gewalt vorausgegangen war. Die Vorgeschichte dieser Gewalteruption, die in der Publizistik in der Regel als "Stammeskonflikt" zwischen der Hutu-Mehrheit und Tutsi-Minderheit dargestellt wird, reicht bis in die vorkoloniale Geschichte zurück, hat aber ihre eigentliche Wurzel in der wachsenden Landnot, in der Konkurrenz um Arbeitsplätze und im Kampf rivalisierender Cliquen um Macht und Pfründen (vgl. MOLT 1994; MEHLER 1994). Dieser Macht- und Überlebenskampf wurde durch rassistische Agitatoren "tribalisiert". Nachdem das Regime von Präsident Habyarimana die Vereinbarungen des Friedensabkommens vom August 1993 mit der aus Uganda vorrückenden "Patriotischen Front von Rwanda" (FPR) nicht eingehalten hatte und die mehrheitlich aus Tutsi rekrutierte Rebellenarmee bereits auf die Hauptstadt Kigali vorrückte, löste der Abschuß des Flugzeugs des Präsidenten am 6. April 1994 eine Orgie von Gewalt aus:

Holocaust in Rwanda

"Noch in derselben Nacht begannen die ruandische Präsidentengarde und die Jugendmilizen mit gezielten Morden an Tutsi in Kigali und anderen Orten Ruandas ... Den gezielten Morden folgte dann eine wahllose Blutorgie marodierender Soldaten- und Jugendbanden im gesamten Land ... Alte Rechnungen zwischen Nachbarn und Bekannten wurden beglichen, und es ist zu vermuten, daß sich der Volkszorn nicht nur gegen die Unterdrücker von einst, die Tutsi, richtete, sondern zum Teil auch gegen ihre Nachfolger der neuen Oberschicht" (Peter MOLT, in: FR v. 20.7.1994).

Die Gewaltorgie kostete mindestens eine halbe Million Menschen, vorwiegend Tutsi, das Leben. Hier fand ein Genozid statt, dem die Staatengemeinschaft tatenlos zusah. Mehr als die Hälfte der Bevölkerung wurde aus ihren Siedlungsgebieten vertrieben: Etwa 1,2 Millionen Hutu, auch angetrieben durch die Greuelpropaganda eines Radiosenders (*Mille Collines*), strandeten in Lagern um die zairische Grenzstadt Goma, die bald zum Inbegriff des Schreckens ("Hölle von Goma") wurde, einige hunderttausend in grenznahen Lagern in Tanzania; etwa 1,5 Millionen flüchteten sich in die von französischen Truppen errichtete Schutzzone im Südwesten des Landes. Die von den Ereignissen traumatisierten Flüchtlinge, von denen viele an Erschöpfung, Wassermangel, Cholera und Ruhr starben, folgten nur zögernd den Appellen der neuen Regierung und der internationalen Hilfsorganisationen, nach Rwanda zurückzukehren. Es war im Sommer 1994 zu befürchten, daß die von der FPR vertriebenen Regierungssoldaten und Milizionäre von Zaire aus den Bürgerkrieg fortsetzen und Millionen von Hutu-Flüchtlingen auf Dauer die Sicherheit und Versorgung in den Flüchtlingslagern einer unsicheren Rückkehr nach Rwanda vorziehen.

Was sich in Rwanda abspielte und im benachbarten Burundi ebenfalls abspielen könnte, erscheint wie eine Erfüllung des Verelendungsgesetzes von Robert Malthus. Die beiden Kleinstaaten sind aufgrund knapper Ressourcen und des raschen Bevölkerungswachstums (von 3,7% pro Jahr in Rwanda) aus eigener Kraft nicht überlebensfähig:

„Als Ergebnis dieser ausweglosen Situation wird sich in und um Ruanda eine Zone hoher Instabilität bilden. Dies bedeutet weitere Flüchtlingsströme von Millionen von Menschen. Die Nachbarländer werden versuchen, den Zustrom in Flüchtlingslagern aufzufangen, deren Unterhalt sie von der internationalen Gemeinschaft einfordern werden" (Peter MOLT, in: FR vom 20.6.1994).

Die internationale Staatengemeinschaft war auf die rwandische Tragödie nicht vorbereitet, obwohl sie nicht überraschend kam. Sie verschloß auch die Augen vor den Massakern im benachbarten Burundi, die einer ähnlichen Konfliktlage entspringen. Wenn Prävention überhaupt einen Sinn haben soll, wäre sie hier dringend erforderlich. Somalia und Rwanda haben die Bedeutung des "CNN-Faktors" demonstriert, d. h. die Staaten werden erst dann aktiv, wenn Fernsehbilder in der Öffentlichkeit den Ruf nach Handeln verstärken. Dies bedeutet allerdings auch, daß Fluchttragödien (wie im Sudan, in Liberia oder Angola), die nicht mehr von Fernsehteams eingefangen werden, zu "vergessenen Tragödien" werden. Der Großteil der afrikanischen Fluchttragödien findet in dieser Vergessenheit statt.

Der auch durch eine Friedenstruppe der ECOWAS-Staaten nicht lösbare Bürgerkrieg in Liberia vertrieb sogar etwa die Hälfte der Bevölkerung, vor allem Frauen und Kinder, in die Nachbarstaaten. Die Machtkämpfe in Togo entvölkerten 1992/93 die halbe Hauptstadt Lomé. Die Gewaltausbrüche in Zaires Hauptstadt Kinshasa trieben wiederholt Flüchtlinge über den Kongo-Fluß in den Nachbarstaat Kongo. Hier wie in Togo wollte sich ein abgewirtschaftetes Regime nicht dem Demokratisierungsdruck beugen und kämpfte mit Repression gegen den Verlust seiner Macht und Pfründen.

Migration und Entwicklungskrise

Der von außen durch die Verweigerung oder Androhung der Verweigerung von Entwicklungshilfe aufgezwungene Demokratisierungsprozeß erschöpfte sich vielfach in der Tolerierung von Oppositionsparteien und konnte die aus Verelendungsprozessen resultierenden Konflikte, die sich in der Regel ethnisch manifestieren, nicht eindämmen. Die ökonomische und soziale Misere erschwert die politische Stabilisierung und eine wirkliche Demokratisierung (vgl. TETZLAFF 1992). Afrika ist zum Brennpunkt des Weltflüchtlingsproblems geworden, weil sich hier die Entwicklungskrisen in einem fatalen Teufelskreis vermengten (vgl. MEYNS/NUSCHELER 1993).

Grenzenlose Arbeitsmigration

Neben mindestens sieben Millionen grenzüberschreitenden Kriegsflüchtlingen (Ende 1992) und noch weit mehr Binnenflüchtlingen (vgl. Abb. 2, S. 29) sind 20-25 Millionen Arbeitsmigranten auf der Suche nach Arbeit unterwegs. In allen Grenzregionen gibt es ein reges Hin und Her über die unsichtbaren Grenzen hinweg, häufig innerhalb verwandter Ethnien. In Westafrika sind vor allem die Küstenstaaten Elfenbeinküste, Ghana und Nigeria Zielländer von Migranten aus dem Sahelraum, wo Migration ein Mittel der Subsistenzsicherung ist. Auch die Mehrheit der Kapverder und Äquatorialguineer lebt und arbeitet auf dem afrikanischen Festland oder in Europa.

Toleranz und Populismus von Massenausweisungen

Mehrmals versuchten schwache Regierungen, sich durch Massenausweisungen Popularität zu verschaffen. In Ostafrika versuchten dies die Despoten von Uganda (Idi Amin) und von Malawi (Kamuzu Banda) durch die Ausweisung der indischen Minderheiten, die einen gewichtigen Wirtschaftsfaktor gebildet hatten. Heute bemüht sich die ugandische Regierung darum, die Inder wieder ins Land zurückzuholen. Solchen Beispielen der Ausländerfeindlichkeit steht eine bemerkenswerte Aufnahmebereitschaft für Flüchtlinge gegenüber, ohne die die afrikanische Flüchtlingstragödie noch weit schlimmer wäre. Das völlig übervölkerte Malawi nahm ohne großes Geschrei fast eine Million Flüchtlinge aus dem benachbarten Mozambique auf. Die internationale Flüchtlingshilfe kann nur einen Teil der Bürde übernehmen.

Brennpunkt südliches Afrika

In Südafrika drängen nun Millionen von Schwarzen, die der Apartheid-Staat in die Homelands abgeschoben hatte, nach der Entwaldung und Übernutzung der größtenteils unfruchtbaren Böden in die Ghettos der Großstädte und verdichten dort das explosive Gemisch von Elend und Gewalt. Allein in der Region des südlichen Afrika sind etwa 10 Millionen Menschen als Arbeitsmigranten, Flüchtlinge oder durch die Bürgerkriege in Angola und Mozambique „entwurzelte Personen" unterwegs. Sollte in der Republik Südafrika kein friedlicher Übergang zur Mehrheitsregierung gelingen, steht ein Massenexodus der Weißen bevor: Etwa zwei Millionen weiße Südafrikaner haben als Erbe früherer Auswanderung Zugang zu ausländischen Staatsbürgerschaften.

Einen kleinen Hoffnungsschimmer bildet die Friedensregelung in Äthiopien, die die Repatriierung von Hunderttausenden von Flüchtlingen in den neuen Staat Eritrea und in die umkämpfte Provinz Tigre ermöglichte. Aber schon lösten Machtkämpfe im benachbarten Djibouti wieder Fluchtwellen nach Äthiopien und Somalia aus. Und die Situation in Somalia schließt nach dem zu erwartenden Abzug der UN-Blauhelme keineswegs neue Machtkämpfe zwischen den rivalisierenden Clans und Warlords und damit neue Fluchtwellen innerhalb des Landes und über die Grenzen aus.

Süd- und Westeuropa (Spanien, Italien und Frankreich) fühlen sich vor allem durch die steigende irreguläre Migration aus dem islamischen Nordafrika und durch das Überschwappen des islamischen Fundamentalismus auf die Migranten aus dem Maghreb bedroht. 1989 waren zwar in acht europäischen Ländern nur 2,1 Millionen Arbeitsmigranten aus dem Maghreb, die meisten in Frankreich, registriert, aber die Zahl der irregulären Migranten aus dieser Region dürfte noch höher liegen. Insgesamt wird die Zahl der Moslems in Frankreich auf drei Millionen, in Deutschland auf 1,7 Millionen und in Großbritannien auf über eine Millionen geschätzt. Französische Migrationsforscher schätzten das Migrationspotential im Maghreb in den nächsten Jahrzehnten auf 30 Millionen, wenn die Maghreb-Länder den Schulabgängern nicht bessere Berufs- und Lebensperspektiven bieten können sollten (vgl. KÖRNER 1992).

<small>Migrationsdruck aus dem Maghreb</small>

Von diesem Migrationsdruck fühlt sich vor allem Frankreich bedroht und versucht deshalb, ihn durch verschärfte Einwanderungskontrollen und eine mögliche Änderung des *ius solis*, die auch den in Frankreich geborenen Nordafrikanern das Heimatrecht in Frankreich nehmen würde, entgegenzuwirken. Die Migration aus dem islamischen Maghreb erhält eine besondere Brisanz, weil sie mit dem „Feindbild Islam" verquickt ist (vgl. HIPPLER/LUEG 1993). Am Mittelmeer entdeckte Samuel HUNTINGTON eine der Frontlinien in dem von ihm vorausgesagten „Zusammenprall der Zivilisationen" (vgl. DIE ZEIT vom 13.8.1993). Die Furcht vor einem neuen „heiligen Krieg" der Sarazenen sitzt tief im kollektiven Unterbewußtsein des „christlichen Abendlandes" und nährt tiefverwurzelte rassistische Vorurteile gegenüber den Arabern. Das Erstarken des islamischen Fundamentalismus hat diese Furcht verstärkt.

<small>„Feindbild Islam"</small>

5.2 Die „neuen Heloten" am Golf

Zu den großen Migrationsräumen innerhalb der Dritten Welt gehört seit der Ölpreisexplosion in den 70er Jahren auch der Nahe Osten. In den bevölkerungsarmen Golf-Staaten verrichten etwa sieben Millionen Kontraktarbeiter aus dem Nahen Osten (Ägypten, Yemen, Sudan), Süd- und Südostasien als gut bezahlte, aber rechtlose Heloten alle manuellen Arbeiten. Jahr für Jahr migrieren etwa 750.000 Arbeitskräfte, darunter ein Drittel Frauen (als Krankenschwestern, Hausmädchen und Prostituierte), aus Asien in die Golfregion. Besonders Kuwait, Katar und die Vereinigten Arabischen Emirate haben sich in Immigrantengesellschaften verwandelt, in denen der Anteil der Gastarbeiter bis zu 90% der Erwerbstätigen erreichte. Ihre Überweisungen in die Herkunftsländer wurden auf 12 Mrd. US-$ pro Jahr geschätzt; sie entlasten Zahlungsbilanzen und bilden für mindestens 50 Millionen Menschen die Lebensgrundlage, wenn man vom Durchschnitt einer siebenköpfigen Familie ausgeht.

<small>Immigrantengesellschaften am Golf</small>

Folgen des Golf-Krieges

Der Golfkrieg von 1990/91 löste zunächst einen panikartigen Massenexodus aus der Kriegsregion, nach Kriegsende eine Verdrängung der Yemeniten und Palästinenser, die für Saddam Hussein Partei ergriffen hatten, durch politisch weniger riskante asiatische Gastarbeiter aus. Die arabische Solidarität hat dort Grenzen, wo arabische Migranten – seien es Schiiten, die mit dem Iran sympathisieren, oder Palästinenser, die mit ihrem Antiamerikanismus militärische Allianzen gefährden – zum Problem für die innere Sicherheit der labilen Dynastien am Golf werden. Die Rache der Ölscheichs belastete nach Kriegsende Jordanien mit Hunderttausenden von zwangsausgesiedelten Palästinensern, die wiederum das explosive Gemisch in den Flüchtlingslagern verdichteten. Dort versorgt seit dem ersten Krieg zwischen Juden und Arabern, der den neuen Staat Israel mit einem Kranz von Flüchtlingslagern umgab, die UNRWA (*UN Relief and Works Agency for Palestinian Refugees*) die Flüchtlinge mit Nahrungsmitteln, Bildungs- und Gesundheitsdiensten.

Der Bedarf an „neuen Heloten"

Der Golfkrieg hat die Arbeitsmigration in die Region nur zeitweise unterbrochen, aber die Anfälligkeit der Arbeitsmigration für politische Störungen verdeutlicht. Schon vorher hatte Libyen ägyptische Gastarbeiter ausgewiesen, um Ägypten für eine Politik zu bestrafen, die dem „Revolutionsführer" Ghaddafi mißfiel. Die „Reichen im Morgenland" brauchen aber die „neuen Heloten", weil sie sich weitgehend der manuellen Arbeit entwöhnt haben. Nur der Irak hatte nach der Niederlage im Golfkrieg keine Arbeit und kein Geld mehr, um Gastarbeiter zu beschäftigen, deren Zahl vor dem Krieg auf 1-1,5 Millionen geschätzt wurde.

Resolution 688 gegen die Vertreibung der Kurden

Der Terror des irakischen Regimes gegen die kurdische Minderheit, die – nicht ohne Ermunterung durch die Siegermächte im Golfkrieg – die militärische Niederlage des Hussein-Regimes zu einem Aufstand zu nutzen versuchte, schuf durch die Resolution 688 des UN-Sicherheitsrates einen gewichtigen, obgleich juristisch umstrittenen Präzedenzfall in der internationalen Flüchtlingspolitik (vgl. Kap. 7.1.1). Diese sogenannte „Kurden-Resolution" richtete im Nordirak militärisch gesicherte Schutzzonen ein, in die rund zwei Millionen kurdische Flüchtlinge, die vor Angriffen der irakischen Armee in die Grenzgebiete zum Iran und zur Türkei geflüchtet waren, zurückkehren konnten.

Diese Resolution konnte aber weder verhindern, daß kurdische Dörfer und Flüchtlingslager im Grenzgebiet zur Türkei von der türkischen Luftwaffe bombardiert wurden, weil sie verdächtigt wurden, als Rückzugsbastionen der PKK zu dienen, noch konnte sie verhindern, daß die irakische Armee mit brutaler Gewalt den Widerstand der schiitischen Minderheit im Südirak zu brechen versuchte und Hunderttausende durch die Sumpfgebiete in den benachbarten Iran vertrieb. Der UN-Sicherheitsrat verhängte zwar für die irakische Luftwaffe ein Flugverbot im Südirak, das aber die Operationen der Bodentruppen nicht einschränkte. Die arabischen und mehrheitlich sunnitischen Nachbarn kümmern sich weder sonderlich um die Kurden noch um die ungeliebten Schiiten, die als Hilfstruppen der islamischen Revolution im Iran verdächtigt werden.

Iran als Herkunfts- und Zielland von Flüchtlingen

Der Iran hat weit mehr Flüchtlinge aufgenommen als jeder andere Staat in der Region oder jedes westliche Industrieland, weil er von Staaten umgeben ist – nun auch im Norden –, in denen Bürgerkriege geführt wurden. Aber er selbst ist seit der islamischen Revolution als fundamentalistischer „Gottesstaat" zugleich

Herkunftsland Hunderttausender von Flüchtlingen aus politischen oder religiösen Gründen, unter denen sich viele Frauen befinden (vgl. Kap. 6.1). Die Anerkennungsquote für iranische Asylsuchende lag 1992 bei 45%. Nichtsdestoweniger intensivierte die Bundesregierung die politische und wirtschaftliche Zusammenarbeit mit dem Iran.

Die Fortsetzung des Bürgerkriegs in Afghanistan verzögerte auch die Rückkehr der rund fünf Millionen afghanischen Flüchtlinge aus den Grenzregionen des Iran und von Pakistan in das zerstörte und verminte Land. Um die Jahreswende 1993/94 erzeugten Kämpfe zwischen den rivalisierenden Gruppen um die Macht in Kabul erneut Fluchtbewegungen in die Nachbarländer. In der zweiten Hälfte des Jahres 1992 hatten sich wöchentlich rund 70.000 Afghanen auf den Heimweg gemacht. Gelegentlich stauten sich die Rückkehrwilligen an den Grenzübergängen, weil der UNHCR aus Geldmangel die Rückkehrprämien nicht ausbezahlen konnte. Aus ähnlichen Gründen (Mangel an Transportkapazitäten und finanziellen Starthilfen) verzögerte sich auch die Repatriierung von äthiopischen und eritreischen Flüchtlingen aus dem Sudan sowie von Khmer-Flüchtlingen aus Thailand. Die Staatengemeinschaft hinderte also den UNHCR durch die Verweigerung ausreichender Finanzmittel daran, seine wichtigste Aufgabe – eben die Repatriierung von Flüchtlingen – zu erfüllen.

Die Fluchttragödie in und um Afghanistan

5.3 Konfliktregionen Südasien und Indochina

Es ist schon weithin vergessen, daß der Zusammenbruch von Britisch-Indien und des künstlichen Staatsgebildes von West- und Ostpakistan, aus dem mit indischer Geburtshilfe Bangladesh hervorging, Flüchtlingsströme in Bewegung gesetzt hatte, die in den Größenordnungen von jeweils etwa 10 Millionen nur noch mit der Flucht und Vertreibung aus den ehemals deutschen Ostgebieten am Ende des Zweiten Weltkriegs verglichen werden können. Bei der Repatriierung der Flüchtlinge in den neuen Staat Bangladesh vollbrachte der UNHCR eine seiner bisher größten Taten.

Hypotheken kolonialer Grenzziehungen

Die Hypotheken kolonialer Grenzziehungen und Staatsbildungen sind jedoch noch nicht überwunden. Der Streit zwischen Indien und Pakistan um das Grenzgebiet von Kaschmir löste nicht nur zwei Grenzkriege aus, sondern das militärische Aufmarschgebiet und die militärischen Sicherheitszonen auf beiden Seiten der umstrittenen Grenze verwehren den eingesessenen Kaschmiri ein gesichertes Heimatrecht und machen Oppositionsgruppen auf beiden Seiten zum Freiwild der Sicherheitsorgane. Außerdem verschärfte eine militante Unabhängigkeitsbewegung im mehrheitlich islamischen Unionsstaat Jammu-Kashmir die Konfliktlage. Ihr Terror vertreibt ebenso Menschen wie der Gegenterror der Sicherheitskräfte.

In Indien, der „größten Demokratie der Welt", die in der Bewertung des Menschenrechtsstandards durch das New Yorker *Freedom House* nur noch Noten wie autokratische Regime erhält, haben die durch religiöse Fanatiker aufge-

Ethnisch-religiöse Konflikte in Indien

61

putschten Emotionen zwischen Hindus und Moslems zu Vertreibungen geführt, deren Ausläufer auch Europa erreichten. Auch Angehörige der Volksgruppe der Sikhs sind nachweislich politischer Verfolgung ausgesetzt. Am 16. Juli 1993, also nach dem Inkrafttreten des neuen Art. 16a GG, hob das Bundesverfassungsgericht die von einem Verwaltungsgericht bestätigte Ablehnung des Asylantrags eines Sikh-Flüchtlings auf, weil es seine politische Verfolgung nicht ausschließen mochte. Die Mehrheit des Bundestages lehnte also mit guten Gründen den Versuch der CDU/CSU ab, Indien auf die Liste der „sicheren Herkunftsländer" zu setzen.

Bürgerkrieg auf Sri Lanka Auf Sri Lanka konnte auch die militärische Intervention der regionalen Großmacht Indien den brutalisierten und verlustreichen Konflikt zwischen der singhalesischen Mehrheit und der tamilischen Minderheit, der seit vielen Jahren Asylsuchende nach Europa verschlägt, nicht lösen. Ein von Indien diktiertes Friedensabkommen hatte nicht lange Bestand, weil sich ihm die vorher mit Waffen aus Indien versorgten *Liberation Tigers of Tamil Eelam* nicht unterwarfen. Der Terror der „Tigers" richtet sich längst nicht mehr allein gegen Ziele des von den Singhalesen beherrschten Staatswesens, sondern auch gegen tamilische Organisationen und Personen, die sich ihren terroristischen Methoden verweigern. Andererseits ging die Armee seit 1990 zu einer systematischen Verfolgung der tamilischen Minderheit mittels Großrazzien, Folterungen, Massakern und „Verschwindenlassen" über. Der Terror schaukelte sich gegenseitig hoch und vertrieb vor allem Tamilen ins Ausland. Unter ihnen befanden sich in den 80er Jahren 60-70% Frauen.

Tamilen in Westeuropa Wie unterschiedlich diese Konfliktlage in den westlichen Zielländern von Asylsuchenden eingeschätzt wird, zeigt die niedrige Anerkennungsquote in Deutschland (1991: 3,2%) und die hohe Anerkennungsquote in Frankreich (über 60%). Zwar urteilte das Bundesverwaltungsgericht am 13. Mai 1993, daß „Festnahmen, Mißhandlungen und heimliche Morde" durch die Sicherheitsorgane von Sri Lanka eine politische Verfolgung im Sinne des Art. 16 GG darstellen, aber das Zirndorfer Bundesamt, vom Auswärtigen Amt beraten, lehnte den Asylantrag einer Tamilin als „offensichtlich unbegründet" ab und wollte auch keine Abschiebungshindernisse im Sinne der GFK anerkennen.

Arbeitsmigranten aus Südasien Südasien mit seinen bevölkerungsreichen und schnell wachsenden Gesellschaften bei verknappenden Ressourcen (Boden und Wasser) ist auch die Herkunftsregion von Millionen von Arbeitsmigranten, die größtenteils zum Golf migrieren, aber auch Migrationsnetzwerke nach Großbritannien, Südostasien, Ozeanien und Amerika zu nutzen versuchen, die im Rahmen des britischen Kolonialreichs entstanden waren. Überall dort, wo sich indische und pakistanische Minderheiten niedergelassen haben (wie beispielsweise die Sikhs im Schneiderhandwerk von Bangkok), drängen Familien- oder Sippenangehörige nach. Pakistani und Bangladeshi arbeiten inzwischen auch auf Baustellen und in Fabriken in Japan oder auf Taiwan. Südasien als zweite große Armutsregion neben dem subsaharischen Afrika wird eine Herkunftsregion von Migranten bleiben, obwohl ihr Prognosen der Weltbank gute Chancen zur Verringerung der Massenarmut einräumten (vgl. *Weltentwicklungsbericht* 1990).

Boat people aus Vietnam Südostasien war Ende der 70er Jahre und zu Beginn der 80er Jahre Schauplatz einer dramatischen Massenflucht aus Vietnam, Kambodscha und Laos (vgl.

PFENNIG 1988). Die vietnamesischen *Boat people* landeten, wenn sie nicht auf ihren überladenen Booten umkamen oder von Piraten umgebracht wurden, in der ganzen Region. Die vom „Komitee Notärzte" organisierten Rettungsaktionen der *Cap Anamur* verschafften ihnen weltweite Publizität und sorgten auch dafür, daß 1,4 Millionen Flüchtlinge in westlichen Ländern, vorwiegend in den USA, als Kontingentflüchtlinge aufgenommen wurden (zumal sich unter den Flüchtlingen auch viele befanden, die im Vietnamkrieg auf Seiten der USA standen).

Für die rund 300.000 Khmer-Flüchtlinge, die in grenznahen Lagern in Thailand eingepfercht wurden, ergab sich nach dem brüchigen Friedensschluß in Kambodscha die Chance zur Rückkehr in das kriegszerstörte und verminte Land. Dort, wo sich die Flüchtlingslager leerten, spielte sich etwas ab, was auch anderswo geschah. Während vorher eine ganze Region unter der Bürde der Flüchtlinge stöhnte, klagte sie nun über den plötzlichen Abzug von Dutzenden von Hilfsorganisationen, die Kaufkraft, Versorgungsstrukturen, Dienstleistungen und allerlei Geschäfte in die entlegene Region gebracht hatten. *Khmer-Flüchtlinge aus Kambodscha*

Die wirtschaftliche Krise Vietnams und sein Versuch, vom Westen Hilfe zu erhalten, hat das Regime gezwungen, in internationalen Verträgen der ungehinderten Rückkehr von Flüchtlingen zuzustimmen. Diese erzwungene Bereitschaft schuf für Asylländer die Legitimation, sich durch Zwangsrepatriierungen der vietnamesischen Flüchtlinge zu entledigen. Die spektakulären Abschiebeaktionen in Hongkong unterscheiden sich nur graduell vom Umgang der deutschen Bundesregierung mit den vietnamesischen Vertragsarbeitern, die von der DDR-Regierung angeworben worden waren und vor Vertragsende abgeschoben werden sollten.

1992 schuf das international isolierte Militärregime von Myanmar (dem ehemaligen Burma) eine von der Weltöffentlichkeit wenig beachtete Fluchttragödie, als es etwa eine Viertelmillion Moslems in das ohnehin völlig übervölkerte Bangladesh auswies, um sich auf diese Weise ein wenig Popularität zu verschaffen. Das unfreiwillige und völlig überforderte Gastland versucht selbst seit Jahren, seine eigenen Wirtschafts- und Sozialprobleme durch Förderung der Auswanderung in die Golfstaaten und in das wirtschaftlich prosperierende Ost- und Südostasien zu lindern. Und seine lauten Klagen über die Bürde von Flüchtlingen ließen vergessen, daß es selbst einige zehntausend Angehörige der rebellischen Bergvölker über seine Grenzen zu Indien und Myanmar vertrieb. *Vertreibung von Minderheiten aus Myanmar und Bangladesh*

5.4 Die Wachstumsregion im Fernen Osten als Ziel- und Herkunftsregion von Arbeitsmigranten

Die eng miteinander verflochtenen Regionen von Ost- und Südostasien – wobei japanische Investoren und Handelshäuser Motoren der Verflechtung sind – gehören seit zwei Jahrzehnten zu den dynamischen Wachstumsregionen in der Weltwirtschaft. Sie verdanken ein Gutteil dieser Dynamik historischen Migrationsprozessen. Die Erfolgsgeschichte der „kleinen Tiger" Taiwan, Hongkong und *Migration und Entwicklung in Ost- und Südostasien*

Singapur ist auch das Werk chinesischer Migranten. In Hongkong kam ein erheblicher Teil der dynamischen Unternehmer als „Wirtschaftsflüchtlinge" besonderer Art nach der chinesischen Revolution von 1949 aus der Handels- und Industriemetropole Shanghai. Die zwei Millionen Flüchtlinge, die dem *Kuomintang*-Führer Tschiang Kai-schek vom Festland nach Taiwan folgten, waren nicht nur Offiziere und Bürokraten, sondern auch wirtschaftliche Trägergruppen des gestürzten Regimes. Und nun zeichnet sich in Hongkong vor der Einverleibung der britischen Kronkolonie in den chinesischen Staatsverband im Jahre 1997 bereits eine Fluchtwelle von „Kapitalflüchtlingen" in alle Welt ab. Viele haben bereits einen zweiten Paß in der Tasche, weil ihnen Geld und Können die Tore öffnen.

Chinesische Migrationsnetzwerke

Die chinesischen Minderheiten bilden in ganz Südostasien, häufig als „Juden des Fernen Ostens" beargwöhnt, einen Sauerteig der Dynamik, haben teilweise – wie in Indonesien – ihre Namen „nationalisiert", bilden aber weiterhin nicht nur für Handel und Investitionen, sondern auch für die Migration von Arbeitskräften gut funktionierende intraregionale Netzwerke. Nicht in Europa, sondern in Ost- und Südostasien ist heute von der „gelben Gefahr" die Rede. Die Chinesen erhielten mit der Öffnung des Landes mehr Informationen über die Außenwelt und Chancen, an einen Reisepaß und an Devisen heranzukommen. Und sie können weltweite familiäre Migrationsnetzwerke nutzen. Der Migrationsdruck aus China wird also anhalten: bei der Intelligenz wird die politische Repression einen zusätzlichen Schubfaktor darstellen. Viele Wissenschaftler wollen nach ihrem Studium im Westen nicht mehr zurückkehren.

Inzwischen sickern chinesische „Illegale" nicht nur in allen Nachbarländern ein, in deren Grenzregionen auch ein schwunghafter Prostitutionsmarkt floriert, sondern setzen mit Booten auch nach Taiwan und Japan über und versuchen sogar, Europa und die USA zu erreichen, wo sie in den großstädtischen *China Towns* untertauchen. Hier sind gut organisierte Schlepperorganisationen am Werk, die ihren Kunden bis zu 10.000 US-Dollar für ihre Schlepperdienste abverlangen. Um solche Summen aufzubringen, ist die Versuchung oder sogar der Druck groß, sich an allerlei kriminellen Aktivitäten (Drogen- und Waffenschmuggel) zu beteiligen.

Binnenmigration in China

China erlebt zwar einen stürmischen Wirtschaftsboom und hat gute Aussichten, zur wirtschaftlichen Großmacht aufzusteigen, aber diese Entwicklung ist regional und sozial sehr ungleich verteilt. Während die Küstenregionen boomen, stagniert die Entwicklung im Hinterland. Diese ungleiche Entwicklung erzeugt Sog- und Schubkräfte für enorme Binnenmigrationen. Die Kommerzialisierung der Landwirtschaft warf Millionen von Landarbeitern aus dem ländlichen Arbeitsmarkt. Trotz der administrativen Zuwanderungskontrollen arbeiten bereits etwa 60 Millionen Migranten aus den ärmeren Regionen in marginalen Bereichen der städtischen Wirtschaft, erledigen die schmutzigen Arbeiten auf dem Bau oder bei der Müllentsorgung und hausen in erbärmlichen Verhältnissen, die dem Sozialismus nicht zur Ehre gereichen.

„Irreguläre" Arbeitsmigration in der ASEAN-Region

Die Folge des Wirtschaftsbooms in der ASEAN-Region ist ein wachsender Bedarf nach Arbeitskräften, der auch über Migration gedeckt wird, teilweise in geduldeter Illegalität, die die Migranten zu rechtlich und sozial ungeschützten Reservearmeen degradiert. Hauptleidtragende der Ausbeutung von illegaler Arbeitsmigration sind Frauen, die die Mehrheit des intraregionalen Migrantenstroms bilden. Im Jahre 1988 waren 78% der registrierten Arbeitsmigranten aus Indonesien Frauen. Auf den Philippinen dürfte ihr Anteil kaum niedriger liegen, vor allem unter den nicht registrierten Migranten (vgl. *Weltbevölkerungsbericht 1993*, 27).

Neben dem „großen Tiger" Japan und den längst groß gewordenen „kleinen Tigern" Südkorea, Taiwan, Hongkong und Singapur wurden inzwischen auch Malaysia und Thailand zu Importeuren von Arbeitskräften, vor allem aus Indonesien und den Philippinen, aber auch aus Indochina. Nach Erkenntnissen der ILO sollen sich inzwischen in Malaysia schon eine Million, in Singapur bis zu 300.000 irreguläre Arbeitsmigranten/innen aufhalten. Während die Khmer-Flüchtlinge aus den Flüchtlingslagern nach Kambodscha zurückkehren, bringt die Polizei fast täglich illegale Grenzwanderer auf, die von Thai-Farmern beschäftigt werden, weil die eigenen Landarbeiter in die Städte migrierten, wo sich der Wirtschaftsboom konzentriert.

Wie Entwicklung das Migrationsverhalten in kurzer Zeit verändern kann, zeigt das Beispiel Südkorea. Hier hatte der Staat über Jahrzehnte Bauarbeiter, Bergleute, Krankenschwestern u. a. in viele Länder vermittelt. Nun braucht er diese Arbeitskräfte selbst. Anders ist die Lage auf den Philippinen, dem Nachzügler in der ASEAN-Region. Hier wird noch immer der Export von Arbeitskräften von staatlichen Agenturen gefördert und organisiert, weil sie den heimischen Arbeitsmarkt und die defizitäre Zahlungsbilanz entlasten. Etwa 3,5 von über 60 Millionen Filipinos und Filipinas arbeiten in rund 120 Ländern: die Männer als Bauarbeiter in den Golf-Staaten oder als Seeleute auf Schiffen unter „Billigflagge", die Frauen als Hausangestellte, Krankenschwestern oder Prostituierte. Es wurde geschätzt, daß etwa 60% der im Großraum von Manila lebenden Familien von oder mit Hilfe von Überweisungen von Familienangehörigen, die im Ausland arbeiten, leben.

Die Philippinen als Hauptexportland von Migranten/innen

Der Staat öffnet durch die Förderung der Arbeitsmigration ein soziales Ventil und entzieht sich gleichzeitig dem Druck, durch eine Reformpolitik die Bleibemöglichkeiten zu verbessern. Dieser Entlastungseffekt der Migration ist also ambivalent, weil er herrschende Klassen dazu verführen kann, sich durch Förderung oder gar Erzwingung von Migration des sozialen Drucks zu entledigen. Diese Funktion des Exports von sozialen Konflikten hatte Auswanderung im 19. Jahrhundert auch in Europa.

Japan, das nach amtlicher Sprachregelung von einem „homogenen Volk" bewohnt wird und seinen Aufstieg zur wirtschaftlichen Großmacht auch dieser Homogenität einer „einmaligen Rasse" verdankt, erlebte seit den 70er Jahren einen von Schleppern organisierten Import von „Unterhaltungsdamen", die sich häufig durch Überschreiten des befristeten Touristen- oder „Künstlervisums" in die „Aufenthaltsillegalität" versetzen, seit Mitte der 80er Jahre auch eine verstärkte Zuwanderung männlicher Arbeitsmigranten, vorwiegend aus Südostasien, neuerdings auch aus Pakistan und Bangladesh. Die Zahl der „Illegalen" wurde 1990 auf 200.000 bis 300.000 geschätzt (vgl. HERBERT 1993a). Manche Schätzungen schließen auch bis zu einer Million „Illegaler" nicht aus. Außerdem wurden allein aus Brasilien etwa 150.000 Nachkommen ehemaliger japanischer Auswanderer ins Land geholt.

„Illegale" Arbeitsmigration nach Japan

Das „Einreisekontrollgesetz" von 1990 verwies genau die Migranten in die Illegalität, die am japanischen Arbeitsmarkt am meisten nachgefragt werden. Die vielen mittleren und kleinen Zulieferfirmen der Großunternehmen, die unter schwerem Kosten- und Konkurrenzdruck stehen, und die Baufirmen brauchen diese billigen Arbeitskräfte, die die „san ki"-Arbeiten (d. h. die schmutzigen, gefährlichen und anstrengenden Arbeiten) verrichten. Diese „geduldete Illegalität" reagiert einerseits flexibel auf den Bedarf des Arbeitsmarktes und ermöglicht andererseits eine wirksame Kontrolle des „illegalen" Arbeitsmarktes, ohne freilich die üblichen Begleiterscheinungen der „Illegalität" (Unterbezahlung, Unterbringung in Notunterkünften etc.) zu verhindern.

Skandalisierung des Ausländerproblems

Bemerkenswert ist, daß auch in Japan, das nur einen Ausländeranteil von 0,8% hat (von denen wiederum gut zwei Drittel Nachkommen der Koreaner sind, die aus der ehemaligen Kolonie Korea eingewandert oder als Zwangsarbeiter nach Japan deportiert worden waren), schon das leichte Anwachsen der legalen und illegalen Zuwanderung von Ausländern in einen ursächlichen Zusammenhang mit dem Anwachsen der Kriminalitätsrate gebracht wurde:

> „Dies unterscheidet die Diskussion um ‚Gastarbeiter' in Japan in keiner Weise von der in westeuropäischen Staaten, die eine starke Einwanderung erleben. In Westeuropa zeigt die Thematisierung eines den Ausländern zugeschriebenen ‚hohen kriminellen Potentials' markante Konjunkturen im Gleichschritt mit der ökonomischen Gesamtsituation und entsprechenden Skandalisierungen des Gastarbeiterproblems in Politik und Medien (...). Im japanischen Diskurs um legale Auf- oder Nichtaufnahme von Gastarbeitern finden sich alle transnational bekannten, allenfalls im Detail divergierenden Argumente wieder."
> (HERBERT 1993b, 199)

Vergleichbarkeit der Reaktionen auf den Migrationsdruck

Offensichtlich reagieren alle Gesellschaften – ihre Regierungen, Parteien, Medien, Wissenschaftler und die Bevölkerungsmehrheit – in sehr ähnlicher Weise auf die Zuwanderung von Fremden. Dabei beeinflussen objektive Faktoren wie Größenordnungen der Zuwanderung, Bedarfslagen des Arbeitsmarktes oder Konkurrenzsituationen auf dem Arbeits- und Wohnungsmarkt die Reaktionen weniger als psycho-soziale Befindlichkeiten und Einstellungen. Darin liegt auch die Schwierigkeit der politischen Bildung, weil die Vermittlung von Tatbeständen und Zusammenhängen nur schwer Einstellungsmuster und den Panzer von Vorurteilen durchbrechen kann.

5.5 Das „Mexiko-Syndrom"

Inter- und intraregionale Migration

In Südamerika hatten in den 60er und 70er Jahren Militärdiktaturen Hunderttausende ins Exil vertrieben, mehrheitlich in die Nachbarländer, aber auch nach Nordamerika und Westeuropa, vereinzelt (Kommunisten) auch nach Osteuropa. Dieser Fluchtgrund der politischen Verfolgung verschwand mit der Demokratisierung des Subkontinents in den 80er Jahren. Nun aber verstärkten Verelendungsprozesse im Gefolge der Verschuldungskrise die wirtschaftlichen Schubfaktoren für interne und grenzüberschreitende Wanderungsbewegungen. Sie finden nicht nur in Richtung Norden, sondern auch innerhalb des Subkontinents statt, erleichtert durch die gemeinsame oder ähnliche Sprache, aber auch durch eine großzügige Gesetzgebung.

In vielen Grenzregionen pendeln Saisonarbeiter, auch angeworben von Unternehmen und Plantagenbesitzern, um Löhne zu drücken und die gewerkschaftliche Organisation zu erschweren. Die Andenstaaten wurden durch die grenzüberschreitende Migration mehr miteinander verbunden als durch den Integrationsmechanismus des Andenpaktes. Gleichzeitig lösten Ansammlungen von Migranten in den Grenzregionen immer wieder Konflikte aus. Beim „Fußballkrieg" zwischen El Salvador und Honduras (1969) tobten sich Emotionen aus, die u. a. durch das Einsickern von Zehntausenden von Kleinbauern aus dem übervölkerten El Salvador nach Honduras aufgeschaukelt worden waren.

Was William CLARK (1985) in den 80er Jahren als „Mexiko-Syndrom" umschrieben hatte, findet tagtäglich am Rio Grande, dem Grenzfluß zwischen Mexiko und den USA, statt. Nach Schätzungen sollen täglich rund 1.000 „Illegale" aus Mexiko, Zentral- und Südamerika versuchen, die neue Grenzmauer zu überwinden und die Grenzwachen zu überlisten. Sie werden teilweise, wie die Bootsflüchtlinge aus der Karibik, von den Grenztruppen oder Küstenwachen aufgegriffen und zurückgeschickt – und versuchen es dann wieder, das „gelobte Land" im Norden zu erreichen und in den „Little Haitis" oder „Latin Quarters" der Großstädte unterzutauchen, ständig in Angst lebend, bei Razzien von der Polizei aufgegriffen und abgeschoben zu werden. Täglich werden Flugzeuge, die nach Süden starten, mit Abgeschobenen aufgefüllt.

Das „Mexiko-Syndrom" am Rio Grande

Die doppelte Moral der Asylpolitik wird im Verhalten gegenüber Flüchtlingen aus Kuba und Haiti deutlich. Während die Flüchtlinge aus Kuba bis August 1994 problemlos Asyl erhielten, wurden die Flüchtlinge aus Haiti erbarmungslos als „Wirtschaftsflüchtlinge" zurückgeschickt, obwohl sie nicht nur einem Armenhaus, sondern auch einer Militärdiktatur zu entfliehen versuchten. Der Präsidentschaftskandidat Bill Clinton kritisierte im Wahlkampf diese Praxis der Bush-Administration und setzte sie nach seiner Wahl fort. Die Flüchtlinge aus Haiti sind nicht nur arm, sondern auch schwarz.

Die doppelte Moral der Asylpolitik: Kuba und Haiti

Die Zuwanderer aus Lateinamerika haben die Südstaaten der USA und den südlichen Teil Kaliforniens zunehmend „latinisiert". 1990 bestand die Bevölkerung New Mexikos nur noch zur Hälfte aus Weißen nichtspanischer Abstammung; in Kalifornien lebten nur noch 57% Weiße. In Los Angeles leben mehr „Guanacos" aus El Salvador als in der Hauptstadt San Salvador. Die „Latinos" spielen in der Landwirtschaft, den arbeitsintensiven „alten Industrien" und den Dienstleistungsbereichen eine wichtige Rolle als billige Arbeitskräfte. Ohne Zuwanderer aus Lateinamerika und Asien wären das Gesundheitswesen und die Altenpflege nicht mehr funktionsfähig. Und ohne ihre Überweisungen von US-Dollars, die bei weitem die Entwicklungshilfe der USA übersteigen, könnten Millionen von Familien in ihren Herkunftsländern die täglichen Überlebensprobleme noch schwerer bewältigen.

„Latinisierung" Kaliforniens und der Südstaaten der USA

Die Debatte über NAFTA (*North American Free Trade Agreement*) zwischen den USA, Kanada und Mexiko konzentrierte sich auf die Frage, wieviel hunderttausend Arbeitsplätze in den USA verloren gehen, weil US-Firmen die billigen Arbeitskräfte in Mexiko und die offenen Grenzen für Güter zu nutzen versuchen

Folgen von NAFTA

werden. Einige Diskutanten brachten das richtige Argument in die Debatte ein, daß durch die Verlagerung von Produktionsstätten am wirksamsten der illegalen Arbeitsmigration begegnet werden könne, obwohl das Lohngefälle – der Grund für die Produktionsverlagerung – bestehen bleibt. Allerdings wird dann Mexiko mit einem Migrationsdruck aus dem übrigen Zentral- und Südamerika konfrontiert werden: Die Entschärfung des „Mexiko-Syndroms" am Rio Grande kann Mexiko dazu zwingen, seine Südgrenzen besser abzuschotten. Es fände also eine Vorverlagerung der heutigen Grenze am Rio Grande weiter nach Süden statt. Der Aufstand von Indio-Gruppen in der südlichsten Provinz Chiapas war auch ein Aufstand gegen einen internen Kolonialismus, der sich durch NAFTA zu verschärfen droht.

5.6 Prognostische Szenarien

Die Dritte Welt als „Welt der Flüchtlingslager"

Der Überblick über das weltweite Migrationsgeschehen zeigte, daß es mehr ein Süd-Süd-Problem denn ein Nord-Süd-Problem ist. Der Eindruck ist falsch, daß sich die Migranten größtenteils in Richtung Norden auf den Weg gemacht haben. Der Kranz von Flüchtlingslagern in den Grenzregionen wird auch in Zukunft zum Erscheinungsbild der Dritten Welt als „Welt der Flüchtlingslager" (vgl. MATTHIES 1985) gehören und Arbeitsuchende werden rund um den Globus auf „reguläre" und „irreguläre" Weise unterwegs sein,
- weil die Ressourcenkonflikte (z. B. um Land und Wasser), Macht- und Verteilungskonflikte oder die „Chaos-Macht" der internationalen Habenichtse zunehmen werden (vgl. SENGHAAS 1988, 170);
- weil das Wiederaufleben der von Gewaltsystemen unterdrückten Ethnizität und das Pochen auf das Selbstbestimmungsrecht Sprengsätze im Staatensystem bilden;
- weil die wachsenden sozialen Verteilungskonflikte auch die ethnischen und religiösen Konflikte verschärfen werden, so daß Samuel HUNTINGTON schon einen drohenden „Zusammenprall der Zivilisationen" und einen „Krieg der Kulturen" voraussagte (vgl. DIE ZEIT vom 13.8.1993);
- weil das Bevölkerungs- und Verelendungswachstum, das die Weltbank vor allem für Afrika voraussagt, den Migrationsdruck vergrößern wird, der zwar zunächst Ventile innerhalb des Kontinents suchen, aber auch dorthin drängen wird, von wo tagtäglich Bilder des Wohlstands und Überflusses kommen;

Umweltkatastrophen und Umweltflüchtlinge

- weil die rasch fortschreitende Zerstörung der Umwelt viele Millionen von Umweltflüchtlingen erzeugen wird, die nicht mehr leben können, wo sie leben wollen. Die in Abbildung 9 (S. 58) zusammengefaßten Prognosen internationaler Organisationen sind furchterregend. Nach einer Studie des *UN-Umweltprogramms* (UNEP) befinden sich bereits 35% der Landfläche, vorwiegend im Gürtel der Tropen und Subtropen, in verschiedenen Stadien der Wüstenbildung. Die hier lebenden 850 Millionen Menschen sind vom Verlust ihrer Lebensgrundlagen bedroht (vgl. WOEHLCKE 1992). Die vom IKRK befürchtete Zahl von 1 Milliarde Umweltflüchtlingen ist also kein grundloses Horrorszenario. Allerdings muß wieder hinzugefügt werden, daß die allermeisten dieser Umweltflüchtlinge innerhalb ihrer Herkunftsregionen verbleiben, weil sie gar keine Chance haben, auf grenzüberschreitende Wanderschaft zu gehen. Sie wandern in die ausufernden Großstädte ab und versuchen irgendwie zu überleben.

Abbildung 9: Migration (Trends und Prognosen)

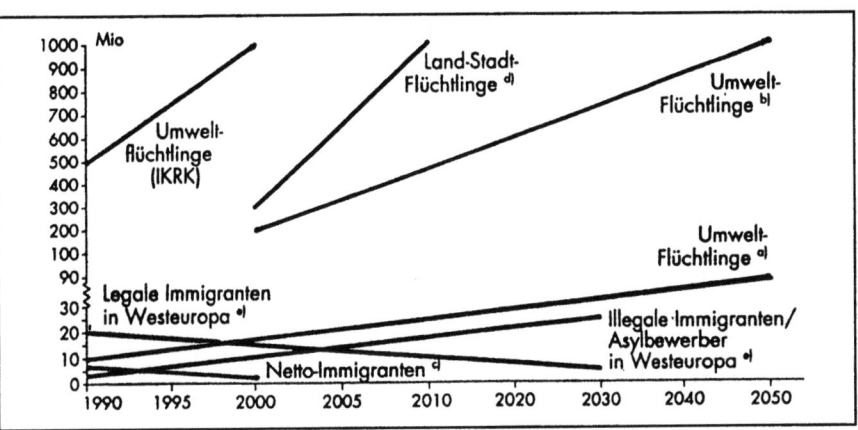

Quellen: a) World Watch Institute; b) UNEP c) Weltbank (legale und illegale Netto-Immigration); d) Jonas Widgren, International migration and regional stability, in: International Affairs 66,4 (1990), 749-766;
e) hierbei handelt es sich um eine unquantifizierte Trendprognose: Durch die restriktive Einwanderungspolitik werden viele in die Illegalität abgedrängt, so daß die Zahl der illegalen Migranten/Asylbewerber die Zahl der legalen Migranten überschreiten wird.

Quelle: Globale Trends 1991, 93.

Abb. 10 zeigt eine von der US-Entwicklungsbehörde (USAID) erstellte Projektion der Weltentwicklung bis zur Mitte des 21. Jahrhunderts unter der Annahme, daß eine Weltordnungspolitik die in den letzten Jahrzehnten erkennbaren globalen Entwicklungstrends nicht korrigieren sollte. Sollte diese Prognose Wirklichkeit werden, erhält auch das von Paul KENNEDY (1992) eingangs zitierte Katastrophenszenario eine hohe Wahrscheinlichkeit. Die Katastrophe „neuer Völkerwanderungen" wäre kein unabwendbares Schicksal, sondern die Folge politischen Versagens.

Abbildung 10: Entwicklungsprojektion bis zum Jahre 2050

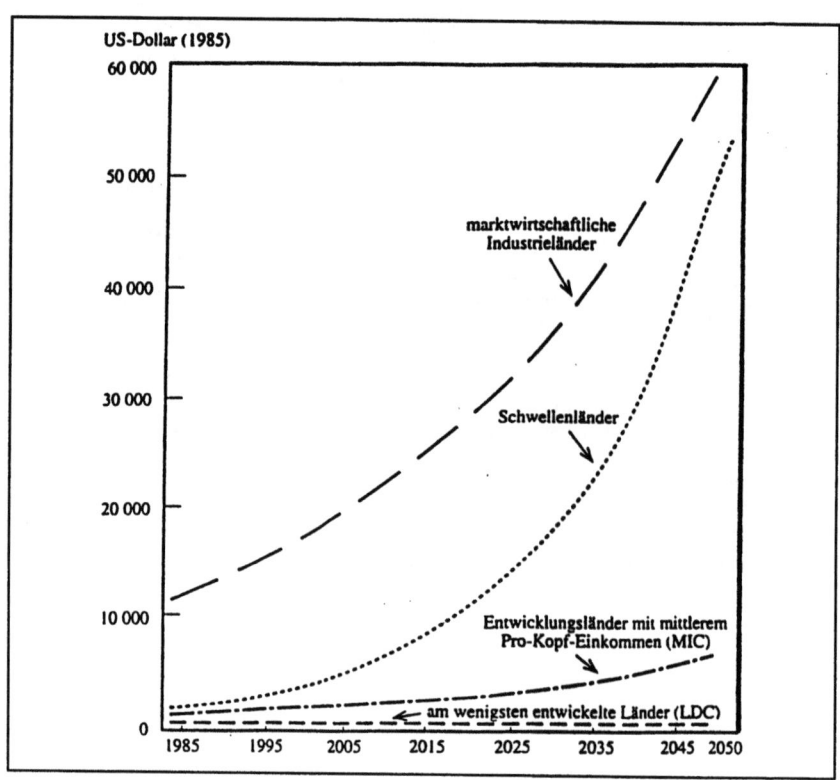

Quelle: US-Agency of International Development (Jahresbericht 1986).

6 Grundlagen des internationalen Flüchtlingsrechts

Grundlage des internationalen Flüchtlingsrechts ist das *Abkommen über die Rechtsstellung der Flüchtlinge* (GFK = Genfer Flüchtlingskonvention) vom 28.7.1951. Es war ganz auf die Nachkriegssituation in Europa abgestimmt und wurde auch durch ein Zusatzprotokoll vom 31.1.1967 nicht wesentlich verändert, das lediglich die zeitliche Begrenzung auf fluchtauslösende Ereignisse vor 1951 aufhob. Rund 100 Länder haben die Konvention und das Protokoll unterzeichnet, die Bundesrepublik im Jahr 1953. Das von ihr kodifizierte Völkerrecht ist also noch nicht universelles Völkerrecht. Einige der ost- und südostasiatischen Staaten, die im besonderen mit dem Flüchtlingsproblem konfrontiert sind (wie Thailand), haben die Konvention nicht ratifiziert.

Die GFK als Grundlage des Flüchtlingsrechts

Die GFK stellte es den Staaten weiterhin frei, wen sie als Flüchtling aufnehmen wollen: Sie begründete also kein Recht *auf* Asyl, sondern regelte lediglich den Rechtsstatus derjenigen, die bereits Asyl erhalten haben, also des Rechts *im* Asyl. Ihre Signatarstaaten verpflichteten sich dazu, den anerkannten Flüchtlingen gleiche Rechte wie allen anderen Ausländern zu gewähren, aber vor allem dazu, das noch nicht allgemein als Völkergewohnheitsrecht anerkannte Recht des Flüchtlings auf *non-refoulement* (Nicht-Zurückweisung) bzw. das Verbot zu beachten, einen Flüchtling gegen seinen Willen in das Land zurückzuschicken, aus dem er geflohen ist. Der berühmte Art. 33 Abs. 1 der GFK lautet:

Recht im Asyl, nicht Recht auf Asyl

„Keiner der vertragschließenden Staaten wird einen Flüchtling auf irgendeine Weise über die Grenzen von Gebieten ausweisen oder zurückweisen, in denen sein Leben oder seine Freiheit wegen seiner Rasse, Religion, Staatsangehörigkeit, seiner Zugehörigkeit zu einer bestimmten sozialen Gruppe oder wegen seiner politischen Überzeugung bedroht sein würde."

Der vieldeutige Zusatz „auf irgendeine Weise" bereitete vielen Kommentatoren Interpretationsprobleme. Die Rechtsauffassung überwiegt, ist aber nicht unumstritten, daß auch politische und nicht-politische Straftäter, wenn sie einmal Schutz vor Verfolgung erlangt haben und als Flüchtling anerkannt wurden, nicht ausgeliefert werden dürfen (vgl. KÖFNER/NICOLAUS 1986, Bd. 1, 414 ff.).

Bevor ein Asylbewerber als Flüchtling (Asylberechtigter) anerkannt wird, muß er ein Anerkennungsverfahren durch die Ausländerbehörden und ggf. durch Gerichte des Aufnahmelandes überstehen. Sie überprüfen, ob er die Bedingungen für die Anerkennung als Flüchtling erfüllt, die die GFK formuliert hat und die nationalen Gesetzgeber der Signatarstaaten in der Regel in ihre Ausländer- oder Asylverfahrensgesetze wörtlich übernommen haben (die Bundesrepublik Deutschland in Art. 28 Nr. 1 des Ausländergesetzes):

Kriterien der Flüchtlingseigenschaft

„Im Sinne dieses Abkommens findet der Ausdruck ‚Flüchtling' auf jede Person Anwendung (...), die sich aus der begründeten Furcht vor Verfolgung wegen ihrer Rasse, Religion, Nationalität, Zugehörigkeit zu einer bestimmten sozialen Gruppe oder wegen ihrer politischen Überzeugung außerhalb des Landes befindet, dessen Staatsangehörigkeit sie besitzt und den Schutz dieses Landes nicht in Anspruch nehmen kann oder wegen dieser Befürchtungen nicht in Anspruch nehmen will; ..." (Art. 1 A der GFK)

„Begründete Furcht vor Verfolgung"

Dieser grundlegende Art. 1 A der GFK erkennt also nur solche Personen als Flüchtlinge an, die eine „begründete Furcht vor Verfolgung" nachweisen können. Diese Definition des politischen Flüchtlings stellte einen Vertragskompromiß dar, der auf präzise Formulierungen verzichtete, um einen universellen Konsens zu ermöglichen – mit der Folge, daß die Vertragsstaaten weite Ermessensspielräume bei der Auslegung und Anwendung der GFK erhielten. Sie wurde zusammen mit dem Zusatzprotokoll von 1967 in der Bundesrepublik geltendes Recht und im Bundesgesetzblatt veröffentlicht. Grundlage ihres Asylrechts blieb jedoch allein Art. 16 Abs. 2 Satz 2 GG, der höherrangiges Verfassungsrecht gesetzt hat.

Individualisierung des Flüchtlingsbegriffs

Die GFK nennt zwar fünf Verfolgungsgründe, definiert aber den Verfolgungsbegriff nicht und sagt nichts über das asylbegründende Maß der Verfolgung aus. Sie erklärt stattdessen die subjektiv „begründete Furcht vor Verfolgung" zum einzigen anerkennungswürdigen Fluchtgrund. Sie individualisiert den Flüchtlingsbegriff, indem sie auf einen in jedem einzelnen Flüchtling liegenden Gemüts- oder Gefühlszustand abhebt: Er muß deshalb die „Furcht vor Verfolgung" glaubhaft machen („Glaubhaftmachungsprinzip"). Für die Anerkennung als Flüchtling genügt also nicht der objektive Tatbestand der Verfolgung aus den genannten fünf Gründen; es genügt auch nicht allein die Furcht vor Verfolgung, sondern diese Furcht muß mit „guten Gründen" nachgewiesen werden:

„Bei der Flüchtlingseigenschaft ist daher weder die emotionale Verfassung des Asylsuchenden, noch die objektive Situation im Heimatstaat alleine ausschlaggebend. Vielmehr sind sowohl die Motive für die Flucht und die Furcht vor Verfolgung, als auch die objektiven, für den konkreten Fall relevanten Verhältnisse im Heimatland zu berücksichtigen. Es handelt sich dabei um die Prüfung von subjektiven und objektiven Gesamtsachverhalten." (KÖFNER/NICOLAUS 1986, Bd. 1, 164)

Probleme, die „begründete Furcht vor Verfolgung" nachzuweisen

„Mißbrauchsvermutung"

In der Verwaltungs- und Rechtspraxis von Asylverfahren hat sich der Nachweis dieser „begründeten Furcht vor Verfolgung" als eine schwere Beweislast für die Asylsuchenden herausgestellt. Beamte in den Ausländerbehörden oder Richter in den Verwaltungsgerichten sind weder in der Lage, den „objektiven Gesamtsachverhalt" in den Herkunftsländern der Flüchtlinge zu beurteilen, noch in jedem Einzelfall zu ermessen, was Flüchtlinge zur Flucht getrieben hat, wie begründet ihre subjektive Wahrnehmung der Verfolgung war und wie glaubwürdig ihre „guten Gründe" sind. Wie kann jemand am Schreibtisch oder Richtertisch mit Hilfe von Dolmetschern ergründen, was in einem Flüchtling im Moment der Fluchtentscheidung im tiefsten Inneren vorging? Wie kann jemand den Druck einer existentiellen Notlage beurteilen, der niemals eine solche Notlage erlitten hat? Die ständige Beschäftigung mit menschlichen Schicksalen höhlt die Empathiefähigkeit aus und führt – auch zum Selbstschutz – zur Routine.

Solange die „begründete Furcht vor Verfolgung" das alleinige Entscheidungskriterium für die Anerkennung als Flüchtling bildet, ist eine persönliche Befragung der Antragsteller unerläßlich. Seitdem die Mehrheit der Flüchtlinge, vor allem aus der Dritten Welt, dem Verdacht der „Wirtschaftsflucht" oder gar des „Asyltourismus" ausgesetzt ist, begegnen ihnen die Grenz- und Ausländerbehörden mit einer kollektiven „Mißbrauchsvermutung". Die Situation für die Asylsuchenden ist vor allem dann belastend, wenn sie tatsächlich aus „Furcht vor Verfolgung" aus der Heimat geflohen sind:

„Gerade derjenige Asylbewerber, der als echter politischer Flüchtling oft nur mit knapper Not der Bedrohung seines Lebens, seiner Freiheit und anderer Werte und Güter entgangen ist, wird einer Prozedur unterworfen, in der zunächst einmal seine Beweggründe erforscht und in Frage gestellt werden. Es gehört nicht viel Menschenkenntnis dazu, sich vorzustellen, welche seelische Belastung eine solche Situation erzeugt." (KIMMINICH 1984, 53)

Eine Definition, die auf den einzelnen Flüchtling abgestellt ist und eine Einzelfallprüfung verlangt, wird außerdem bei Massenfluchtbewegungen völlig unpraktikabel. Die Konferenz der deutschen Innenminister (IMK) hatte im Jahre 1966 den „Ostblock-Flüchtlingen" als Gruppe die Regelvermutung der politischen Verfolgung zuerkannt. Dies war eine politische Entscheidung. Der große juristische Argumentationsaufwand steht unter dem Vorbehalt politischer Opportunität: Wer vor dem politischen Feind flieht, hat es leichter, Verfolgung glaubhaft zu machen.

Das Bundesverwaltungsgericht entwickelte in mehreren Urteilen die Doktrin der „Einzelverfolgung wegen Zugehörigkeit zu einer bestimmten, durch gemeinsame Merkmale verbundenen Gruppe von Menschen" (so im „Tamilen-Urteil" vom 30.10.1984). Mit anderen Worten: Die politische Verfolgung einer Gruppe als Ganzem spricht für die Verfolgung einzelner Angehöriger dieser Gruppe. Aber auch hinter dieser Regelvermutung steckt eine politische Bewertung oder kulturelle Affinität bzw. Differenz. Während die Verwaltungsgerichte syrisch-orthodoxen Christen und Yesidi aus der Türkei eine solche gruppenbezogene Regelvermutung der politischen Verfolgung zugestanden, erkannten sie Kurden oder palästinensischen Asylbewerbern aus dem Libanon „allenfalls eine gewisse Vermutung für die erforderliche eigene Verfolgung" zu (vgl. MARX 1988, 152). „Gruppenverfolgung"

Das rechtliche Problem, das die GFK den Vertragsstaaten hinterließ, liegt also zuvörderst in der Klärung des Verfolgungsbegriffes. Wann liegt eine politische Verfolgung vor? Schon bei schweren Verstößen gegen Menschenrechte oder erst bei einer nachweisbaren Bedrohung für das Leben? Der oben zitierte Art. 33 der GFK läßt darauf schließen, daß ihre Verfasser und Unterzeichner auch die Bedrohung der Freiheit als Tatbestand der politischen Verfolgung betrachteten. Die Rechtsprechung der deutschen Verwaltungsgerichte hat aber nicht einmal die drohende oder bereits erlittene Folter als Verfolgungsgrund anerkannt, weil sie den Verfolgungstatbestand vom politischen Zweck der Folter, also von der Verfolgungsmotivation des Verfolgerstaates, abhängig machte. Was heißt „politische Verfolgung"?

Was kann politische Verfolgung überhaupt noch bedeuten, wenn nach Auffassung des früheren Präsidenten des Bundesverfassungsgerichtes, Wolfgang ZEIDLER (1984), viele der schlimmsten Verfolgungstatbestände bis hin zum „organisierten Massenmord" sich kaum dem „klassischen Begriff der politischen Organisierter Massenmord keine politische Verfolgung?

Verfolgung" zuordnen lassen? Der Vertreter des UNHCR in der Bundesrepublik forderte als Ausweg aus der „Grenzzone", in der sich heute viele Flüchtlinge befinden, wenn sie die Voraussetzungen der Flüchtlingsdefinition in der GFK nicht zweifelsfrei erfüllen:

„Ein Flüchtling soll Anrecht auf menschenwürdige Behandlung auch dann beanspruchen dürfen, wenn er zwar nicht in der Lage ist, ‚begründete Furcht vor Verfolgung' gemäß der Genfer Flüchtlingskonvention geltend zu machen, jedoch begründete Angst vor einer Rückkehr in seine Heimat hat." (VAN ROOYEN, in: *Das Parlament*, Nr. 12/März 1987)

6.1 Frauenspezifische Verfolgung

Belastungen und Belästigungen der Frauen auf der Flucht

Etwa drei Viertel der Flüchtlinge sind Frauen und Kinder. Zusätzliche Belastungen bei der Verfolgung, auf der Flucht und im Exil begründen eine gesonderte Behandlung der Situation von Flüchtlingsfrauen. Die Ursachen der Verfolgung, aber überwiegend ihre Formen, sind häufig eng mit dem Umstand verbunden, daß es sich um Frauen handelt. Bei der Verfolgung, der Flucht und im Flüchtlingslager sind sie häufig Opfer sexueller Belästigung und Ausbeutung. Der *Weltbevölkerungsbericht* (1993, 29) stellte fest:

„Während eines Krieges oder während bürgerkriegsähnlichen Zuständen innerhalb eines Staates bleibt es gewöhnlich den Frauen überlassen, für das Überleben der Kinder und abhängiger älterer Verwandter zu sorgen. Bis zu 75 Prozent aller Flüchtlinge weltweit sind möglicherweise Frauen. Zwischen 60 und 80 Prozent aller Flüchtlingshaushalte haben einen weiblichen Haushaltsvorstand. Die besonderen Bedürfnisse der Frauen jedoch fanden bisher im Rahmen von humanitären Maßnahmen wenig Beachtung. Bemühungen um die Einbeziehung von Frauen in den politischen Entscheidungsprozeß in Flüchtlingsfragen und die Durchführung entsprechender Aktionsprogramme gab es ebenfalls kaum."

Varianten der frauenspezifischen Verfolgung

Frauenspezifische Verfolgung gibt es in vielen Varianten (vgl. GEBAUER 1987; GOTTSTEIN 1988). Dabei muß Verfolgung durch den Staat aufgrund politischer Aktivitäten der Frau, des Ehemannes oder anderer Familienmitglieder (Sippenhaftung) oder aufgrund der Verletzung von religiösen Regeln oder rechtlichen Normen, die nur für Frauen gelten (Ehebruch, Prostitution), von der Bedrohung oder Verfolgung durch nicht-staatliche Repression (wie sie beispielsweise in Indien in der Konvention der Witwentötung noch häufig ausgeübt wird) unterschieden werden. Was die einen (Männer) noch als kulturspezifische Konvention betrachten (z. B. die in Ostafrika häufig praktizierte Klitorisbeschneidung), betrachten andere (vor allem Frauen) schon als Eingriff in das Menschenrecht auf körperliche Unversehrtheit. Viele Varianten der frauenspezifischen Verfolgung haben offene oder verdeckte sexuelle Hintergründe (vgl. SCHÖTTES/SCHUCKAR 1993).

Frauen im Islam

Frauenspezifische Verfolgung, die auch von der allgemeinen Diskriminierung der Frauen in „Männergesellschaften" unterschieden werden muß, obwohl die Grenzen fließend sind, gibt es in vielen Gesellschaften. Aber es gibt einige

Staaten, in denen frauenspezifische Fluchtgründe auch Fluchtbewegungen von Frauen ausgelöst haben. Dies gilt vor allem für den Iran, neuerdings auch für Afghanistan, Pakistan und den Sudan, also für Staaten, die das islamische Strafrecht (*Scharia*) anwenden. Die fundamentalistische Reislamisierung des Familienrechts hat den rechtlichen und gesellschaftlichen Status der Frau wesentlich verschlechtert. Die Frauen wurden wieder strikten Kleidervorschriften (Tragen des *Hijab*) unterworfen, deren Verletzung sie schon dem Vorwurf strafrechtlicher Delikte (Prostitution oder Entehrung des Mannes) aussetzen kann. Der Mann hat Verfügungsgewalt über die Frau, kann sie schlagen, vergewaltigen, betrügen und verstoßen, während für eine Frau eine Scheidung nahezu unmöglich ist; er kann neben Dauerehen mit vier Frauen auch „Zeitehen" führen, während die Frau bei Ehebruch die Todesstrafe riskiert (vgl. AGHA/SCHUCKAR 1991).

Über die Einhaltung der Verhaltensnormen wachen neben den Ehemännern und Familien die „Revolutionswächter", die mit weitreichenden Strafbefugnissen ausgestattet sind: Sie dürfen ihre Opfer nach Belieben verhaften, foltern, öffentlich auspeitschen oder steinigen. Ehebrecherinnen und Homosexuellen droht neben öffentlichen Demütigungen die Hinrichtung. Menschenrechtsorganisationen vermuten, daß in den ersten Jahren des Khomeini-Regimes mindestens 10.000 Frauen inhaftiert und gefoltert und 1 500 hingerichtet wurden. Frauen, denen die Flucht aus dem Iran gelang, begründeten ihren Asylantrag mit dem Argument, nicht länger in einem Staat leben zu können, der den Frauen grundlegende Menschenrechte verweigert – und lieferten mit dieser Begründung einen Ablehnungsgrund, wenn sie keinen persönlichen Verfolgungsgrund nachweisen konnten.

Frauen im Iran

Sexuelle Übergriffe bei Verfolgung und Folter sollen nicht allein die Frau aufgrund ihrer Zugehörigkeit zu einer ethnischen oder religiösen Minderheit oder einer politischen Oppositionsgruppe treffen, sondern meist auch die verfolgte Gruppe oder den verfolgten Ehemann. Die Massenvergewaltigungen bosnischer Frauen durch die serbische Soldateska wurden als Mittel der psychologischen Kriegsführung und der „ethnischen Säuberungen" eingesetzt. Ehemann und soziale Gruppe leiden darunter, der Frau nicht den notwendigen Schutz gewähren zu können. So zeigt die frauenspezifische Verfolgung häufig eine mehrfache Wirkung. Vergewaltigte Frauen sind zugleich Opfer und Sündenbock, weil lebendes Zeugnis für die Erniedrigung des Mannes. Ihre eigene Erniedrigung zählt im gesellschaftlichen Ehrenkodex wenig.

Funktionen von Demütigungen und Vergewaltigungen

Auch auf der Flucht erleben viele Frauen sexuelle Nötigung. Nur wenige weibliche Boat-people aus Vietnam entgingen Vergewaltigungen durch Piraten. Schlepper, Schmuggler, Paßfälscher und Bürokraten erwarten für irgendwelche Dienstleistungen sexuelle Gegenleistungen, vor allem von allein fliehenden Frauen. Sie kommen mit traumatischen Erlebnissen in den Zufluchtsländern an. Dort können und wollen sie nicht über ihre Erlebnisse sprechen, deren sie sich schämen. Wie aber sollen sie ihre „begründete Furcht vor Verfolgung" erklären? Wie sollen sie glaubhaft machen, was sie glaubhaft machen müssen, um nicht zurückgeschickt zu werden?

Die Diskriminierung von Flüchtlingsfrauen und Arbeitsmigrantinnen setzt sich beim erschwerten Zugang zu Arbeitserlaubnissen, sozialen Dienstleistungen

Diskriminierung von Migrantinnen

und zur Einbürgerung fort (vgl. BRANDT/SEYB 1988). Alleinstehende Frauen haben in den meisten Industrieländern große Schwierigkeiten, eine Einreiseerlaubnis als Immigrantinnen zu erhalten. Das Recht auf Einbürgerung ist häufig vom Status des Ehemannes abhängig. Wie der *Weltbevölkerungsbericht* 1993 beklagt, haben die Aufnahmeländer wenig zum rechtlichen Schutz von hilflosen Flüchtlingsfrauen und wehrlosen irregulären Arbeitsmigrantinnen unternommen. Er fordert deshalb (S. 38):

„Revisionen des internationalen Rechts und anderweitiger Regelungen in für die Migration relevanten Bereichen sollen angestrebt werden, da diese heute noch zu diskriminierenden Praktiken gegenüber Migrantinnen führen können. Zusätzlich bedarf es besonderer Maßnahmen, damit die Rechte und die Sicherheit von Migrantinnen gewährleistet werden können, für die potentiell die Gefahr besteht, ausgebeutet zu werden."

6.2 Regionale Flüchtlingskonventionen

Kritik an der GFK

Die GFK stellte einen großen Fortschritt in der Entwicklung des internationalen Flüchtlingsrechts dar. Aber ihr guter Ruf als „Magna Charta der Flüchtlinge" hat gelitten, weil sie zu viele de facto-Flüchtlinge, die sich in „flüchtlingsähnlichen" Situationen befinden, aus ihrer de iure-Definition ausgrenzt. Viele Staaten der Dritten Welt drängen darauf, daß nicht nur die Hilfsmaßnahmen des UNHCR, sondern auch der internationale Rechtsschutz auf einen erheblich erweiterten Kreis von Flüchtlingen ausgeweitet werden. Eine Reihe von Beschlüssen der UN-Generalversammlung hat das Mandat des UNHCR, das auf der Flüchtlingsdefinition der GFK beruht, schrittweise erweitert. In der *Resolution 3454* (XXX) von 1975 vertraute sie ihm die Fürsorge für „refugees and displaced persons" an.

Afrikanische Flüchtlingskonvention

Die OAU (*Organisation für afrikanische Einheit*) übernahm in ihrer Flüchtlingskonvention von 1969 zunächst die Flüchtlingsdefinition der GFK, ergänzte sie aber in Art. I Abs. 2:

„Der Begriff Flüchtling soll außerdem auf jede Person Anwendung finden, die wegen Aggression von außen, Besetzung, Fremdherrschaft oder aufgrund von Ereignissen, welche die öffentliche Ordnung in einem Teil des Landes oder dem gesamten Land ernsthaft stören, gezwungen ist, den Ort ihres gewöhnlichen Aufenthaltes zu verlassen, um an einem anderen Ort außerhalb des Landes ihrer Herkunft oder Staatsangehörigkeit Zuflucht zu suchen."

Deklaration von Cartagena

Auch diese Formulierung erfaßte nicht die Binnen-, Katastrophen- und Armutsflüchtlinge (wie im Sudan oder in Mozambique), die zu einem besonderen Problem Afrikas geworden sind. Sie verzichtete aber auf das bei Massenfluchtbewegungen unpraktikable Erfordernis der „begründeten Furcht vor Verfolgung". Die UN-Generalversammlung erteilte dem UNHCR das Mandat, in Afrika im Sinne dieses erweiterten Flüchtlingsbegriffs tätig zu werden. Er operiert also inzwischen auf der Basis eines gespaltenen Flüchtlingsbegriffs.

Die im Jahre 1984 von Regierungsvertretern und Experten aus zehn mittel- und südamerikanischen Staaten erarbeitete *Deklaration von Cartagena* dehnte den Flüchtlingsbegriff auf alle Personen aus, die aus ihren Ländern flüchten,

„weil ihr Leben, ihre Sicherheit oder ihre Freiheit durch weitverbreitete Gewalttätigkeit, ausländische Aggression, Besetzung oder Fremdherrschaft, innere Konflikte, massive Verletzungen der Menschenrechte oder andere die öffentliche Ordnung wesentlich beeinträchtigende Umstände bedroht sind."

Dieser Flüchtlingsbegriff geht noch über den der OAU-Konvention hinaus, hat aber keine völkerrechtliche Verbindlichkeit, weil die Deklaration nicht die Rechtsqualität einer Konvention hat. Die Staatengemeinschaft ließ sich durch diese regionalen Initiativen auch nicht dazu bewegen, die GFK den Veränderungen des internationalen Flüchtlingsproblems anzupassen, sondern half sich mit regionalen Notlösungen, um dem Zwang zu universellen Lösungen zu entgehen.

6.3 Plädoyer für einen erweiterten Verfolgungs- und Flüchtlingsbegriff

Angesichts der Komplexität des Weltflüchtlingsproblems, der Mischung von Schub- und Sogfaktoren bei vielen Fluchtentscheidungen und der Erscheinungsvielfalt von politischer Verfolgung kann man den Sinn einer jeden Formaldefinition des Flüchtlings anzweifeln. Keine Definition kann alle Verfolgungstatbestände erfassen. Ein Asylrecht kommt aber ohne definitorische Ein- und Ausgrenzungen nicht aus. Die Staaten werden angesichts der Massenfluchtbewegungen von der ausgrenzenden Definition des politischen Flüchtlings nicht abrücken und internationale oder innerstaatliche Normen, die einen Anspruch auf Asyl begründen, auf Mindestnormen zurückstutzen, die ihre asylpolitische Handlungs- und Entscheidungsfreiheit nicht allzu sehr einengen.

<small>Definitorische Ein- und Ausgrenzungen</small>

Die Humanität und das Humanitäre Völkerrecht gebieten jedoch eine Erweiterung des Flüchtlings- und Verfolgungsbegriffes, die auch existenzbedrohende Zwangslagen erfaßt. Wenn die Staaten nur einer handverlesenen Auswahl von politisch Verfolgten Asyl gewähren wollen, dann sollten sie

<small>Erweiterung des Flüchtlings- und Verfolgungsbegriffs</small>

– erstens das Instrument des „kleinen Asyls" für de facto-Flüchtlinge großzügiger handhaben, ohne diese nur geduldeten „Flüchtlinge zweiter Klasse" einer inhumanen Rechtsunsicherheit zu unterwerfen;
– zweitens der Aufforderung der Parlamentarischen Versammlung des Europarates nachkommen und ein Abkommen über die de facto-Flüchtlinge ausarbeiten, das diesen Aufenthalts- und Arbeitsrecht gewährt;
– drittens die vom UNHCR-Exekutivausschuß für Programme im Jahre 1977 verabschiedeten „Mindestgrundsätze" zur Ausgestaltung der nationalen Asylverfahren beachten (die u. a. den Asylsuchenden Bleiberecht für die gesamte Dauer des Asylverfahrens einräumen);

– viertens das Mandat des UNHCR erweitern – und zwar nicht nur auf der Grundlage von situationsbedingten ad hoc-Beschlüssen, sondern auf der völkerrechtlich abgesicherten Grundlage einer neuen Flüchtlingskonvention, die den Ursachen und Dimensionen der Massenzwangswanderungen der Gegenwart besser gerecht wird.

<small>Barrieren für ein neues Flüchtlingsrecht</small>

Die GFK ist nicht mehr die „Magna Charta der Flüchtlinge". Sie läuft sogar Gefahr, zu einem Hilfsinstrument staatlicher Abschreckungspolitik gegenüber Flüchtlingen zu werden, die ihren ausgrenzenden Begriffen und Definitionen nicht entsprechen. Wenn nicht einmal die EU-Staaten fähig und willens sind, sich auf einen einvernehmlichen Verfolgungsbegriff zu verständigen, dann wird deutlich, wie schwierig es ist, einen internationalen Konsens über ein neues Flüchtlingsrecht zu finden, dem Herkunfts- und Zielländer von Flüchtlingen zustimmen können. Dieser Tatbestand trübt auch die Hoffnung auf ein internationales Migrationsregime, das der Autor am Ende fordert.

6.4 Der Flüchtling: ein „völkerrechtliches Nichts"?

<small>Der Flüchtling als „völkerrechtliches Nichts"</small>

Das Völkerrecht ist – seit dem Westfälischen Frieden von 1648 und in seinen Grundzügen bis heute weltweit anerkannt – eine zwischenstaatliche Rechtsordnung zur Regelung der zwischenstaatlichen Beziehungen: es ist ein Staatenrecht. Seine Rechtssubjekte sind allein souveräne Staaten (und Rechtsträger wie das Internationale Komitee vom Roten Kreuz und der Heilige Stuhl), nicht aber Völker, Gruppen oder Einzelmenschen. Diese sind nur über das Verbindungsstück der Staatsangehörigkeit in die „Völkerrechtsgemeinschaft" einbezogen, die allein eine Staatengemeinschaft ist. Der Einzelne hat nur Rechte und Pflichten im Verhältnis zu „seinem" Staat, der ihm dafür rechtlichen Schutz verschafft. Wer aber vor „seinem" Staat flieht und als Flüchtling staatenlos geworden ist, ist als völkerrechtliches Nichts nicht einmal Begünstigter von Völkerrechtsnormen (vgl. KIMMINICH 1983, 226).

Diese Basis des Gewohnheits- und Vertragsrechts zwischen Staaten, die den einzelnen Menschen bestenfalls als Objekt, nicht aber als Subjekt des Völkerrechts begreift, wurde bis zur Wende ins 20. Jahrhundert als ausreichend empfunden. Bereits gegen Ende des 19. Jahrhunderts setzte jedoch eine Entwicklung zur stärkeren Beachtung des Individualschutzes ein. Die ersten Anzeichen dafür waren auf dem klassischen Gebiet des Staatenrechts, der Kriegführung und ihren Auswirkungen zu verzeichnen.

<small>Entwicklung des Völkerrechts vom Staatenrecht zum Menschenrecht</small>

Erst die *Allgemeine Erklärung der Menschenrechte* (von 1948) und der *Internationale Pakt über bürgerliche und politische Rechte* (von 1966) sowie die Entwicklung des Humanitären Völkerrechts im allgemeinen und eines internationalen Flüchtlingsrechts im besonderen haben Breschen in das Verständnis des Völkerrechts als Staatenrecht geschlagen: Sie haben Menschenrechte, d. h. Rechte des Einzelmenschen gegenüber dem Staat, zu einem Bestandteil des Völkerrechts gemacht; sie haben das Völkergewohnheitsrecht erweitert, das über das vertraglich kodifizierte Flüchtlingsrecht hinausgeht; sie haben damit allerdings noch nicht Einzelmenschen oder gar Flüchtlinge zu Völkerrechtssubjekten aufgewertet.

Auch die Genfer Flüchtlingskonvention hob den hergebrachten Souveränitätsgrundsatz nicht auf, der darin zum Ausdruck kommt, daß allein der einzelne Staat darüber entscheidet, wen er als Flüchtling anerkennen oder wem er Asyl gewähren will. Als einziger Staat hatte Belgien die Zuerkennung des Flüchtlingsstatus an den Vertreter des UNHCR in Brüssel delegiert, hat aber diese Delegation inzwischen zurückgezogen. Es ist bemerkenswert, daß die UN-Menschenrechtsdeklarationen von 1948 und 1966 das Asylrecht ausgeklammert haben, weil sich die Staaten nicht auf eine allgemein akzeptierte und selbstbindende Regelung verständigen konnten. Zwar fordert Art. 14 der *Allgemeinen Erklärung der Menschenrechte* (von 1948):

„Jeder Mensch hat das Recht, in anderen Ländern vor Verfolgung Asyl zu suchen und zu genießen."

Aber dieser Artikel blieb ein unverbindlicher Programmsatz, der noch keinen Rechtsanspruch auf Asyl begründete und deshalb keinen Fortschritt in der Geschichte des Asylrechts darstellte; er bedeutet bei genauerem Hinsehen nicht mehr als das Recht, sich auf die Flucht zu begeben, das auch schon Art. 13 Abs. 2 der *Allgemeinen Erklärung der Menschenrechte* als Menschenrecht der Freizügigkeit postulierte. Die Zweideutigkeit des Art. 14 wurde von Völkerrechtlern scharf kritisiert und sogar als Betrug bezeichnet, weil er in leichtfertiger Sprache etwas verspricht, was er nicht zu halten vermag.

Am 14.12.1967 verabschiedete die UN-Generalversammlung eine „Asylrechtserklärung" (*UN Declaration of Territorial Asylum*). Aber auch sie blieb wiederum eine rechtsunverbindliche Empfehlung, die kein individuelles und einklagbares Recht auf Asyl enthielt und die Staaten nicht zur Asylgewährung verpflichtete. Ihr Art. 3 bekräftigte lediglich das Prinzip des *non-refoulement*. Man hätte erwarten können, daß zumindest die europäischen Staaten nach dem Erlebnis des Faschismus und Stalinismus sich zu einem großzügigen und verbindlichen Asylrecht durchringen. Aber auch die *Europäische Menschenrechtskonvention* (von 1950) klammerte das Asylrecht völlig aus.

Die Ausklammerung des Asylrechts aus dem Völkerrecht

Die unverbindliche UN-Asylrechtserklärung von 1967

6.5 Das „neue Völkerrecht" und das alte Flüchtlingsrecht

Die gegenwärtige Situation des Völkerrechts ist als Umbruchsituation zu kennzeichnen. Dies belegt die Entwicklung vom klassischen „Recht zum Kriege", das die souveränen Staaten bis zum Ersten Weltkrieg beanspruchten, über das Kriegsverbot der Völkerbundsatzung zum generellen Gewaltverbot in der Satzung der Vereinten Nationen bis hin zur allgemeinen Friedenspflicht der Staaten. Statt von der duldenden Koexistenz wird heute vom „Völkerrecht der friedlichen Zusammenarbeit" gesprochen.

Wandlungen des Völkerrechts

Auch in der Frage der völkerrechtlichen Anerkennung der Menschenrechte gibt es Bewegung: In der akademischen Diskussion über das Völkerrecht wird schon lange gefordert, daß die Stellung des Individuums im Völkerrecht gestärkt und das Staatenrecht zum Menschenrecht weiterentwickelt werden sollte. Am Horizont dieser Diskussion zeichnet sich die (ziemlich illusionäre) Vision eines durch das Völkerrecht geschützten Weltbürgers ab, einer Idee, die bekanntlich schon Goethe bewegte, der die „Welt als Vaterland" begreifen wollte.

Völkerrecht und Flüchtlingsrechte

Das Völkerrecht versteht sich als Rechtsordnung, die das Verhältnis zwischen Staaten regelt. Es müßte deshalb auch einen Beitrag zur Lösung des Weltflüchtlingsproblems leisten, das diese Rechtsordnung erschüttert. Es könnte diesen Beitrag aber nur dann leisten, wenn es die Rechte der Flüchtlinge gegenüber den Staaten stärken und grundsätzlich anerkennen würde, daß „der Schutz der menschlichen Person Aufgabe und Ziel der Völkerrechtsordnung ist" (HAILBRONNER 1980, 127); und es müßte den Flüchtlingen in letzter Konsequenz das Recht der Einzelklage vor dem Internationalen Gerichtshof einräumen, ein Individual-Klagerecht also, das bisher nur die *Europäische Menschenrechtskonvention* (MRK) von 1950 verankert hat.

Auch die Europäische Menschenrechtskonvention klammert das Asylrecht aus

Eine nach Art. 19 MRK errichtete Europäische Kommission für Menschenrechte nimmt neben Staatenbeschwerden auch Beschwerden von Einzelpersonen entgegen, wenn die Zuständigkeit anerkannt worden ist. Wird dort keine gütliche Einigung erreicht, wird die Klage dem Ministerkomitee des Europarats oder letztinstanzlich dem Europäischen Gerichtshof für Menschenrechte zur bindenden Entscheidung vorgelegt. Allerdings enthält, wie bereits erwähnt wurde, auch die *Europäische Menschenrechtskonvention* kein Recht auf Asyl.

Nach dem Vorbild der *Europäischen Menschenrechtskonvention* wurde 1969 in San José (Costa Rica) von der OAS eine *Interamerikanische Menschenrechtskonvention* beschlossen, die als Rechtsschutzorgane ebenfalls eine Kommission und einen Gerichtshof für Menschenrechte vorsieht.

„Neues Völkerrecht" und altes Flüchtlingsrecht

Die Forderungen nach Zulassung von Einzelklagen vor internationalen Schiedsorganen stoßen immer wieder an eine schwer zu überwindende Hürde: eben an die Hürde des althergebrachten Souveränitätsanspruches der Staaten. Sie allein entscheiden über das Zustandekommen und Inkrafttreten neuer Völkerrechtsnormen. Es scheint, daß sie gerade in Flüchtlings- und Asylfragen nicht gewillt sind, ihre letztinstanzliche (juristische) Souveränität der Idee einer menschenrechtlichen und humanen Lösung des Flüchtlingsproblems zu opfern. Otto KIMMINICH, der engagierte Pionier in Fragen des Flüchtlings- und Asylrechts, stellte der Erfolgsliste des „neuen Völkerrechts" eine deprimierende Bilanz des Flüchtlingsrechts gegenüber:

„Aber betrachtet man die rechtliche Ordnung des internationalen Systems einmal unter dem Aspekt des Flüchtlings, des Menschen, der keine Heimat mehr hat, der in der Fremde ist, der von einer politischen Gewalt bedroht wird und außerhalb der Gemeinschaft, in die er hineingeboren wurde, Schutz und Hilfe sucht, so kommen wir zu einem erschreckenden, ernüchternden Ergebnis." (KIMMINICH 1983, 224)

KIMMINICH bezweifelte sogar, ob im „Kernbereich dessen, was wir Menschlichkeit bezeichnen, ein Fortschritt gegenüber steinzeitlichen Verhältnissen erzielt worden ist." Die Humanität der universellen Menschenrechte hat eben die Weltgesellschaft noch nicht zu humanisieren vermocht.

Der ehemalige UN-Hochkommissar für Flüchtlinge Aga KHAN forderte in einem Bericht an die UN-Menschenrechtskommission (1981) eine „Neue Internationale Humanitäre Ordnung", durch die der gesamte Komplex des Flüchtlings-, Asyl-, Staatsangehörigkeits- und Arbeitsrechts neu geordnet werden sollte. Der Bericht stellte die bemerkenswerte These auf, daß Massenflucht fast immer die Folge von Menschenrechtsverletzungen sei und selbst eine massive Menschenrechtsverletzung darstelle. Durch diesen kausalen Zusammenhang zwischen Flucht und Menschenrechtsverletzung wird das enge Flüchtlings- und Asylrecht in den weiten Zusammenhang der internationalen Menschenrechtsdiskussion gestellt.

Forderung nach einer „Neuen Internationalen Humanitären Ordnung"

Allerdings stehen einer solchen „Neuen Internationalen Humanitären Ordnung" nach wie vor die internationalen Machtverhältnisse und Souveränitätsansprüche der Einzelstaaten entgegen, die durch internationale Vereinbarungen das Völkerrecht gestalten. Wenn sie sich an das bereits kodifizierte oder gewohnheitsrechtlich geltende Humanitäre Völkerrecht und an die internationalen Menschenrechtspakte halten würden, wäre mehr gewonnen als durch die Erarbeitung einer neuen universellen Sozialcharta, die auf der Tagesordnung des im März 1995 in Kopenhagen veranstalteten „Sozialgipfels" (Welt-Konferenz für soziale Entwicklung) steht, aber lediglich die Serie von unverbindlichen „universellen Erklärungen" vermehren wird. Notwendig sind wirksame Überprüfungs- und Durchsetzungsverfahren.

7 Das Flüchtlingsproblem als Weltordnungsproblem

Flüchtlinge als Treib- und Strandgut der internationalen Politik

Ein afrikanisches Sprichwort sagt: „Wo Elefanten kämpfen, leidet das Gras". Dieses Sprichwort veranschaulicht das Entstehen von Flüchtlingsströmen nicht nur in Afrika, sondern weltweit. Fluchtbewegungen sind nicht Unglücksfälle wie Naturkatastrophen, sondern Folgen der zunehmenden personalen und strukturellen Gewalt in der Weltgesellschaft. Flüchtlinge sind Treib- und Strandgut der internationalen Politik, Opfer und Instrumente von zwischenstaatlichen Konflikten und internationalen Systemgegensätzen.

Flüchtlinge stellen immer einen Gesichts- und Prestigeverlust für die Staaten dar, aus denen sie kommen. Die vielen Millionen von Flüchtlingen, die aus kommunistischen Staaten flohen, taten dem Anspruch der Systemüberlegenheit des Kommunismus erheblichen Abbruch; sie wurden allerdings auch von der politischen Propaganda im Westen als Zeugen der eigenen Überlegenheit überstrapaziert.

Flüchtlinge als Friedensgefährdung

Flüchtlinge können zum Zündstoff zwischenstaatlicher und internationaler Beziehungen werden, besonders dann, wenn sie sich – wie die Palästinenser, afghanischen Mudschahedin oder ANC-Flüchtlinge im südlichen Afrika – als „kämpfende Flüchtlinge" an Regionalkonflikten beteiligen; aber auch dann, wenn allein ihre große Zahl zu einem destabilisierenden Faktor wird. Die 35. UN-Generalversammlung bekundete in ihrer *Resolution 35/124* (vom 11.12. 1980), daß

„massive Flüchtlingsströme nicht nur Auswirkungen auf die innere Ordnung und Stabilität der Aufnahmestaaten haben, sondern auch die Stabilität ganzer Regionen beeinträchtigen und somit Frieden und Sicherheit in der Welt gefährden könnten."

Jedes Fluchtgeschehen hat Auswirkungen auf die Beziehungen zwischen den Herkunfts- und Aufnahmeländern der Flüchtlinge und auf die innere Politik der Aufnahmeländer. Nach der Einschätzung des Londoner IISS (*International Institute of Strategic Studies*) gefährdet der Migrationsdruck die innere Sicherheit und Stabilität der Zielländer sogar mehr als militärische oder terroristische Bedrohungen. Außenminister GENSCHER (1982, 15) umriß die außenpolitischen Folgeprobleme des weltweiten Flüchtlingsproblems so:

„Grenzüberschreitende Flüchtlingsströme stellen nicht nur ein humanitäres, sondern in besonderem Maße ein politisches Problem dar. Das weltweite Flüchtlingsproblem ist heute zu einer wachsenden Bedrohung der gutnachbarlichen Beziehungen zwischen den Staaten und damit zu einem Weltordnungsproblem geworden...

Die Folgen grenzüberschreitender Massenflucht oder Vertreibung können somit nicht nur die innerstaatlichen Verhältnisse destabilisieren, sondern auch die zwischenstaatlichen Beziehungen beeinträchtigen..."

Das internationale Flüchtlingsproblem ist ein Störfaktor der internationalen Beziehungen; es ist zu einem Weltordnungsproblem geworden, dem nicht mehr nur durch punktuelle humanitäre Hilfsmaßnahmen begegnet werden kann. Wenn sich die internationale Gemeinschaft nicht mit 20 Millionen Menschen auf der Flucht abfinden und ihre Unterbringung in Lagern als „klassische Nicht-Lösung" nicht verewigen will, dann stehen weltpolitische Ordnungsaufgaben an, deren Lösung eine grundlegende Veränderung der Struktur des internationalen Systems und des Verhaltens der Staaten erforderlich machen würden. Es bedürfte neuer internationaler Lösungsperspektiven und erweiterter Kompetenzen internationaler Organisationen sowie politischer Initiativen, die vor allem auf eine präventive Verhinderung von Fluchtströmen abzielen.

Flüchtlinge als Störfaktor der internationalen Beziehungen

7.1 Die internationale Flüchtlingshilfe

Schon im Altertum und Mittelalter war die Verpflichtung zum Schutz verfolgter Menschen vor dem Zugriff der Verfolger (griech. *asylos*: das, was nicht ergriffen werden kann) mit einer Auflage zur Fürsorge verbunden: nämlich den Verfolgten Wohnung, Nahrung und Kleidung zur Verfügung zu stellen. Dies war gegenüber Einzelpersonen möglich – und wurde auch dann nicht immer praktiziert. Bekannt sind auch die Angebote einzelner Fürsten, umherirrenden Konfessionsflüchtlingen die Ansiedlung in ihrem Gebiet anzubieten – nicht selten, weil sie sich ökonomischen Nutzen von ihnen versprachen. Erst im 20. Jahrhundert wurden Flüchtlinge zu einem Massenproblem, für das die Staatengemeinschaft Sorge tragen mußte.

Traditioneller Schutz für Verfolgte

Nach Ende des Zweiten Weltkriegs schufen die 1945 gegründeten Vereinten Nationen (UN) zunächst die IRO (*International Refugee Organization*). In den vier Jahren ihrer Tätigkeit unterstützte sie über drei Millionen Menschen. Weil ein Abschluß des Flüchtlingsproblems in Europa nicht abzusehen war und sich neue Fluchtbewegungen abzuzeichnen begannen, wurde 1949 von der Generalversammlung der UN auf Vorschlag des Wirtschafts- und Sozialrats (ECOSOC) die Einrichtung des Amtes des Hohen Flüchtlingskommissars der Vereinten Nationen (UNHCR = *United Nations High Commissioner for Refugees*) beschlossen, der 1951 – mit Sitz in Genf – seine Arbeit aufnahm. Für die Palästina-Flüchtlinge gründeten die UN ebenfalls 1949 die *UN Relief and Works Agency for Palestinian Refugees* (UNRWA).

Organisierung der internationalen Flüchtlingshilfe

Gemeinsam ist diesen Organisationen, daß sie schon entstandene Not zu lindern versuchen: sowohl durch kurative Maßnahmen als auch durch eine rechtliche Absicherung der Flüchtlinge. Unbefriedigend bleibt dabei der Mangel an Möglichkeiten, vorbeugend tätig zu werden. Am Beispiel der Tätigkeit des

UNHCR werden die Chancen, aber auch die Grenzen kurativer Schadensbegrenzung im Rahmen internationaler Politik deutlich.

7.1.1 Der Hohe Flüchtlingskommissar der Vereinten Nationen (UNHCR)

Rechtsgrundlagen des UNHCR

Die rechtlichen Grundlagen für die vielfältigen Aufgaben und Tätigkeiten des UNHCR bilden:
- Die Genfer Flüchtlingskonvention vom 28.7.1951. Die dort enthaltene Begrenzung auf Personen, die vor dem 1.1.1951 zu Flüchtlingen geworden waren, und die geographische Beschränkung auf Europa wurden aufgehoben durch
- das Protokoll zum Abkommen über die Rechtsstellung der Flüchtlinge vom 31.1.1967, das auf die Verlagerung des Flüchtlingsproblems aus Europa in die Dritte Welt reagierte;
- Resolutionen der UN-Vollversammlung, die den UNHCR dazu ermächtigen, in Afrika den in der Flüchtlingskonvention der OAU (*Organisation für afrikanische Einheit*) vom 10.9.1969 erweiterten Flüchtlingsbegriff anzuwenden, oder für „Flüchtlinge und entwurzelte Personen" in nahezu allen flüchtlingsähnlichen Situationen tätig zu werden;
- die Satzung des UNHCR vom 14.12.1950, die u. a. den Schlüsselsatz enthält:

„Die Arbeit des Hohen Kommissars soll vollkommen unpolitischer Art sein; sie soll humanitärer und sozialer Art sein und sich in der Regel mit Flüchtlingsgruppen oder -kategorien befassen."

Aufgaben des UNHCR

Die Tätigkeiten des UNHCR, die laut Satzung „völlig unpolitisch" sein sollen, erstrecken sich auf die folgenden Aufgaben:

- Fortentwicklung des internationalen Flüchtlingsrechts durch Anregung und Vorbereitung internationaler Vereinbarungen;
- „mahnende Überwachung" der Einhaltung der Genfer Konvention durch die 100 Signatarstaaten, die allerdings durch den Umstand eingeschränkt ist, daß der UNHCR kein supranationales Kontrollorgan ist – also keine Sanktionsbefugnisse hat;
- Gewährung von Rechtsschutz für Flüchtlinge, Hilfe bei der Asylsuche, beim Erwerb einer neuen Staatsbürgerschaft und bei der Eingliederung – dies in der Regel bezogen auf ganze Flüchtlingsgruppen;
- Hilfe zur Repatriierung von Flüchtlingen, die Priorität vor allen anderen Maßnahmen hat;
- Mobilisierung von materieller Flüchtlingshilfe (Unterbringung, Ernährung und medizinische Versorgung);
- Ausbildungsförderung und Rehabilitation verletzter und behinderter Flüchtlinge.

Der UNHCR wirkt unter festgelegten Arbeitsbedingungen: Er organisiert Flüchtlingshilfe, führt aber die Hilfsmaßnahmen in der Regel nicht selbst durch. Er kooperiert deshalb sowohl mit anderen UN-Organisationen (UNESCO, WHO,

ILO, UNICEF), die jeweils spezielle Tätigkeitsfelder haben, als auch mit staatlichen und nichtstaatlichen Organisationen, vor allem mit dem Roten Kreuz und Roten Halbmond sowie Hilfswerken der Kirchen (Caritas, Diakonie, Christian Aid u. a.) und privaten Hilfswerken.

In den letzten Jahren wurde der UNHCR mit Aufgaben betraut, die für ihn neu waren und auch nicht im Rahmen seines Mandats lagen. Die Operation *Provide Comfort* im Nordirak betraute ihn mit der Aufgabe, die kurdischen Flüchtlinge zu schützen und zu versorgen, die Flüchtlinge innerhalb des Landes – also gar nicht Flüchtlinge im Sinne der Genfer Flüchtlingskonvention – waren. Seine Operation beruhte nicht auf der *Resolution 688* des UN-Sicherheitsrates, sondern auf einem mit der irakischen Regierung ausgehandelten Memorandum. Neue Anforderungen und Aufgaben

In Kambodscha organisierte der UNHCR nicht nur die Repatriierung der Flüchtlinge, sondern kümmerte sich auch um den Wiederaufbau der zerstörten Infrastruktur, um die Entminung von Straßen und Feldern, um die Verteilung von Saatgut und Bereitstellung von künstlichen Gliedmaßen für Tausende von Kriegskrüppeln. Der UNHCR legte also seinen Repatriierungsauftrag sehr weit aus. Umstritten blieb, wann der Repatriierungsauftrag endet, mit anderen Worten, wann die Rückkehrer nicht mehr schutzbedürftige Flüchtlinge sind (vgl. MEISSNER u. a. 1993, 111 ff.). Operationen in Kambodscha

Vor noch größere Dilemmata wurde der UNHCR in den Kriegsgebieten des früheren Jugoslawien gestellt. Die Resolutionen des UN-Sicherheitsrates übertrugen ihm die Organisation der humanitären Hilfe unter dem brüchigen Schutz der UN-Friedenstruppen (UNPROFOR). Er mußte sich auch um Opfer der „ethnischen Säuberungen" kümmern, die – wie die Kurden im Nordirak – nicht unter sein traditionelles Mandat fielen, wenn sie keine der neuen Staatsgrenzen überschritten. Auch seine Verpflichtung zur politischen Neutralität geriet ins Zwielicht, als er im Schutze der UN-Friedenstruppen operierte, die klare politische Zwecke verfolgten. Dilemmata auf dem Balkan

Der UNHCR muß seinen Etat aus freiwilligen Beitragszahlungen der UN-Mitglieder finanzieren. Seine diplomatische Zurückhaltung, die ihm gelegentlich als mangelnde Parteinahme für die Flüchtlinge angelastet wird, ist durch sein „unpolitisches" Mandat, aber auch durch den politischen Umstand bedingt, daß der Großteil seines Etats vom Westen aufgebracht wird. Diese finanzielle Abhängigkeit schafft auch politische Abhängigkeiten. Kritiker des UNHCR sprechen nicht selten vom Mythos seiner politischen Neutralität (vgl. STEINACKER 1988). Auch hier gilt: Wer das Geld gibt, hat auch das Sagen. Finanzierung des UNHCR

Der UNHCR kann beachtliche Leistungen vorweisen, für die er zweimal (1954 und 1981) mit dem Friedensnobelpreis ausgezeichnet wurde. So war er helfend bei der Repatriierung von zehn Millionen bengalischer Flüchtlinge aus Indien nach Bangladesh und bei der Rückführung von Hunderttausenden von Flüchtlingen aus verschiedenen Ländern beteiligt; er konnte überall mit eingespielten Teams Hilfsmaßnahmen organisieren, wo mehr oder weniger unerwartet ein Flüchtlingsproblem entstand; er hat außerdem Impulse für die Behandlung des Flüchtlingsproblems auf internationaler Ebene, besonders im Rahmen der Vereinten Nationen, gegeben. Wenn er seine Primäraufgabe der Repatriierung gelegentlich nur mit erheblichen Zeit- und Reibungsverlusten erfüllten konnte, dann lag es auch am Mangel an Geld, den seine Mitgliedsländer zu verantworten Leistungen des UNHCR haben. Mit der Vermehrung der Einsatzorte vergrößerte sich dieser Geldmangel und zeichnete sich eine organisatorische Überforderung dieser Feuerwehr eines Weltproblems ab.

Der mißratene „Fonds für soziale Entwicklung"

Es gibt im Bereich der multilateralen Flüchtlingshilfe auch eine Organisation, die viel Geld hat, aber dieses Geld mehr für Spekulationsgeschäfte denn für die Flüchtlingshilfe verwendet: den vom Europarat 1956 eingerichteten *Fonds für soziale Entwicklung*, der lt. Gründungsvertrag Projekte zur Wiederansiedlung von Flüchtlingen in Europa finanzieren sollte. Wie sich Ende 1993 bei einer Überprüfung herausstellte, finanzierte der Fonds mit immerhin 6,7 Mrd. ECU bis Ende 1992 alle möglichen Projekte (u. a. ein Bewässerungsprojekt in Spanien, ein Elektrifizierungsprojekt in der Türkei und sogar den Bau des Sheraton-Hotels in Mailand), aber keine spezifischen Projekte im Sinne des Gründungsvertrages. Außerdem spekulierte das Management mit den Fondsmitteln auf den internationalen Finanzmärkten und bediente sich selbst ohne hinreichende Kontrolle durch die einzahlenden 21 Regierungen reichlich am Fondsvermögen. In europäische Gebiete mit dem größten Flüchtlingsproblem, also in die Bürgerkriegsgebiete auf dem Balkan, soll kein Pfennig gegangen sein (vgl. *Financial Times* vom 17.12.1993). Die Verantwortung für diesen Skandal liegt bei den Mitgliedern des Europarates, die sich mit Gewinnüberweisungen zufriedengaben.

7.1.2 Kritik an der „kurativ-humanitären" Flüchtlingshilfe

Kritik an der Arbeit des UNHCR

Trotz der eindrucksvollen Leistungsbilanz verstärkte sich in den letzten Jahren die Kritik an der Arbeit des UNHCR. Kritisiert werden vor allem
- seine statutengemäße Beschränkung auf „kurativ-humanitäre" Notmaßnahmen, die allenfalls Katastrophenfolgen auffangen, aber die Katastrophen nicht verhindern können und erst gestartet werden, wenn die Flüchtlinge schon unterwegs sind;
- die ängstliche Abstinenz von Politik angesichts der Tatsache, daß Flüchtlinge vor allem Opfer der Politik sind;
- das Festhalten an einem verengten Flüchtlingsbegriff, der Millionen von „entwurzelten Menschen" seine Dienste und Hilfe verweigert;
- die bürokratische Schwerfälligkeit einer Großorganisation, die auch die Flexibilität von privaten Hilfsorganisationen behindert. Der UNHCR ist eine UN-Organisation, die aufgrund multilateraler Abstimmungsmechanismen und bürokratischer Trägheitsmomente an Ineffizienz leidet.

Die Staatengemeinschaft diktiert das Mandat des UNHCR

Diese Kritik ist nicht grundlos, übersieht aber, daß der UNHCR nur im Rahmen von Rechtsgrundlagen tätig werden kann, die ihm von der Staatengemeinschaft auferlegt wurden. Er kann letztlich nur an Symptomen kurieren, aber nicht die Wurzeln des Flüchtlingsproblems anpacken; er kann vor allem keine politischen Aktivitäten und Initiativen aus eigener Autorität entfalten, um bereits schon im Ursprungsland drohende Fluchtbewegungen zu verhindern, weil es ihm durch das UN-Mandat verwehrt ist, sich in die inneren Angelegenheiten eines Staates einzumischen. Es läge also an den Staaten, sein Handlungsmandat zu erweitern und seine Handlungsfähigkeit durch ausreichende Finanzmittel zu verbessern.

Dies geschah und ermöglichte ihm, in Afrika nach den Vorgaben der OAU-Flüchtlingskonvention tätig zu werden und sich auch um die „displaced persons" in flüchtlingsähnlichen Notlagen zu kümmern, wenn sie die Landesgrenzen überschritten haben. Er überschreitet bei vielen Hilfsaktionen, legitimiert durch UN-Resolutionen wie der *Resolution 3454* (XXX) von 1975, die ihm durch das Gründungsmandat gesteckten Grenzen.

Die Kritik an der kurativen Flüchtlingshilfe, die nicht allein an den UNHCR, sondern auch an die privaten Hilfsorganisationen und vor allem an die staatliche Flüchtlingshilfe zu richten wäre – wenn sich z. B. Staaten auf diese Weise ihrer Nahrungsmittelüberschüsse entledigen –, geriet auch in den Sog einer Fundamentalkritik an einer Almosenpolitik und Massenabfütterung, wie sie Fernsehbilder aus Flüchtlingslagern immer wieder zeigen. Sicherlich ist die Einrichtung von Flüchtlingslagern die „klassische Nicht-Lösung des Flüchtlingsproblems". Aber welche bessere Lösung ist nicht nur denkbar, sondern unter den Bedingungen der bestehenden politischen Weltordnung, die eher eine organisierte Unordnung darstellt, auch machbar? Soll man etwa in der Zwischenzeit die Flüchtlinge verhungern lassen?

<small>Fundamentalkritik an der Flüchtlingshilfe</small>

Die ungewohnten Aufgaben in den Kriegsgebieten des früheren Jugoslawien, auf die der UNHCR weder rechtlich noch organisatorisch vorbereitet war, machen eine Überprüfung und Erweiterung seines Mandats dringend erforderlich. MEISSNER u. a. (1993, 121) empfahlen in ihrem Bericht an die *Trilaterale Kommission*:

<small>Erweiterung des UNHCR-Mandats</small>

- die Schaffung eines rechtlichen Rahmens und eines institutionellen Mandats für den Schutz potentieller Flüchtlinge, die innerhalb ihres Landes vertrieben wurden;
- die Absicherung der Hilfe durch militärische Schutzmaßnahmen;
- Initiativen zur Verhinderung von Fluchtbewegungen, da sich die Aussichten auf Asyl oder zeitweilige Zuflucht in den Industrieländern erheblich verschlechtert haben. Diese Forderung nach präventiven Initiativen wiederholte sich, aber sie vermehrte allenfalls folgenlose Resolutionen (vgl. Kap. 7.2).

Die Staats- und Regierungschefs der EG hatten auf ihrer Gipfelkonferenz in Venedig (im Juni 1980) gefordert: „Das Flüchtlingsproblem muß an seiner Wurzel angepackt werden". Aber wie sollen die Wurzeln des Problems erreicht werden? Den Regierungschefs fiel nur der Appell an die „für das Flüchtlingsproblem verantwortlichen Regierungen" ein, „keine Politik zu verfolgen, die Menschen des eigenen Volkes in großer Zahl aus dem eigenen Land vertreibt".

<small>Das Flüchtlingsproblem an den Wurzeln anpacken – aber wie?</small>

Solche Ermahnungen bewirken wenig oder sogar nichts, wenn ihnen keine politischen Initiativen folgen. Das bisher praktizierte Krisenmanagement konnte nur die schlimmsten Folgen der Fluchtkatastrophen abmildern.

Notwendig wären eine vorausschauende Präventivstrategie und die Einsicht, daß Weltprobleme nur durch eine Globalpolitik (oder „Weltinnenpolitik") gelöst werden können. Das war die Botschaft des *Brandt-Berichts* („Gemeinsam überleben") und anderer „Weltberichte". Nur die Einsicht, daß Staaten ihre eigenen Interessen nicht mehr durch engstirnige nationalstaatliche Interessenpolitik, sondern nur durch Einbindung in „gemeinsame Interessen" wahren können, weil die Probleme (wie Kriege, Umweltzerstörung, Flüchtlinge) nicht an nationalen

<small>Gesucht ist eine neue Globalethik</small>

Grenzen haltmachen, könnte ihr Verhalten verändern. Gesucht ist eine neue Globalethik, die – auch bezogen auf das Flüchtlingsproblem – einem „Aufruf zur Umstülpung der Menschheitsgeschichte" gleichkommt (KÜHNHARDT 1984, 195):

„Es ist offensichtlich, daß die bisherigen internationalen Instrumentarien und Institutionen der Flüchtlingshilfe sich strukturell als immer geringer in der Lage erweisen, auftretende Flüchtlingsprobleme zu lösen. Noch viel weniger aber vermögen sie, das Aufkommen neuer Flüchtlingsströme zu verhindern. Überwunden werden könnte der humanitär-kurative Ansatz nur durch eine Verhinderung von Fluchtströmen selbst. Prävention von Massenzwangsbewegungen aber setzt letztlich die Vermeidung einer Politik voraus, die Ursachen einer Fluchtbewegung hervorrufen könnte."

Die traditionelle Flüchtlingshilfe am Ende?

In „The State of the World's Refugees" vom November 1993 warnte die UNHCR (die Japanerin Sadako Ogata) vor einem Zusammenbrechen der traditionellen Flüchtlingshilfe. Einerseits legten viele Länder das Asylrecht immer restriktiver aus, andererseits werde der UNHCR durch die Vielzahl von Einsatzorten finanziell und organisatorisch überfordert. Wie Gil LOESCHER (1994) überzeugend darlegte, kann das Flüchtlingsproblem als politisches Problem nicht durch die „Barmherzigkeit" humanitärer Hilfe, sondern nur durch eine umfassende Weltordnungspolitik bewältigt werden.

7.2 Initiativen zur Verhinderung von Fluchtbewegungen

UN-Resolutionen zur Vermeidung von Flüchtlingsströmen

Es gab schon in den 80er Jahren, gedrängt durch die Dramatik des Fluchtgeschehens, innerhalb der Vereinten Nationen zumindest Überlegungen über vorbeugende Maßnahmen: Auf Initiative der deutschen Bundesregierung verabschiedete die 35. UN-Generalversammlung am 11.12.1980 die *Resolution 35/124* über die „Internationale Zusammenarbeit zur Vermeidung neuer Flüchtlingsströme". In dieser Resolution wurde die Friedensgefährdung durch Fluchtbewegungen betont:

„daß umfangreiche Flüchtlingsströme nicht nur die nationale Ordnung und Stabilität der Aufnahmestaaten beeinflussen, sondern daß sie die Stabilität ganzer Regionen beeinträchtigen und auf diese Weise den internationalen Frieden und die Sicherheit gefährden."

Die Generalversammlung rief die internationale Gemeinschaft dazu auf, Vorschläge für eine Zusammenarbeit zur Vermeidung neuer Flüchtlingsströme auszuarbeiten. Sie brandmarkte einige der Ursachen des Weltflüchtlingsproblems:

„Die Versammlung verurteilt mit Nachdruck alle Politik und alle Handlungen unterdrückerischer und rassistischer Regime sowie Aggressionen, Fremdherrschaft und ausländische Besetzung, die in erster Linie für die gewaltigen Flüchtlingsströme überall in der Welt verantwortlich sind und menschliches Leiden zur Folge haben."

UN-Resolution vom Dezember 1986

Die Resolution wurde zwar mit 105 Stimmen angenommen, aber fast alle „sozialistischen Staaten" (16 Stimmen) lehnten sie ab, 14 Staaten (aus Afrika) enthielten sich. Mit anderen Worten: Hauptherkunftsländer von Flüchtlingen verweigerten sich der UN-Initiative. Im Dezember 1986 beschloß die 41. UN-

Generalversammlung im Konsens, d. h. ohne formelle Abstimmung, dann doch seine Resolution über die „Internationale Zusammenarbeit zur Vermeidung neuer Flüchtlingsströme", die aber die Bonner Initiative in wichtigen Punkten verwässerte:
- Sie forderte den Generalsekretär auf, dem Flüchtlingsproblem ständige Aufmerksamkeit zu widmen, die UN-Mitgliedsstaaten umfassend und rechtzeitig über das Entstehen neuer Fluchtbewegungen zu informieren und präventive Maßnahmen zu koordinieren.
- Sie rief die UN-Mitgliedsstaaten auf, sich gemäß der UN-Charta friedlich zu verhalten und davon abzusehen, Gruppen ihrer Bevölkerungen zu diskriminieren sowie die Normen und Grundsätze des Völkerrechts zu beachten.
- Sie forderte die Staaten zur Zusammenarbeit auf, um künftige Flüchtlingsströme zu vermeiden.

Diese Appelle blieben wirkungslos. Einige Staaten (u. a. die Bundesrepublik) haben die Errichtung von Frühwarnsystemen zur Erkennung drohender Fluchtbewegungen vorgeschlagen. Somalia lieferte einen Beleg, daß Hilfsaktionen regelmäßig zu spät kommen. Die internationalen Organisationen vor Ort hatten schon Alarm geschlagen, bevor TV-Teams mit schrecklichen Bildern öffentlichen Druck auf die Entscheidungsträger ausübten, endlich etwas gegen das Massensterben zu unternehmen.

Die Wirkungslosigkeit von Resolutionen

Die Staatengemeinschaft war durchaus erfolgreich, durch humanitäre Hilfe den Großteil der Flüchtlinge in den Herkunftsregionen zu halten. Aber sie versagte bei der Verhinderung von Fluchtbewegungen. Prävention bedeutete lediglich das Fernhalten des Unheils von den eigenen Grenzen.

Es gibt durchaus gute Argumente für eine Regionalisierung des Flüchtlingsproblems:

Regionalisierung des Flüchtlingsproblems

- Beim Verbleib in der Region wird der mit der Verpflanzung in ein völlig anderes Umfeld verbundene Kulturschock vermieden.
- Bei einer Änderung der Verhältnisse im Herkunftsland ist die Heimkehr schon wegen der größeren Nähe leichter möglich.
- Eine Regionalisierung ist auch wesentlich billiger als die Aufnahme der Flüchtlinge in weit entfernten Gastländern; sie vermeidet auch die bekannten Abwehrreaktionen in den unfreiwilligen Gastländern. 1992 dürften die Aufenthalts- und Verwaltungskosten für die Asylbewerber nur wenig unter dem gesamten BMZ-Haushalt gelegen haben; und sie machten sogar etwa das Zehnfache der Mittel aus, die dem UNHCR zur Verfügung standen.

Wenn schon eine „asiatische" oder „afrikanische Lösung", die die Flüchtlinge im eigenen Kulturkreis hält, die Rückführung erleichtert und den Industrieländern die bekannten „Flüchtlingsprobleme" erspart, für vernünftig gehalten wird, dann sollte diese Lösung jedoch auch mehr kosten dürfen, weil sie ja erhebliche soziale und politische Kosten vermeiden hilft. Eine Denkschrift der EKD gab zu bedenken:

Regionalisierung als Alibi für Abschottung

„Eine international abgestimmte Regionalisierungspolitik ist dann ehrlich, wenn sie die finanziellen und politischen Bedingungen für eine Aufnahme der Flüchtlinge in der Region verbindlich mitschafft. Das Plädoyer für eine Regionalisierung wird aber unglaubwürdig, wenn es nicht durch solche tatkräftigen Hilfeleistungen gedeckt ist, sondern einseitig als Argument für Bemühungen dient, die eigenen Grenzen immer dichter zu schließen." (Kirchenamt der EKD 1986, 25)

Flüchtlingskonzeption der Bundesregierung

Die Bundesregierung hat am 25. September 1990 einen von einer interministeriellen Arbeitsgruppe unter Federführung des Bundesinnenministeriums und unter Beteiligung der Bundesländer erarbeiteten Bericht zum Flüchtlingsproblem verabschiedet. Es lohnt sich, einige Kernaussagen dieses fürderhin als „Flüchtlingskonzeption" zitierten Berichts wiederzugeben. Der Bericht geht zunächst von der Erkenntnis aus:

„Angesichts der Vielschichtigkeit der Problematik reichen die Mittel der Asylpolitik und des Asylrechts allein nicht aus. Denn das Asylrecht kann naturgemäß frühestens an unseren Grenzen Wirkung entfalten, die Ursachen der Wanderung von Millionen Menschen liegen aber in den Herkunftsländern." (*Bulletin* Nr. 115 vom 27.9.1990)

Der präventive Teil des Berichts setzt vor allem auf eine stärkere Nutzung der Entwicklungspolitik zur Bekämpfung wichtiger Fluchtursachen. Sind Fluchtbewegungen die Folge eines mangelnden Minderheitenschutzes, sollen politische Instrumente eingesetzt werden:

„Bestehende Flüchtlingsprobleme sollen vor allem durch Rückführungsmaßnahmen und Reintegrationshilfen gelöst oder gelindert werden. Ausländer, die als Wirtschafts- oder Armutsflüchtlinge ihre Heimat verlassen haben, sollen Anreize zur freiwilligen Rückkehr erhalten. Dabei ist jedoch nicht in erster Linie an Bargeldleistungen gedacht. Den Flüchtlingen soll vielmehr durch geeignete Reintegrationsmaßnahmen geholfen werden, im eigenen Land wieder Fuß zu fassen und dort eine dauerhafte Existenz zu finden."

Politische Vollzugsdefizite

Was in dieser „Flüchtlingskonzeption" steht, ist vernünftig, obwohl ihr Hauptzweck ist, die Flüchtlinge von den eigenen Grenzen fernzuhalten. Aber den Absichtserklärungen folgte keine Politik. Das BMZ erhielt den Auftrag, den präventiven Teil der „Flüchtlingskonzeption" zu operationalisieren, war aber bis Ende 1993 nicht in der Lage, entsprechende Richtlinien vorzulegen. Die Neuakzentuierung des Instruments der Entwicklungshilfe als vorausschauende Sicherheitspolitik wird vor allem mehr Mittel auf Regionen konzentrieren, in denen der größte Migrationsdruck vermutet wird. Unter den Experten in Ministerien und Durchführungsorganisationen hat sich jedoch die Einsicht durchgesetzt, daß mit punktueller Projekthilfe das Migrationsproblem nicht wirksam bekämpft werden kann (vgl. STEINACKER 1992). Der Handlungsspielraum des BMZ wurde zusätzlich durch das Einfrieren seines Etats, d. h. durch reale Kürzungen, eingeschränkt. Mit Kleckern an vielen Punkten können aber keine Strukturprobleme gelöst werden (vgl. Kap. 8.3).

Entschließungen des Bundestages zur Flüchtlingspolitik

Der Deutsche Bundestag forderte in einer am 27. Januar 1989 gefaßten Entschließung („Der entwicklungspolitische Beitrag zur Lösung von Weltflüchtlingsproblemen") die Bundesregierung dazu auf, die Aufnahmeländer zu entlasten und bei der dauerhaften Ansiedlung von Flüchtlingsgruppen, die nicht in ihre Herkunftsländer zurückkehren können oder wollen, zu helfen. Das vom Wissenschaftlichen Beirat des BMZ am 19.6.1989 vorgelegte „Memorandum zur Weltflüchtlingsproblematik" forderte ebenfalls eine Entlastung der Erstaufnahmeländer, vor allem durch einen verstärkten Einsatz von multilateraler Entwicklungshilfe. An diesem Memorandum arbeiteten sachkundige Beiratsmitglieder (wie Peter J. Opitz und Dieter Oberndörfer) mit. Aber es gab allenfalls halbherzige Versuche, diese Forderungen umzusetzen. Es fehlt nicht an Einsichten, sondern am Willen, daraus praktische Konsequenzen zu ziehen.

Die Umsetzungsprobleme beginnen schon bei Ressortzuständigkeiten: Solange die Zuständigkeit für die Flüchtlingshilfe beim Auswärtigen Amt liegt, das nur humanitäre Nothilfe leistet, verkümmert ein langfristig angelegtes Regionalisierungskonzept zwischen konkurrierenden Ressortzuständigkeiten. Rückkehrprogramme werden vom BMI verwaltet, das keine entwicklungspolitische Kompetenz und Vision hat. Inzwischen versucht auch das Verteidigungsministerium, militärisch gestützte humanitäre Hilfsaktionen in eigener Regie durchzuführen. Zwar forderte der Deutsche Bundestag am 4. Februar 1994 in einer entwicklungspolitischen Entschließung ein „ressortübergreifendes Konzept vorbeugender Flüchtlingspolitik", aber dieses Konzept steckt noch im Ressortgerangel. Weder das Management der deutschen Flüchtlingspolitik noch ihre finanzielle Mittelausstattung sind der Größenordnung des Problems angemessen. Mit Resolutionen und symbolischen Aktionen ist ihm aber nicht beizukommen.

Ressortgerangel um flüchtlingspolitische Kompetenzen

8 Friedens- und entwicklungspolitische Präventivkonzepte

Problemlösungen sind nicht zu erwarten

Wenn man nüchtern die Entwicklungstendenzen in der internationalen Politik und in den Krisenregionen der Dritten Welt analysiert, sind die Aussichten, daß unser „Jahrhundert der Flüchtlinge" am Ende eine Trendwende erleben könnte, nicht gut. Mit der Lösung oder Entschärfung einiger Regionalkonflikte wuchsen zwar die Chancen, daß Brennpunkte des internationalen Flüchtlingsproblems entschärft werden können. Gleichzeitig verschärften sich aber in großen Teilen der Dritten Welt die Wirtschafts- und Sozialkrisen. Massenelend, Diktaturen und Bürgerkriege drohen weiterhin Flüchtlingsströme in Gang zu setzen.

Müssen wir uns am Ende doch mit einer internationalen Sozialhilfepolitik in Form von Flüchtlingshilfe abfinden, die zwar das Flüchtlingsproblem nicht lösen kann, aber den Flüchtlingen zumindest das notdürftige physische Überleben ermöglicht? Die großen Lösungen sind in der Flüchtlingsfrage ebensowenig zu erwarten wie in den anderen internationalen Streitfragen, weil die ungleichen Machtverhältnisse in der Weltwirtschaft und Weltpolitik grundlegende Strukturveränderungen blockieren.

Lehren aus der Integration von Flüchtlingen in Deutschland?

Kann man aus Beispielen gelungener Integration von Arbeitsmigranten und Flüchtlingen Lehren für Lösungen des heutigen Flüchtlingsproblems ziehen? Die vor dem Ersten Weltkrieg ins Deutsche Reich geholten, zunächst als „Polacken" gescholtenen und in „Polenzechen" ausgegrenzten Polen waren nach zwei Generationen nur noch am Namen zu erkennen. Arbeit, Religion und Schule, die Chance und der Wille zum Bleiben waren Integrationsvehikel. Kann man aus der Integration der Flüchtlinge und Vertriebenen im Nachkriegsdeutschland, die zunächst keineswegs so reibungslos verlief, wie es aus der zeitlichen Distanz erscheint, ein Erfolgsrezept ableiten?

Die Integration von rund 10 Millionen „Ost-Flüchtlingen" wurde erstens durch die gemeinsame Staatsangehörigkeit, Sprache und Kultur erleichtert. Abraham ASHKENASI (1988, 11) hat mit dem Begriff des „soziologischen Störungspotentials" auf einen wichtigen Sachverhalt hingewiesen: „10 Millionen deutsche Flüchtlinge stören nicht so sehr wie 10.000 Tamilen." Ihre Integration wurde zweitens dadurch erleichtert, daß die Flüchtlinge bald als Arbeitskräfte im wirtschaftlichen Wiederaufbau gebraucht wurden.

Migranten als Konkurrenten auf dem Arbeitsmarkt

Mit den Flüchtlingen aus und in der Dritten Welt sieht es ganz anders aus: Kaum eines der Aufnahmeländer innerhalb der Dritten Welt – und diese nehmen das Gros aller Flüchtlinge auf – befindet sich in einer wirtschaftlichen Lage, die einen Zustrom auf den Arbeitsmarkt wünschenswert erscheinen lassen könnte. Flüchtlinge oder Einwanderer treten vielmehr, wenn sie nicht in Lagern isoliert und von der Umwelt abgeschottet werden, als potentielle Konkurrenten auf dem Arbeitsmarkt auf, gelegentlich auch als unterbezahlte Lohnbrecher, die schon gar nicht mit der Solidarität der einheimischen Arbeitnehmer und Gewerkschaften rechnen können.

Im Nachkriegsdeutschland war die vorhandene Arbeit ein Integrationsvehikel (vgl. SCHULZE u. a. 1987). Heute ist die Konkurrenz um Arbeitsplätze eher ein Integrationshindernis und ein Grund für Ausländerfeindlichkeit. Nicht ohne Grund haben sich alle Flüchtlingsorganisationen die Repatriierung, d. h. die Rückführung der Flüchtlinge in ihre Heimatländer, zum vorrangigen Ziel gesetzt und nicht die Integration.

Wenn das Asylrecht nicht zur Bewältigung des Weltflüchtlingsproblems beitragen kann, wie diejenigen gerne – und sogar mit guten Gründen – behaupten, die es möglichst restriktiv handhaben möchten; wenn auch eine erweiterte Definition des Flüchtlings nur die zweitbeste, weil erst nachträglich wirksame Lösung wäre; wenn außerdem die „Lagerlösung" die „klassische Nicht-Lösung" ist; wenn sich schließlich die Frage stellt,

„ob es denn tatsächlich auch wünschenswert wäre, massenhaft ganze Bevölkerungsteile oder Völker auf der Welt neu zu verteilen, wobei die Zustände in den Herkunftsländern erhalten blieben und in den Aufnahmeländern unter Umständen neue, den nationalen und internationalen sozialen Frieden gefährdende Konfliktherde geschaffen würden" (KÖFNER/NICOLAUS 1986, Bd. 1, 125);

wenn die Dinge also so liegen, dann liegt die einzig erfolgversprechende Lösung in präventiven Maßnahmen. Prävention bedeutet, daß die Ursachen von Fluchtbewegungen beseitigt werden müssen. Es gibt inzwischen einen inflationär gebrauchten Slogan, der vernünftig erscheint und doch trügerisch ist: „Nicht die Flüchtlinge, sondern die Fluchtursachen bekämpfen!" Er ist vernünftig, weil der Versuch, die Migrations- und Fluchtursachen zu bekämpfen, die einzig erfolgversprechende Handlungsmaxime ist. Sie ist trügerisch, wenn Politiker meinen, mit ein bißchen mehr Entwicklungshilfe ein Weltordnungsproblem lösen zu können; und sie ist ärgerlich, weil es auch dieses Mehr nicht gibt. Rupert NEUDECK stellte zu Recht die skeptischen Fragen:

Nicht die Flüchtlinge, sondern die Fluchtursachen bekämpfen!

„Seit wann übernimmt die Internationale Gemeinschaft oder ein einzelnes Land Lasten, wo es immer noch kalkulieren kann, daß es an diesen Lasten vorbeikommen kann? Seit wann wird etwas präventiv getan, das sich in einer Legislaturperiode nicht auszahlt? Seit wann macht die internationale Politik langfristige Interessen geltend?" (*Das Parlament*, Nr. 12/März 1987)

Wenn Kriege, Massenelend, Arbeitslosigkeit und armutsbedingte Umweltzerstörung generelle Ursachen von Migration sind, dann kann ihnen nicht anders als durch eine präventive Friedenspolitik, die auf den Abbau von Gewalt und die Verhinderung kriegerischer Konflikte abzielt, sowie durch eine sozial- und umweltverträgliche Entwicklungspolitik begegnet werden. Was diese Formeln und Schlagworte konkret bedeuten, soll im Folgenden verdeutlicht werden.

8.1 Prävention durch einen „humanitären Interventionismus"?

Argumente für einen „humanitären Interventionismus"

Wenn Bürgerkriege und die in vielen Weltregionen aufbrechenden ethnonationalen Konflikte die Hauptursachen von Massenzwangswanderungen sind, dann bedeutet Prävention

- erstens die Früherkennung von Krisen und Konflikten, die in kriegerische Konflikte münden könnten;
- zweitens den gezielten Versuch, durch eine internationale Präventivdiplomatie den Ausbruch von Gewalttätigkeiten zu verhindern, die in der Regel eine zerstörerische und nur noch schwer kontrollierbare Eigendynamik entwickeln;
- drittens nach dem Versagen der Präventivdiplomatie – und dieses Versagen gehört zur beklagenswerten Geschichte der von der UN-Charta anvisierten kollektiven Friedenssicherung – den Einsatz der friedensschaffenden Instrumente, die Kapitel VII der UN-Charta anbietet, weil – wie die Konfliktsituationen im Sudan, in Liberia, Somalia und Bosnien gezeigt haben – auch humanitäre Hilfsaktionen für die notleidende Bevölkerung nicht mehr durchgeführt werden können.

Unter den Bedingungen des Staatszerfalls und eines Krieges aller gegen alle kann auch der UNHCR mit seiner kurativen Nothilfe nicht mehr oder allenfalls nur marginal tätig werden. Das Handeln der Staatengemeinschaft wird dadurch erschwert und das völkerrechtliche Begründungsdilemma liegt darin, daß sich die UN-Charta auf zwischenstaatliche Kriege und nicht auf Bürgerkriege bezieht, die längst die Hauptquelle von Fluchttragödien bilden. Das Völkerrecht ist gewissermaßen für interne Konflikte und damit für den Großteil der Kriege nicht zuständig. Ein Friedensvölkerrecht kann aber die Hauptquelle von Gewalt und Fluchtbewegungen nicht als interne Angelegenheit behandeln.

8.1.1 Präzedenzwirkung der Resolution 688 des UN-Sicherheitsrates?

Interventionsverbot = Wegschauen bei Massenvertreibungen und Massenmord?

Seit der Einrichtung von Sicherheitszonen für die vom irakischen Terrorregime verfolgten Kurden im Nordirak auf der Grundlage der vom UN-Sicherheitsrat am 5. April 1991 verabschiedeten *Resolution 688* gibt es eine politische und völkerrechtliche Diskussion über das „Recht auf Einmischung" bzw. über die Rechtfertigung eines „humanitären Interventionismus" (vgl. u. a. GALLANT 1992; MATTHIES 1993; GREENWOOD 1993). Kann die Staatengemeinschaft achselzuckend tatenlos zusehen, wenn ein Staat in Anarchie verfällt (wie in Liberia oder Somalia) oder schwerste Menschenrechtsverletzungen begeht, die den Tatbestand des Völkermordes erfüllen? Kann sie „ethnische Säuberungen", Massenvertreibungen oder den Massenmord unter dem Hinweis auf das völkerrechtliche Interventionsverbot einfach geschehen lassen? Oder erzeugt dann der Imperativ der universellen Menschenrechte nicht nur ein Recht, sondern sogar eine Pflicht zur Einmischung?

Es geht bei „humanitären Interventionen" um die Frage, ob — „Humanitärer Interventionismus"

„ein im übrigen von der Völkerrechtsordnung verbotenes Handeln, nämlich die Ausübung von Gewalt gegen einen Staat, ausnahmsweise gerechtfertigt werden kann, wenn dadurch humanitäre Ziele verfolgt werden, genauer: wenn das Opfer der Intervention durch diese davon abgehalten oder abgebracht werden soll, seiner hoheitlichen Gewalt ausgesetzte Menschen entgegen den Geboten der Humanität zu behandeln." (KUNIG 1993, 51)

Prinzipiell steht jeder militärischen Intervention von außen, und sei sie auch humanitär begründet, dieses in Art. 2, Abs. 7 der UN-Charta verankerte Interventionsverbot entgegen. Diese „heilige Kuh" der Souveränität steht auch im Widerspruch zur Universalität der Menschenrechte, die – eben aufgrund dieser Universalität – keine ausschließlich innere Angelegenheit der Einzelstaaten mehr sein können. Allerdings gibt Kapitel VII der UN-Charta dem UN-Sicherheitsrat das Recht, dann geeignete Maßnahmen zu ergreifen, wenn der Frieden bedroht oder schon gebrochen ist. — Das prinzipielle Interventionsverbot

Die *Resolution 688* schuf keineswegs einen Präzedenzfall für die Durchsetzung der als universell gedachten Menschenrechte, wie z. B. der damalige deutsche Außenminister Hans-Dietrich Genscher im Deutschen Bundestag argumentierte, sondern begründete die Aufhebung des Interventionsverbotes mit der Gefährdung des Friedens durch die Vertreibung der Kurden in die Nachbarstaaten. Sie verurteilte in Punkt 1 „die in vielen Teilen Iraks stattfindende Unterdrückung der irakischen Zivilbevölkerung, deren Folgen den Weltfrieden und die internationale Sicherheit in der Region bedrohen." — Inhalt der Resolution 688

Die Einrichtung von Schutzzonen für die kurdischen Flüchtlinge wurde also eindeutig mit der Friedensbedrohung, die von Fluchtbewegungen ausgehen, und nicht mit der Universalität der Menschenrechte begründet (der China mit seinem Vetorecht im UN-Sicherheitsrat nicht zugestimmt hätte). Die vom UN-Sicherheitsrat am 3. Dezember 1992 verabschiedete *Resolution 794*, die die Entsendung von größeren Blauhelm-Kontingenten nach Somalia beschloß, um humanitäre Hilfsaktionen gegen bewaffnete Banditen zu sichern, ging allerdings einen wesentlichen Schritt über die *Resolution 688* hinaus, indem sie lt. Präambel die militärische Intervention mit der Begründung autorisierte, daß

„das Ausmaß der durch den Konflikt in Somalia verursachten menschlichen Tragödie, die noch weiter verschärft wird durch die Hindernisse, die der Verteilung der humanitären Hilfsgüter in den Weg gelegt werden, eine Bedrohung des Weltfriedens und der internationalen Sicherheit darstellt."

Die Bedenken gegen diese Rechtfertigung des „humanitären Interventionismus" wurden durch das Hilfsargument relativiert, daß Somalia ein „Staat ohne Regierung" sei. Die nicht-ständigen Mitglieder des Sicherheitsrates aus der Dritten Welt wurden von der (berechtigten) Sorge umgetrieben, daß die Großmächte den humanitär verkleideten Interventionismus dazu mißbrauchen könnten, eine „neue Weltordnung" nach ihrem Geschmack und Interesse zu schaffen. Der Verlauf der Militäraktion in Somalia, die sich immer weiter vom ursprünglichen Interventionszweck der humanitären Hilfe entfernte, Verhandlungen durch die Jagd auf einen Warlord ersetzte und deshalb an der Aufgabe der Friedensschaffung scheiterte, verstärkte dann wieder die Bedenken gegen einen „humanitären — Der Fall Somalia

Interventionismus", die sich auf die Behandlung des Konflikts in Bosnien-Herzegowina auswirkten. Hier fanden weiterhin unter den Augen von UN-Blauhelmen „ethnische Säuberungen" und gegenseitige Brutalitäten statt.

8.1.2 Plädoyer für einen „robusten Interventionismus" der UN-Blauhelme

„Agenda für den Frieden": Friedenssicherung durch UN-Blauhelme

Die Häufung von lokalen Konflikten, in denen die UNO als Friedensstifter gefordert und meistens überfordert war, zwang zu neuen Überlegungen über ihre künftige Rolle in der Weltpolitik. 1992 legte der UN-Generalsekretär Butros Butros-Ghali seine im Auftrag des Sicherheitsrates ausgearbeitete „Agenda für den Frieden" vor. Sein Konzept für eine internationale Friedenspolitik gab zwar der Kriegsverhütung durch eine Präventivdiplomatie den Vorrang, forderte aber für den Eventualfall die Bereitstellung (und Finanzierung) ständiger UN-Truppenkontigente zur Friedenssicherung und -schaffung (*peace enforcement*).

Während der UN-Generalsekretär im ostentativen Gleichklang mit den „Großen" im UN-Sicherheitsrat einem konventionellen Friedens- und Sicherheitsbegriff verhaftet blieb, der sich auf die Kriegsverhütung oder Eindämmung kriegerischer Gewalt konzentriert, propagierte der von UNDP veröffentlichte *Human Development Report* von 1993 die Überwindung struktureller Kriegsursachen durch die „Beschleunigung der wirtschaftlichen Entwicklung, eine größere soziale Gerechtigkeit und eine verstärkte Partizipation der Menschen". Diese Botschaft war nicht neu, sondern aktualisierte nur, was die „kritische" Friedensforschung unter dem Begriff des „positiven Friedens" schon seit Jahrzehnten propagiert hatte. Der Friedens- und Konfliktforscher Norbert ROPERS (1992, 15) brachte bei der Diskussion über die „Agenda für den Frieden" in Erinnerung, was auch für die Frage gilt, wie die strukturellen Ursachen von Flucht und Migration bekämpft werden können:

> „Internationale Friedenspolitik muß auf einem umfassenden Verständnis von Sicherheit beruhen und ist letztlich ohne Entwicklungspolitik nicht vorstellbar."

Plädoyer für einen „robusten Interventionismus"

Diese friedenspolitische Langzeitperspektive gibt allerdings keine Antwort darauf, was die Staatengemeinschaft in konkreten Konfliktsituationen – wie im Irak, in Somalia, Liberia oder in Bosnien – tun sollte. Es geht nicht ohne Einmischung und es geht nicht ohne Soldaten, wenn die Prävention versagt hat, das Leben von vielen Menschen zu schützen und die UNO nicht den Straftatbestand der unterlassenen Hilfeleistung begehen will. Der Autor schließt sich dem Plädoyer von Winrich KÜHNE (1993) für die „Rettung aus der Not durch ‚robuste' Blauhelmeinsätze" an, die auch wirksame humanitäre Hilfe erst möglich machen. Die Rettung von Menschenleben ist allemal wichtiger als die „heilige Kuh" der Souveränität, die auch durch vielfältige andere Einmischungen (z. B. durch den *Internationalen Währungsfonds* oder durch die Konditionalität von Entwicklungshilfe) ausgehöhlt wird. Das eigentliche Problem bildet nicht der Interventionismus, sondern die Frage, ob mit Waffengewalt ein dauerhafter Frieden erzwungen werden kann.

Bei allen Überlegungen über den „humanitären Interventionismus" müssen die folgenden Voraussetzungen und Bedingungen von Interventionen bedacht werden:

Bedingungen von Intervention

„Das Ziel jeder Intervention sollte es sein, durch Vermittlung, politischen Druck und rechtlich gebundene Maßnahmen von außen den gewaltsamen Konflikt schnellstmöglich einzudämmen und zu beenden, den Opfern des Konflikts humanitär zu helfen, den Einfluß der den Frieden suchenden Kräfte zu stärken und international anerkannten Rechtsnormen wieder zur Geltung zu verhelfen. Unter rechtlich gebundenen Interventionsmaßnahmen ist dabei zu verstehen, daß sie mit dem Völkerrecht und seinen Prinzipien im Einklang stehen sowie möglichst durch demokratische Beschlüsse der Völkergemeinschaft zustande gekommen sein müssen, in ihrer Durchführung und ihren Auswirkungen von ihr kontrolliert und gegebenenfalls von einem internationalen Gerichtshof überprüft werden können." (SCHMIDT 1994, 23)

Derselbe Autor erinnert daran, daß Gewaltanwendung aus ethischer Sicht „grundsätzlich ein Übel" ist. Sie bleibt eine „Notmaßnahme, die nur eingesetzt werden darf, wenn die begründete Aussicht besteht, ein noch größeres Übel verhindern zu können." (S. 27). Es bleibt in jedem Einzelfall eine schwierige Güterabwägung, was das „größere Übel" ist.

Bei der Diskussion über den „humanitären Interventionismus" wird geflissentlich übersehen, daß die Rüstungsexporteure aus West und Ost wesentlich zur Anhäufung von Gewaltpotential und zur Brutalisierung lokaler Konflikte beigetragen haben – und dies weiterhin tun. Willy Brandt bezeichnete die seit vier Jahrzehnten praktizierte Militärhilfe mit guten Gründen als „Kriegsentwicklungshilfe". Die deutschen Parteien stritten sich über die Beteiligung der Bundeswehr an Blauhelm-Einsätzen, aber nicht über das friedenspolitische Ärgernis, daß die Bundesrepublik in den Statistiken von SIPRI und im neuen Waffenregister der Vereinten Nationen auf den zweiten Platz der größten Waffenexporteure vorrückte (vgl. LAURENCE/WULF, in: FR vom 25.10.1993).

„Kriegsentwicklungshilfe" durch Rüstungsexporte

8.2 Prävention durch einen internationalen Menschenrechts- und Minderheitenschutz

Der frühere UNHCR Aga Khan führte, wie bereits erwähnt, Flucht und Vertreibung auf schwere Menschenrechtsverletzungen zurück und forderte deshalb eine internationale Menschenrechtspolitik zur Verhinderung von Fluchtbewegungen. Auch sie ist nicht möglich ohne Einmischung.

Notwendig ist eine konsequente Menschenrechtspolitik, die Diktaturen nicht mit einem neuen „doppelten Standard" schont, wenn sie – wie China oder die Golfstaaten – gute Exportgeschäfte versprechen oder auf reichen Rohstoffvorkommen sitzen. Die neue menschenrechtspolitische Konditionalität, die die Vergabe von Entwicklungshilfe an die Einhaltung grundlegender Menschenrechte zu binden verspricht, ist prinzipiell begründbar (obwohl sie viele Entwicklungsländer als imperialistische Einmischung in innere Angelegenheiten kritisieren),

Gegen einen „doppelten Standard" in der Menschenrechtspolitik

aber nur dann glaubwürdig, wenn sie nicht nur gegen Habenichtse angewandt wird. Das Verhalten der westlichen Staaten gegenüber China illustriert dieses Glaubwürdigkeitsdefizit (vgl. NUSCHELER 1992).

UN-Hochkommissar für Menschenrechte

Im Dezember 1993 beschloß die UN-Generalversammlung die Einrichtung eines UN-Hochkommissars für Menschenrechte und erfüllte damit jahrelange Forderungen von internationalen Menschenrechtsgruppen. Er sollte wirksamer und glaubwürdiger als die mit Staatsvertretern (auch aus notorischen Folterstaaten) besetzte UN-Menschenrechtskommission auf schwere Menschenrechtsverletzungen hinweisen und durch Öffentlichkeit Druck erzeugen. Seine von der UN-Generalversammlung beschlossene Kompetenzausstattung ist jedoch weit von dem entfernt, was die internationale Menschenrechtslobby auf der Wiener UN-Konferenz über Menschenrechte vom Sommer 1993 gefordert hatte. Der „asiatische Block" unter Führung Chinas opponierte mit allerlei Drohungen gegen einen wirksamen Schutz der Menschenrechte. Es kommt nun darauf an, wie der neue UNHCHR (ein noch profilloser Diplomat aus Ekuador) das Amt versteht und ausfüllt.

Grenzen der UN-Minderheitendeklaration

Notwendig ist auch ein wirksamer Minderheitenschutz, weil Minderheiten im besonderen von Repression und Vertreibung betroffen oder bedroht sind. Die UN-Vollversammlung hat am 18. Dezember 1992 die *Deklaration 47/137* über die „Rechte von Personen, die zu nationalen oder ethnischen, religiösen und sprachlichen Minderheiten gehören", verabschiedet. Manche Interpreten und Menschenrechtsorganisationen – unter ihnen die bekannte Londoner *Minority Rights Group* – haben diese Deklaration als großen Fortschritt in der internationalen Menschenrechtsentwicklung gewürdigt. Kritiker verwiesen aber darauf, daß sie keine Durchsetzungsvorschrift enthält und es deshalb weiterhin den Staaten überläßt, wie sie ihre Minderheiten behandeln wollen. Die Deklaration normiert zwar in ihrer Präambel und ihren neun Artikeln einen umfassenden Minderheitenschutz, der den Staaten viele Pflichten auferlegt, aber sie kann die Erfüllung dieser Pflichten nicht verbindlich einfordern:

„Der Erfolg der Deklaration ... hängt letztlich von der Bereitschaft der Staaten ab, die ihr zugrunde liegende Einsicht, daß der Schutz ethnischer, religiöser und sprachlicher Minderheiten auch besonderer staatlicher Förderung bedarf, in innerstaatliche Politik umzusetzen. Insofern macht sie einerseits eine Grenze der internationalen Politik überhaupt sichtbar, vertraut aber andererseits auf den Willen der Staaten, ihre Souveränität als eine ‚sovereignty under law' zu entfalten und ihre Friedensliebe durch aktive Menschenrechtspolitik zu erweisen." (DICKE 1993, 115)

Von der Deklaration zur Konvention

Wenn das Verhalten der Staaten dieses Vertrauen rechtfertigen würde, bedürfte es keiner derartigen Deklaration. Weil sie vielfach ihre Friedensliebe nicht durch eine aktive Menschenrechtspolitik erweisen, vielmehr viele Konflikte ihren Ursprung in der Diskriminierung von Minderheiten haben, reicht eine solche unverbindliche Deklaration nicht aus. Sie muß zu einer rechtlich verbindlichen und vor dem Internationalen Gerichtshof einklagbaren Konvention weiterentwickelt werden. Auch sie könnte die Minderheiten nicht sofort von aller Drangsal befreien, aber ihnen mehr Schutz vor Willkür geben, weil es Staaten scheuen, international an den Pranger gestellt zu werden. Die KSZE-Schlußakte hat nicht sofort die Gefängnisse für politische Gefangene geöffnet, aber den Menschenrechtsgruppen eine politische Unterstützung gegeben, daß sie zu einem systemverändernden Sauerteig werden konnten.

8.3 Prävention durch eine sozial- und umweltverträgliche Entwicklungspolitik

Notwendig ist *erstens* die grundlegende Veränderung der bestehenden Weltwirtschaftsordnung, die zwar nicht allein für den Verelendungsprozeß in großen Teilen der Dritten Welt verantwortlich ist, aber die Überwindung von Unterentwicklung und damit von Schubkräften der Migration erschwert. Allein der Handelsprotektionismus kostet die Entwicklungsländer doppelt soviel wie ihnen alle Entwicklungshilfe zurückbringt.

Notwendig sind weltwirtschaftliche Strukturveränderungen

Notwendig ist *zweitens* eine rasche und großzügige Lösung der Schuldenkrise, die das Massenelend vergrößert, Entwicklung blockiert, demokratische Entwicklungen erschwert und durch den Zwang zum Export auf Gedeih und Verderb die Umweltzerstörung beschleunigt hat. Wenn Flüchtlinge als „Botschafter des internationalen Unrechts" bezeichnet wurden, dann war damit auch das Unrecht gemeint, das in der „globalen Apartheid" höchst ungleicher Lebenschancen begründet liegt und fundamental dem „Recht auf Entwicklung" und der schon in Art. 28 der *Allgemeinen Erklärung der Menschenrechte* geforderten neuen „sozialen und internationalen Ordnung" widerspricht.

Notwendig ist *drittens* eine umweltverträgliche Entwicklung und Entwicklungspolitik. Die UNCED-Konferenz in Rio (1992) hat den Zusammenhang zwischen Umwelt und Entwicklung, Umweltzerstörung und Armut verdeutlicht. „Nachhaltige Entwicklung" (*sustainable development*) heißt das von der *Brundtland-Kommission* in die entwicklungspolitische Diskussion eingefügte neue Schlagwort. Es ist noch ein Schlagwort, weil weder die Industrieländer hinreichend ernste Konsequenzen aus dem Tatbestand zu ziehen gewillt sind, daß sie die Hauptverursacher der globalen Umweltkrise sind, noch die Entwicklungsländer unter dem Druck von Wirtschaftskrisen ihr Wirtschaftsverhalten an den langfristigen Zielen einer „nachhaltigen Entwicklung" orientieren.

„Nachhaltige Entwicklung" gegen Umweltkatastrophen

Die bi- und multilateralen Entwicklungsorganisationen – unter ihnen vor allem die Weltbank – tun in konkreten Förderungsprogrammen noch wenig zur Substanzsicherung der Lebensgrundlagen und zur Eindämmung der Umweltzerstörungen, die zur Hauptquelle von gigantischen Wanderungen zu werden drohen. Im Gegenteil: solange sie die Schuldnerländer dazu zwingen, auch die Regenwälder als Zahlungsreserve einzusetzen und die ökologisch fatalen Monokulturen auszuweiten, tragen sie selbst zur Verschärfung der Migrationsursachen bei. Der von den Industrieländern beherrschte Weltmarkt verhindert eine „nachhaltige Entwicklung".

Ein Bericht der Evaluierungsabteilung der Weltbank über „Early Experience with Involuntary Resettlement" vom Juni 1993 zeigt bemerkenswert selbstkritisch, daß besonders die von der Weltbank finanzierten Staudammprojekte zu

Zwangsumsiedlungen durch „Entwicklungsprojekte"

massenhaften Zwangsumsiedlungen von Kleinbauern geführt haben. Was als „Umsiedlung" deklariert wurde, erwies sich in vielen Fällen als Vertreibung ohne soziale Kompensation, weil die Regierungen ihre Zusagen gegenüber der Weltbank nicht einhielten. Staudammprojekte stellten meistens nicht nur ökologische, sondern auch soziale Katastrophen dar, die das Gegenteil von *sustainable development* sind. Die Koalitionen zwischen nationalen Eliten, internationalen Expertokratien und multinationalen Kapitalinteressen sind maßgeblich an der Produktion von Schubkräften für unfreiwillige Migrationsprozesse beteiligt.

Notwendig ist *viertens* ein globaler Solidarpakt, der durch eine Weltsozialpolitik das migrationsfördernde Wohlstandsgefälle zwischen Süden/Osten und Westen zu verringern versucht. Wer vorgibt, die Fluchtursachen bekämpfen zu wollen, kann sich dem Versprechen, mindestens 0,7% des Bruttosozialprodukts für öffentliche Entwicklungshilfe aufbringen zu wollen, nicht ständig mit dem Hinweis auf eigene Haushaltsprobleme entziehen.

Forderungen an die Entwicklungspolitik

Es ist zwar richtig, daß mehr Geld nicht alle Probleme lösen kann, die Migration fördern; es ist auch richtig, daß Entwicklungshilfe, wie sie bisher praktiziert wurde, die Zustände nicht verändern konnte, die zu den strukturellen Ursachen von Flucht und Migration gehören. Aber dies liegt auch daran, daß sie mehr als Instrument der Außenpolitik und der eigenen Wohlstandsmehrung denn als Entwicklungspolitik zur Überwindung von Armut eingesetzt wurde. Solange Entwicklungspolitik nur ein fünftes Rad am Wagen der Gesamtpolitik ist und nicht einmal die Löcher stopfen kann, die unfaire Handelsbedingungen aufreißen; solange das Ziel der Armutsbekämpfung nur ein legitimationsbeschaffendes Pseudoziel ist, welches das „Entwicklungsgeschäft" humanitär verkleidet, bleiben die Möglichkeiten von Entwicklungspolitik, etwas gegen die Migrationsursachen auszurichten, tatsächlich sehr gering. Aber ihre Möglichkeiten sind noch längst nicht ausgeschöpft.

Angst statt Ethik und Vernunft

Es geht nicht so sehr um das ökonomische Können, sondern um das politische Wollen. Bei den politischen Entscheidungsträgern der G7 (der Gruppe der sieben wichtigsten Industriestaaten), die das Sagen in der Weltwirtschaft haben, ist jedoch nicht einmal in Ansätzen die Bereitschaft zu erkennen, kurzfristige Vorteile langfristigen Gemeininteressen (*global commons*) hintanzustellen. Moralische Appelle prallen an Macht- und Interessenstrukturen ab. Das Ende des Ost-West-Konflikts verdrängte große Teile des marginalisierten Südens, der nun nicht mehr mit der geostrategischen Karte pokern kann, weiter in das weltwirtschaftliche und weltpolitische Abseits. Es blieb ihm nur noch das Drohpotential „B-Bombe", der „Umweltwaffe", der „Invasion der Armen" und der „Chaos-Macht", das vielleicht ein Schrumpfen der „Entwicklungsetats" verhindern kann. Angst ist offensichtlich stärker als alle Ethik und Vernunft.

Projekthilfe statt Strukturhilfe?

Eine Studie für die Caritas im Bistum Essen zog aus diesen Entwicklungen die Folgerung, daß es „absurd und sinnlos" sei, eine aktive Flüchtlingspolitik auf Hoffnungen auf friedens- und entwicklungspolitische Fortschritte aufbauen zu wollen – wie es in diesem Buch geschieht (vgl. GRÄTZ u. a. 1992, 95). Die Studie setzt dagegen auf „Projekte in umsetzbaren und überschaubaren Strukturen", wie sie beispielsweise das Land NRW für rückkehrwillige Roma in Skopje finanzierte. Dieser Hoffnung auf Einzelprojekte steht jedoch die Erfahrung entgegen, daß die „Projektitis" zur Mißerfolgsgeschichte der herkömmlichen Entwicklungshilfe gehört. Was die Studie für eine „neue Flüchtlingspolitik" vorschlägt, ist ein altes Rezept, das sich nicht bewährt hat. Hier versuchen Projektleiter, ihr Tun zu rechtfertigen.

Die Strategien der staatlichen Entwicklungspolitik reagierten auf die „neuen Bedrohungen" aus dem Süden, indem sie vom Konzept der Entwicklungshilfe als langfristiger Aufbauhilfe abzurücken und die verknappenden Mittel auf dem Versuch des Krisenmanagements in den Problemregionen, von denen die „neuen Bedrohungen" ausgehen, zu konzentrieren begannen (vgl. TETZLAFF 1993). Dieses Konzept ist nicht mehr allzu weit entfernt von den Vorschlägen für eine „grundlegende Neuorientierung der Nord-Süd-Politik", die Ulrich MENZEL (1992, 202 ff.) unter der programmatischen Überschrift „Globale Sozialpolitik statt Entwicklungshilfe" vorlegte:

Entwicklungspolitik als Krisenmanagement

- Statt Entwicklungshilfe nur noch Katastrophenhilfe für die wirklich Bedürftigen in den Krisenregionen der Welt;
- statt der angestrebten Einschränkung die gezielte Produktion von Agrarüberschüssen in den Industrieländern, um eine Steigerung der Nahrungsmittelhilfe zu ermöglichen;
- Unterstellung von Krisengebieten, die mit Nahrungsmitteln versorgt werden, unter die Treuhandschaft der Industrieländer (wohlgemerkt nicht der Vereinten Nationen!);
- Aufstellung und Entsendung von internationalen Eingreiftruppen zur Wahrung der Menschenrechte;
- Finanzierung der Katastrophenhilfe aus den eingesparten Mitteln für die Bewirtschaftung der Agrarüberschüsse und aus der „Friedensdividende", die Menzel – wie viele andere – nach dem Ende des Ost-West-Konflikts erhoffte.

„Globale Sozialpolitik" à la Menzel

Bei genauerem Hinsehen erweisen sich diese Vorschläge als höchst problematisch. Die oben begründete Zustimmung zum Vorrang der Menschenrechte vor Souveränitätsansprüchen, notfalls auch zum Einsatz von Eingreiftruppen, schließt nicht die Zustimmung zu einer Treuhandschaft der „Helfer" ein, die einer humanitär verbrämten Wiedergeburt des Kolonialismus gleichkäme. Eine Treuhandschaft, wie sie die UNO in Kambodscha vorübergehend ausübte, setzt ein UN-Mandat voraus. Außerdem wäre die von Menzel vorgeschlagene Katastrophenhilfe der endgültige Bankrott von Entwicklungspolitik. Die Nahrungsmittelhilfe erwies sich, wenn sie nicht sehr selektiv in Hungergebieten eingesetzt wurde, als „tödliche Hilfe", weil sie Anstrengungen zur Ernährungssicherung unterläuft und die einheimischen Bauern ruiniert (und zur Migration in die Städte bewegt). Wohlverstandene Entwicklungshilfe sorgt nur in Extremsituationen für die Bedürftigen; sie hat ihnen vielmehr die Voraussetzungen zu vermitteln, um für sich selbst sorgen zu können.

„Treuhandschaft" = ein humanitär verbrämter Kolonialismus?

Die in diesem Buch wiederholt geforderte Weltsozialpolitik hat wenig mit dem zu tun, was Menzel „globale Sozialpolitik" nennt. Was er vorschlägt, ist Armen- und Katastrophenhilfe, wie sie beispielsweise schon der UNHCR bei Fluchtkatastrophen leistet, aber nicht Entwicklungshilfe zur langfristigen Verbesserung der Lebensbedingungen. Sie aber ist notwendig zum Abbau der migrationsfördernden „globalen Apartheid".

Weltsozialpolitik vs. Katastrophenhilfe

8.4 Bekämpfung der Flüchtlinge statt der Fluchtursachen

Tendenzen zur Militarisierung der Flüchtlingspolitik

Manche Skeptiker gehen davon aus, daß sich das Wohlstandsgefälle zwischen Norden und Süden und die migrationsfördernden Krisenfaktoren noch verschärfen werden; daß also Hoffnungen auf eine erfolgversprechende Prävention von Einsichten in das Unvermeidliche ablenken: nämlich der militärischen Absicherung der Außengrenzen nach der Dramaturgie der Schlußszene des Filmes „Der Marsch", in der sich an der Nord-Süd-Grenze in Gibraltar europäische Militärkommandos und afrikanische Flüchtlinge gegenüberstehen.

Es gibt bereits Vorspiele zu einem solchen Szenario: Teile des österreichischen Bundesheeres stehen an den grünen Ostgrenzen; die italienische Marine kreuzt vor der albanischen Küste, um ein zweites Brindisi zu verhindern; ein Drittel der polnischen Armee soll an der Ostgrenze einen Massenexodus aus den GUS-Staaten abfangen. Die Schweiz hat mit der „Aktion Limes" eine militärische Infrastruktur aufgebaut, um die alpine Wohlstandsinsel gegen unerwünschte Eindringlinge abzuschirmen (vgl. NUSCHELER 1991). Der deutsche Innenminister schlug vor, die Bundeswehr in einer zweiten Frontlinie hinter dem Bundesgrenzschutz einzusetzen, um die Grenze zu Polen und Tschechien besser gegen das Einsickern von irregulären Zuwanderern abzusichern.

Militärische Abschreckung statt Prävention

Wenn Flüchtlinge als „neue Bedrohung" perzipiert werden, ist dieser Rückgriff auf militärische Mittel nahezu zwangsläufig. Das Fatale an dieser „Logik" ist, daß eine Prävention, die auch Wohlstandsverzichte erfordern würde, gar nicht versucht wird. Eine solche Verteidigung gegen eine „neue Bedrohung" verspricht breite Zustimmung und liefert Armeen ein neues Feindbild, das ihnen durch das Ende des Kalten Krieges abhanden gekommen ist. Dann nützen alle Appelle an Moral und Humanität nicht mehr viel. Das aufgeklärte Eigeninteresse spricht für Prävention, aber Angst provoziert Gewalt. In Europa geht die Angst vor „neuen Völkerwanderungen" um, die ein Festungsdenken fördert.

Golo MANNS Rezept: Grenzen dichtmachen

Die deutsche Asylpolitik rückte Stück für Stück von den Verheißungen des Art. 16 GG ab und beteiligte sich am Mauerbau um die „Festung Europa". Und ein deutscher Professor, ausgerechnet der Sohn eines berühmten Emigranten während der Nazi-Herrschaft, nämlich Golo MANN, gab der deutschen Politik die folgende Empfehlung:

„Die Grenzen dichtmachen, das wäre die beste Lösung. Man sollte den Abgewiesenen ein Paket für den Rückweg mitgeben ... (Deshalb wäre es) das Beste, diese unglücklichen Leute so bald und so freundlich wie möglich hinauszubefördern, dorthin, wo sie hergekommen sind." (in: DIE WELT vom 19.10.1991)

Ein Plakat des UNHCR erinnert daran, daß Flüchtlinge nicht nur nehmen, sondern auch geben. Auch Mohammed und Calvin, Hugo Grotius und Rousseau, Schiller und Heine, Thomas Mann und Albert Einstein, Bertolt Brecht und Willy Brandt waren Flüchtlinge. Auf einem anderen Plakat des UNHCR ist zu lesen:

„Du kannst nicht verhindern, daß ein Mensch zum Flüchtling wird, aber Du kannst verhindern, daß er es bleibt."

Allerdings sieht man Wandsprüche „Ausländer raus" wesentlich häufiger als solche Plakate. Und die deutsche Asylpolitik beging durch die Verabschiedung des neuen Art. 16a GG ihren menschenrechtlichen Sündenfall, der die Empfehlung von Golo Mann in Verfassungsrecht umsetzte. Die Frage drängt sich auf: Was wäre geschehen, wenn die USA den deutschen Flüchtling Thomas Mann samt Sohn Golo dorthin befördert hätten, wo sie hergekommen sind? Manchmal haben auch Historiker ein kurzes historisches Gedächtnis. *Das kurze historische Gedächtnis von Historikern*

Die Christen im „christlichen Abendland" und in C-Parteien übersehen geflissentlich ein Gebot der Bergpredigt: „Liebe den Fremden wie Dich selbst!" Dieses Gebot der Fremdenliebe hat den gleichen ethischen Rang wie das Gebot der Nächstenliebe, ist also konstitutiv für die christliche Sittenlehre.

Teil II:
Ausländer- und Asylpolitik
in Deutschland

Einführung zu Teil II

Dieser Teil zeigt zunächst die Entwicklung Deutschlands vom Auswanderungsland, das einen Teil seiner „sozialen Frage" durch Auswanderung exportierte, zum „unerklärten Einwanderungsland". Den Deutschen wird nicht ohne Grund vorgehalten, ein kurzes historisches Gedächtnis zu haben. Ein Blick in den historischen Rückspiegel hätte die Aufgeregtheit in der ausländer- und asylpolitischen Debatte ein wenig versachlichen können, weil die Deutschen selbst sehr „wanderungserfahren" sind.

Die Bundesrepublik ist zum Einwanderungsland geworden, weil sie erstens Millionen von Flüchtlingen und Vertriebenen mit deutscher Staatsangehörigkeit und von Aussiedlern mit „deutscher Volkszugehörigkeit" aufgenommen hat; weil sie zweitens Millionen von Gastarbeitern angeworben hat, denen später die Familien nachfolgten. Erst in den 80er Jahren kamen in größeren Zahlen „ungebetene Fremde", die in der Bundesrepublik Asyl beantragten. Schon damals entbrannte in Wahlkampfzeiten eine hitzige Asyldebatte, in der das Asylrecht als parteipolitischer Zankapfel und wahltaktischer Knüppel mißbraucht wurde.

Kapitel 4 untersucht die schrittweise Einschränkung des Asylrechts durch eine Serie von Asylverfahrensgesetzen, Gesetzesnovellen, Rechtsverordnungen und Gerichtsentscheidungen. Was die sozial-liberale Koalition schon vor 1982 begonnen hatte, setzte die christlich-liberale Koalition nur energischer fort: die Aushöhlung des in der Welt einmaligen Art. 16 GG auf dem Verwaltungs- und Verfahrensweg, so daß die Unterschiede zur Asylpraxis im übrigen Westeuropa verschwanden.

Kapitel 5 zeigt, wie gleichzeitig die Aufenthaltsbedingungen für Asylsuchende verschlechtert wurden. Die Bundesrepublik wurde zwar zum Zielland von 60% der Asylbewerber, die innerhalb der EU einen Asylantrag stellten, aber sie übertraf die anderen EU-Länder durch abschreckende Maßnahmen, die kaum mit dem in Art. 1 GG allen Menschen zugesagten Schutz der Menschenwürde vereinbar waren.

Der wachsende und gleichzeitige Zustrom von Aussiedlern, Übersiedlern und Asylsuchenden Ende der 80er Jahre und zu Beginn der 90er Jahre erzeugte eine brisante innenpolitische Situation. Das durch stark ansteigende Zahlen von Asylsuchenden verschärfte Asylproblem wurde zum vorrangigen innenpolitischen Streitthema. Die Stimmengewinne der „Republikaner" bei Landtags- und Kommunalwahlen ließen die CDU/CSU bei kommenden Wahlen um den Erhalt von Mehrheiten, die SPD um die Chance fürchten, Mehrheiten zu gewinnen. Die SPD schwenkte, von heftigen innerparteilichen Auseinandersetzungen begleitet, auf den „Asylkompromiß" vom Dezember 1992 ein, der dann zur Ergänzung des

Art. 16 GG führte. Art. 16a GG fügte sich – wie Kapitel 4.8 zeigt – in die Harmonisierung der europäischen Asylpolitik jenseits des EU-Gemeinschaftsrechts durch die Abkommen von Schengen („Schengen II") und Dublin ein, die Lücken in der „Festung Europa" zu schließen versuchten.

Kapitel 6 rekonstruiert die Diskussion über das umstrittene Ausländergesetz von 1990. Sie legte tiefere Schichten der Ausländer- und Asylpolitik offen: nämlich das integrationsfeindliche Bestreben, die „nationale Homogenität" zu bewahren. Dieses Bestreben hinderte die Politik daran, sich mit der Realität eines Einwanderungslandes abzufinden, zukunftsweisende Integrationskonzepte zu entwickeln und die Bevölkerung mit der Wahrheit zu konfrontieren.

1 Vom Auswanderungs- zum Einwanderungsland

Der Migrationsforscher Klaus BADE (1992, 12 f.) wies darauf hin, daß die Deutschen historisch sehr „wanderungserfahren" seien. Sie haben alle Erscheinungsformen von Wanderungen erlebt, erlitten oder auch verursacht: Die Deutschen sind „wanderungserfahren":

- Aus-, Ein- und Transitwanderungen, Arbeitswanderungen von Deutschen ins Ausland und von Ausländern nach Deutschland;
- Flucht und Vertreibung von Deutschen ins Ausland und von Ausländern nach Deutschland, von Deutschen als Opfern und von Deutschen als Tätern;
- nicht nur Wanderungen von Menschen über Grenzen, sondern auch die Bewegung von Grenzen über Menschen hinweg.

Deutschland war im 19. Jahrhundert ein Auswanderungsland, vor allem von „Wirtschaftsflüchtlingen" und nur zu einem geringen Teil von politischen Flüchtlingen. Etwa fünf Millionen Deutsche wanderten allein in die USA aus, die etwa 90% der deutschen Auswanderer aufnahmen. Sie waren keineswegs immer und überall willkommen, brachten aber etwas mit, was Auswanderer und Minderheiten auszeichnet: Risikobereitschaft, Selbstbehauptung und sozialen Aufstiegswillen.

Seit der Reichsgründung von 1871 und den ihr folgenden industriellen „Gründerjahren" wurde das Deutsche Reich zugleich zum Einwanderungsland, obwohl per Saldo noch mehr aus- als einwanderten. Während der zweiten Auswanderungswelle in den 80er Jahren wurden für schwere und „niedere" Arbeiten in Landwirtschaft und Industrie schon einige hunderttausend Ausländer rekrutiert, vorwiegend in Polen und in der Donaumonarchie, schon damals von deutschen Vermittlungsagenten und ausländischen Schleppern organisiert und wie Arbeitssklaven gehalten. Ihre Zahl erreichte um die Jahrhundertwende etwa 800.000 und vor dem Ersten Weltkrieg 1,2 Millionen. Unter ihnen befanden sich etwa 350.000 „Ruhrpolen", die auf den „Polenzechen" des Ruhrgebiets gut ein Fünftel der Belegschaften ausmachten. Sie bildeten bald ein Ferment dieser Montanregion, das heute nur noch an den Familiennamen zu erkennen ist (vgl. BADE 1984/1992; WOYDT 1987).

Deutschland als Auswanderungsland

Abb. 11 (S. 110) weist eine bemerkenswerte Lücke auf: Sie läßt nicht die wachsende Zahl von Zwangsarbeitern („Fremdarbeitern") während des Zweiten Weltkriegs erkennen, die am Ende des Kriegs etwa 8 Millionen erreichte. Etwa 40% wurden in den besetzten Gebieten der Sowjetunion, 25% in Frankreich und 15% in Polen zwangsrekrutiert. Nach Erkenntnissen des Nürnberger Kriegsverbrecherprozesses sollen insgesamt etwa 14 Millionen Ausländer (einschließlich

Deutschland als Einwanderungsland

"Fremdarbeiter" in der deutschen Rüstungsindustrie

der Kriegsgefangenen und KZ-Zwangsarbeiter) ins Reichsgebiet verschleppt und zur Arbeit in der Rüstungsindustrie gezwungen worden sein. Etwa die Hälfte starb an Unterernährung, Krankheiten oder brutaler Behandlung (vgl. HERBERT 1985). Ehrenwerte deutsche Unternehmen profitierten von der Ausbeutung dieser Zwangsarbeiter, leisteten aber keine Entschädigung.

Seit dem Ende des Zweiten Weltkriegs kamen rund 15 Millionen Flüchtlinge und Vertriebene, Aussiedler mit deutscher "Volkszugehörigkeit" nach Art. 116 GG und Übersiedler aus der ehemaligen DDR in die Westzonen und spätere ("alte") Bundesrepublik. Dieser Zustrom von Zuwanderern mit deutschem Paß bzw. mit fremder Staatsangehörigkeit, aber deutscher "Volkszugehörigkeit", entsprach gut einem Viertel der westdeutschen Bevölkerung. Rechnet man die 4,6 Millionen Ausländer hinzu, die seit den 60er Jahren größtenteils als "Gastarbeiter" ins Land geholt wurden und ihre Familien nachholten, dann entsprach die Zuwanderung sogar fast einem Drittel der "bundesdeutschen" Bevölkerung:

"Es gibt in der zweiten Hälfte dieses Jahrhunderts unter den entwickelten Industriestaaten der westlichen Welt keine vergleichbaren Dimensionen. Seit 1987 nimmt die Bundesrepublik jährlich mehr Zuwanderer auf als die beiden klassischen Einwanderungsländer Kanada und Australien zusammen – und behauptet in regierungsamtlichen Erklärungen noch immer, kein ‚Einwanderungsland' zu sein." (BADE 1993, 9)

Abbildung 11: Wanderungsbewegungen aus und nach Deutschland seit 1820 (Angaben in Tausend)

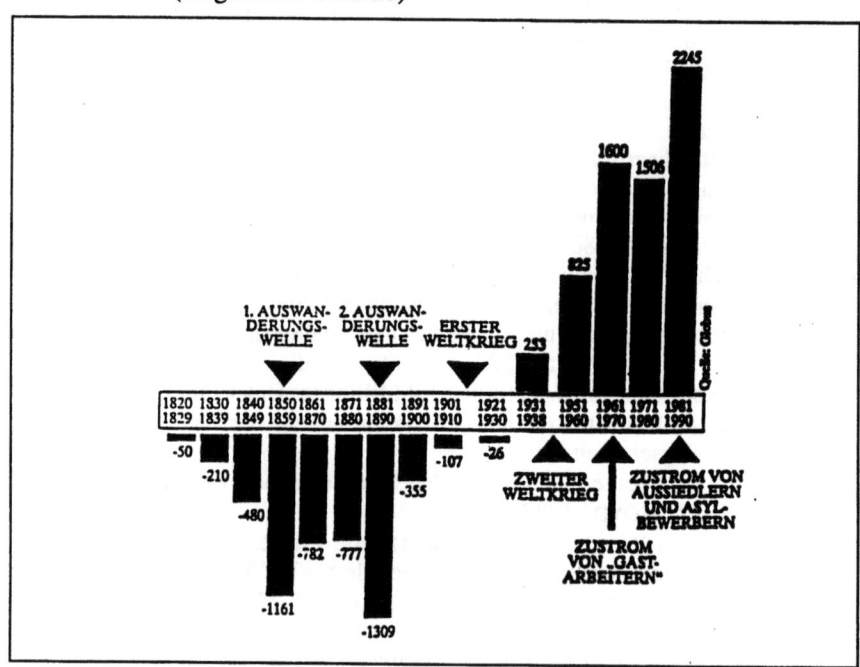

Allerdings muß hinzugefügt werden, daß es sich bei diesen Zuwanderern größtenteils um deutsche Staatsbürger mit Rechten und Ansprüchen auf Integrationsleistungen handelte. Der Anteil von Ausländern an der Gesamtbevölkerung lag 1988 in Luxemburg (26,2%), in der Schweiz (um 14%) und in Belgien (8,7%) höher als in der Bundesrepublik (7,7%), im EU-Durchschnitt (4,1%) allerdings niedriger. Auch die Integration der deutschen Zuwanderer in die westdeutsche Wohn- und Erwerbsbevölkerung verlief keineswegs reibungslos und spannungsfrei. In den 50er Jahren erregte der gesetzlich erzwungene Lastenausgleich zwischen „Einheimischen", Flüchtlingen und Vertriebenen die Gemüter der ersteren nicht weniger als es die Transferleistungen von Westen nach Osten nach der staatlichen Vereinigung Deutschlands tun.

<small>Deutsche Zuwanderer in Deutschland</small>

2 Die neue Einwanderungssituation im vereinigten Deutschland

Folgen der deutschen Vereinigung

Schon zu Beginn der 80er Jahre hatte Friedrich HECKMANN (1981) die Frage gestellt, ob die Bundesrepublik zum Einwanderungsland geworden sei. Damals hatte zwar der Zuzug von Gastarbeitern und ihrer Familienangehörigen einen Höhepunkt erreicht, aber die Aussiedler hatten erst in kleinen Zahlen die Erlaubnis zur Ausreise erhalten und der Zustrom von Asylsuchenden war nach dem Rekordjahr 1980 wieder abgeebbt.

Das vereinigte Deutschland ist mit einer neuen und komplexeren Einwanderungssituation konfrontiert. Dies gilt besonders für Westdeutschland, dessen Bevölkerung innerhalb von fünf Jahren von etwa 61 Millionen (1987) auf über 65 Millionen (1992) anwuchs. Dagegen verlieren die fünf neuen Bundesländer aufgrund des Ost-West-Wohlstandsgefälles weiterhin Übersiedler in den Westen.

Die unerwünschten Kontraktarbeiter aus den „Bruderländern" der DDR

Auch die Zahl der rund 95.000 Gastarbeiter aus Vietnam, Mozambique und Angola, die aufgrund von Regierungsabkommen in der ehemaligen DDR beschäftigt waren, ist auf Restbestände geschrumpft. Sie kehrten vor Vertragsende zurück oder stellten – wie viele Vietnamesen – einen meistens erfolglosen Asylantrag (vgl. ELSNER/ELSNER 1993). Obwohl die Bundesrepublik im Einigungsvertrag die vertraglichen Verpflichtungen der DDR übernahm, versuchten die Behörden, die nach der Liquidierung vieler Industriebetriebe nicht mehr benötigten Kontraktarbeiter aus den „sozialistischen Bruderländern" der DDR möglichst schnell loszuwerden. Nur der Druck von Kirchen, Solidaritätsgruppen und einzelnen Politikern konnte ihre Abschiebung hinausschieben, aber schließlich nicht verhindern. Es ist makaber, daß auch der Brandanschlag auf das Wohnheim von Vietnamesen in Rostock als Vorwand für die Bereinigung dieser „DDR-Hypothek" herhalten mußte. Ein vietnamesischer Wissenschaftler brachte auf den Punkt, warum seine Landsleute ein Bleiberecht forderten: „Die Heimkehr im wörtlichen Sinne wurde zwangsläufig als ein Rückfall empfunden, das Zurückversetztwerden in eine vergangene Zeitrechnung." (QUANG 1992, 52) Nicht nur rechtsradikale Gruppen, sondern auch die Behörden des vereinigten Deutschland machten den wenigen Ausländern in Ostdeutschland das Leben schwer.

Die Rote Armee mit ehemals 380.000 Soldaten und rund 200.000 Familienangehörigen und Zivilbediensteten wurde bis Herbst 1994 abgezogen. Die neuen Bundesländer sind trotz der Quotenzuweisungen von Asylbewerbern und des Einsickerns von „Illegalen" aus Polen ein Teil Europas mit dem geringsten Ausländeranteil. Dieser Tatbestand bedarf angesichts der ausländerfeindlichen

Ausschreitungen in Rostock, Hoyerswerda und anderswo einer besonderen Erklärung (vgl. Kap. 4.1.1 von Teil III).

Die Einwanderungssituation im vereinigten Deutschland – diesem „de facto-Einwanderungsland wider Willen" – stellt sich folgendermaßen dar:

2.1 Ausländische Arbeitnehmer und „Inländer mit fremdem Paß"

Von den 5,6 Millionen „Ausländern" (Ende 1992) waren etwa 1,7 Millionen ausländische Arbeitnehmer (Familienangehörige nicht mitgerechnet). Sie stellten 7,9% aller sozialversicherungspflichtig Beschäftigten und trugen damit erheblich zum Beitragsaufkommen und Leistungsvermögen des Sozialversicherungssystems bei (vgl. Kap. 1.4 von Teil III). Ihre Herkunftsländer bzw. Nationalitäten (weil viele schon in Deutschland geboren sind) waren: Türkei 34%, Republiken des ehemaligen Jugoslawien 18%, Italien 10%, Griechenland 6%, Spanien 4%, andere 28%.

Ausländische Arbeitnehmer in der Bundesrepublik

Tabelle 5: Entwicklung der Ausländerbeschäftigung in Tsd. (I) – Anteil an versicherungspflichtig Beschäftigten (II)

	1960	1965	1970	1973	1975	1980	1985	1990
I.	329	1217	1949	2595	2039	2016	1587	1740
II.	1,6	5,8	9,1	11,6	10,1	9,5	7,6	7,9

Quelle: Gieseck u. a. 1993, 32.

Aus der ersten Generation der „Gastarbeiter" entstanden durch Familienzusammenführung und Geburt in Deutschland ethnische Minderheiten, die de iure Ausländer, de facto aber Einwanderer auf Dauer sind und nun zunehmend Ansprüche auf eine doppelte Staatsbürgerschaft anmelden. Zwei Drittel der ausländischen Kinder wurden bereits hier geboren – ein Tatbestand, der sie nur aufgrund des in Deutschland gültigen *ius sanguinis* zu „Ausländern" macht. Sie sind eher Inländer mit fremdem Paß:

„Gemessen an der Wirklichkeit in Deutschland ist der Begriff Ausländer ein schlechter Witz. Die meisten Ausländer in der Bundesrepublik sind hier geboren und leben in der zweiten und dritten Generation bei uns." (Heiner GEIẞLER, in: DER SPIEGEL, Nr. 13/1990)

Die Anwerbung ausländischer „Gastarbeiter" hatte Mitte der 50er Jahre begonnen und wurde nach dem Mauerbau (1961), der den Zustrom von Arbeitskräften aus der DDR unterbrach, mit dem wachsenden Arbeitskräftebedarf der im „Wirtschaftswunder" boomenden Industrie intensiviert. Die Anwerbung erfolgte aufgrund von staatlichen Anwerbeabkommen (1955 mit Italien, 1960 mit Griechenland und Spanien, 1961 mit der Türkei, 1963-65 mit Marokko, Portugal und Tunesien) und wurde durch die von der Bundesanstalt für Arbeit eingerichteten Kommissionen und Verbindungsstellen in den Anwerbeländern organisiert.

Anwerbung der Gastarbeiter

Funktionen der ausländischen Arbeitnehmer

Sie war begleitet von großangelegten Werbekampagnen der Arbeitsverwaltung und von Unternehmen, die auch ohne Einschaltung der staatlichen Vermittlungsstellen anwerben konnten.

Die ausländischen Arbeitnehmer erfüllten für die deutsche Wirtschaft – und für die Wirtschaften in den nordwestlichen EU-Ländern – wichtige Funktionen, die erheblich zur Wohlstandsmehrung beitrugen:

- Sie schlossen die sich vergrößernden Lücken auf dem Arbeitsmarkt und ermöglichten damit das Wachstum auch in arbeitsintensiven Branchen.
- Sie besetzten auch Arbeitsplätze, deren Lohn- und Arbeitsbedingungen Deutsche zunehmend ablehnten, zu Löhnen, die deutlich unter dem Durchschnitt liegen.
- Sie stützten durch ihre Beitragszahlungen das Sozialversicherungssystem.
- Weil die Anwerbung ausländischer Arbeitskräfte ursprünglich nur temporär geplant war und die Arbeitsverträge zumeist auf ein Jahr beschränkt waren, besorgte sie ein disponibles Reservoir für die schwankende Nachfrage in Abschwung- und Boomphasen. Sie hatte allerdings in ihrer allein vom Bedarf des Arbeitsmarktes und vom einseitigen Nutzenkalkül geleiteten Anwerbepraxis übersehen, daß – nach dem viel zitierten Spruch von Max Frisch – nicht nur Arbeitskräfte, sondern auch Menschen kamen.

Differenzierung des „Ausländerproblems"

Die von der Bedarfslage diktierte Reihenfolge der Anwerbung hatte erhebliche Auswirkungen auf das Entstehen, auf Erscheinungsweisen und Wahrnehmungsfilter des „Ausländerproblems". Die türkischen Arbeitsmigranten wurden nicht nur zur größten Gruppe, sondern als letzte Einwanderergruppe auch in Branchen, Regionen und Wohnbereiche abgedrängt, die noch nicht von den Arbeitsmigranten aus Südeuropa besetzt waren. Durch diese Konzentration in marginalen Stadtteilen entstanden „Türkenviertel", die als städtische „Problemzonen", vor allem im Schulbereich, wahrgenommen wurden. Gleichzeitig fielen die Türken durch ihre Kleidung, Religionszugehörigkeit und ihre Verhaltensweisen stärker als Fremde auf als die Südeuropäer. Und sie verrichteten, sei es als Müllarbeiter, Straßenkehrer oder als Putzfrauen, die schmutzigsten Arbeiten, die sie als rückständig stigmatisierten. Die Wohlstandsgesellschaft brauchte ihre Arbeits- und Dienstleistungen, grenzte sie aber als ihre Heloten und als „ausländische Mitbürger" ohne Bürgerrechte aus der Bürgergesellschaft aus.

Türken als „Problemgruppe"

Es entwickelte sich ein mehr oder weniger gleichgültiges Nebeneinander, aber kein multi-kulturelles Zusammenleben (wenn man einmal von den gelegentlich arrangierten Stadtteilfesten absieht). Auch die Beziehungen zwischen den ausländischen Gruppen beschränkten sich weitgehend auf die Zusammenarbeit in den Ausländerbeiräten, in denen die Hackordung am Arbeitsplatz zwischen „Europäern" und „Kümmeltürken" durch gemeinsame Interessen von Ausländern überspielt wurde. Je mehr sich in den „Türkenvierteln" Jugendliche in Banden organisierten, um mit den Frustrationen als ausgegrenzte Minderheit besser fertig werden zu können, und je mehr die Konflikte zwischen Kurden und Türken und zwischen türkischen Organisationen auch in der Bundesrepublik ausgetragen wurden, desto stärker wurden die Türken als „Problemgruppe" wahrgenommen. Die Wurzel des Problems liegt aber darin, daß die Türken weit mehr als die Einwanderer aus den Südländern der EU und aus dem ehemaligen

Jugoslawien als „Fremdgruppe" wahrgenommen werden, an denen die „kulturelle Differenz", d. h. die Unvereinbarkeit von Lebensweisen und Wertsystemen, illustriert wird, die als mentale Barriere gegen eine multikulturelle Gesellschaft aufgebaut wird (vgl. Kap. 3 von Teil III).

Die Beschäftigung von Ausländern erreichte 1973 mit fast 2,6 Millionen ihren Höchststand. In diesem Jahr verhängte die Bundesregierung den Anwerbestopp für Gastarbeiter aus Ländern außerhalb der EG. Innerhalb der EG bestand bereits die Freizügigkeit der Arbeitskräfte. Der Anwerbestopp wurde verhängt, weil sich inzwischen herausgestellt hatte, daß die Aufenthaltsdauer der Angeworbenen stetig angestiegen war, durch die Familienzusammenführung die Zahl der nicht erwerbstätigen Ausländer 1973 schon auf 1,3 Millionen angewachsen war und dadurch die gesamtwirtschaftlichen Kosten gestiegen waren. Von den 14 Millionen Gastarbeitern, die zwischen 1955 und 1973 in die Bundesrepublik gekommen waren, kehrten nur 11 Millionen wieder zurück. Drei Millionen waren nicht mehr „Gastarbeiter" auf Zeit, sondern potentielle Einwanderer. Zwar sank in den folgenden Jahren die Zahl der „Gastarbeiter", aber der Anteil der ausländischen Wohnbevölkerung stieg, nun auch befördert durch eine relativ hohe Geburtenrate.

Die ausländerpolitische Trendwende von 1973

Der Versuch der Bundesregierung, im Rahmen des Rückkehrförderungsgesetzes von 1983 durch Prämien die freiwillige Rückkehrbereitschaft anzureizen, war nur begrenzt erfolgreich. Er erzeugte allenfalls Mitnahmeeffekte bei ohnehin Rückkehrwilligen. Zwar nutzten im Jahre 1984 etwa 213.000 Türken das Angebot des „10 500 Mark-Gesetzes", aber die schlechten Erfahrungen der Rückkehrer („Deutschländer") ließen die Rückkehrbereitschaft bald wieder schwinden, vor allem bei der bereits in Deutschland geborenen zweiten und dritten Generation, die in ihrem Geburtsland mehr zu Hause ist als in ihrem juristisch definierten „Herkunftsland" (vgl. GUGEL 1992, 76 ff.).

Wirkungslosigkeit des Rückkehrförderungsgesetzes von 1983

Ende der 80er Jahre verschlechterte sich die Situation für die ausländischen Arbeitnehmer aus mehreren Gründen: Erstens waren sie stärker als die Deutschen von der wachsenden Arbeitslosigkeit betroffen. Ihre Arbeitslosenquote lag Mitte 1989 mit 11,5% deutlich über dem nationalen Durchschnitt von 7,4%. Dadurch stiegen auch die Ausgaben für die Arbeitslosen- und Sozialhilfe, die in Stammtischdiskussionen das unkundige Gerede über die Ausbeutung des deutschen Sozialstaates nährten. Zweitens gab es nach 1987 durch die Zuwanderungswellen von besser qualifizierten Aus- und Übersiedlern einen Verdrängungswettbewerb auf dem Arbeitsmarkt. Drittens verschärfte sich durch diese unerwartete Zuwanderung von deutschstämmigen „Problemgruppen" die Verknappung billigen Wohnraums, vor allem in den städtischen Ballungszentren mit den höchsten Ausländeranteilen. Wieder mußten die Ausländer – wie bei der Beschäftigungskrise zu Beginn der 80er Jahre – als Sündenböcke für eine politisch geschaffene Mangelsituation herhalten.

Wachsende Arbeitslosigkeit unter Ausländern

Es bedurfte der Brandanschläge auf türkische Familien in Mölln und Solingen, um Vorschlägen zum besseren interkulturellen Zusammenleben mehr Gehör zu verschaffen, die die Ausländerbeauftragte Liselotte Funcke in den 80er Jahren immer wieder gemacht hatte, aber von den politischen Entscheidungsträgern weitgehend ignoriert wurden. Dazu gehörten Erleichterungen der Einbürgerung, die doppelte Staatsbürgerschaft, das kommunale Wahlrecht für Ausländer,

Das Versagen der Integrationspolitik — aber auch eine ehrliche Aufklärung über den Beitrag der Ausländer zur Wohlstandsmehrung der Deutschen und die Bereitschaft der Politik, aus der realen Situation des Einwanderungslandes Deutschland politische Konsequenzen zu ziehen. Diese Vorschläge werden in späteren Kapiteln noch ausführlicher behandelt werden.

2.2 Steigende Zahlen von Asylbewerbern

Begriffsverwirrungen — Das „Ausländerproblem" erhielt zu Beginn der 90er Jahre auch deshalb eine emotionsgeladene Brisanz, weil es mit dem „Asylantenproblem" und gelegentlich auch mit dem „Aussiedlerproblem" vermengt und als „neue Völkerwanderung" dramatisiert wurde. Die Begriffsverwirrung, die erheblich zu Realitätsverzerrungen beitrug, setzte sich beim willkürlichen Gebrauch der Sammelbegriffe „Flüchtlinge" und „Asylanten" fort: Beide unterscheiden nicht zwischen Asylbewerbern, Asylberechtigten (also anerkannten Flüchtlingen) oder abgelehnten, aber aus humanitären Gründen geduldeten „de facto-Flüchtlingen". Deshalb weichen die vom Bundesinnenministerium (BMI) und UNHCR veröffentlichten Zahlen für die „Flüchtlinge" in der Bundesrepublik weit voneinander ab.

Das Spiel mit Zahlen — Das BMI meldete Ende 1992 über 1,5 Millionen „Flüchtlinge". Zu ihnen zählte es 580.000 Asylbewerber im laufenden Verfahren (die der UNHCR noch nicht als Flüchtlinge zählt), 690.000 de facto-Flüchtlinge, 100.000 Asylberechtigte, 130.000 Familienangehörige von Asylberechtigten, 83.000 Kontingentflüchtlinge (die im Rahmen von humanitären Hilfsmaßnahmen ohne besonderes Anerkennungsverfahren aufgenommen wurden) sowie rund 30.000 heimatlose Ausländer, die sich bereits seit Kriegsende in der Bundesrepublik aufhalten.

Abbildung 12: Gesamtzahl der Asylbewerber 1989-94 in Deutschland

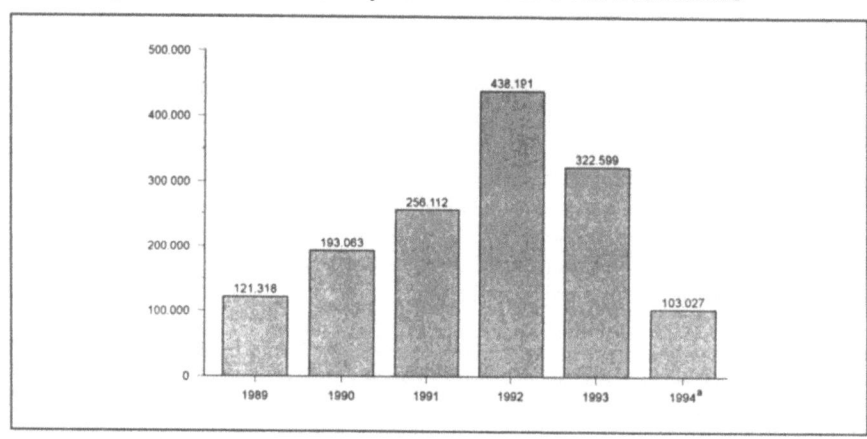

Quelle: Bundesinnenministerium (Jahresübersichten, hekt.).

Ende 1992 hielten sich aber nicht 1,5 Millionen „Flüchtlinge" in Deutschland auf, weil erstens die amtliche Statistik nur die Zuwanderung, aber nicht die Weiter- oder Rückwanderung von Asylbewerbern vor Abschluß des Asylverfahrens erfaßt bzw. veröffentlicht. Durchschnittlich erledigte sich etwa ein Drittel der beim Zirndorfer „Bundesamt für die Anerkennung ausländischer Flüchtlinge" gestellten Anträge auf diese Weise „anderweitig". Zweitens stellen viele Asylbewerber nach der Ablehnung des Erstantrags einen neuen Antrag und werden dann erneut gezählt.

Der „Terror der Zahlen" hatte politische Methode, weil er ganz offensichtlich den Zweck hatte, Argumente für eine Änderung des Art. 16 GG zu liefern und Stimmung gegen die (parteipolitischen) Gegner einer Verfassungsänderung zu machen. Die Absichten, die ein Kritiker der Informationspolitik des BMI schon Mitte der 80er Jahre unterstellte, konnten auch 1991/92 vermutet werden, als sich die asylpolitische Kontroverse verschärfte: „Terror der Zahlen"

„Die suggestive Additionspropaganda des BMI, die den Eindruck erwecken soll, die Flüchtlingsströme würden sich zu unübersehbaren Bergen türmen, zielt daher bewußt auf des Volkes Seele. Aus der Unruhe, die erzeugt wird, wird der politische Handlungsbedarf zur Einschränkung/Ergänzung/Abschaffung des Grundrechts und der Verunglimpfung der betroffenen Flüchtlinge abgeleitet." (SCHUTH 1986, 54)

Die Zahl der Asylbewerber (siehe Abb. 12) vervierfachte sich zwischen 1988 (103 076) und 1992 (438 191) und erhöhte sich in den ersten vier Monaten des Jahres 1993 noch einmal um 161 324. Zwar war inzwischen die Anerkennungsquote auf 4,25% gesunken und das Asylverfahren beschleunigt worden, aber erfahrungsgemäß bleiben etwa 60% der abgelehnten Bewerber in der Bundesrepublik, weil sie ein Aufenthaltsrecht erhalten, geduldet werden oder vor der Abschiebung in die Illegalität untertauchen. Sie sind zwar dann juristisch keine Flüchtlinge, befinden sich aber im Land.   Verschärfung des „Asylproblems"

2.2.1 Woher kamen die „Asylantenfluten"?

Politiker und Medien vermittelten in immer kräftigeren Begriffen und Bildern (wie sie zu Beginn von Teil I erwähnt wurden) den Eindruck, daß nun die „neuen Völkerwanderungen" aus aller Welt eingesetzt und sich aufgrund der „Einladung" von Art. 16 GG auf Deutschland konzentriert hätten. Abb. 13 (folgende Seite) verdeutlicht diese Konzentration augenscheinlicher als viele Zahlenkolonnen. Sicherlich trugen neben der wirtschaftlichen Attraktivität und geographischen Nähe der Bundesrepublik zu den Krisenregionen in Osteuropa auch die restriktivere Asylpolitik der anderen EU-Staaten und die inzwischen weltweiten Tätigkeiten der Schlepperorganisationen, die „Schlupflöcher" zu nutzen verstanden, zu den hohen Zugangszahlen in den Jahren 1989-92 bei. DER SPIEGEL (Nr. 46/1992) berichtete in seiner bekannt illustrativen Art, wie die Schlepperorganisationen arbeiten. Aber Kap. 4.7.2 wird noch zeigen, daß sich die Asylpraxis der Bundesrepublik nicht wesentlich von der ihrer Nachbarstaaten unterschied – trotz Art. 16 GG.   Dramatisierung des „Asylproblems"

Abbildung 13: Asylbewerber 1992 in der EU lt. UNHCR-Kriterien

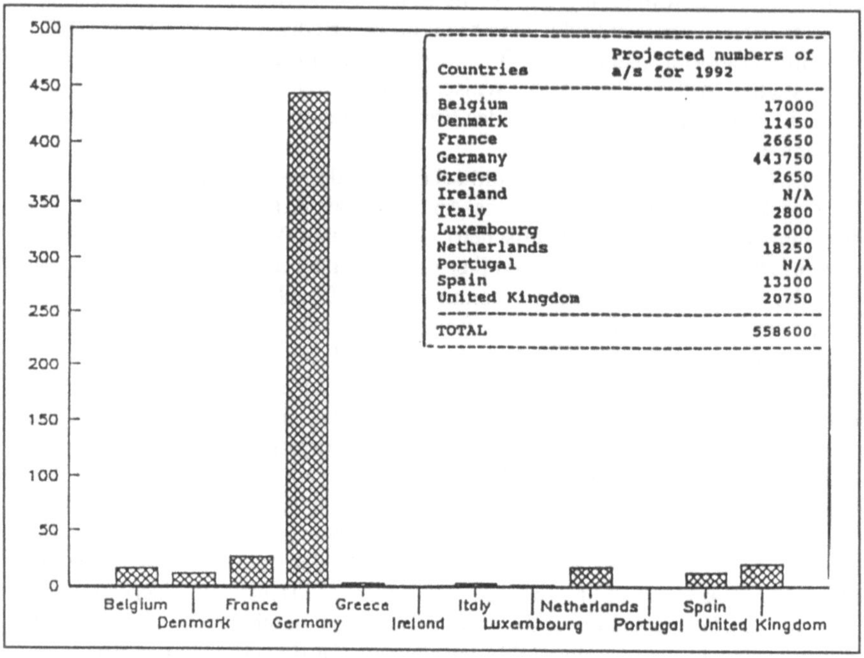
500
450
400
350
300
250
200
150
100
50
0
Countries
Projected numbers of a/s for 1992
Belgium 17000
Denmark 11450
France 26650
Germany 443750
Greece 2650
Ireland N/A
Italy 2800
Luxembourg 2000
Netherlands 18250
Portugal N/A
Spain 13300
United Kingdom 20750
TOTAL 558600
Belgium
Denmark
France
Germany
Greece
Ireland
Italy
Luxembourg
Netherlands
Portugal
Spain
United Kingdom

Quelle: UNHCR/Regionalbüro Europa: Lfd. Berichte und Übersichten.

Woher kamen die Asylbewerber?

Bei genauerem Hinsehen stellt sich heraus, daß zwar auch die Zahl der Asylbewerber aus der Dritten Welt kräftig anstieg, aber sich das Verhältnis zwischen den Herkunftsregionen in Europa und Außereuropa seit 1987 genau umgekehrt hatte. Auch unter den Asylsuchenden aus Europa hatte eine Umschichtung stattgefunden. Während 1988 noch fast jeder dritte Asylbewerber aus Polen kam, kamen nun gut zwei Drittel allein aus Südosteuropa (unter Einschluß der Türkei). Unter ihnen befanden sich bis Ende 1992 auch etwa 250.000 Kriegsflüchtlinge vom Balkan, die mangels anderer juristischer Zugangstore in das Asylverfahren gezwungen wurden. Sie wurden größtenteils von Verwandten aufgenommen und belasteten deshalb die öffentlichen Aufnahmeeinrichtungen nur wenig. Aber weil sie in das Asylverfahren gezwungen wurden, vergrößerten sie den „Terror der Zahlen".

Tabelle 6: Asylbewerber nach Hauptherkunftsländern (1985-1993)
(Reihenfolge nach Bewerberzahlen von 1993)

Herkunftsland	1985	1988	1990	1992	1993
1. Rumänien	887	2634	35345	103787	73717
2. Jugoslawien	258	20812	22114	115395[a]	72476[a]
– ehem. Jugoslawien[b]	..	..	..	7271	23149
3. Bulgarien	97	177	8341	31540	22547
4. Türkei	7528	14870	22082	28327	19104
5. Algerien	..	110	1035	7669	11262
6. Vietnam	53	106	9428	12258	10960
7. Armenien	..	..	..	909	6449
8. Afghanistan	2632	1462	7348	6351	5506
9. UdSSR/GUS	..	116	2337	1724	5280
10. Ukraine	..	..	..	2603	4510
11. China	..	86	574	2564	4396
12. Indien	4431	1590	5612	5798	3807
13. Albanien	..	86	1032	5957	3666
14. Sri Lanka	17380	3383	3793	5303	3280
15. Zaire	48	1192	1389	8303	2896
16. Togo	..	80	238	4052	2892
17. Pakistan	3240	2390	3983	5215	2753
18. Liberia	..	23	598	5367	2711
19. Iran	8840	7867	7271	3834	2664
20. Libanon	4576	4233	16229	5622	2449
Ghana	3994	1304	3786	6994	1973
Polen	6672	29023	9155	4212	1670
Nigeria	158	485	5399	10486	1083

[a] Restjugoslawien; [b] Bosnien-Herzegowina + Kroatien + Slowenien
Quellen: Bundesinnenministerium (hekt. Jahresübersichten); von Pollern: Jährliche Berichte.

Abbildung 14: Veränderung der Anteile der Herkunftsregionen von 1988-1992 (in %)

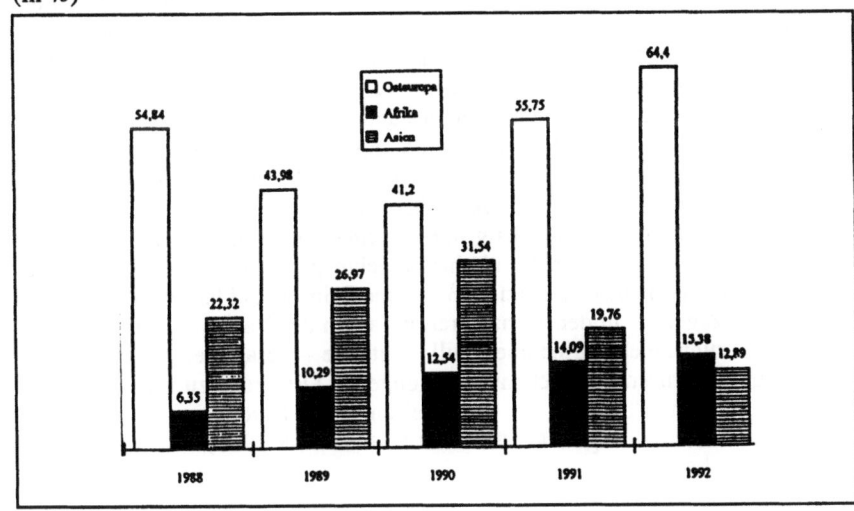

Quelle: Bundesinnenministerium (zusammengestellt aus hekt. Jahresübersichten).

2.2.2 Sinti und Roma: ein wanderndes Volk

"Reisende in Europa" Während die täglichen Schreckensbilder von den Kriegsschauplätzen auf dem Balkan gegenüber diesen Kriegsflüchtlingen eine hohe Akzeptanz schufen, ist es bei den Sinti und Roma, die sich mehrheitlich hinter den Asylbewerberzahlen aus Rumänien und Bulgarien verbergen, umgekehrt. Keine andere Bevölkerungsgruppe stößt in ganz Europa auf soviel Ablehnung und Vorurteile wie die Zigeuner; sie sind die seit Jahrhunderten am meisten verfolgte Minderheit.

Geringe Integrationsfähigkeit Auch wenn die polizeilichen Verordnungen zur „Bekämpfung der Zigeunerplage", Landfahrer- oder Wohnwagenverordnungen wegen Grundgesetzwidrigkeit aufgehoben wurden, wehren sich überall Kommunen gegen die Unterbringung oder gar Ansiedlung von Sinti und Roma, die als verschlagen, verstohlen und trunksüchtig gelten und vor allem durch aggressives Betteln Abwehrhaltungen provozieren. Der slowakische Ministerpräsident bezeichnete sie als „sozial nicht adaptionsfähig" (vgl. THE EUROPEAN vom 21.10.1993); und sie gelten in der Bundesrepublik als nicht integrationsfähig.

Obwohl die Zigeuner nachweislich in Rumänien, Bulgarien, Ungarn und in der Slowakei massive Diskriminierungen erleiden und die dortigen Regierungen sie auf den „Asylweg" nach Deutschland zu zwingen versuchen, liegt die Anerkennungsquote für Asylsuchende aus Rumänien und Bulgarien nur bei 0,2% bzw. 0,1% (vgl. Tab. 7). Die Bundesrepublik versucht, sie durch Rücknahmeverträge und finanzielle Hilfszusagen wieder los zu werden. Das neue Asylrecht gibt ihnen allenfalls noch die Chance, Sippennetzwerke für die illegale Einwanderung zu nutzen.

Das NRW-Projekt in Skopje Das Land NRW baute in Mazedonien Häuser, Kindergärten und Schulen, um mit gutem Gewissen den Vorplatz vor dem Landtag räumen und die campierenden Demonstranten abschieben zu können. Dieser Versuch einer Problemlösung in den Herkunftsländern wurde zwar von vielen Seiten kritisiert und bildet nur einen Tropfen auf den heißen Stein des Flüchtlingsproblems, zugleich aber einen der wenigen praktischen Versuche, ungebetene Gäste nicht nur abzuschieben, sondern ihnen eine Zukunftsperspektive mit auf den Weg zu geben (vgl. GRÄTZ u. a. 1992). Es gäbe auch für andere Bundesländer und für Kommunen Chancen, dieses Einzelprojekt zu multiplizieren und aus den Erfahrungen des NRW-Projekts in Skopje zu lernen. Es muß immer wieder betont werden: Es kommt nicht auf das Können, sondern auf das Wollen an.

Deutsche Bringschuld Die Zigeuner können mittelfristig nur auf eine Minderheitenkonvention des Europarates hoffen, die ihnen Minderheitenrechte garantiert. Kurzfristig sollte die Bundesrepublik nicht vergessen, daß sie eine Bringschuld hat, weil etwa eine halbe Million Zigeuner in den Konzentrationslagern der Nazis umgebracht wurde. Wenn sie nicht mehr aufnehmen will, sollte sie – zusammen mit der EU – mehr tun, um die miserablen Lebensbedingungen in Osteuropa zu verbessern. Es ist eine europäische Aufgabe, für die „Reisenden in Europa" ein dauerhaftes Bleiberecht zu schaffen (vgl. GRONEMEYER/RAKELMANN 1988).

2.2.3 Druck auf Art. 16 GG

Im Unterschied zur ersten Hälfte der 80er Jahre, als schon bei unter 100.000 Asylbewerbern pro Jahr von einer „Asylantenflut" die Rede war und das Boot Bundesrepublik für voll erklärt wurde, schufen die zu Beginn der 90er Jahre stark ansteigenden Zahlen von Asylsuchenden tatsächlich erhebliche Aufnahmeprobleme, zumal sie mit dem Zustrom von Aus- und Übersiedlern zusammenfielen. Letztere genossen aber als Deutsche nicht nur ein Einwanderungsprivileg, sondern auch – trotz aller Verheißungen des Art. 16 GG – eine Vorzugsbehandlung.

Steigende Zahlen – wachsende Probleme

Gleichzeitig lieferte die auf 4,25% gesunkene Anerkennungsquote politische Munition für das Schlagwort des „massenhaften Asylmißbrauchs" (vgl. Tab. 7). Die Tatsache, daß die Verwaltungsgerichte in Revisionsverfahren diese Anerkennungsquote in etwa verdoppelten, führte nicht zur Kritik an den Anerkennungskriterien des Zirndorfer Bundesamtes, sondern verstärkte vielmehr Forderungen nach der Einschränkung der Rechtswegegarantie von Art. 19 Abs. 4 GG.

Tabelle 7: Anerkennungsquoten des Bundesamts für die Anerkennung ausländischer Flüchtlinge (in %)[a]

Land	1988	1990	1991	1992	1993
1. Rest-Jugoslawien	0,24	0,70	1,98	1,94	5,77
2. Rumänien	2,91	0,46	0,31	0,14	0,08
3. Bulgarien	7,19	4,96	0,36	0,15	0,04
4. Türkei	7,35	4,38	8,33	9,67	14,35
5. Vietnam	3,85	2,22	0,55	0,60	0,5
6. Nigeria	0,00	0,06	0,00	0,04	0,15
7. Zaire	0,00	0,76	0,44	0,14	1,04
8. Algerien	0,00	0,00	0,51	0,15	0,37
9. Ghana	0,21	0,13	0,55	0,28	0,06
10. Afghanistan	24,41	12,71	41,52	32,18	11,52
11. Indien	0,00	0,00	0,14	0,05	0,05
12. Sri Lanka	0,95	0,48	3,20	24,81	33,89
13. Iran	28,41	27,22	47,20	44,50	39,68
14. Polen	2,66	0,43	0,44	0,03	0,09
gesamt	8,61	4,38	6,90	4,25	3,2

[a] nicht berücksichtigt sind hier Anerkennungen durch Verwaltungsgerichte

Quellen: Bundesinnenministerium (hekt. Jahresübersichten); Pollern, von: Jährliche Berichte.

Ein starker Druck auf eine Begrenzung der Zuwanderung von Asylbewerbern durch eine Änderung des Art. 16 GG kam von Oberbürgermeistern aller Parteien. Die Kommunen hatten immer größere Schwierigkeiten, Notunterkünfte für die ihnen von den Landesregierungen zugewiesenen Asylbewerber und Aussiedler bereitzustellen; und sie waren mit wachsenden Widerständen in der Bevölkerung konfrontiert, die sich allenthalben in ausländerfeindlichen Demonstrationen und Gewalttakten Luft machten. Schließlich wollten die Kommunalpolitiker – wie die Bundes- und Landespolitiker – wiedergewählt werden.

Kommunale Aufnahmeprobleme und Widerstände

Überlastung der Verwaltungsgerichte Die wachsende Zahl von Asylbewerbern trieb nicht nur die Kosten für ihre Aufnahme und Versorgung in die Höhe (auf rund 6 Mrd. DM im Jahre 1991), sondern überstrapazierte auch die Verwaltungsgerichte, deren Kapazität etwa zur Hälfte mit Asylverfahren ausgelastet war; aufgrund deren Überlastung verlängerte sich wiederum die Verfahrensdauer. Die lange Verfahrensdauer und die Erteilung von Aufenthaltserlaubnissen aus humanitären Gründen haben das Asylrecht zu einem Türöffner für (ungewollte) Zuwanderung gemacht.

Administrative Vollzugsdefizite Allerdings muß hinzugefügt werden, daß die lange Verfahrensdauer, der Antragsstau beim Zirndorfer Bundesamt und der Verfahrensstau bei den Verwaltungsgerichten auch auf die personelle Unterausstattung der mit der Bewältigung des „Asylproblems" befaßten Behörden und Gerichte zurückzuführen war. Es gibt deshalb gute Gründe für die Annahme, daß auch das sich zu Beginn der 90er Jahre zuspitzende „Asylproblem" ohne Verfassungsänderung hätte entschärft werden können. Auch die „Flüchtlingslobby" (wie Pro Asyl) plädierte für eine Beschleunigung des Asylverfahrens, um die quälende Unsicherheit der Betroffenen und ihre nicht immer menschenwürdige Unterbringung in Notunterkünften abzukürzen (vgl. Kap. 5). Robert LEICHT führte das eigentliche „Asylproblem" auf ein „massives Vollzugsdefizit" beim Verfahren zurück:

> „Wenn es nicht behoben wird, läuft auch eine Verfassungsänderung ins Leere. Wird aber das geltende Recht endlich durchgesetzt, so ist der Problemdruck auch ohne Einschränkung des Grundgesetzes weithin beseitigt." (DIE ZEIT vom 26.9.1991)

Erst im Verlauf des Jahres 1993 wurden die Stellen beim Zirndorfer Bundesamt vermehrt. Deshalb konnten doppelt so viele Anträge (513 516) wie 1992 erledigt werden. Robert Leichts Annahme erhielt eine nachträgliche Bestätigung.

Die Trendwende vom Juli 1993 Diese Analyse des „Asylproblems" fand in der Vergangenheitsform statt, weil der im Juli 1993 in Kraft gesetzte „Asylkompromiß" eine neue Situation schuf, die so neu war, daß nun Aufnahmeeinrichtungen von Ländern und Kommunen – und private Profiteure, die ihre Immobilien für viel Geld vermietet hatten – das Ausbleiben von Asylbewerbern beklagten. In der zweiten Jahreshälfte 1993 hat sich die Zahl der Asylbewerber gegenüber dem ersten Halbjahr (225.000) mehr als halbiert (auf 98 500), Anfang 1994 gegenüber dem Vorjahr um etwa zwei Drittel verringert. Die Bundesrepublik reihte sich nicht nur in die „Festung Europa" ein, sondern ging ihr mit einem ausgeklügelten System der Vorwärtsverteidigung an den vorgeschobenen Grenzen von „sicheren Drittstaaten" voran.

2.3 Aussiedler: Deutsche mit fremdem Paß – Fremde mit „deutscher Volkszugehörigkeit"

Die Zahl der deutschstämmigen Aussiedler aus Osteuropa, die nach Art. 116 GG als Deutsche gelten und als solche ein Zuwanderungsprivileg besitzen, erreichte 1989/90 mit fast 400.000 den Höhepunkt (vgl. Abb. 15). Weil die Öffnung der

Grenzen, die wirtschaftlichen Probleme und politischen Verunsicherungen in den GUS-Staaten ein Anhalten dieses hohen Zustroms erwarten ließen, bremste das Aussiedleraufnahmegesetz von 1990 den Zustrom ab. Dies geschah, indem das zuständige Kölner Bundesverwaltungsamt die Bearbeitung der in den Herkunftsländern gestellten Aussiedleranträge verzögerte.

Diese administrative Verzögerungsaktion hatte zur Folge, daß sich die Zuwanderung von Aussiedlern in den Jahren 1991/93 bei 220.000 einpendelte (vgl. Tab. 8). Ihre Mehrzahl kam nun aus dem GUS-Bereich, weil das Gros der potentiellen Aussiedler aus Polen und Rumänien bereits in früheren Jahren nach Westdeutschland umgesiedelt war. Die Schätzungen über potentielle Aussiedler aus den GUS-Staaten schwanken zwischen 2 und 5 Millionen, weil nicht nur Ungewißheit über ihre Wanderungsbereitschaft, sondern auch über die Zahl der Russen oder Kasachen mit „deutscher Volkszugehörigkeit" besteht.

Steuerung der Zuwanderung von Aussiedlern

Abbildung 15: Aussiedler in die Bundesrepublik nach Herkunftsländern (1987-93)

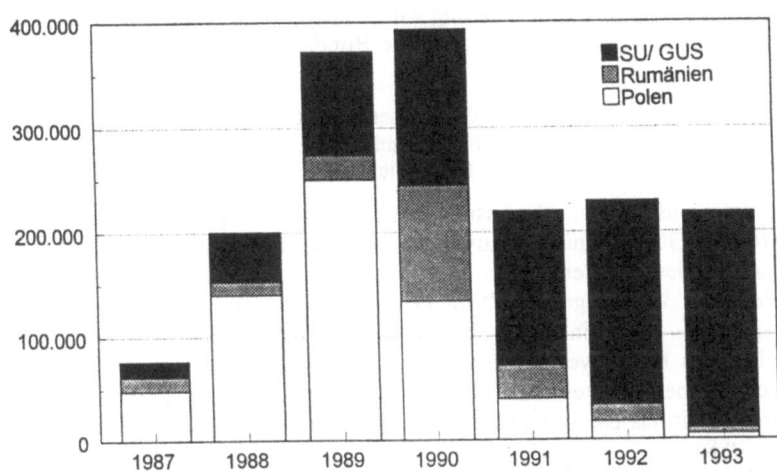

Quelle: Bundesausgleichsamt 1993 (Zusammenstellung des BIVS).

Tabelle 8: Aussiedler 1980-93

Jahr	gesamt	aus: Polen	Rumänien	Sowjetunion[a]
1980	51984	26637	15767	6954
1985	38905	22075	14924	460
1987	78488	48419	13990	14488
1988	202645	140226	12902	47572
1989	377036	250340	23387	98134
1990	397073	133872	111150	147950
1991	221924	40129	32178	147320
1992	230565	17742	16146	195576
1993	218888	5431	5811	207347
1950-93	3.301665[b]	1435484	407605	953501

123

2.3.1 Rechtliche Grundlage des Deutschtums der Aussiedler

Das Einwanderungsprivileg nach Art. 116 GG

Gesetzliche Grundlage des Einwanderungsprivilegs der Aussiedler ist Art. 116 Abs. 1 GG, der lautet:

„Wer die deutsche Staatsangehörigkeit besitzt oder wer als Flüchtling oder als Vertriebener deutscher Volkszugehörigkeit oder als deren Ehegatte oder Abkömmling in dem Gebiete des Deutschen Reiches nach dem Stand vom Dezember 1937 Aufnahme gefunden hat."

Definition der „deutschen Volkszugehörigkeit"

Das Bundesvertriebenengesetz (BVFG) definiert in § 6 die „deutsche Volkszugehörigkeit" folgendermaßen:

„Wer sich in seiner Heimat zum deutschen Volkstum bekannt hat, sofern dieses Bekenntnis durch bestimmte Merkmale wie Abstammung, Erziehung, Sprache und Kultur bestätigt wird."

Dieses Kriterium der Deutschstämmigkeit oder „deutschen Volkszugehörigkeit" als Freibrief für die Zuwanderung wurde in den letzten Jahren immer häufiger in Frage gestellt. Einerseits beharrte die Bundesregierung auf der folgenden Position:

„Aussiedler sind Deutsche. Das Grundgesetz verleiht ihnen den gleichen rechtlichen Status wie uns Deutschen hier. Sie haben somit das Recht auf Einreise und Aufnahme in die Bundesrepublik Deutschland ..." (Pressedienst des BMI vom 5.1.1990)

Zweifel am Deutschtum der Aussiedler

Andererseits leiteten Verfassungsjuristen aus einer genauen Interpretation des Art. 116 GG ab, daß die Aussiedler, die alle die Staatsbürgerschaft ihres Herkunftslandes besitzen, weder Flüchtlinge noch Vertriebene waren und sich als „deutsche Volkszugehörige" im Dezember 1937 außerhalb der Reichsgrenzen befanden – also keine Deutschen seien (vgl. OTTO 1988/1990). Der frühere Präsident des Bundesverfassungsgerichts, Ernst BENDA, stellte einen verfassungsrechtlich begründeten Aufnahmeanspruch der Aussiedler, deren „Vorfahren vor langer Zeit aus Deutschland ausgewandert sind", in Frage (vgl. SZ vom 26./27.11.1988).

Weniger rechtsdogmatische als vielmehr historische und pragmatische Überlegungen begründeten die Forderung einiger SPD-Politiker (wie die Regierungschefs von Saarland, Niedersachsen und Bremen), den potentiellen Aussiedlern das automatische Einwanderungsprivileg zu nehmen und sie den Quoten eines Einwanderungsgesetzes zu unterwerfen. Der Bremer Bürgermeister WEDEMEIER stellte schlicht und bündig fest: „Der Artikel 116 hat keine Daseinsberechtigung mehr." Manche stellten die hinterlistige Frage: Können nicht auch die deutschen Auswanderer in die USA oder nach Brasilien, wenn sie einen deutschen Stammbaum nachweisen, noch einige Brocken Deutsch beherrschen oder deutsche Volkslieder singen können, ein Rückwanderungsprivileg beanspruchen? Und sie äußerten den nicht unbegründeten Verdacht, daß die Aussiedler weniger von Heimatgefühlen und mehr durch wirtschaftliche Notlagen zur Aussiedlung bewegt werden, also als „Wirtschaftsflüchtlinge" kommen.

Politische Argumente gegen Art. 116 GG

Der saarländische Ministerpräsident LAFONTAINE löste eine hitzige Debatte aus, als er vor einer Bevorzugung von „Deutschstämmigen in der vierten oder fünften Generation" gegenüber persönlich bedrohten Afrikanern warnte, also einen Vorrang der Humanität vor der Nationalität herstellte. Der damalige baden-württembergische Amtskollege Lothar Späth konterte mit der unverhohlenen Forderung, durch die Abschiebung von „Asylanten" Platz für die „deutschen Landsleute" zu schaffen. Die menschenrechtliche Verheißung des Art. 16 GG wurde durch die „selbstverständliche Solidarität mit unseren Landsleuten" (so Bundeskanzler Kohl) überlagert. „Deutschtum" wurde also zur Grundlage von Solidarität.

2.3.2 Ausgrenzungen der Aussiedler

Die Kritik einiger Bundesländer und der Opposition im Bundestag an den Leistungen für Aussiedler nach dem Vertriebenengesetz führte dazu, daß einige dieser Leistungen abgebaut oder gekürzt wurden. Damit reagierte die Regierung nicht nur auch auf die zunehmende Ablehnung der „Einheimischen" gegenüber den Aussiedlern, denen unterstellt wurde, bei der Vergabe von billigen Wohnungen und anderen öffentlichen Vergünstigungen bevorzugt zu werden; sie wollte auch materielle Anreize zur Aussiedlung abbauen. Die wachsende Mangel- und Konkurrenzsituation auf dem Wohnungs- und Arbeitsmarkt erzeugte – wie gegenüber den deutschen Flüchtlingen in der unmittelbaren Nachkriegszeit – Mißgunst, Ablehnung und Ausgrenzung. Bei der internationalistischen Linken stießen die Aussiedler aufgrund der Deutschtümelei, mit der die Regierung ihr Einwanderungsprivileg verteidigte, auf Vorbehalte.

Die „Flüchtlingslobby" kritisierte die Vorzugsbehandlung der Aussiedler gegenüber Flüchtlingen aufgrund der „deutschen Volkszugehörigkeit" und forderte eine menschenrechtlich begründete Gleichbehandlung: *Kritik an der Vorzugsbehandlung der Aussiedler*

„Das pauschale Anerkennungskriterium von Kultur und Abstammung bei den Aussiedlern ist in vielen Fällen großzügiger als die kleinlich gehandhabte Anforderung an den individuellen Nachweis der drohenden Verfolgung bei den Flüchtlingen." (PRO ASYL 1989, 26)

Die Aussiedler, die zur Selbstverteidigung ihr Deutschtum besonders ostentativ hervorzukehren pflegen, waren Fremde in ihren Herkunftsländern und blieben Fremde in Deutschland (vgl. FERSTL/HETZEL 1990; MALCHOW/TAYEBI/BRAND 1990). Ihr Zusammentreffen mit Übersiedlern aus der DDR und einer wachsenden Zahl von Asylsuchenden erschwerte auch ihre Integration, obwohl sie bzw. gerade weil sie in einer Konkurrenzsituation Privilegien genossen, deren Begründung viele aus unterschiedlichen Gründen nicht mehr überzeugen konnte. *Aussiedler: Fremde in Deutschland*

Die Bundesrepublik hat, trotz all dieser Integrationsprobleme, bei der Aufnahme der Aussiedler – wie schon bei der Eingliederung der Flüchtlinge und Vertriebenen in der unmittelbaren Nachkriegszeit – eine große gesellschaftliche und politische Leistung vollbracht. Der Grund liegt darin, daß der politische Wille zur Aufnahme und Integration der „Landsleute" vorhanden war, der bei der Behandlung von ausländischen Zuwanderern nicht vorhanden ist. Man kann die Integrationshilfen für Aussiedler durchaus als mustergültig bezeichnen. Dieses Vorbild sollte auf alle Einwanderer ausgedehnt werden, die länger oder auf Dauer in Deutschland bleiben wollen. Eine solche aktive Einwanderungs- und

Integrationspolitik würde dem sozialen Frieden und der kulturellen Toleranz dienen. Privilegierungen oder Diskriminierungen nach dem *ius sanguinis* widersprechen einem menschenrechtlich begründeten Weltbürgertum.

2.4 Übersiedler von Ost- nach Westdeutschland

Verschärfung der Einwanderungssituation durch Übersiedler

Als Übersiedler werden diejenigen Deutschen (mit DDR-Paß) bezeichnet, die die DDR nach einem Ausreiseverfahren legal verlassen haben. Daneben gab es die DDR-Flüchtlinge („Sperrbrecher") und freigekauften politischen Häftlinge. 1989 kamen 343 854 Übersiedler in die Bundesrepublik, in der ersten Hälfte des Jahres 1990 noch einmal 238.000. Danach wurden keine Zahlen mehr erhoben. Es gibt aber Hinweise, daß weiterhin jeden Monat Zehntausende in den Westen aufbrachen, vor allem junge und qualifizierte „Ossis", die sich im Westen einen besser bezahlten Arbeitsplatz und eine bessere Wohnung erhofften. Viele strandeten aber zunächst in Notunterkünften, fanden keinen Arbeitsplatz und erlebten – zusammen mit den Aussiedlern – die wachsende Konkurrenzangst der „Wessis" auf dem Arbeits- und Wohnungsmarkt.

Nach der Euphorie des Vereinigungsjahres 1990 schaukelten sich alsbald wechselseitige Aversionen und Frustrationen hoch. Der Boden- und Treibsatz für Fremdenfeindlichkeit wurde dann 1992/93 noch durch eine schwere Wirtschaftskrise, steigende Arbeitslosigkeit, einen Kaufkraftverlust und Sozialabbau genährt (vgl. Kap. 4.1.1 von Teil III).

2.5 Weitere Gruppen von Zuwanderern und Ausländern

Zu den 5,6 Millionen Ausländern, die Ende 1992 in Deutschland lebten, gehörten neben den ausländischen Arbeitnehmern mit ihren Familienangehörigen, der guten Million von Asylberechtigten, geduldeten Kriegsflüchtlingen und de facto-Flüchtlingen sowie den nicht in der Ausländerstatistik erfaßten noch rund 300.000 Angehörigen von Stationierungsstreitkräften

Zusammensetzung der ausländischen Bevölkerung in Deutschland

– etwa 700.000 Familien mit einem ausländischen Ehepartner, in denen mindestens eine Million Kinder mit gemischter Nationalität geboren wurden;
– gut 80.000 ausländische Studenten;
– einige zehntausend Selbständige, vor allem in der Gastronomie und im Einzelhandel, unter ihnen allein etwa 33.000 türkische Geschäftsleute mit über 100.000 Beschäftigten;
– etwa 200.000 Werkvertrags- und SaisonarbeiterInnen aus Osteuropa, die trotz der wachsenden Arbeitslosigkeit angeworben wurden, weil ein Bedarf bestand. Aber es sollte nicht übersehen werden, daß diese billigeren Arbeits-

kräfte aus Osteuropa mit teureren einheimischen Arbeitskräften und ausländischen Arbeitnehmern, unter denen die Arbeitslosigkeit überdurchschnittlich anstieg, konkurrierten.

Nicht in der Statistik erfaßt ist die wachsende Zahl von Illegalen, die das Bundesinnenministerium 1993 schon auf rund 200.000 schätzte. Zu ihnen gehören illegal eingereiste oder beschäftigte Arbeitnehmer, abgelehnte und untergetauchte Asylbewerber und mindestens 20.000 von Gangsterkartellen illegal eingeschleuste Frauen in den Rotlichtbezirken. Mit der Verengung des Asyltores wird die Zahl der Illegalen schnell ansteigen.

Die verschiedenen Gruppen der Ausländer werden zwar häufig in einen gemeinsamen Topf geworfen, unterliegen aber unterschiedlichen Vorschriften des Ausländerrechts, leben in sehr unterschiedlichen sozialen Verhältnissen und werden von der Gastgesellschaft in höchst unterschiedlicher Weise akzeptiert, toleriert, ignoriert oder diskriminiert. Die Japaner in Düsseldorf, die Geschäfte machen und Geld ins Land bringen, oder die Studenten, die Farbe in die Universitätsstädte bringen, werden anders behandelt als die türkischen Gastarbeiter oder gar die farbigen Asylbewerber, die – zusammen mit den ungeliebten Sinti und Roma – gewissermaßen die Unterschicht der Unterprivilegierten bilden.

Unterschiedliche Akzeptanz von Ausländern

2.6 Zusammenfassung: Statt Lösungskonzepten politische Dementis

Im Jahre 1989 kamen ziemlich unerwartet rund 720.000 Aus- und Übersiedler und außerdem etwa 120.000 Asylsuchende in die „alte" Bundesrepublik, im Jahre 1990 noch einmal ähnlich viele Aus- und Übersiedler und noch mehr Asylsuchende. Das waren innerhalb von nur zwei Jahren etwa zwei Millionen Neuankömmlinge.

Weder die Politik noch die westdeutsche Bevölkerung, die sich nun in ihrem „Wohlstandschauvinismus" bedroht fühlte, war auf diese neue Einwanderungssituation vorbereitet. Wie das Beispiel der neuen Bundesländer zeigt, ist aber nicht so sehr die Zahl der Ausländer, sondern die soziale Situation, in der sich die Inländer befinden, für den Umgang mit dem „Ausländerproblem" ausschlaggebend.

Die Deutschen waren auf die neue Einwanderungssituation nicht vorbereitet

Von außen wuchs der Zuwanderungsdruck und im Innern die Angst vor den Fremden: Fremdenfeindlichkeit ist zu einer gesellschaftlichen Gefahr erster Ordnung geworden. Aber die Politik verlor sich im Streit über das Asylrecht, statt sich um längerfristig tragfähige Problemlösungen zu kümmern:

Streit über das Asylrecht statt Einwanderungspolitik

„Statt die längst überfälligen ganzheitlichen Konzepte zu erarbeiten, zu denen es hinreichend Vorschläge gibt, statt aufzuklären, um Verständnis zu werben und den Bürger dort abzuholen, wo er steht mit seiner sozialen und ökonomischen Angst, gab es viel zu lange den öden Versuch, ein Gespenst durch das Dementi zu bannen: ‚Die Bundesrepublik ist kein Einwanderungsland.' ... Das Dementi lenkte nur ab von mangelnder politischer Sorgfaltspflicht im Umgang mit der gesellschaftlichen Wirklichkeit." (BADE 1992a, 10)

„Ende der Lebenslügen" Claus LEGGEWIE forderte im „Manifest der 60" das „Ende der Lebenslügen" und eine Einwanderungspolitik, die sich nicht länger mit Inkonsequenzen begnügt. Dabei ging es ihm nicht nur um neue Institutionen und Instrumente, sondern vor allem um neue Einstellungen und öffentliche Behandlungen der Einwanderungsfrage:

> „Einwanderungspolitik kann nicht gegen die einheimische Bevölkerung gemacht werden. Weil Einwanderungspolitik Legitimationsprobleme aufwirft, muß sie konsensfähig sein und bedarf deshalb der aktiven Werbung in der Aufnahmegesellschaft. Nötig dazu ist der Abschied von den Horrorgemälden und die pragmatische Erschließung eines zu lange vernachlässigten politischen Gestaltungsbereichs." (in: BADE 1993, 59)

Mit anderen Worten: Weil die Einwanderungspolitik Legitimationsprobleme aufwirft und deshalb nicht aus Wahlkämpfen herausgehalten werden kann, müßten gerade die „staatstragenden" politischen Kräfte darauf verzichten, mit den Ängsten der Bevölkerung ein populistisches Spiel zu treiben. Das Gerede vom „Staatsnotstand" war ein „BrandSatz", der Brandstifter enthemmte. Gefragt ist der Mut zur Wahrheit, ohne den die Politik ihre Gestaltungskraft nicht zurückgewinnen kann.

3 Asylpolitische Positionen und Kontroversen

Das Ausländer- und Asylrecht reagiert empfindlich auf konjunkturelle Schwankungen, politische Stimmungen und Zuwanderungswellen. Weil die Bundesrepublik Ausländer aus ökonomischen Gründen ins Land holte, aber bis heute ihre Existenz als Mitbürger politisch, sozial, kulturell und rechtlich nicht verkraftet hat, kann jedes neu entstehende „Problem" im Zusammenhang mit Ausländern ein nur oberflächlich zurückgehaltenes Unbehagen bis hin zur offenen Feindseligkeit wiederbeleben.

Ausländerpolitische Konjunkturen

In ökonomisch florierenden „ruhigen" Zeiten bestimmte die Alternative „Integration oder Assimilation" die öffentliche Diskussion. Sie brachte Forderungen nach kommunalem Wahlrecht für Ausländer sowie nach der Einrichtung von Ausländerbeauftragten auf Bundes- und Landesebene ins Gespräch. Das Amt des „Bundesbeauftragten" wurde am 1.12.1978 eingerichtet. Flaute die Konjunktur ab und stieg die Arbeitslosigkeit, tauchten allenthalben wieder die Forderungen und Versuche auf, die Ausländer wieder loszuwerden bzw. einen weiteren Zustrom zu verhindern. Dies galt für „Gastarbeiter", deren Rückkehr das Rückkehrförderungsgesetz von 1983 mit materiellen Anreizen nachhelfen sollte, aber auch für Asylbewerber, deren Verringerung weniger sanfte Methoden erreichen sollten.

3.1 Der Verlust des asylpolitischen Konsens

In Umrissen zeichneten sich die asylpolitischen Konfliktlinien bereits um das Jahr 1980 ab, als die Zahl der Asylbewerber erstmals die 100.000-Marke überschritt. Die Konturen, die der erste Innenminister der liberal-konservativen Koalition (Friedrich Zimmermann) der Ausländer- und Asylpolitik nach dem Regierungswechsel von 1982 („Wende") gab, lassen leicht vergessen, daß die ersten beiden Beschleunigungsgesetze und das Asylverfahrensgesetz von 1982 von der sozial-liberalen Koalition (mit dem „Linksliberalen" Gerhart Baum als Innenminister) verabschiedet wurden; daß zwischen Sozial-, Christ- und Freidemokraten in wichtigen asylpolitischen Fragen (Beschleunigung des Verfahrens, Verkürzung des Instanzenweges, restriktive Aufnahme- und Abschiebepraxis zur Vermeidung des „Asylmißbrauchs") weitgehende Übereinstimmung bestand.

Asylpolitische Konvergenzen vor 1982

Der Druck der Landräte und Bürgermeister, die vor Ort mit den Folgeproblemen der Verteilung und Unterbringung der Asylbewerber und mit ausländerfeindlichen Eruptionen konfrontiert wurden, verstärkte diese asylpolitische Allparteien-Koalition, an der sich lediglich „Die Grünen" nicht beteiligten. Außerparlamentarisch traten die Kirchen, Wohlfahrtsverbände, Flüchtlingsräte und Menschenrechtsgruppen als Kritiker auf. Nach dem Regierungswechsel von 1982 zerbrach schrittweise dieser „Pakt des Anstands und der Verantwortung" (so DUVE 1986, 7ff.).

Asylpolitische Konflikte nach 1992

Lag der Grund in einer Verschärfung der Wirtschaftskrise, die – nach marxistischer Interpretation – die Herrschenden dazu nötigte, neben äußeren (antikommunistischen) auch innere Feindbilder und Sündenböcke aufzubauen (vgl. KÜHNL 1983, 23)? Diese monokausale Erklärung reicht nicht aus, obwohl der hohe Stand der Arbeitslosigkeit sich wechselseitig bedingende Abwehrhaltungen in Bevölkerung und Politik verstärkte. Die „geistig-moralische Wende" manifestierte sich auch in einer schleichenden Enthemmung eines als „Patriotismus" verbrämten populistischen Nationalismus, der die Toleranzschwelle gegenüber Ausländern absenkte. Der Grund ist nicht allein in der Wirtschaftskrise, sondern auch im Wandel der politischen Kultur zu suchen, die nicht nur wirtschaftliche Konjunkturen widerspiegelt.

3.2 Parteipolitische Konfliktlinien

Asylpolitische Konfliktlinien

Die asylpolitischen Konfliktlinien verliefen quer durch die Parteien diesseits und jenseits der Regierungsbank, auf der 1982 die Mannschaften gewechselt hatten. Beispielsweise standen die rechts- und asylpolitischen Sprecher der FDP-Fraktion (Burkhard Hirsch und Gerhart Baum) in Asylfragen der sozialdemokratischen Opposition weiterhin weit näher als der vom Innenminister aus den Reihen der CSU artikulierten Ausländer- und Flüchtlingspolitik. Allerdings ließ die SPD auch in der Opposition ein klares asylpolitisches Profil vermissen. Sie wandte sich zwar lange (d. h. bis 1992/93) gegen eine Änderung des Asylgrundrechts, konnte aber nicht gegen eine Asylpolitik opponieren, die das von ihr beschlossene Asylverfahrensgesetz von 1982 in die Praxis umsetzte.

Eine einheitliche Position, die sich auf die Forderung nach einer Änderung von Art. 16 Abs. 2 Satz 2 GG konzentrierte, vertrat nur die CSU schon seit Mitte der 80er Jahre. Die CDU vereinigte in sich CSU-ähnliche Positionen (repräsentiert durch Heinrich Lummer) und Gegenpositionen zur eigenen Regierung, wie sie Heiner Geißler artikulierte. Ihre Mehrheit und ihr Vorsitzender lavierten bis Anfang der 90er Jahre um eine innerhalb der Koalition notdürftig konsensfähige Mittelposition: keine Änderung des Grundgesetzes (die aufgrund der parlamentarischen Mehrheitsverhältnisse noch aussichtslos war), aber Einschränkung des Asylrechts auf dem Verfahrenswege. Diese vor allem vom Innenminister und späteren Fraktionsvorsitzenden Wolfgang Schäuble aufgebaute Position bestätigte ein einstimmiger Beschluß des Bremer CDU-Parteitages (September 1989).

Bis Mitte 1991 zeichneten sich die asylpolitischen Positionen und Kontroversen in groben Zügen so ab, wie sie in der folgenden Synopse zusammengefaßt sind. Bei der FDP wurde allerdings übersehen, daß ihr damaliger Vorsitzender und Außenminister Genscher den Zustrom von Asylsuchenden aus Osteuropa durch die generelle Asylverweigerung für Polen und Rumänien eindämmen wollte.

Aufgrund der weiter anwachsenden Zahlen von Asylbewerbern, der Überstrapazierung der kommunalen Aufnahmekapazitäten, der Wahlerfolge der „Republikaner", der sich häufenden ausländerfeindlichen Manifestationen und Gewalttätigkeiten („Hoyerswerda ist überall") und der breiten Kritik an der Handlungsunfähigkeit von „Bonn" (was Regierung und Opposition einschloß), schwenkte die CDU 1991/92 allmählich auf die CSU-Linie ein. Nun tauchte im Hinblick auf die Öffnung der Grenzen im EG-Binnenmarkt auch die angstmachende Parole auf, Deutschland könne aufgrund des Art. 16 GG zum „Reserveasylland" oder „Restasylland von Europa" für Asylbewerber, die anderswo abgewiesen wurden, werden. Eine Änderung des Art. 16 GG wurde deshalb als notwendiges „Opfer" für eine unausweichliche europäische Harmonisierung des Asylrechts propagiert. „Europa" wurde also zum Vorwand für eine menschenrechtliche Involution des Grundgesetzes – eine gefährliche Belastung für Menschenrechtsgruppen, die in Europa einen Hort der Menschenrechte finden wollten.

Wachsender Druck auf Art. 16 GG

Die CSU hatte schon im März 1990 im Bundesrat einen weitreichenden Gesetzentwurf zur Änderung von Art. 16 und 19 Abs. 4 GG (Rechtswegegarantie) eingebracht, der innerhalb der Regierungskoalition nicht konsensfähig war (und auch mehr die Absicht verfolgte, die CDU unter Zugzwang zu setzen). Im Februar 1992 brachte dann die Bundestagsfraktion der CDU/CSU einen Gesetzentwurf zur Änderung des Art. 16 GG und des Art. 24 GG ein. Die Änderung von Art. 24 GG sollte die verfassungsrechtlichen Voraussetzungen für eine „europäische Harmonisierung" des Asylrechts schaffen.

Die Positionen der Parteien zum Asylrecht (Mitte 1991)

CDU	Damit das Recht auf Asyl nicht durch Mißbrauch ausgehöhlt wird, tritt die CDU dafür ein, den Artikel 16 GG durch einen Gesetzesvorbehalt zu ergänzen. Ein Ausführungsgesetz würde es dann ermöglichen, Asylbewerber aus Ländern, in denen es keine politische Verfolgung gibt, an der Grenze abzuweisen. Ziel der CDU ist, innerhalb der EG Asylrecht und Asylpraxis zu harmonisieren.
CSU	Die CSU befürwortet eine einheitliche EG-Regelung. Sie spricht sich dafür aus, das Grundgesetz zu ändern. Artikel 16 soll künftig lauten: „Politisch Verfolgten wird nach Maßgabe der Gesetze Asyl gewährt." Über Einsprüche gegen Ablehnungsbescheide sollen Beschwerdeausschüsse entscheiden. Die CSU spricht sich für eine Länderliste aus, die in Abstimmung mit den Vereinten Nationen aufzustellen wäre.
FDP	Die Verfassung garantiert in Artikel 16 das Recht auf Asyl. Dazu steht die FDP. Dieser Artikel bezieht sich ausschließlich auf politische Flüchtlinge und darf deshalb nicht angetastet werden. Eine Änderung dieses Grundgesetzartikels hilft bei der Lösung des Flüchtlingsproblems nicht weiter, weil dadurch keines der Probleme in den Ländern gelöst wird, von denen die Wanderungsbewegungen ausgehen.
SPD	Die SPD lehnt eine Ergänzung, Aufweichung oder Abschaffung des Art. 16 GG ab. Die Asylverfahren sollen weiter beschleunigt werden. Es sollen mehr „Entscheider" des Flüchtlingsbundesamtes dezentral arbeiten. Die SPD lehnt eine Verkürzung des Rechtswegs ab. Einzelne Politiker der SPD erwägen, eine Länderliste aufzulegen, über die ein unabhängiges Gremium zu befinden hätte.
Bündnis 90/Grüne	Nein. Bündnis 90 und Grüne lehnen eine Grundgesetzänderung ab, denn das Asylproblem ist nicht das Hauptproblem, wenn es um Zuwanderung geht. Es ist die Bundesregierung, die das Asylrecht mißbraucht, weil es in der Bundesrepublik nur diese eine Möglichkeit gibt einzureisen. Die Gruppe befürwortet ein kürzeres Asylverfahren und lehnt Länderlisten ab, weil jeder Einzelfall geprüft werden muß.
PDS	Das Recht auf Zuflucht (Asyl) ist ein universelles, überstaatliches Menschenrecht. Die PDS lehnt eine Grundgesetzänderung – auch im Rahmen einer EG-weiten „Harmonisierung" – ab und wendet sich gegen Verfahren, die das Grundrecht auf Asyl einschränken, zum Beispiel die gegenwärtige Abschiebungspraxis.

Quelle: Bade 1992, 90 (nach: Die Rheinpfalz)

3.2.1 Vom „Asylproblem" zum „Staatsnotstand"

Überfrachtung des „Asylproblems"

Nun war das „Asylthema" endgültig zum vorrangigen Streitthema der deutschen Innenpolitik geworden, aber nicht nur zwischen Regierung und Opposition, sondern auch innerhalb der SPD, die in mehreren Bundesländern die Regierungspartei war. Das ganze „Ausländerproblem" und manches andere innenpolitische Problem – wie der Mangel an bezahlbarem Wohnraum, Einschnitte im Sozialsystem oder das Ansteigen der Kriminalitätsrate – wurden auf Art. 16 GG abgeladen. Er wurde mit Schuldzuweisungen überfrachtet und dann, von seiner ursprünglichen und eigentlichen Schutzfunktion völlig entblößt, zum Abschuß freigegeben:

„Die gezielt wirkende Verengung der Ausländerthematik auf diese Vorschrift – oft klingt die Argumentation ausgesprochen bösartig – verstellt total den Blick für die Dimension dessen, was in Wahrheit geschieht." (Roderich REIFENRATH, in: FR vom 5.8.1991)

Ein Grundrecht wurde in Wahlkämpfen verschlissen. Asylsuchende wurden als Wahlkampfmunition mißbraucht, indem ihnen größtenteils der „Asylmißbrauch" unterstellt wurde. Die Wortwahl wurde immer aggressiver, die Versuchung, „Volkes Stimme" Opfer zu bringen, immer größer. Die Argumentation des asylpolitischen „Wadenbeißers" der CSU, des früheren Innenministers Stoiber, unterschied sich kaum noch von dem „Heidelberger Manifest", in dem einige deutsche Professoren schon 1982 die „Unterwanderung des deutschen Volkes durch Zuzug von vielen Millionen Ausländern und ihren Familien, die Überfremdung unserer Sprache, unserer Kultur und unseres Volkstums" beschworen hatten. Die bayerische Staatsregierung ließ den Ansbacher Richter Manfred RITTER in der *Bayerischen Staatszeitung* (vom 3.6.1988) vor der Gefahr warnen, daß die Bundesrepublik aufgrund ihres Asylrechts zum „Krankenhaus der Welt" und zum „Renten- und Sozialhilfezahler der ganzen Welt" werden könnte. Der damalige bayerische Ministerpräsident Max STREIBL scheute sich nicht, dem Vorsitzenden der „Republikaner" (Schönhuber) zu bescheinigen, „weithin CSU-Positionen, gerade im Bereich der Ausländerpolitik", zu vertreten (vgl. DER SPIEGEL, Nr. 7/1989).

Bundeskanzler Kohl, der schon 1986 das Horrorszenario an die Wand gemalt hatte, daß die „ganze Welt" ihre sozialen Probleme durch „Einwanderung in die Bundesrepublik" lösen wolle, gab nun die gefährliche Losung vom „Staatsnotstand" aus. Sie war gefährlich, weil sie nicht nur die Verteidiger des Art. 16 GG in die Nähe von „vaterlandslosen Gesellen" rückte, sondern die Asylbewerber zu einer Gefahr für den Staat und damit, gewissermaßen von Amts wegen, zu Sündenböcken erklärte. Die Ausländerfeindlichkeit, von Amts wegen vor allem wegen ihrer außenpolitischen Schadenswirkung beklagt, erhielt auf diese Weise eine klammheimliche Rechtfertigung. Diese Wirkung mag unbedacht gewesen sein, aber bedacht war der Ablenkungsversuch von vielen ungelösten Problemen der deutschen Politik. Es sei nochmals an die auf S. 23 zitierten Äußerungen des „Entwicklungshilfeministers" Spranger zum Import von Kriminalität, Arbeitslosigkeit und Wohnungsnot erinnert.

3.2.2 Die Zwickmühle der Opposition

In dieser Stimmungslage fanden die sanften Mahnungen des Bundespräsidenten zur Versachlichung der Auseinandersetzungen kaum Gehör. Auch die nach der Bundestagswahl von 1987 von einer Gruppe von CDU-Bundestagsabgeordneten veröffentlichten „Christlich-sozialen Positionen für eine rationale und ethisch verantwortbare Asylpolitik" bewirkten in der eigenen Fraktion wenig, weil das

Margin notes:
- Das Asylrecht als Wahlkampfmunition
- „Staatsnotstand" durch Asylbewerber?
- Vergebliche Mahnungen zur asylpolitischen Mäßigung

"Asylproblem" als politische Munition und populistisches Profilierungsvehikel eingesetzt wurde:

„Politiker und Medien müssen zu einer nüchternen und angemessenen Sprache zurückfinden. Übertreibungen sowie Panik und Ängste auslösende Begriffe wie „Flut", „Strom", „Überschwemmung" usw. erschweren rationale Lösungen. Bei der Verwendung von Zahlen müssen die tatsächlich bescheidenen Größenordnungen sichtbar werden. Bisher wurden beim Vergleich mit Flüchtlingszahlen in anderen europäischen Ländern die deutschen Anteile durch Verwendung unterschiedlicher Kriterien realitätswidrig aufgebauscht. Wer durch unsaubere oder einseitige Zahlenpräsentation oder übertriebene und emotionalisierende Sprache Fremdenangst und Aggressionen schürt, der zerstört die vorhandene Aufnahmebereitschaft in der Bevölkerung und trägt zur Aushöhlung des Grundrechts auf politisches Asyl bei."

Zwickmühle der Opposition

Die SPD war nicht nur in eine asylpolitische Schlüsselrolle geraten, weil ohne ihre Zustimmung eine Verfassungsänderung unmöglich war, sondern auch in eine mehrfache Zwickmühle. Sie verstand sich als Partei der internationalen Solidarität, die eigene Verfolgungs- und Exilerfahrung hat, aber sie wollte auch Wahlen gewinnen. Die Wahlergebnisse und Meinungsforscher zeigten ihr den Einbruch der „Republikaner" in ihre traditionelle Wählerklientel in städtischen Arbeitervierteln. Die Wahlstrategen der CDU/CSU trieben sie in die Ecke der asylpolitischen „Verhinderungspartei", in der keine Wahlen gewonnen werden können. Der damalige CDU-Generalsekretär Volker RÜHE gab die Kampfparole aus: Wenn sich die SPD weiterhin einer Änderung des Art. 16 GG verschließe, sei jeder Asylant fürderhin ein „SPD-Asylant". Das Unwort „Asylant", vom FDP-Abgeordneten Burkhard HIRSCH im Bundestag als „politischer Kampfbegriff" kritisiert, erhielt hier noch eine negative Steigerung (vgl. SZ vom 7.10.1991).

Auf diese Weise in die Defensive getrieben und vom Großteil der Massenmedien (von Bild bis zur FAZ, vom Bayerischen Rundfunk bis zum ZDF) als konzeptions- und führungslos (wenn nicht gar als verantwortungslos) attackiert, suchte die SPD-Führung unter Björn ENGHOLM einen Ausweg aus der Klemme, der die Partei wieder mehrheitsfähig machen und ihr eine innerparteiliche Zerreißprobe ersparen sollte. Das Erstere bedeutete die Abkehr von dem Schwur „Mit uns gibt es keine Änderung des Asylgrundrechts", die wiederum das Letztere riskieren mußte.

„Petersberger Beschlüsse"

Während eine innerparteiliche Minderheit weiterhin die Fahne des Art. 16 GG hochhielt und von einer außerparlamentarischen Lobby in Kirchen, Flüchtlingsräten und Menschenrechtsgruppen gestützt wurde, drängten vor allem die im „Seeheimer Kreis" organisierten „Kanalarbeiter" und die „Oberbürgermeisterfraktion" auf einen verfassungsändernden „Asylkompromiß" mit den Regierungsparteien. Das anstehende „Superwahljahr" 1994 verdrängte moralische Skrupel. Der asylpolitische Kurswechsel wurde auf einer Klausurtagung des Parteivorstandes am 21./22.8.1992 auf dem Petersberg eingeleitet. Diese „Petersberger Beschlüsse" wurden dann von einem Sonderparteitag im November 1992 mit einigen Korrekturen abgesegnet. Der vom Parteivorstand und von der Parteitagsmehrheit getragene Kurswechsel war begleitet von Protesten (u. a. der Jusos) und von Parteiaustritten (wie von Günter Grass). Er führte nach einigen taktischen Geplänkeln und wechselseitigen Profilierungsübungen Anfang Dezember

1992 zu einer Verhandlungsrunde mit den Regierungsparteien, auf der der „Asylkompromiß" gefunden wurde (zum Inhalt vgl. Kap. 4.7).

Die asylpolitische Große Koalition, von der nur die „Grünen" und die PDS ausgeschlossen blieben, war wieder da. Die „Lage" (wachsender Zustrom von Asylsuchenden, Überlastung der Aufnahmekapazitäten, ausländerfeindliche Eruptionen) machte eine Lösung des „Asylproblems" notwendig. Die Frage ist allerdings, wieviel an rechtsstaatlicher und menschenrechtlicher Substanz des Grundgesetzes der Problemverlagerung auf die östlichen Nachbarstaaten geopfert wurde. Nicht nur idealistische Menschenrechtsgruppen, sondern auch nüchterne Verfassungsjuristen bezweifelten die Verfassungskonformität des „Asylkompromisses", zumindest seine Vereinbarkeit mit dem „Geist der Verfassung", der unter dem hohen Anspruch des Art. 1 GG steht.

Der „Asylkompromiß"
vom Dezember 1992

Trotz all dieser Kritik, vieler Demonstrationen und Unterschriftensammlungen verabschiedete der Deutsche Bundestag am 26.5.1993 nach einer leidenschaftlichen und guten Debatte die Ergänzung zum Art. 16 GG, die am 1. Juli 1993 rechtskräftig wurde. Alle Debattenredner, von der CSU bis zur PDS, betonten, daß das neue Asylrecht zwar die Bundesrepublik vom Migrationsdruck entlasten, aber am weltweiten Migrations- und Fluchtgeschehen nichts ändern könne. Deshalb müsse mehr zur Bekämpfung der Fluchtursachen getan werden. An demselben Abend kündigte der Bundesfinanzminister ein Einfrieren, d. h. eine reale Kürzung der Entwicklungshilfe an.

Änderung des Art. 16 GG

Die Politik hat nicht nur ein Glaubwürdigkeitsdefizit, sondern auch ein Defizit an Verantwortungsethik und Einsicht in das aufgeklärte Eigeninteresse. Die vom Deutschen Bundestag verabschiedeten Resolutionen zum Flüchtlingsproblem und die „Flüchtlingskonzeption" der Bundesregierung (vgl. Kap. 7.2 von Teil I) erwiesen sich als folgenlose Scheinaktivitäten. Die gute Handlungsmaxime „Nicht die Flüchtlinge, sondern die Fluchtursachen bekämpfen!" verkam zum Slogan.

4 Das Grundrecht auf Asyl in Verfassung, Rechts- und Verwaltungspraxis

Besonderheit des Art. 16 GG
Viele Verfassungen enthalten das Versprechen auf Schutz vor politischer Verfolgung. Dieser Schutz gehört zu den ältesten gewohnheitsrechtlichen Institutionen der Menschheit. Aber nur Art. 16 Abs. 2 Satz 2 des Grundgesetzes enthielt ein über das Völkerrecht und das Recht anderer Staaten hinausgehendes individuelles und einklagbares Grundrecht für Ausländer, das lapidar formuliert war, bevor ihm 1993 eine lange Ergänzung hinzugefügt wurde (s. u.):

„Politisch Verfolgte genießen Asylrecht."

Das Grundgesetz setzte damit normative Maßstäbe für das Völkerrecht, das nicht dem Fremden einen Rechtsanspruch, sondern allein den souveränen Staaten das Recht, Asyl zu gewähren, einräumt und ihm auch keine Pflicht zur Asylgewährung auferlegt.

4.1 Das Grundrecht auf Asyl in den Beratungen des Parlamentarischen Rates

Der politische Mut der „Eltern des Grundgesetzes"
Der Parlamentarische Rat fügte in einem alle Parteien übergreifenden Konsens Art. 16 Abs. 2 Satz 2 in frischer Erinnerung an die Barbarei des Nationalsozialismus, dem Hunderttausende nur lebend entgehen konnten, weil ihnen andere Staaten Asyl gewährten, in das Grundgesetz ein. Die „Eltern des Grundgesetzes" konnten zwar nicht ahnen, was auf die Bundesrepublik später zukommen sollte, waren aber in einer wesentlich schwierigeren wirtschaftlichen und politischen Lage bereit, ein hohes Risiko der Humanität einzugehen.

Es lohnt sich, im Hinblick auf spätere Versuche, dem lapidaren Satz 2 von Art. 16 Abs. 2 GG Begrenzungen unterzuschieben, die Beratungen im Parlamentarischen Rat zu rekonstruieren. (Sie sind in SPAICH 1982, 18-37, KAUFFMANN 1986, 231-251 und KREUZBERG/WAHRENDORF 1992 dokumentiert). Die Beratung der Grundrechte oblag dem Ausschuß für Grundsatzfragen unter dem Vorsitz des SPD-Abgeordneten Carlo Schmid, der neben den Grundrechtskatalogen der Weimarer Verfassung und einiger Landesverfassungen vor allem die Empfehlungen des Verfassungskonvents von Herrenchiemsee und die Allgemeine Erklärung der Menschenrechte der Vereinten Nationen als Orientierungshilfen nutzte.

In den Beratungen vor der Schlußabstimmung im Ausschuß, dessen Formulierungen dann noch einmal im Allgemeinen Redaktionsausschuß kontrovers diskutiert wurden, bestand keineswegs Übereinstimmung über die Tragweite des Asylrechts. Am Ende wurden weiterreichende und einschränkende Forderungen auf dem Wege des Kompromisses auf die endgültige Formulierung des Artikels verdichtet. Die Kontroversen und die Konsensfindung werden in den folgenden Auszügen aus dem Protokoll der Beratungen des Ausschusses für Grundsatzfragen deutlich. Der Ausschußvorsitzende Carlo SCHMID gab in der 18. Sitzung vom 4.12.1948 den Tenor der Diskussion vor:

Entstehungsgeschichte des Art. 16 GG

„Die Asylgewährung ist immer eine Frage der Generosität, und wenn man generös sein will, muß man riskieren, sich gegebenenfalls in der Person geirrt zu haben. Das ist die andere Seite davon, und darin liegt vielleicht auch die Würde eines solchen Aktes. Wenn man eine Einschränkung vornimmt, etwa so: Asylrecht ja, aber soweit der Mann uns politisch nahesteht oder sympathisch ist, so nimmt das zuviel weg." (234 f.)

Der CDU-Abgeordnete VON BRENTANO plädierte in der 44. Sitzung vom 19.1.1949 für Einschränkungen des Asylrechts:

Frühe Bedenken der CDU

„Jeder politisch Verfolgte soll vor einer Auslieferung geschützt sein. Es geht mir aber zu weit – ... – , daß wir generell dem politisch Verfolgten das absolute Asylrecht geben. Ich sehe keinen Grund dafür ein, daß etwa Ausländer, die aus ihrer Heimat nach Deutschland gekommen sind, weil sie sich in ihrer Heimat aktiv gegen die Demokratie eingesetzt haben, in Deutschland unbedingt ein Asylrecht haben sollen." (242)

Ihm antwortete der SPD-Abgeordnete WAGNER:

„Ich glaube, man sollte da vorsichtig sein mit dem Versuch, dieses Asylrecht einzuschränken und seine Gewährung von unserer eigenen Sympathie oder Antipathie und von der politischen Gesinnung dessen abhängig zu machen, der zu uns kommt. Das wäre dann kein unbedingtes Asylrecht mehr, das wäre ein Asylrecht mit Voraussetzungen, mit Bedingungen, und eine solche Regelung wäre in meinen Augen der Beginn des Endes des Prinzips des Asylrechts überhaupt. Entweder wir gewähren Asylrecht, ein Recht, das, glaube ich, rechtshistorisch betrachtet, uralt ist, oder aber wir schaffen es ab. Ich fürchte, dieser Zwischenzustand, Herr Kollege Dr. von Brentano, wäre schon der Beginn des Abbaues. Ich glaube, in einer so unruhigen Zeit, bei unserer politischen Zerrissenheit ist es nicht angebracht, dieses Recht auch nur im geringsten irgendwie abbauen zu wollen." (243)

Argumente gegen Einschränkungen des Asylrechts

Für ein uneingeschränktes Asylrecht plädierte auch der KPD-Abgeordnete Renner; er wollte es aber mit einem ausdrücklichen Recht auf Arbeit verknüpfen. Im Hinblick auf das mehrjährige Arbeitsverbot, das später über die Asylsuchenden verhängt wurde, ist bemerkenswert, wo die „Eltern des Grundgesetzes" dieses Recht auf Arbeit verfassungsrechtlich bereits verankert sahen: nämlich in Art. 2 GG, der jedem (also nicht nur Deutschen) das „Recht auf freie Entfaltung der Persönlichkeit" garantierte.

4.1.1 Das vorbehaltlose Asylrecht des GG

Die Vorbehaltlosigkeit des Art. 16 GG

Der Parlamentarische Rat hat das Asylrecht allen politisch Verfolgten ohne Ansehen der Person, Herkunft oder politischen Überzeugung eingeräumt. Er hat den Art. 16 Abs. 2 Satz 2 bewußt nicht unter einen Gesetzesvorbehalt gestellt und ihm auch keine immanenten Schranken eingebaut, wie manche Kommentatoren später behaupteten. Otto KIMMINICH (1983, 106) folgerte aus der Rechtsprechung und rechtswissenschaftlichen Diskussion:

„Die Versuche, dem Grundrecht des Art. 16 Abs. 2 Satz 2 GG nachträgliche Begrenzungen hinzuzufügen, sind bisher durchweg rechtsdogmatisch ohne Überzeugung geblieben."

Er entkräftete auch alle Argumente, die eine angebliche Verfassungswidrigkeit dieses Artikels belegen sollten:

— daß er die Volkssouveränität beschränke, weil er dem einfachen Gesetzgeber den Zugriff auf das Asylrecht entziehe;
— daß er gegen den Gleichheitsgrundsatz verstoße, weil er aufgrund fehlender Einschränkungsmöglichkeiten Ausländer gegenüber Deutschen privilegiere;
— daß er widersprüchlich sei, weil er Probleme produziere, wenn er von einer größeren Zahl in Anspruch genommen werde;
— daß er zum Mißbrauch verführe.

Großzügige Deutungen der politischen Verfolgung

Im Hinblick auf die Beratungen des Parlamentarischen Rates über das Asylrecht forderte das Bundesverfassungsgericht in seiner ersten asylrechtlichen Entscheidung vom 4.2.1959 (BVerfGE 9, 174) auch eine großzügige Auslegung des Begriffs der politischen Verfolgung. Das Bundesverwaltungsgericht erkannte zwar in einem Urteil vom 7.10.1975 (BVerwGE 49, 202) im Asylgrundrecht keine immanenten Schranken, wandte sich aber gegen eine historische Interpretation dieses Artikels, die den „subjektiven Vorstellungen" einzelner Mitglieder des Parlamentarischen Rates zu viel Bedeutung zumißt (vgl. KÖFNER/NICOLAUS 1986, Bd. 1, 219). „Hüter der Verfassung" ist jedoch das Bundesverfassungsgericht.

Der „heilige Zorn" des Heinrich Albertz

Heinrich ALBERTZ, der in den Jahren 1948 – 51 Flüchtlingsminister in Niedersachsen war, beurteilte aus der Erinnerung an den Mut des Parlamentarischen Rates geradezu zornig die in der Mitte der 80er Jahre geführte Diskussion über das Asylrecht:

„Natürlich hat 1948 kein Mitglied des Parlamentarischen Rates voraussehen können, wie viele Flüchtlinge sich 20 oder 40 Jahre später quer über die Welt bewegen würden und daß trotz der Erfahrungen des Zweiten Weltkrieges und der Naziverbrechen Schrecken und Tod weite Teile in der sogenannten Dritten Welt beherrschen würden. Aber daß heute, bei Flüchtlingszahlen, die an der unteren Grenze vergleichbarer Länder liegen, die zu uns kommenden Menschen nur noch das Fürchten gelehrt wird, verstößt gegen alle Menschenrechte, die ... älter sind als unsere morsche Kultur, und gegen den Willen des Grundgesetzes.

Vor 40 Jahren haben wir Millionen Flüchtlinge in Westdeutschland aufnehmen müssen und können, in einer Zeit, in der wir nicht eines der reichsten Länder der Welt waren. Wer sich dies klarmacht und dann hört, mit welcher Frechheit auch offizielle Stellen den

Fremdenhaß schüren und Asylsuchende schlimmer als das Vieh behandeln, dem steigt die Schamröte ins Gesicht." (in: KLEMT-KOZINOWSKI u. a. 1987, 12)

4.1.2 Das Privileg der Asylberechtigung

Wird dem Asylgesuch stattgegeben, erwirkt der Asylberechtigte eine Rechtsstellung, die ihn gegenüber anderen Ausländern privilegiert:

Rechte der Asylberechtigten

– Er erwirbt eine unbefristete Aufenthaltserlaubnis und erhält einen Flüchtlingsausweis, mit dem er auch ins Ausland reisen kann.
– Er kann unter erleichterten Bedingungen eingebürgert werden, erhält vielerlei Eingliederungshilfen (z. B. Sprachförderung unter Zahlung von Unterhaltsgeld, Berufsausbildungsbeihilfen) und zahlreiche Sozialleistungen, die auch Deutschen zustehen (Kinder- und Wohngeld, Sozial- und Arbeitslosenhilfe).
– Er ist weitgehend einem Inländer gleichgestellt, ist berechtigt, erwerbstätig zu sein und Eigentum zu erwerben, die Kinder auf Schulen und Hochschulen zu schicken.

4.2 Einschränkung des Asylrechts auf dem Verfahrens- und Verwaltungsweg

Die Bundesrepublik hat das „liberalste und großzügigste Asylrecht der Welt". So behaupteten viele und vor allem diejenigen, denen es allzu liberal war und denen beispielsweise die in Recht und Praxis liberale Asyltradition der lateinamerikanischen Staaten fremd ist. Die Bundesrepublik hat eine liberale Verfassung, in der die „Eltern des Grundgesetzes" unter widrigen politischen und wirtschaftlichen Bedingungen ein subjektives, einklagbares und generöses Grundrecht auf Asyl verankert haben. Die Frage ist, wie liberal dieses liberale Asylrecht von Politik, Verwaltung und Justiz auch dann noch gehandhabt wurde, als seine Liberalität auf die Probe gestellt wurde.

Das „liberalste Asylrecht der Welt"

Langsam steigende Zahlen von Asylsuchenden aus der Dritten Welt, die aber erst 1979 die 50.000-Marke überschritten (vgl. Tab. 9), wirtschaftliche Probleme und die Politisierung des „Ausländerproblems" bildeten den politischen Hintergrund für den schon am Ende der 70er Jahre eingeleiteten Versuch, durch eine Serie von Asylverfahrensgesetzen, Rechtsverordnungen und Verwaltungsvorschriften, Beschlüssen der Innenministerkonferenz (IMK) und Vereinbarungen zwischen den Regierungschefs von Bund und Ländern die Zuwanderung von Ausländern (Gastarbeitern und Asylsuchenden) zu beschränken. Das Asylrecht wurde seit Ende der 70er Jahre dreißigmal geändert.

Strangulierung des Asylrechts auf dem Verfahrens- und Verwaltungsweg

Tabelle 9: Asylbewerber und Anerkennungsquoten 1953-1980

Jahr	Asylbewerber	Anerkennungsquote
1953-68	70425	23,9
1970	8645	41,2
1972	5289	39,8
1974	9424	32,4
1976	11123	18,4
1977	16410	10,0
1978	33136	10,3
1979	51493	16,5
1980	107818	12,0

Quelle: Bundesinnenministerium (hekt. Jahresübersichten).

Abwehrmaßnahmen gegen Asylsuchende

Die Übersicht auf den folgenden Seiten zeigt die geradezu hektischen Abwehrmaßnahmen gegen Asylsuchende. Sie wurden durch eine restriktive Rechtsprechung der mit Asylverfahren befaßten Verwaltungsgerichte, eine nach Verfassungs- und Gesetzeslage bedenkliche Befugniserweiterung der Grenz- und Ausländerbehörden und eine systematische Verschlechterung der Aufenthaltsbedingungen ergänzt. Bei den verfahrensrechtlichen Änderungen ging es keineswegs nur um rechtstechnische Vorgänge, sondern bereits um die Substanz des Grundrechts auf Asyl:

„Änderungen des Asylverfahrens haben vielmehr auch ihre Rückwirkungen auf Tragweite und Inhalt des Asylrechts selbst ... Noch stärker sind die Rückwirkungen des Verfahrensrechts auf die allgemeine Atmosphäre, die sich um ein Grundrecht bildet und die in ihren Auswirkungen auf die Auslegung und Anwendung des Grundrechts juristisch nur schwer erfaßt werden kann." (HENKEL 1983, 142 f.)

Einschränkung von Grundrechten

Nachdem der politische Versuch, das „beispiellos großzügige" Asylrecht durch eine Verfassungsänderung einzuschränken, bis Anfang 1993 an den parlamentarischen Mehrheitsverhältnissen scheiterte, zielten die rechtlichen und praktischen Abschreckungsmaßnahmen (Sammellager, Gemeinschaftsverpflegung, Arbeitsverbot etc.) auf seine Einschränkung ohne Verfassungsänderung ab. Gleichzeitig wurden für Asylbewerber noch andere Grundrechte eingeschränkt. § 37 des Asylverfahrensgesetzes von 1982 lautete: „Das Grundrecht auf körperliche Unversehrtheit (...) wird nach Maßgabe dieses Gesetzes eingeschränkt." Die menschenunwürdigen Lebensbedingungen in den Sammelunterkünften mit allen Verboten, die Menschen entmündigen und die freie Entfaltung der Persönlichkeit (die Art. 2 GG fordert) verhindern, verletzen die laut Art. 1 GG unantastbare Würde des Menschen. Art. 16 Abs. 2 Satz 2 gebraucht die Worte „genießen Asylrecht". Damit ist nicht nur *non-refoulement* gemeint, sondern auch eine menschenwürdige Ausgestaltung des Aufenthaltsrechts, auch für Asylbewerber, die als potentielle Asylberechtigte zu gelten haben.

Die Bundesrepublik ist zwar das EU-Land mit dem höchsten Zustrom von Asylsuchenden, aber mit einer der niedrigsten Anerkennungsquoten (vgl. Tab. 9). Die Anerkennungsquote sank in auffallender Weise mit dem Anwachsen der Bewerberzahlen.

4.3 Änderungen des Asylverfahrens

Das Asylverfahren war zunächst durch das Ausländergesetz (AuslG) von 1965, das die Asylverordnung vom 6.1.1953 ablöste, und das Asylverfahrensgesetz von 1982, das durch mehrere Novellen geändert oder ergänzt wurde, gesetzlich geregelt. 1990 wurde ein neues Ausländergesetz, 1992 ein neues Asylverfahrensgesetz verabschiedet, die beide erhebliche Änderungen enthielten.

Jeder Asylbewerber hat Anspruch auf ein rechtsstaatlich geordnetes Asylverfahren, auf gerichtliche Prüfung administrativer Entscheidungen, auf Widerspruch gegen Gerichtsentscheide durch Anrufung höherer Gerichtsinstanzen, kurz: auf die Rechtswegegarantie des Art. 19 Abs. 4 GG; er hat auch Anspruch auf ein vorläufiges Bleiberecht bis zum unanfechtbaren negativen Abschluß des Asylverfahrens; und er hat Anspruch auf menschenwürdige Lebensbedingungen während der Laufzeit des Verfahrens, weil auch ihn Art. 1 GG schützt. Wie wurde dieser Anspruch im Spannungsverhältnis zwischen dem Grundrecht auf Asyl, dem durch wachsende Bewerberzahlen strapazierten Verfahren und dem asylpolitischen Zweck der Abschreckung gewahrt?

Rechtsansprüche der Asylsuchenden

4.3.1 Beschleunigung des Verfahrens

Bis zum Inkrafttreten des Ersten Beschleunigungsgesetzes von 1978 entschied das Zirndorfer Bundesamt durch Anerkennungsausschüsse über das Asylbegehren. Gegen deren Bescheide war Widerspruch zulässig, über den wiederum ein Widerspruchsausschuß entschied. Dessen Entscheidung konnte zunächst beim Verwaltungsgericht Ansbach und in weiteren Instanzen beim bayerischen Verwaltungsgerichtshof und beim Bundesverwaltungsgericht angefochten werden, auch vom Bundesbeauftragten für Asylangelegenheiten. Dieser ist an Weisungen des Bundesinnenministers gebunden und hat die Aufgabe, auf eine Vereinheitlichung der Asylentscheidungen von Bundesamt und Gerichten hinzuwirken. Er tut dies vor allem durch Einsprüche gegen positive Entscheide.

Das mehrstufige Asylverfahren

Dieses mehrstufige Verfahren führte bei Ausschöpfung aller Rechtsmittel zu einer Verfahrensdauer von sechs bis acht Jahren. Es verschaffte zwar den Asylsuchenden eine mehrjährige Duldung, aber auch eine ebensolange Rechtsunsicherheit bei einer zunehmenden Verschlechterung der Aufenthaltsbedingungen. Die Beschäftigung von potentiell drei Gerichtsinstanzen mit jedem Einzelfall (falls der Antrag nicht schon von der ersten Instanz als „offensichtlich unbegründet" abgewiesen wurde) erscheint als das rechtsstaatliche Optimum – auch im Vergleich zu dem verkürzten Verfahren in anderen Ländern.

Optimum an Rechtsgarantien = Maximum an Rechtsunsicherheit?

Dieses Höchstmaß an Rechtskontrollen konnte aber für Antragsteller, die wirklich eine „begründete Furcht vor Verfolgung" hatten, ein mit einer großen psychischen Belastung verbundenes Maximum an Rechtsunsicherheit darstellen. Was für die einen, denen es um ein möglichst langes Bleiberecht ging, als ein Vorteil gelten mochte, konnte für andere, die Schutz suchten, eine Art von psychischer Folter sein. Die lange Verfahrensdauer setzte einen Teufelskreis in Gang:

„Je mehr aber kamen, desto verstopfter wurden die Kanäle des Verfahrens. Je verstopfter die Kanäle des Verfahrens wurden, desto länger dauerte das Verfahren. Je länger das Verfahren dauerte, desto mehr kamen. Es war ein Teufelskreis, der zu den rapide ansteigenden Zahlen der letzten Jahre führte ..." (FRANZ 1982b, 33)

Durch das Erste Beschleunigungsgesetz (1978) wurde die Widerspruchsmöglichkeit gegen die Entscheidungen der Anerkennungsausschüsse des Zirndorfer Bundesamtes abgeschafft. Einschneidender war, daß auch die Berufungsmöglichkeit gegen erstinstanzliche Urteile, die Asylgesuche als „offensichtlich unbegründet" abwiesen, beseitigt wurde. Die Folge war, daß das Bundesverwaltungsgericht mit Beschwerden gegen die Nichtzulassung der Revision überschüttet wurde. Zwar wurden fast alle dieser Nichtzulassungsbeschwerden verworfen, aber sie verzögerten das Verfahren.

Einschneidender waren die Vorgaben des *Zweiten* Beschleunigungsgesetzes von 1980, das unter dem Druck von monatlich fast 10.000 Asylanträgen (gegenüber 13.000 im ganzen Jahr 1977) hastig verabschiedet wurde. Selbst nach Auffassung des Präsidenten des Zirndorfer Bundesamtes (DUSCH 1983, 171) war die Abschaffung der Anerkennungsausschüsse und ihre Ersetzung durch Einzelbeamte „eine absolute Fehlentscheidung", die den Verlust eines „Stückes Qualität und Rechtssicherheit" bedeutete. Ein Dreiergremium konnte einen komplexen Sachverhalt besser erfassen und würdigen als eine Einzelperson. Über Monate hinweg fanden keine persönlichen Anhörungen der Asylsuchenden statt.

Die vom Ausländergesetz geforderte Einzelfallprüfung verkümmerte im bürokratischen „Vorverfahren" des Bundesamtes zu einem standardisierten Schnellverfahren. Die Aufklärungs- und Ermittlungslast verlagerte sich vom Bundesamt, bei dem die asylpolitische Sachkompetenz vermutet wird, auf die Verwaltungsgerichte. Bei Verwaltungsrichtern galten Asylverfahren schon als „Kriegsdienstverweigerungsverfahren des Ausländerrechts". Aber auch nicht alle Verwaltungsgerichte führten mündliche Verhandlungen durch, in denen auch die Asylbewerber zu Wort kamen.

Wie sollten dann die Asylsuchenden ihre „begründete Furcht vor Verfolgung" glaubhaft machen können? Selbst wenn sich der Antragsteller einen Rechtsanwalt leisten kann, der mit juristischer Raffinesse und Diktion „gute Gründe" für den Tatbestand der politischen Verfolgung vorbringen konnte, wurde der Anspruch auf rechtliches Gehör nur bedingt erfüllt.

Geschäfte von „Schlepperanwälten"

Nebenbei schadeten einzelne „schwarze Schafe" unter den Rechtsanwälten, die in den Verdacht gerieten, als „Schlepperanwälte" Geschäfte zu machen, nicht nur dem Ansehen des Anwaltsstandes, sondern auch der Sache der Asylsuchenden. Politik und Verwaltung suchten die Gründe für die Verfahrensprobleme nicht bei sich, sondern bei den Anwälten, bei der idealistisch-moralisierenden „Flüchtlingslobby" und bei allzu rechtsbewußten Verwaltungsrichtern (vgl. den Rundumschlag des Präsidenten des Zirndorfer Bundesamtes Hans Georg DUSCH 1983, 178).

§ 32 des AsylVfG von 1982 ließ eine Berufung gegen das Urteil eines Verwaltungsgerichts nur noch zu, wenn die Klage nicht als „offensichtlich unbegründet" abgewiesen wurde und außerdem der Einzelfall eine grundsätzliche Bedeutung hatte, das Urteil von einer Entscheidung übergeordneter Gerichtsinstanzen abwich oder ein Verfahrensfehler nachgewiesen werden konnte. Diese sehr eingeschränkte Berufungschance bedeutet, daß die meisten Verfahren über die erste verwaltungsgerichtliche Instanz nicht mehr hinauskamen. Gegen die Nichtzulassung der Berufung gab es nur noch die Möglichkeit der Nichtzulassungsbeschwerde, über die das Oberverwaltungsgericht entschied.

Einschränkung der Berufungsmöglichkeiten

Die Versuche zur Beschleunigung des Asylverfahrens haben das Verfahrensrecht zu Ungunsten der Asylsuchenden verändert und die Asylrechtsgarantie des Grundgesetzes ausgehöhlt, nach Ansicht von Fritz FRANZ (1982b, 34), eines in Asylverfahren erfahrenen Richters am Oberverwaltungsgericht Berlin, sogar „zum Torso amputiert", ohne die beabsichtigte Wirkung zu erzielen. Die durchschnittliche Verfahrensdauer beim Bundesamt lag Mitte der 80er Jahre immer noch bei zwei Jahren und hat sich erst nach beträchtlichen Personalaufstockungen auf etwa 11 Monate verkürzt. 1985 hatte das Bundesamt nur 310 Mitarbeiter, 1991 schon 1 130. Die Neuregelung des Verfahrens durch das Asylverfahrensgesetz von 1992 erforderte die Einrichtung von 2 374 weiteren Stellen. Das „Asylproblem" war auch ein bürokratisches Vollzugsproblem, dessen rechtzeitige Lösung das Auftürmen von „Altlasten" hätte vermeiden können. Dieses Vollzugsdefizit trug erheblich zur Problemverschärfung bei.

Amputation der Asylrechtsgarantie

Teilweise wurde die angestrebte Beschleunigung durch die mangelnde Zusammenarbeit zwischen Ausländerbehörden, zwischen ihnen und dem Bundesamt, durch unzureichende Personalausstattung bei Ausländerbehörden und Verwaltungsgerichten und durch technische Probleme (Verzögerung bei der maschinellen Ausfertigung und Zustellung der Bescheide) verzögert. Das Beharren auf der zeitraubenden Bearbeitung der Anträge in Zirndorf lag früher allerdings auch an „übergeordneten Gründen": nämlich am Interesse deutscher und US-amerikanischer Geheimdienste an einer solchen Zentralisierung.

Ein weiteres Nadelöhr des Asylverfahrens bildeten und bilden weiterhin die überlasteten Verwaltungsgerichte, denen unklare gesetzliche Regelungen und widersprüchliche asylpolitische Vorgaben zusätzliche Lasten aufbürdeten. Beim Verwaltungsgericht Köln mußten jährlich rund 3.000 Verfahren bewältigt werden. Mitte 1991 waren bei den Verwaltungsgerichten 57 471 Klagen anhängig. Die durchschnittliche Verfahrensdauer im Bundesgebiet betrug 1987 in der ersten Instanz 8,7 Monate (in Berlin 20,9, in Schleswig-Holstein nur 5,4 Monate), in der zweiten Instanz 7,3 Monate.

Überlastete Verwaltungsgerichte

Nachdem einige Bundesländer die gesetzlich vorgeschriebenen zentralen Ausländerbehörden nicht eingerichtet hatten, beschloß die Innenministerkonferenz (IMK) am 3. Juni 1989 in einem Allparteienkonsens die Einrichtung von Außenstellen des Bundesamtes, die ohne lange Behördenwege vor Ort und in enger Zusammenarbeit mit den Ausländerbehörden das Asylverfahren abwickeln und die Abschiebung abgelehnter Bewerber beschleunigen sollen. Es sollte vor allem ein „kurzer Prozeß" mit „aussichtslosen Kandidaten" (aus Polen, dem ehemaligen Jugoslawien und der Türkei) gemacht werden.

In der Zentralen Ausländerstelle (ZASt) in Karlsruhe wurde dieser sog. Schäuble-Plan bereits vor seinem Inkrafttreten am 1.10.1989 erprobt: Zentrale Unterkunft, Anhörung, Entscheidung und Abschiebung wurden von einer einzigen Behörde organisiert und durchgeführt. Hier betrug das Verfahren bei „offensichtlich unbegründeten" Anträgen nur noch 4-6 Wochen, das Eilverfahren vor Gerichten nur noch 2-4 Monate. Seit dem 1. April 1993 müssen Asylbewerber grundsätzlich in den von den Ländern eingerichteten Sammelunterkünften wohnen.

Bedenken gegen das ZASt-Schnellverfahren

Bei diesem Schnellverfahren haben die Asylbewerber kaum eine Chance, sich in ihrem Zufluchtsland zu orientieren, sich über ihre Rechte und das Asylverfahren zu informieren und sich einen Rechtsbeistand zu besorgen (wenn er nicht von einer Schlepperorganisation bereitgestellt wird). Amnesty International meldete erhebliche Bedenken gegen dieses Schnellverfahren an, das allenfalls eine flüchtige Rechtsberatung der Flüchtlinge zuläßt und die ohnehin schon verkürzte Rechtswegegarantie noch weiter verkürzte. Diese von überparteilichem Einvernehmen getragene administrative Maßnahme erreichte eine Beschleunigung des Verfahrens, die viel wirksamer war als alle früheren Beschleunigungsgesetze.

4.3.2 Befugniserweiterungen von Grenz- und Ausländerbehörden

Das gesetzliche Entscheidungsmonopol über Asylgesuche liegt beim Zirndorfer Bundesamt für die Anerkennung ausländischer Flüchtlinge. Der Asylbewerber mußte sich vor dem Inkrafttreten des Asylverfahrensgesetzes von 1992 bei der nächsten Stelle des Grenzschutzes oder bei der nächsten Ausländerbehörde melden und um Asyl nachsuchen. Die Grenzbehörde leitete ihn an die zuständige Ausländerbehörde zur Antragstellung weiter. Kein Grenzbeamter und keine Ausländerbehörde durfte – nach der Verheißung des Grundgesetzes – dieses Gesuch ablehnen, den Asylsuchenden abweisen oder abschieben.

Seit dem 1. April 1993 sind nicht mehr die Ausländerbehörden, sondern allein die Außenstellen des Bundesamtes für die Entgegennahme der Asylanträge zuständig. Das Bundesamt entscheidet, welche Aufnahmeeinrichtung zuständig ist, die auch die Aufenthaltsgenehmigung ausstellt.

Schon eine im Juni 1977 erlassene Verwaltungsvorschrift zum Ausländergesetz ermächtigte die Ausländerbehörden dazu, einen Asylantrag unter bestimmten Voraussetzungen wegen „offensichtlich rechtsmißbräuchlicher" Antragstellung abzulehnen und den Antragsteller abzuweisen. Sie erhielten also schon jetzt eine begrenzte Vorprüfungskompetenz, die ihnen das Recht gab, zwischen beachtlichen und unbeachtlichen Anträgen zu unterscheiden und damit Entscheidungen über die materielle Frage der Asylberechtigung zu treffen. Der Begriff der „offensichtlichen Unbegründetheit" ist ein unbestimmter Rechtsbegriff, der rechtsstaatlich bedenkliche Ermessensspielräume schafft.

„Mißbrauchsvermutung" gegenüber Asylsuchenden

Jeder Asylsuchende ist zunächst mit einer „Mißbrauchsvermutung" konfrontiert. Wenn er sich ungeschickt verhält und mit den Fallstricken des deutschen Asylrechts nicht vertraut ist, liefert er leicht Hinweise auf die „Offensichtlichkeit eines Rechtsmißbrauchs", die die o.g. Verwaltungsvorschrift so definiert:

„Die Offensichtlichkeit eines Rechtsmißbrauchs ist gegeben, wenn durch das Verhalten des Ausländers im Zusammenhang mit seinem Asylbegehren eindeutig feststeht, daß mit dem Begehren ausschließlich asylfremde Zwecke verfolgt werden."

Das Asylverfahrensgesetz von 1982 erweiterte die Befugnis der Grenz- und Ausländerbehörden, Asylanträge ohne Einschaltung des Bundesamtes als unbeachtlich auszusondern und die Bewerber abzuweisen. Die „Vermutungsregelung" gab ihnen diese Befugnis vor allem dann, wenn sie einen „anderweitigen Verfolgungsschutz" aufgrund folgender Tatbestände vermuten konnten: Wenn sich der Asylbewerber

Der Ablehnungsgrund des „anderweitigen Verfolgungsschutzes"

- länger als drei Monate vor der Einreise in die Bundesrepublik in einem anderen Land, wo er vor politischer Verfolgung sicher war, aufhielt oder
- im Besitz eines von einem anderen Staat ausgestellten Flüchtlingsausweises nach den Regeln der GFK war.

Die Asylnovelle 1987 setzte außerdem eine „anderweitige Sicherheit vor Verfolgung" voraus, wenn sich der Asylbewerber mindestens drei Monate vor der Einreise in einem EG-Land, in Österreich, der Schweiz, Schweden oder Norwegen aufhielt. Der kleine Unterschied hatte Folgen: Früher wurde der Asylantrag abgelehnt, wenn der Antragsteller in einem anderen Staat Schutz vor Verfolgung gefunden hatte. Nun reichte es aus, daß er dort sicher vor Verfolgung war. Iraner und Afghanen, die über Pakistan, Äthiopier, die über den Sudan, oder Tamilen, die über Indien einreisten, verfingen sich in dieser verfahrensrechtlichen Schlinge, weil die Durchreisestaaten nicht als Verfolgerstaaten galten. Obwohl das Bundesverwaltungsgericht in einem Urteil vom Juni 1988 feststellte, daß einem Flüchtling die Asylberechtigung nicht verweigert werden darf, wenn er ein „sicheres Drittland lediglich als Fluchtweg zum Erreichen der Bundesrepublik benutzt", wurde die Verwaltungspraxis nicht geändert. Auch hier setzte der „Asylkompromiß" von 1993 völlig neue Maßstäbe.

Asylnovelle von 1987

4.3.3 Zusammenfassung der Verfahrensänderungen seit 1978 bis zum Asylverfahrensgesetz von 1992

Die folgende Übersicht faßt die Verfahrensänderungen zusammen, die nach 1978 bis zum Asylverfahrensgesetz von 1992 beschlossen wurden. Die Regelungen dieses Gesetzes, die endgültig am 1. April 1993 in Kraft traten, wurden teilweise wieder durch die Durchführungsbestimmungen zur Ergänzung des Art. 16 GG revidiert, die am 1. Juli 1993 rechtskräftig wurden (vgl. dazu Kap. 4.7).

Verfahrensänderungen seit 1988

Zusammenfassung der Verfahrensänderungen 1978-92

Datum	Maßnahme/Inhalt der Maßnahme
25.07.1978	**1. Gesetz zur Beschleunigung des Asylverfahrens** – Über den Antrag entscheidet ein Anerkennungsausschuß, gegen dessen Entscheidung kein Widerspruch möglich ist; Ausschluß der Berufung bei Abweisung der Klage als offensichtlich unbegründet
27.06.1980	**Beschlüsse der Regierungschefs von Bund und Ländern:** – Visumzwang für Türkei, Bangladesh und Indien (im Frühjahr 1980 schon für Sri Lanka, Afghanistan und Äthiopien) – Versagung der Arbeitserlaubnis für 12 Monate – Versagung des Kindergeldes – Gewährung der Sozialhilfe soweit möglich als Sachleistung – Verstärkte Unterbringung in Gemeinschaftsunterkünften
16.08.1980	**2. Gesetz zur Beschleunigung des Asylverfahrens** – Entscheidung über Asylantrag obliegt einem Einzelbeamten des Bundesamtes: es besteht keine Widerspruchsmöglichkeit – Das Bundesamt setzt dem Asylbewerber eine Ausschlußfrist für die Beweiserbringung – Vereinfachung des gerichtlichen Verfahrens: – Zusammenlegung von Klagen gegen Entscheidungen des Bundesamtes und der Ausländerbehörde – Dezentralisierung des gerichtlichen Verfahrens – Vom Bundesamt zurückgewiesene Erklärungen und Beweismittel sind im gerichtlichen Verfahren nicht zu gelassen – Mit einer Frist von einem Monat wird nach Ablehnung des Asylantrages durch das Bundesamt sowie bei fehlender Aufenthaltserlaubnis durch das Ausländeramt zur Ausreise aufgefordert (mit Drohung der Abschiebung)
16.07.1982	**Gesetz über Asylverfahren** – Stellung des Antrags bei Ausländerbehörde – Besitzt der Antragsteller bereits einen Reiseausweis nach der GFK, wird ein bereits bestehender Schutz vor Verfolgung in einem anderen Land angenommen („Zweitasyl") – Aufenthaltsgestattung nur für den Bezirk der zuständigen Ausländerbehörde – Regel-Unterbringung in Gemeinschaftsunterkünften – Einschränkung des Grundrechtes auf körperliche Unversehrtheit – Gesetzliche Grundlage für die Verteilung auf die Bundesländer – Ausreisepflicht bei unbeachtlichem Asylantrag oder bei Ablehnung des Asylantrages als offensichtlich unbegründet, wenn keine Aufenthaltsberechtigung besteht – Bei Erlaß der Abschiebungsandrohung besteht keine Pflicht zur Anhörung des Antragstellers, ein Widerspruchsverfahren findet nicht statt. Eine Anfechtungsklage hat für sich keine aufschiebende Wirkung – Beschleunigung des Gerichtsverfahrens: – Gerichtsverfahren vor einem Einzelrichter möglich – Beschränkungen bei Zulassung der Berufung
25.09.1986	**Spitzengespräch von Bundeskanzler, Ministerpräsidenten der Länder und Vorsitzenden von SPD und FDP** – Beschleunigung des Asylverfahrens – Personeller Ausbau bei den Verwaltungsgerichten

	– Einrichtung von Außenstellen des Bundesamtes in allen Bundesländern
	– Stärkere Zusammenarbeit von Bundesamt mit Ausländerämtern
	– Stärkere Einbeziehung des Auswärtigen Amtes beim Überprüfungsverfahren
01.10.1986	**Vereinbarung zwischen BRD und DDR**
	– Eine Durchreise durch die DDR wird nur noch solchen Personen gestattet, die über ein Anschlußvisum für andere Staaten verfügen
03.10.1986	**Beschluß der Innenministerkonferenz**
	– Rechtskräftig abgelehnte Asylbewerber aus Krisengebieten sollen grundsätzlich auch in ihre Heimatländer abgeschoben werden können
13.11.1986	**Bundestag verabschiedet**
	a) „Entwurf eines Gesetzes zur Änderung des Gesetzes über das Asylverfahren"
	b) „Entwurf eines Gesetzes zur Änderung asylverfahrensrechtlicher, arbeitserlaubnisrechtlicher ausländerrechtlicher Vorschriften"
	– Auf 5 Jahre verlängertes Arbeitsverbot für Asylbewerber und ihre Familienangehörigen (Flüchtlinge aus Osteuropa 1 Jahr)
	– Selbstgeschaffene Nachfluchtgründe bleiben unberücksichtigt
	– Flüchtlinge, die sich bereits länger als drei Monate in einem anderen Land aufgehalten haben („Zweitasyl"), werden nicht mehr anerkannt
	– Keine Anerkennung von Asylanträgen, in denen mit:
	– der wirtschaftlichen Lage
	– einer allgemeinen Notsituation
	– kriegerischen Auseinandersetzungen argumentiert wird
	– Verschärfte Regelungen für die Unterbringung in Gemeinschaftsunterkünften
01.12.1986	**Änderungsverordnung zur Durchführung des Ausländergesetzes**
	– Beseitigung des Transitprivilegs für Bangladesh, Ghana, Iran, Libanon, Pakistan, Sri Lanka und Syrien
05.04.1987	**Beschluß der IMK**
	– Duldungsbeschluß für abgelehnte Asylbewerber aus den Staaten des Warschauer Paktes wird prinzipiell aufgehoben: beginnend mit Polen und Ungarn wird „im Wege der Duldung" dieser Personengruppe eine Besuchserlaubnis für ca. 1 Jahr erteilt
15.10.1987	**Gesetz zur Änderung asylverfahrensrechtlicher, arbeits- und ausländerrechtlicher Vorschriften**
	– Beförderungsunternehmen, die Ausländer ohne den erforderlichen Sichtvermerk transportieren, haben Verwaltungsgebühren von je 2.000 DM zu übernehmen. Sie sind künftig zum Rücktransport illegal Einreisender verpflichtet. Diese Verpflichtung gilt für Asylbewerber für den Zeitraum von drei Jahren für den Fall des negativen Ausgangs des Verfahrens
	– Engere Auslegung selbstgeschaffener Nachfluchtgründe
	– Versagen der Anerkennung bei anderweitigem Schutz (Aufenthalt von über drei Monaten in einem EG-Staat oder in Österreich, Schweiz, Schweden oder Norwegen) unmittelbar vor der Einreise
	– Versagen der Anerkennung als offensichtlich unbegründet, wenn das Asylgesuch auf wirtschaftliche und allgemeine Notlagen oder kriegerische Auseinandersetzungen im Herkunftsland zurückzuführen ist
	– Arbeitsverbot von max. 5 Jahren
20.12.1989	**Gesetz zur Beschleunigung asylverfahrens- und ausländerrechtlicher**

Vorschriften
- Überführung der Vorschrift über das besondere Verfahren bei offensichtlich unbegründeten Asylanträgen in ein Dauerrecht
- Konzentration der Zuständigkeit für die Anordnung und Durchführung von Abschiebungen auf Länderebene bei einer zentralen Behörde

14.04.1989 **Beschluß der Innenministerkonferenz (IMK)**
- Aufhebung der Sonderregelungen für „Ostblock-Flüchtlinge"
- Verschärfung der Abschiebepraxis

03.05.1989 **Beschluß des Bundeskabinetts: Änderung der Verordnung zur Durchführung des Ausländergesetzes**
- Einschränkung des Transitprivilegs für türkische Staatsangehörige
- Einführung der Visumpflicht für 14 „Problemstaaten" der Dritten Welt
- Einführung der Visumpflicht für Jugendliche unter 16 Jahren.

03.06.1989 **Beschluß der IMK**
- Einrichtung zentraler Ausländerbehörden und von Außenstellen des Zirndorfer Bundesamtes in den Bundesländern

01.07.1992 **Gesetz zur Neuregelung des Asylverfahrens**
- Unterbringung aller Asylbewerber in zentralen Aufnahmeeinrichtungen der Länder
- Für die Entgegennahme von Asylanträgen sind nicht mehr die Ausländerbehörden, sondern die Außenstellen des Bundesamtes zuständig
- Unterkunft, Anhörung, Entscheidung und Abschiebung werden von den Außenstellen organisiert und durchgeführt
- Verkürzung der Klage- und Begründungsfristen; Entscheidungen durch Einzelrichter.

01.07.1993 **Änderung des Asylverfahrensgesetzes im Gefolge der Ergänzung zum Art. 16 GG**
- siehe Kap. 4.7

4.3.4 Beschränkung des Zugangs zum Geltungsbereich des Grundgesetzes

Die Asylnovelle 1987 verstärkte auch den Versuch, Flüchtlinge vom Geltungsbereich des Grundgesetzes fernzuhalten. Diesem Zweck diente auch die Vereinbarung mit der DDR, um das „Schlupfloch Berlin" für Flüchtlinge, die die besondere Rechtslage der Stadt zur Einreise nach West-Berlin nutzten, zu schließen. Das Bundesinnenministerium stellte in seiner „Aufzeichnung zur Ausländerpolitik und zum Ausländerrecht" (ibv Nr. 25/Juni 1988) kategorisch fest:

„Niemand, der in der Bundesrepublik Deutschland vor politischer Verfolgung Schutz sucht, darf an der Grenze in einen möglichen Verfolgerstaat zurückgewiesen oder abgeschoben werden. Das Grundgesetz begründet jedoch keinen Anspruch des Asylbewerbers, bis zur Grenze der Bundesrepublik Deutschland zu gelangen, um dann einen Asylantrag stellen zu können."

Menschenrechtlicher „Mauerbau"

Dagegen hatte das Bundesverwaltungsgericht (BVerwGE 69, 323, 328) entschieden, daß die Inanspruchnahme des Asylrechts das Erreichen des Gebietes der Bundesrepublik voraussetze. Welchen Sinn sollte ein subjektives Recht auch haben, wenn die Flüchtlinge schon im Vorfeld daran gehindert werden, die

Grenzen der Bundesrepublik zu erreichen und um Asyl nachzusuchen? Diese Absperrung kommt einem menschenrechtlichen „Mauerbau" gleich. Die rechtswissenschaftlichen Kommentatoren bezeichnen ziemlich übereinstimmend bürokratische Behinderungen des Zugangs als verfassungswidrig:

„Es handelt sich (aber) um ein subjektives Recht, und man wird davon ausgehen müssen, daß dieses subjektive Recht nicht dadurch gegenstandslos gemacht werden kann, daß seine Inanspruchnahme verhindert wird. Vielmehr entfaltet es insofern Vorwirkungen, als es auch beinhaltet, Zugang zu ihm finden zu können. Das subjektive Recht des einzelnen korrespondiert mit der Pflicht des Staats, ..., den Zugang zu dem Recht und zu dem eigentlichen Schutzbereich offenzuhalten." (WOLLENSCHLÄGER 1987, 43)

Dennoch hat das Gesetz zur Änderung asylverfahrensrechtlicher, arbeitserlaubnisrechtlicher und ausländerrechtlicher Vorschriften vom 6.1.1987 (Asylnovelle 1987), dem eine Serie von Durchführungsverordnungen folgte,

Zugangsbeschränkungen durch die Asylnovelle von 1987

— erstens die Einführung der Visumpflicht für Staatsangehörige von 14 „Problemstaaten" der Dritten Welt vorgesehen, nachdem schon 1980 der Visumzwang für die damaligen Hauptfluchtländer (Afghanistan, Äthiopien, Indien, Pakistan, Bangladesh, Sri Lanka und den NATO-Staat Türkei) verfügt worden war;
— zweitens den Beförderungsunternehmen (Fluggesellschaften), die Ausländer ohne die erforderlichen Sichtvermerke befördern, eine verschuldensunabhängige Haftung auferlegt, Geldstrafen angedroht und sie zum Rücktransport der betroffenen Personen verpflichtet – und zwar für die Dauer von drei Jahren, falls der Asylantrag erfolglos bleiben sollte;
— drittens das Transitprivileg für Fluggäste aus 10 „Problemstaaten" auch für eine einmalige Zwischenlandung im Bundesgebiet eingeschränkt.

Schließlich sollte die Einführung der Visumpflicht für Minderjährige unter 16 Jahren auch den wachsenden Strom von unbegleiteten Flüchtlingskindern, vor allem aus den Kriegsgebieten des Nahen Ostens und aus Sri Lanka, eindämmen. 1988 kamen 2.235 Kinder auf diese Weise in die Bundesrepublik. Die Bundesrepublik hat die UN-Charta des Kindes, das Haager Minderjährigen-Schutzabkommen von 1961 und die von der 44. UN-Generalversammlung verabschiedete Kinderkonvention unterzeichnet, deren Art. 11 Flüchtlingskindern „geeigneten Schutz und humanitäre Hilfe" verspricht.

Visumpflicht für Minderjährige

Der Versuch, die Zuwanderung aus „Problemstaaten" durch visa- und transitrechtliche Restriktionen einzudämmen, verlagerte einen Teil der asylpolitischen Verantwortung auf den Auswärtigen Dienst: Er machte Konsularbeamte zu Grenzrichtern mit einem weitreichenden Vorprüfungsrecht. Der Auswärtige Dienst konnte die asylpolitische Vorfeldstrategie nur mit einem erheblichen Personal- und Kostenaufwand (z. B. für die Einrichtung zusätzlicher Konsulate) bewältigen. Visumzwang und Beförderungsverbot hatten außerdem einen unerwünschten Nebeneffekt: Sie machten Schlepperdienste zu einem einträglichen Geschäft.

Konsularbeamte als Grenzrichter

Aus asylpolitischer Sicht waren andere Folgen bedenklich. Wenn ein „akuter Flüchtling" politischer Verfolgung entgehen möchte, aber drei bis vier Monate auf ein Visum warten muß, kann für ihn der Visumzwang zum Verhängnis werden. Die Visum- und Transitvisumpflicht wurde auch Angehörigen von Verfolgerstaaten auferlegt, bei denen – wie im Falle von Afghanistan, Äthiopien und des Iran – die Anerkennungsquote im Falle der Flucht in die Bundesrepublik bei 80% lag. Es wurden also nicht nur „Wirtschaftsflüchtlinge", sondern auch politisch Verfolgte vom „Himmelreich der Verfolgten" (BILD AM SONNTAG) ferngehalten – entgegen der Verheißung des Art. 16 Abs. 2 Satz 2 GG. Entgegen allen Beteuerungen, nur den Mißbrauch des Asylrechts verhindern zu wollen, wurde tatsächlich sein Gebrauch erschwert. Die Änderung und Ergänzung des Art. 16 GG riegelte schließlich den Zugang zum Geltungsbereich des Grundgesetzes fast vollständig ab (vgl. Kap. 4.7).

4.4 „Politische Verfolgung" in der Rechtsprechung

Da Art. 16 Abs. 2 Satz 2 GG ausschließlich politisch Verfolgten, diesen aber ohne jeden Vorbehalt, das Grundrecht auf Asyl einräumte, bedurfte es der Feststellung der politischen Verfolgung, bevor ein Asylbewerber als Asylberechtigter oder als Flüchtling im Sinne der GFK anerkannt werden konnte. Bei dieser Feststellung der politischen Verfolgung beziehen sich Bundesamt oder Verwaltungsgerichte auf Art. 33 Abs. 1 der GFK, der wörtlich in § 28 Nr. 1 des Ausländergesetzes übernommen wurde. Der lapidare Art. 16 Abs. 2 Satz 2 GG ließ den politischen Verfolgungsbegriff völlig offen, so daß die GFK als völkerrechtliche Interpretationshilfe diente.

Die „Objektivitätslehre" der obersten Bundesgerichte

Die Rechtsprechung des Bundesverwaltungsgerichts und der mit Asylverfahren befaßten Verwaltungsgerichte hatte sich vor 1977, also vor dem Anwachsen der Zahl der Asylsuchenden aus der Dritten Welt, an einer Formel orientiert, die eine faire Auslegung des Erfordernisses der „begründeten Furcht vor Verfolgung" ermöglichte:

„Eine begründete Furcht vor Verfolgung ist dabei anzunehmen, wenn der Asylbewerber in seiner Heimat bereits verfolgt worden ist oder wenn er gute Gründe hat, dort eine solche Verfolgung zu befürchten. Gute Gründe für eine Furcht vor Verfolgung liegen vor, wenn dem Asylbewerber bei verständiger Würdigung des Falles nicht zuzumuten ist, daß er in seinem Heimatland bleibt oder dorthin zurückkehrt."

Im Jahre 1977 änderte jedoch das Bundesverwaltungsgericht seine Urteilsbegründungen in Asylverfahren grundlegend. Das Bundesverfassungsgericht schloß sich in einem Urteil vom 7.2.1980 diesem Kurswechsel an, indem es die subjektive Furcht vor Verfolgung durch eine „objektive Beurteilung der Verfolgungsgefahr" ersetzte. Ein Änderungsgesetz vom 15.1.1987 zum Asylverfahrensgesetz von 1982 ersetzte den Begriff „Schutz vor Verfolgung" durch den objektivierten Begriff „Sicherheit vor Verfolgung":

„An die Stelle der subjektiven Verfolgungsfurcht trat die Lehre von der Verfolgungsmotivation des Staates. Denn maßgebend dafür, ob die befürchtete Verfolgung eine politische ist, sind die Gründe, aus denen der Verfolgerstaat die befürchtete Verfolgung betreibt. Nicht mehr die subjektive Verfolgungsfurcht des Asylsuchenden (...) war jetzt entscheidungserheblich. Vielmehr ist seitdem die subjektive Motivation des Verfolgerstaates zum alleinmaßgeblichen Abgrenzungsbegriff geworden." (MARX 1988, 151)

Die rechtspolitischen Konsequenzen dieser sogenannten „Objektivitätslehre" waren gravierend. Der asylrechtliche Kurswechsel bedeutete nicht weniger als dieses: Die GFK, die auf das subjektive Element der Furcht vor Verfolgung abhebt, wurde als Rechtsgrundlage außer Kraft gesetzt. Die Bundesrepublik scherte aus der Rechtspraxis Westeuropas aus, weil alle Staaten Westeuropas die Asylverfahren auf der Grundlage der GFK entscheiden. Und: Folter, die schwerwiegendste Verletzung von Menschenrechten, wurde nicht länger als beweiskräftiges Indiz für politische Verfolgung anerkannt. Juristische Sophistik hebelte Folter als Asylgrund aus.

Rechtspolitische Konsequenzen der „Objektivitätslehre"

Die Verwaltungsgerichte legten nach der Normvorgabe durch das Bundesverwaltungsgericht ihren Ermessensspielraum zunehmend restriktiver aus und muteten den Asylbewerbern auch dann eine Rückkehr (bzw. Zwangsdeportation) zu, wenn sie in ihrem Heimatstaat Verfolgung befürchten mußten. Mit anderen Worten: Sie hoben das GFK-Verbot der Abschiebung bei drohender Folter, obwohl gültiges Völkerrecht, durch eine Neubewertung des Folterbegriffes auf.

Kemal Altun, der vom Bundesamt bereits als Asylberechtigter anerkannt worden war, sprang aus „begründeter Furcht vor Verfolgung" in den Tod. Die Bundesregierung betrieb seine Auslieferung und die Justiz hielt seine Furcht für unbegründet, weil sie die politische Situation in der Türkei anders einschätzte bzw. die Verfolgungsmaßnahmen des türkischen Staates nicht als „politische Verfolgung" deutete (vgl. ARENDT-PONJAHN 1983). Andernfalls hätte das *refoulement*-Verbot der GFK gelten müssen. Die Selbstmorde in Abschiebehaftanstalten häuften sich. Selbst der Berliner Polizeipräsident bewertete die Haftbedingungen von „Abschiebehäftlingen" als menschenunwürdig.

Der „Fall Altun"

Das Bundesverwaltungsgericht hat in mehreren Urteilen nicht einmal die bereits erlittene oder drohende Folter als hinreichenden Verfolgungs- und Asylgrund anerkannt (während es den „Ostblock-Flüchtlingen" bis 1989 die Regelvermutung der politischen Verfolgung zuerkannte). Für das Gericht ist nicht der bloße Tatbestand der Folter, sondern ihr „politischer Zweck" entscheidend (vgl. MARX 1983; FROWEIN/KÜHNER 1983). Während es in der Strafverfolgung von kommunistischen Regimen den „politischen Zweck" der Herrschaftssicherung erkannte, beurteilte es die Folter in der Türkei (einem NATO-Land) als ein „übliches Mittel" zur Einhaltung der staatlichen Ordnung und als „nicht asylrelevant", weil die Folter nicht auf die politische Gesinnung des/der Gefolterten abziele. Das oberste Verwaltungsgericht machte sich also Argumentationsmuster des Verfolgerstaates zueigen.

Erlittene oder drohende Folter: kein Asylgrund?

Aus einer Urteilsbegründung des Bundesverwaltungsgerichtes
Fünf Türken hatten gegen die Ablehnung ihrer Asylanträge ein Revisionsverfahren angestrengt. Die bereits erlittene und wieder zu erwartende Folter durch Polizeikräfte ihres Landes hatten sie als eine der Begründungen ihres Asylbegehrens angeführt. Das Bundesverwaltungsgericht bestätigte die Ablehnung der Asylanträge mit den folgenden Begründungen:
„... Verletzungen der Menschenwürde, wie sie in der Anwendung von Folterpraktiken und anderen Mißhandlungen während des Ermittlungsverfahrens lie-

gen, begründen einen Anspruch auf Asyl jedoch nur dann, wenn ihnen die Betroffenen gerade wegen ihrer durch das Asylrecht geschützten persönlichen Merkmale oder Überzeugungen ausgesetzt sind. Von diesem Grundsatz zutreffend ausgehend, mißt der Verwaltungsgerichtshof nicht jeder Mißachtung der Menschenwürde und damit staatlichen Exzessen jeder Art asylbegründende Wirkung bei, sondern verlangt das Hinzutreten der politischen Motive des seine Macht mißbrauchenden Staatsapparates. (...)

Übergriffe während des Polizeigewahrsams sind, wie das Berufungsgericht ermittelt hat, in der Türkei weit verbreitet und gegenüber ‚politischen' wie ‚gewöhnlichen' Straftätern ein gängiges Mittel zur Erzwingung von Aussagen, insbesondere von Geständnissen, denen in der türkischen Strafverfahrenspraxis eine wichtige Funktion zur Überführung des Täters zukommt. Offensichtlich sollen auf diese unerlaubte Weise Mängel des kriminaltechnischen Aufklärungsinstrumentariums ausgeglichen und Aufklärung um jeden Preis gesucht werden. Liegen die Dinge jedoch so, dann erweist sich der Umstand, daß systematisch zu Foltermaßnahmen gegriffen wird, aus dem Blickwinkel des Asylrechts als nicht erheblich. Asylbegründend wäre ein solcher Vorgang nur, wenn Folter – was hier gerade nicht festgestellt ist – systematisch gegen bestimmte Volkszugehörigkeit oder Träger einer bestimmten Gesinnung eingesetzt würde.

Systematisch in ‚üblicher Praxis' gegen jedermann zur Erlangung eines Beweismittels angewandte Mißhandlungen tragen demgegenüber keinen politischen Charakter, weil die Betroffenen gerade nicht nach asylerheblichen Kriterien ausgewählt und nicht wegen dieser Kriterien mißhandelt werden. Unter diesen Umständen können sich die Kläger nicht darauf berufen, daß der Folter (...) Indizwirkung für das Vorliegen politischer Verfolgung zukommen kann. Diese Wirkung eignet ihr nämlich nicht, wenn die Übergriffe eine allgemein rechtswidrige Praxis darstellen. (...)

Das bloße Aufrechterhalten oder Wiederherstellen ‚staatsbürgerlicher Disziplin', also des Gehorsams der ‚Gewaltunterworfenen' gegenüber Gesetzen, die nicht ihrerseits asylrelevanten Inhalt haben, ist daher für sich allein – auch wenn hierbei mit großer Härte vorgegangen wird keine politische Verfolgung.

Der Verwaltungsgerichtshof hat nicht feststellen können, daß die Sicherheitskräfte die Inhaftierten in deren asylrechtlich geschützten Merkmalen disziplinieren wollen. (...)

In Wahrheit zielen die Sicherheitskräfte, auch wenn sie bei ihrer Ermittlungstätigkeit den Weg des Erlaubten verlassen und den Schutz von Einheit und Ordnung des Staats nach ihrem fehlgeleiteten Selbst- und Aufgabenverständnis in die eigenen Hände nehmen, auf das Verhalten solcher Personen, die der Gefährdung dieser staatlichen Ordnung auch nur verdächtigt sind, um sie von ihren staatsgefährdenden Aktivitäten nicht zuletzt unter Einsatz körperlicher Gewalt abzubringen. Derartige ‚disziplinierende' Übergriffe erweisen sich somit als nicht zu rechtfertigende, verabscheuungswürdige Überreaktionen, die jedoch, weil sie keinen Zugriff auf die Gesinnung als solche darstellen, allein wegen der Schwere der Rechtsverletzung einen Asylrechtsanspruch nicht zu begründen vermögen.

Das Zurückbleiben fremder Rechtssysteme hinter den Anforderungen der von den Garantien des Bonner Grundgesetzes beherrschten deutschen Rechts-

ordnung an die Gerichtsverfassung und die prozessualen Rechte der Straftverteidigung vermag als solches ohne das Hinzutreten weiterer Umstände die Annahme einer politischen Verfolgung nicht zu rechtfertigen."
Dokumentiert in: *Frankfurter Rundschau* vom 29. Nov. 1986, S. 10.

Die deutschen Verwaltungsjuristen konnten sich sogar auf die Definition von Folter in Art. 1 der am 10.12.1984 von der UN-Generalversammlung verabschiedeten und am 26.6.1987 in Kraft getretenen internationalen Konvention gegen die Folter berufen, der folgendermaßen lautet:

„Unter Folter im Sinne der Konvention ist jede Handlung zu verstehen, durch die einer Person vorsätzlich schwere körperliche oder geistig-seelische Schmerzen oder Leiden zugefügt werden, um von ihr oder einem Dritten eine Aussage oder ein Geständnis zu erzwingen, sie für eine tatsächliche oder mutmaßlich von ihr oder einem Dritten begangene Tat zu bestrafen, sie oder einen Dritten einzuschüchtern oder zu nötigen oder eine andere auf Diskriminierung gleich welcher Art beruhende Absicht zu verfolgen, sofern solche Schmerzen oder Leiden von einem Angehörigen des öffentlichen Dienstes oder einer anderen in amtlicher Eigenschaft handelnden Person, auf deren Veranlassung, mit deren Zustimmung oder mit deren stillschweigendem Einverständnis vorgenommen werden. Nicht darunter fallen Schmerzen oder Leiden, die sich lediglich aus gesetzlich zulässigen Zwangsmaßnahmen ergeben, diesen anhaften oder als deren Nebenwirkung auftreten."

Definition der Folter in der „Konvention gegen die Folter"

Diese verschachtelte Definition macht die Vorsätzlichkeit und Zweckbestimmtheit von physischer oder psychischer Folter zu einem juristischen Wesensmerkmal von Folter. Die Ausnahmeklausel, die „gesetzlich zulässige Zwangsmaßnahmen" aus dem Folterbegriff ausklammert, eskamotiert auch Grausamkeiten des islamischen Strafrechts wie Amputationen, Auspeitschungen oder Steinigungen. Deutsche Juristen sind allerdings der Norm des Art. 1 GG verpflichtet, die allen Menschen den Schutz der Menschenwürde verspricht.

Der Tatbestand, daß von den deutschen Verwaltungsgerichten immer weniger Asylsuchende als Flüchtlinge im Sinne der GFK und des Art. 16 GG anerkannt wurden, lag nicht darin begründet, daß es in den Herkunftsländern weniger politische Verfolgung gab – wenn man von den osteuropäischen Ländern absieht –, sondern in der veränderten Deutung der Verfolgungstatbestände. Die Jahresberichte von *Amnesty International* und anderer Menschenrechtsorganisationen wie der Internationalen Juristenkommission (IJK) oder der Weltorganisation gegen Folter (OMCT) bestätigten nicht die Vermutung, daß es in der Welt, aus der Flüchtlinge kamen, weniger politische Verfolgung gab.

Veränderte Deutung der Verfolgungstatbestände

Warum die Verwaltungsgerichte, die sich in der Regel an den Grundsatzentscheidungen des Bundesverwaltungsgerichts orientieren, nur eine kleine Auswahl der „politisch Verfolgten" als Asylberechtigte anerkannten, lag an ihrem asylrechtlichen Politikbegriff und an ihrem Verständnis der gesellschaftlichen und politischen Belange der Bundesrepublik:

„Die enge ‚Auslese' liegt an den tatsächlichen, politischen und wirtschaftlich relativ beschränkten Möglichkeiten von Aufnahmestaaten und nicht an den Flüchtlingen oder Asylbewerbern bzw. deren Voraussetzungen". (KÖFNER/NICOLAUS 1986, Bd. 1, 123)

Kurswechsel in der höchstrichterlichen Rechtsprechung zur Folter

Einem Verwaltungsgericht genügte auch die Drohung der Todesstrafe nicht, um den Bescheid der „offensichtlichen Unbegründetheit" einer Klage zurückzunehmen. Die Vermutung des Verfassungsrechtlers Manfred ZULEEG, daß „gemessen an diesen Kriterien nicht mal die aufständischen Juden aus dem Warschauer Getto eine Chance hätten, bei uns Asyl zu finden" (DER SPIEGEL, Nr. 31/1986), wird zur Wahrscheinlichkeit. Allerdings hat das Bundesverfassungsgericht in einer Entscheidung vom 22.2.1990 Folter als Asylgrund anerkannt und damit wieder einen Kurswechsel in der höchstrichterlichen Rechtsprechung erzwungen.

Dennoch zeigte die Abschiebepraxis, daß die drohende Folter nach wie vor keinen unbedingten Schutz gegen Abschiebung bietet, obwohl sie gegen völkerrechtliche Abkommen (GFK, Europäische Menschenrechtskonvention) und nationales Recht (Ausländergesetz, Art. 16a GG) verstößt. Einige Bundesländer, allen voran Bayern, nutzten im Frühjahr 1994 die militanten Protestaktionen von kurdischen Gruppen, nicht nur straffällig gewordene, sondern auch unbeteiligte Kurden (unter ihnen Frauen und Kinder) in den angeblich sicheren Westteil der Türkei abzuschieben; sie gaben sich mit den Zusicherungen der türkischen Behörden zufrieden, daß den Abgeschobenen keinerlei Verfolgung drohe, ohne die Einhaltung dieser von Menschenrechtsgruppen in Frage gestellten Zusicherungen zu überprüfen. Nachdem die von der SPD regierten Bundesländer die – nach dem Ausländergesetz mögliche – Abschiebung von Kurden für ein halbes Jahr aussetzten, frischten – rechtzeitig zum Beginn des „Superwahljahres 1994" – die vom „Asylkompromiß" verdrängten asylpolitischen Kontroversen wieder auf.

Nun häuften sich in der Bundesrepublik auch die Fälle des zivilen Ungehorsams, besonders in Form des Kirchenasyls, das einzelne Kirchengemeinden – auch gegen Weisungen der kirchlichen Obrigkeiten – von Abschiebung bedrohten Einzelpersonen oder Familien gewährten. Dieser Konflikt zwischen staatlichem Monopolanspruch auf die Setzung und Durchsetzung von Recht und dem Anspruch von Kirchengemeinden, Gott mehr zu gehorchen als einem Unrecht vollziehenden Staat, könnte sich bei der Verhaftung und Bestrafung einzelner Pastoren sowohl zu schweren innerkirchlichen Konflikten als auch zu einem Konflikt zwischen Staat und Kirchen ausweiten.

4.4.1 Eingrenzung der Nachfluchtgründe

Das Asylrecht unterscheidet zwischen Vor- und Nachfluchtgründen: zwischen Gründen, die zur Flucht geführt haben, und Gründen, die nachträglich entweder ohne Zutun des Flüchtlings entstanden (z. B. durch Regimewechsel oder Bürgerkriege) oder durch seine Handlungen (z. B. durch Aktivitäten in einer politischen Exilorganisation) geschaffen wurden. Diese selbstgeschaffenen Nachfluchtgründe werden auch „provozierte" oder „gewillkürte" Nachfluchtgründe genannt.

„Scheinbare Asylgründe" Mit der im Jahre 1977 vom Bundesverwaltungsgericht vollzogenen Wende in der Rechtsprechung zum politischen Verfolgungsbegriff, die den Tatbestand der Verfolgung von der Verfolgungsmotivation des Verfolgerstaates abhängig machte, änderte sich auch die verwaltungsgerichtliche Bewertung der Nachfluchtgründe, die vor allem darauf abzielte, eine mißbräuchliche Inanspruchnahme des Asylrechts zu verhindern. Die Gerichte wollten vorbauen, daß sich Asylbewerber durch die absichtliche „Provozierung" von Nachfluchtgründen das Asylrecht „erschleichen" oder durch „scheinbare Asylgründe" ein Aufenthaltsrecht erzwingen.

Der Verwaltungsgerichtshof Baden-Württemberg, der in der Frage der Nachfluchtgründe richtungsweisende Urteile verkündete, vermutete dann einen „scheinbaren Asylgrund",

„wenn ein Betroffener zunächst ohne erkennbare Gründe für politische Verfolgung aus seinem Heimatstaat ausgereist ist und zur Erlangung des begehrten Aufenthalts im Nachhinein erst solche Gründe im Zufluchtsstaat schafft. Insbesondere trifft dies auf Asylbegehrende zu, die erst im Zufluchtsstaat eine gegen den Heimatstaat gerichtete politische Betätigung aufnehmen, um die Garantie des Asylrechts gleichsam als Hebel zur Erzwingung des begehrten Aufenthaltsrechts zu benutzen." (zitiert nach KÖFNER/NICOLAUS 1986, Bd. 1, 305)

Das Bundesverfassungsgericht entschied in einem Beschluß vom 26.11.1986, daß Nachfluchttatbestände, die Asylbewerber nach Verlassen ihrer Heimatstaaten durch eigenes Handeln geschaffen haben, nur dann eine Asylberechtigung begründen, wenn sie als Fortführung einer schon in den Heimatstaaten vorhandenen und betätigten Überzeugung erkennbar sind. Das Gericht schob also „provozierten" oder „gewillkürten" Nachfluchtgründen einen Riegel vor. Dieses Urteil ging der Asylnovelle 1987 voraus und lieferte ihr Entscheidungs- und Rechtfertigungshilfe: Sie verlangte mit Gesetzeskraft die Verweigerung der Asylberechtigung, wenn sich den Ausländerbehörden oder Verwaltungsgerichten die Vermutung aufdrängt, daß der Asylbewerber die Nachfluchtgründe zu dem alleinigen Zweck provoziert hat, seine Anerkennung zu erzwingen.

„Provozierte" Nachfluchtgründe

Die Folge war, daß zwar manche Asylbewerber kein Asyl erhielten, weil ihre Nachfluchtgründe nicht berücksichtigt wurden, dennoch nicht abgeschoben wurden, da ihnen im Heimatland Verfolgung aus politischen Gründen drohte. Es blieb aber die politische Disziplinierung durch die Drohung, vielleicht doch abgeschoben zu werden. Auch diese eingeschränkte Anerkennung von Nachfluchtgründen weicht vom Flüchtlings- und Verfolgungsbegriff der GFK ab, weil nach ihren Kriterien auch Nachfluchtgründe eine „begründete Furcht vor Verfolgung" erzeugen können.

4.4.2 Frauenspezifische Verfolgungsgründe in der Anerkennungspraxis

Asylsuchende Frauen in der Bundesrepublik sind:

- alleinstehende Frauen, die aufgrund eigener Fluchtgründe um Asyl nachsuchen;
- Frauen, die mit Ehemann und Familie einreisen, da dieser oder Familienangehörige Verfolgung zu befürchten haben;
- verheiratete Frauen mit Kindern, die allein eingereist sind, da ihr im Heimatland verbliebener Mann politisch verfolgt wird.

Welche Frauen suchen Asyl in Deutschland?

Die GFK und das in der Bundesrepublik geltende Asylrecht kennen keine frauenspezifischen Verfolgungs- und Fluchtgründe. Um als Asylberechtigte anerkannt zu werden, müssen sich Flüchtlingsfrauen auf Verfolgungstatbestände berufen, die selten etwas mit ihrem Frausein zu tun haben. Besonders für alleinstehende Frauen ist es äußerst schwierig, beim Bundesamt politische Verfolgungsgründe geltend zu machen. Obwohl sich Asylgesuche von Flüchtlingsfrauen aus dem Iran als relativ aussichtsreich erwiesen, tun sie sich schwerer als Iraner, politische Verfolgungsgründe glaubhaft zu machen (vgl. BRANDT/ SEYB 1988; SCHÖTTES/SCHUCKAR 1993).

Flüchtlingsfrauen, die mit ihrem Ehemann die Heimat verlassen haben, berufen sich häufig auf die Verfolgung des Mannes, sind also ein Anhängsel seines Asylgesuches. Eigene Asylanträge von Ehefrauen hatten bisher nur wenig Aussicht auf Erfolg. Familienangehörige haben eine Asylchance, wenn sie die Furcht vor einer drohenden Sippenhaftung begründen können. In einigen Fällen konnten sich äthiopische und iranische Frauen vor dem Bundesamt erfolgreich auf diesen Fluchtgrund berufen (vgl. auch Kap. 6.1 von Teil I).

Die Frage, ob sich aus dem Grundrecht auf den Schutz der Familie nach Art. 6 GG ein Asylanspruch für Frauen und Kinder sowie ein Rechtsanspruch auf Familienzusammenführung ableiten läßt, blieb umstritten. Anders als im übrigen Westeuropa gilt das Prinzip der Familieneinheit in der Bundesrepublik nicht als ein selbstverständliches Prinzip. Sie stimmte zwar einer Empfehlung des Exekutiv-Komitees des UNHCR aus dem Jahre 1981 zu, die das Recht auf ein „Familienasyl" betonte, hielt sich aber in der Asylpraxis nicht an diese Empfehlung. Die Ausländerbehörden und Gerichte räumen zwar Ehefrauen von politisch Verfolgten ein Aufenthaltsrecht ein, das aber an das Bestehen der Ehe gebunden ist. Mit dem Tod des Ehemannes oder mit der Scheidung verfällt ihre Aufenthaltserlaubnis. Nur wenn persönliche Fluchtgründe vorliegen, hat ein Asylfolgeantrag Aussicht auf Erfolg.

Die enge Auslegung des Begriffs der politischen Verfolgung in der Anerkennungspraxis betrifft auch die frauenspezifische Verfolgung. Menschenrechtsverletzungen und schwere Eingriffe in die körperliche Unversehrtheit und persönliche Freiheit sind asylrechtlich nicht relevant. Selbst massive Menschenrechtsverletzungen und sexuelle Gewaltanwendung gegenüber Frauen gelten als entscheidungsunerheblich, wenn ihr „politischer Zweck" nicht erkennbar ist. Wenn ein Gefängniswärter eine Gefangene vergewaltigt, hat diese Tat keinen „politischen Zweck". Das Bundesamt bewies sein Unverständnis gegenüber frauenspezifischer Verfolgung im Iran in einer Stellungnahme vom 19.8.1986 an die Ausländerbehörde Kiel: Es anerkannte zwar das Vorhandensein von Diskriminierungen gegenüber Frauen, aber keine Gefahr für Leib und Leben, sondern ein staatliches Handeln, das der Aufrechterhaltung der islamischen Ordnung diene (vgl. GOTTSTEIN 1988). Ähnliche Entscheidungen und Begründungen gab es bei der Ablehnung der Asylanträge von tamilischen Frauen.

Sowohl das Europäische Parlament (in einer Resolution vom 13.4.1984) als auch der UNHCR (1985) haben empfohlen, frauenspezifische Verfolgung nach der Vorgabe der GFK asylrechtlich anzuerkennen. Bislang entsprachen deutsche Verwaltungsgerichte dieser Empfehlung nicht. Frauenspezifische Verfolgung wird offensichtlich auch deshalb noch nicht angemessen berücksichtigt, da es

betroffenen Frauen und Mädchen schwer fällt, ihre Verfolgung zu begründen und sich dabei einem fremden Anhörer und Dolmetscher anzuvertrauen, zumal dann, wenn dieser der eigenen Nationalität angehört (vgl. GEBAUER 1987).
Zur Verbesserung der Anerkennungschancen von Flüchtlingsfrauen forderten Frauenorganisationen (wie *Terre des Femmes*, *Amnesty for Women* oder *Sentinelles*) auf internationalen Tagungen nachdrücklich die

- Anerkennung frauenspezifischer Verfolgung als Asylgrund und damit die Verwirklichung der Empfehlungen des Europäischen Parlamentes und des UNHCR;
- gleichberechtigte Beurteilung politischer Aktivitäten von Männern und Frauen;
- Befragung durch Beamtinnen und die Hinzuziehung weiblicher Dolmetscher;
- Sicherstellung eines eigenständigen Aufenthaltsrechtes von Ehefrauen und Töchtern anerkannter Asylberechtigter.

Auf dem Frauentribunal der Wiener Weltkonferenz für Menschenrechte im Juni 1993 forderten internationale Frauenorganisationen vor allem die Anerkennung von Vergewaltigung als Asylgrund, die durch Massenvergewaltigungen im Bürgerkrieg auf dem Balkan dringlich wurde. Solche Massenvergewaltigungen stellen in der Tat einen „Krieg gegen die Frauen" dar (vgl. STIGLMAYER 1993). Aber die EU-Länder erkennen Menschenrechtsverletzungen im Gefolge von Kriegs- und Bürgerkriegssituationen grundsätzlich nicht als asylrelevant an (vgl. POTTS/PRASSKE 1993). Die bosnischen Vergewaltigungsopfer erhielten in der Bundesrepublik kein Asyl, sondern lediglich ein befristetes Bleiberecht. Nicht einmal die genitale Verstümmelung wird als Asylgrund anerkannt. Die Wiener Weltkonferenz hob zwar in Punkt 18 des Schlußdokuments hervor, daß die „Menschenrechte der Frauen und Mädchen einen unveräußerlichen, integralen und untrennbaren Bestandteil der Menschenrechte" bilden, aber dieses Einvernehmen wird kaum die Asylpolitik der Staaten beeinflussen.

4.5 Abbau der Sonderrechte für „Ostblock-Flüchtlinge"

Die Konferenz der Innenminister (IMK) hatte in einem Beschluß vom 26.8.1966 der Gruppe der „Ostblock-Flüchtlinge" pauschal die Regelvermutung der politischen Verfolgung zuerkannt und davon abgesehen, illegal eingereiste Staatsangehörige von Ostblock-Staaten abzuschieben. Die Flüchtlinge vor dem politischen Gegner erhielten eine Sonderbehandlung. Besonders die CSU forderte, daß Asylsuchende aus Osteuropa anders behandelt werden als solche aus außereuropäischen (nicht-kommunistischen) Ländern. Der Asylpolitik der Bundesrepublik wurden deshalb Antikommunismus und Eurozentrismus vorgeworfen (WOLKEN 1988).

Im April 1985 modifizierte die IMK ihren Beschluß von 1966 dahingehend, daß „Ostblock-Flüchtlinge", die nach dem 31. Mai 1985 illegal in die Bundesre-

Die asylrechtliche Sonderbehandlung von „Ostblock-Flüchtlingen"

publik einreisten, nur noch dann geduldet werden, wenn sie einen Asylantrag gestellt haben und dieser unanfechtbar abgelehnt wurde.

Ihre aus dem Ost-West-Konflikt erwachsenen Sonderrechte wurden aus mehreren Gründen schrittweise abgebaut: Erstens verflüchtigte sich mit Perestroika und der innenpolitischen Liberalisierung zunächst in Polen und Ungarn das propagandistische Feindbild, das durch Flüchtlingsströme munitioniert wurde; zweitens entsprach die kollektive Regelvermutung der politischen Verfolgung nicht mehr der politischen Realität in der Mehrzahl der RGW-Staaten; drittens – und vor allem – machten Polen und Jugoslawen im Jahre 1988 rund die Hälfte der Asylbewerber aus, von denen nur sehr wenige als „echte" Flüchtlinge anerkannt wurden. Den Staatsangehörigen der beiden Länder fiel es schwer, weiterhin eine „begründete Furcht vor Verfolgung" nachzuweisen. Auf sie bezog sich im besonderen die im Frühjahr 1989 von der IMK beschlossene Beschleunigung des Verfahrens, weil ihre Anträge von vorneherein als aussichtslos galten. 1989 wurden nur noch 1,1% der Polen und 0,4% der Jugoslawen als asylberechtigt anerkannt.

Nach einem Beschluß der IMK vom 3.4.1987 wurden die allgemeinen ausländer- und asylrechtlichen Vorschriften schrittweise auch auf die „Ostblock-Flüchtlinge" angewandt. Dieser Beschluß, der eine über zwanzigjährige Praxis beendete, implizierte, daß auch sie nach der rechtskräftigen Ablehnung ihres Asylantrags und einer Duldung bis zu einem Jahr, falls sie der Sozialhilfe nicht zur Last fielen, abgeschoben werden konnten. Was zunächst nur für Polen und Ungarn galt, wurde durch einen IMK-Beschluß vom 14.4.1989 verallgemeinert: Die politisch motivierten Sonderregelungen für „Ostblock-Flüchtlinge" wurden endgültig aufgehoben. Gleichzeitig schwoll der Strom von „Übersiedlern" aus der DDR und von Aussiedlern aus Osteuropa an, die als „Deutschstämmige" nicht unter das Asylrecht fielen.

4.6 Weniger Geduld gegenüber geduldeten de facto-Flüchtlingen

Das „kleine Asyl"   Für die gut 90% der Asylsuchenden, deren Gesuche irgendwo auf dem Verfahrensweg abgewiesen wurden, blieb am Ende nur die Hoffnung auf die humanitäre Schutzklausel des § 14 Abs. 1 AuslG, die sie möglicherweise vor der Abschiebung bewahrte, wenn ihnen im Herkunftsland Gefahren für Leben und Freiheit drohten. Dieser Abschiebungsschutz, auch „kleines Asyl" genannt, kann unter Umständen zu einem Daueraufenthaltsrecht führen – was in vielen Fällen auch geschieht; er beläßt aber in der Regel den nicht asylberechtigten, aber geduldeten de facto-Flüchtling in einer prekären Rechtsunsicherheit, weil die Duldung jederzeit widerrufen werden kann. Weder die GFK noch das grundgesetzlich verankerte Asylrecht geben den de facto-Flüchtlingen Schutz. Recht wird durch Duldung ersetzt, die nur durch das Humanitäre Völkerrecht und das praktische Engagement der „Flüchtlingslobby" Flankenschutz erhält.

Aus der Duldung von Asylbewerbern, die nicht als politisch Verfolgte anerkannt, dennoch aus humanitären Gründen nicht abgeschoben werden, leitete HAILBRONNER (1987, 16) die These ab, daß das Asylrecht zu einem „reinen Asylbewerberrecht" geworden sei. Das Asylrecht entscheidet über den Rechtsstatus, den ein anerkannter Flüchtling erhält, nicht darüber, was mit den abgelehnten Bewerbern geschieht.

Das Asylrecht als „reines Asylbewerberrecht"

Mitte der 80er Jahre kamen rund zwei Drittel aller Asylbewerber aus Ländern (neben den RGW-Staaten Äthiopien, Afghanistan, Albanien, VR China, dem Iran, Libanon und Sri Lanka), in die bis dahin nicht abgeschoben wurde. In der Bundesrepublik lebten Ende der 80er Jahre rund 300.000 de facto-Flüchtlinge, aber nur rund 80.000 Asylberechtigte. Diese Zahlen deuten darauf hin, daß das „Asylantenproblem" quantitativ nicht ein Problem der Asylberechtigten (die arbeiten und leben dürfen, wo und wie sie wollen), sondern der Asylbewerber und abgelehnten de facto-Flüchtlinge ist.

Die Duldungspraxis der Bundesländer änderte sich in der zweiten Jahreshälfte 1986, als die IMK die bestehenden Abschiebungsverbote für abgelehnte Asylbewerber, auch solche aus Krisengebieten, aufhob oder einschränkte. Im Frühjahr 1987 revidierte sie die generelle Duldung von „Ostblock-Flüchtlingen" und im Frühjahr 1988 beschloß sie die prinzipielle Abschiebung von nichtanerkannten Asylbewerbern sowie eine weitere Einschränkung der Ausnahmen, die den Kriterien des *non-refoulement*-Prinzips entsprechen müssen. Gleichzeitig wurden auf Länderebene zentrale Abschiebestellen eingerichtet – nicht nur mit dem Zweck der Vereinheitlichung der Abschiebepraxis, sondern auch mit der Absicht, den Protesten lokaler Solidaritätsgruppen auszuweichen. Die Abschiebestellen sind Gefängnisse, die Menschen, die in Deutschland vergeblich Asyl suchten, kriminalisieren und demütigen.

Änderung der Duldungspraxis nach 1986

Die Bundesländer praktizierten allerdings weiterhin eine unterschiedliche Abschiebepraxis aufgrund unterschiedlicher Härteregelungen und asylpolitischer Positionen. Während beispielsweise Bayern Flüchtlinge aus dem Libanon abschob, wurden sie in Berlin und Rheinland-Pfalz unter bestimmten Voraussetzungen geduldet; während Tamilen, Kurden und Iraner in den anderen Bundesländern geduldet werden, leben sie in Bayern in ständiger Angst vor der Abschiebung. Die laute Kritik an der Unfähigkeit des Rechtsstaates, rechtskräftige Urteile durchzusetzen, verstärkte den Vereinheitlichungsdruck und setzte auch Landesregierungen unter politischen Druck, die mit dem Instrument der Abschiebung zurückhaltend umgingen.

Unterschiedliche Abschiebepraxis der Bundesländer

Dieser Harmonisierung der Abschiebepraxis widersetzte sich im Sommer 1989 der „rotgrüne" Berliner Senat, auf dessen „grünen" Part die außerparlamentarische „Flüchtlingslobby" einwirkte. Er gab rechtskräftig abgelehnten Asylbewerbern (auch straffällig gewordenen), die mehr als fünf Jahre in Berlin gelebt und in ihren Heimatstaaten Verfolgung zu erwarten haben, ein dauerhaftes Bleiberecht. Die von der IMK angestrebte Vereinheitlichung der Abschiebepraxis der Bundesländer war mißlungen.

Allerdings bemühten sich auch andere Bundesländer (Hamburg, Bremen, Niedersachsen, Hessen) um eine „Altfallregelung": Einer begrenzten Zahl von de facto-Flüchtlingen, die sich schon länger in der Bundesrepublik aufhielten, sollte ein gesichertes Aufenthaltsrecht nach dem sog. „B-Status" (wie ihn Däne-

„Altfallregelung"

159

mark verleiht) eingeräumt werden. Es gab auch Bemühungen (z. B. des Landes NRW), die GFK wieder zur Grundlage des Asylverfahrens zu machen. Der Bundesparteitag der CDU vom September 1989 beschloß dagegen eine „konsequente und unverzügliche Abschiebung" rechtskräftig abgelehnter Asylbewerber. Das Ausländergesetz von 1990 goß diese Absichtserklärung in Gesetzesparagraphen. Nach der Änderung des Art. 16 GG wurde konsequenter abgeschoben: Im Jahr 1992 rund 10.000 mal, im Jahr 1993 schon rund 35.000 mal.

4.7 Der neue Art. 16a GG und das Asylverfahrensgesetz von 1993

Der neue Art. 16a GG   Der neue Art. 16a GG, der mit den Stimmen von CDU/CSU, SPD und FDP (bei einer größeren Zahl von Nein-Stimmen und Enthaltungen aus den Reihen von SPD und FDP) verabschiedet wurde und seit dem 1. Juli 1993 Verfassungsrecht ist, lautet:

(1) Politisch Verfolgte genießen Asylrecht.

(2) Auf Absatz 1 kann sich nicht berufen, wer aus einem Mitgliedstaat der Europäischen Gemeinschaften oder aus einem anderen Drittstaat einreist, in dem die Anwendung des Abkommens über die Rechtsstellung der Flüchtlinge und der Konvention zum Schutz der Menschenrechte und Grundfreiheiten sichergestellt ist. Die Staaten außerhalb der Europäischen Gemeinschaften, auf die die Voraussetzungen des Satzes 1 zutreffen, werden durch Gesetz, das der Zustimmung des Bundesrates bedarf, bestimmt. In den Fällen des Satzes 1 können aufenthaltsbeendende Maßnahmen unabhängig von einem hiergegen eingelegten Rechtsbehelf vollzogen werden.

(3) Durch Gesetz, das der Zustimmung des Bundesrates bedarf, können Staaten bestimmt werden, bei denen aufgrund der Rechtslage, der Rechtsanwendung und der allgemeinen politischen Verhältnisse gewährleistet erscheint, daß dort weder politische Verfolgung noch unmenschliche oder erniedrigende Bestrafung oder Behandlung stattfindet. Ein Ausländer aus einem solchen Staat gilt nicht als politisch verfolgt, es sei denn, er trägt Tatsachen vor, aus denen sich ergibt, daß er entgegen dieser Vermutung politisch verfolgt wird.

(4) Die Vollziehung aufenthaltsbeendender Maßnahmen wird in den Fällen des Absatzes 3 und in anderen Fällen, die offensichtlich unbegründet sind oder als offensichtlich unbegründet gelten, durch das Gericht nur ausgesetzt, wenn ernstliche Zweifel an der Rechtmäßigkeit der Maßnahme bestehen; der Prüfungsumfang kann eingeschränkt werden und verspätetes Vorbringen unberücksichtigt bleiben. Das Nähere ist durch Gesetz zu bestimmen.

(5) Die Absätze 1 bis 4 stehen völkerrechtlichen Verträgen von Mitgliedsstaaten der Europäischen Gemeinschaften untereinander und mit dritten Staaten nicht entgegen, die unter Beachtung der Verpflichtungen aus dem Abkommen über die Rechtsstellung der

Flüchtlinge und der Konvention zum Schutz der Menschenrechte und Grundfreiheiten, deren Anwendung in den Vertragsstaaten sichergestellt sein muß, Zuständigkeitsregelungen für die Prüfung von Asylbegehren einschließlich der gegenseitigen Anerkennung von Asylentscheidungen treffen.

Die wichtigsten Regelungen des neuen Asylrechts sind (vgl. GIESLER/WASSER 1993):

1. Die sogenannte „Drittstaaten-Regelung" nach Art. 16a, Abs. 2: Keinen Rechtsanspruch auf Asyl haben Personen, die über einen EU-Staat oder einen „sicheren Drittstaat" einreisen, wobei solche Staaten als sicher gelten, in denen die Genfer Flüchtlingskonvention (GFK) und die Europäische Menschenrechtskonvention angewandt werden. Das Asylverfahrensgesetz benannte als „sichere Drittstaaten": Finnland, Norwegen, Österreich, Polen, Schweden, die Tschechische Republik sowie die EU-Staaten. Weil alle Nachbarstaaten zu „sicheren Drittstaaten" erklärt wurden, kann kein Asylbewerber auf dem Landweg einen Asylanspruch erwerben.

   § 34a des ergänzenden Asylverfahrensgesetzes bestimmt außerdem, daß Verwaltungsgerichte die Abschiebung in einen „sicheren Drittstaat" nicht mehr verhindern dürfen. Die Abschiebung erfolgt ohne Androhung und Fristsetzung. Der Abgeschobene kann nur vom Ausland aus gegen die Abschiebung klagen.

   „Drittstaaten-Regelung"

2. Einreisende aus „sicheren Herkunftsstaaten", in denen „auf Grund der Rechtslage, der Rechtsanwendung und der allgemeinen politischen Verhältnisse gewährleistet erscheint, daß dort weder politische Verfolgung noch unmenschliche oder erniedrigende Bestrafung oder Behandlung stattfindet", gelten nicht als verfolgt und haben deshalb keinen Rechtsanspruch auf Asyl, es sei denn, sie können eine Verfolgung nachweisen. Das Asylverfahrensgesetz erklärte zu „sicheren Herkunftsländern": Bulgarien, Gambia, Ghana, Polen, Rumänien, Senegal, Slowakische Republik, Tschechische Republik und Ungarn.

   „sichere Herkunftsländer"

   § 18a des erneut geänderten Asylverfahrensgesetzes regelt außerdem das Verfahren bei Einreisen auf dem Luftweg aus „sicheren Herkunftsländern": Der Flugreisende wird auf dem Flughafengelände untergebracht und durchläuft dort vor seiner Einreise ein kurzes Asylverfahren. Wird der Antrag als „offensichtlich unbegründet" abgelehnt, wird die Einreise verweigert. Als „offensichtlich unbegründet" gelten Asylanträge, die unter Vortäuschung einer falschen Identität zustandekommen oder doppelt gestellt werden. Bei Einsprüchen gegen die Ablehnung durch das Bundesamt entscheiden Einzelrichter an den Verwaltungsgerichten. Die Abschiebung darf vom Verwaltungsgericht nur bei ernsthaften und begründeten Zweifeln an der Rechtmäßigkeit des Verwaltungsaktes ausgesetzt werden.

   Es gab bereits einige Testfälle, die darauf hinweisen, daß das Bundesverfassungsgericht Zweifel an der Rechtmäßigkeit der auf dem Frankfurter Flughafen praktizierten Schnellverfahren hat. Am 27. Juli 1993 entschied es im Falle eines Asylbewerbers aus Togo, dessen Asylantrag vom Bundesamt und Verwaltungsgericht als „offensichtlich unbegründet" abgewiesen wurde, daß die Feststellung des Gerichts „nicht nachvollziehbar" sei. Zuvor hatte der

   Bedenken gegen das Schnellverfahren bei Einreisen auf dem Luftweg

Vertreter des UNHCR bestätigt, daß der Asylbewerber im Falle einer Abschiebung nach Togo einer „konkreten Gefahr für Leib und Leben ausgesetzt" sei. Hier zeichnete sich bereits ein Konflikt ab, der noch bei vielen Asylbewerbern aus angeblich „sicheren Herkunftsländern" auftreten wird, allerdings auch die Hoffnung, daß das Bundesverfassungsgericht den ersten Satz des neuen Art. 16a GG (bzw. den alten Art. 16, Abs. 2 Satz 2GG) noch hochhält.

Pro Asyl meldete in einer „Dokumentation der ersten Auswirkungen des neuen Asylrechts" sogar Zweifel an der Qualität von Österreich, Belgien und Tschechien als „sichere Drittstaaten" an. Diese Zweifel gelten aber vor allem Polen, das weder Aufnahmekapazitäten noch eine Asylverwaltung hat, die mit einem größeren Andrang von aus Deutschland abgeschobenen Asylsuchenden fertig werden könnte. Außerdem hat Polen mit Rumänien, Bulgarien, Tschechien, Slowenien, Weißrußland und der Ukraine Rücknahmeabkommen abgeschlossen, die befürchten lassen, daß mit Asylsuchenden ein grausames Ping-Pong-Spiel getrieben wird. Deutschland hat sich mit Millionenbeträgen an Polen aus der Verantwortung freigekauft.

3. Aufgrund des „Asylkompromisses" wurde § 32a in das Ausländergesetz eingefügt, der Kriegs- und Bürgerkriegsflüchtlingen eine begrenzte Aufenthaltsbefugnis einräumt, wenn sich Bund und Länder darauf verständigen. Nach § 14 des Asylverfahrensgesetzes können diese Flüchtlinge mit Aufenthaltserlaubnis keinen Asylantrag stellen. Weil die Kostenaufteilung zwischen Bund, Ländern und Gemeinden nicht geregelt wurde, hatten sich mehrere Städte geweigert, Kriegsflüchtlinge aufzunehmen und die Kosten für Unterbringung und Sozialhilfe zu tragen. Auf diese Weise wurde eine längst fällige Sonderregelung für Kriegsflüchtlinge, die bisher in ein ziemlich aussichtsloses Asylverfahren gezwungen wurden, auf bürokratischem Weg wieder hintertrieben. Was zunächst als humanitäre Großtat erscheinen konnte, drohte schon Anfang 1994 zum Bluff zu verkommen, als die Innenminister der Bundesländer etwa 100.000 Flüchtlingen aus Kroatien und etlichen Deserteuren aus Serbien die Abschiebung androhten, also die Zwangsdeportation zurück in den Krieg oder in Gefängnisse. Die seltsam realitätsblinde Begründung der christ- und sozialdemokratischen Innenpolitiker lautete: Kroatien sei kein Kriegsgebiet mehr und in Serbien sei die Todesstrafe (auch für Deserteure) abgeschafft worden. Öffentlicher Druck sorgte dafür, daß die befristete Aufenthaltserlaubnis verlängert wurde und Einzelfallprüfungen (z. B. für Deserteure) zugesagt wurden. Die Androhung des Innenministers von NRW, aus dem IMK-Beschluß auszuscheren, bewog die Amtskollegen zu diesem humanitären Kompromiß.

4. Der „Asylkompromiß" enthielt auch einige wichtige Absichtserklärungen zur Änderung des Ausländergesetzes, die auf der Erleichterung der Einbürgerung abzielten. Sie werden in Kap. 6.2 behandelt. Außerdem sollte die Zahl der ausländischen Arbeitnehmer im Rahmen von Werkverträgen auf 100.000 pro Jahr begrenzt werden (obwohl es zur Steuerung des Migrationsdruckes aus dem Osten vernünftig gewesen wäre, ihre Zahl zu vergrößern).

4.7.1 Kritik am Bonner „Asylkompromiß"

Die Verhandlungsführer der am „Kompromiß" beteiligten Parteien (CDU/CSU, SPD und FDP) feierten das Verhandlungsergebnis als Sieg der Vernunft. Für die SPD war allerdings die Erklärung des CSU-Vorsitzenden ziemlich peinlich, daß die CSU „fast alle" ihrer Forderungen durchgesetzt habe. Während sich die SPD zugute hielt, das individuelle Asylrecht gerettet zu haben, leitete der bayerische Innenminister Stoiber aus dem Verhandlungsergebnis etwas ganz anderes ab: daß nun auch Asylberechtigte an den Grenzen abgewiesen werden könnten. Wer hat da wen über den Tisch gezogen? Es scheint, daß die SPD mehr gezogen wurde – und sich ziehen ließ. Noch im September 1991 hatte die rechtspolitische Sprecherin der SPD, Herta DÄUBLER-GMELIN, in der SZ (vom 25.9.1991) gewarnt: „Wer Artikel 16 ändert, macht einen Kniefall vor Rechtsextremisten." Dies war nun geschehen.

Der umstrittene „Asylkompromiß"

Viele Kommentatoren beklagten die faktische Abschaffung eines Grundrechts und den „faulen Kompromiß" auf Kosten der östlichen Nachbarn. Sie unterstellten den großen Parteien, aus lauter Angst vor Stimmenverlusten an die „Republikaner" den politischen Anstand verraten und die Humanität geopfert zu haben. Den Tenor der Kritik gab Robert LEICHT in DIE ZEIT (vom 11.12.1992) unter der Überschrift „Wie ein Grundrecht hinterrücks auf Null gebracht wird" vor:

Demontage eines Grundrechts

„Das Ergebnis dieser Operation ist blanke Heuchelei. Im ersten Satz eines neuen Grundgesetzartikels soll es zwar weiterhin heißen: ‚Politisch Verfolgte genießen Asylrecht.' Aber im nächsten Satz steht praktisch nichts anderes als das: kein Asylrecht genießt, wer es schafft, auf dem Landweg zu uns zu kommen. Über die Flughäfen geht schon lange fast nichts mehr. Und schwimme einer mal von Trapezunt nach Travemünde ... Was da in Bonn ausgehandelt wurde, ist also kein Kompromiß, sondern eine Kompromittierung des politischen Anstands."

Der *Republikanische Anwältinnen- und Anwälteverein* erklärte den aus dem „Kompromiß" hervorgegangenen Gesetzentwurf für „teilweise schlampig, verfassungswidrig und rechtsstaatswidrig": „Das Gesetz ist ein Kampfgesetz gegen Asylbewerber und ein Angriff auf den Rechtsstaat" (lt. FR vom 10.2.1992). Günter Grass trat demonstrativ aus der SPD aus.

Die Parteien, die den „Asylkompromiß" in Verfassungsrecht umgesetzt haben, verweisen rechtfertigend darauf, daß sich nicht nur der Zustrom von Asylsuchenden schlagartig verringert habe, sondern auch ein leidiges und jahrelanges Streitthema aus den Schlagzeilen verschwunden sei. Umfragen zeigten auch, daß die „Republikaner" mit ihrem Thema Nr. 1 auch Zustimmung verloren haben.

Eine Würdigung des „Asylkompromisses" muß berücksichtigen, daß der Problemstau nach der staatlichen Vereinigung vom „Asylproblem" entlastet wurde, die asylpolitische Handlungsfähigkeit, die erheblich zur Staats- und Parteienverdrossenheit beigetragen hatte, überwunden wurde, das Agitationsfeld für ausländerfeindliche Rattenfänger eingegrenzt und ein politische Energien verschwendender Schlagabtausch, der allen „staatstragenden" Parteien schadete, beendet wurde. Der Versuch der CSU, das Thema „Überfremdung" zu einem zentralen Wahlkampfthema im „Superwahljahr" 1994 zu machen, stieß auch

Wirkungen des „Asylkompromisses"

innerhalb der CDU und in den Kirchen auf erhebliche Kritik. Die CSU verzichtete dennoch nicht auf den Versuch, die „Ausländerfrage" wieder zum Wahlkampfthema zu machen und die asylpolitischen Schlachten in den Wahlkämpfen von 1994 wieder zu schlagen. Minister SPRANGER lieferte eine Kostprobe:

„Es ist vielmehr so, daß vor allem SPD und auch Teile der FDP an dem nicht mehr tragbaren Zustrom von Asylbewerbern und illegalen Einwanderern schuld sind und so die Ängste der Bürger mitzuverantworten haben. Sie haben zum Beispiel verhindert, daß das Asylrecht rechtzeitig verschärft und die notwendigen Maßnahmen gegen die organisierte internationale Kriminalität ergriffen wurden." (Interview in *Neue Osnabrücker Zeitung* vom 21.2.1994)

Es muß auch die Frage gestellt werden, zu welchen und auf wessen Kosten diese Entschärfung eines innenpolitischen Problems stattfand. Verloren hat das älteste Menschenrecht und verloren haben Menschen, die in Deutschland Zuflucht vor Verfolgung suchen wollen. Der neue Artikel 16a GG hat das Grundgesetz nicht nur ergänzt, sondern seinen Wesensgehalt verändert. Das Bundesverfassungsgericht (BVerfGE 54, 341, 360) hatte das Asylrecht als Grundrecht der Mitmenschlichkeit bewertet. Wenn dieses Grundrecht auch einen „Test für die humanitäre Freiheit unserer Gesellschaft" bildete (so der FDP-Abgeordnete Burkhard HIRSCH, in: Das Parlament, Nr. 12/März 1987), dann ist es um die Humanität der deutschen Gesellschaft und Politik schlecht bestellt. Asylpolitik bedeutete für sie nicht Politik für die Asylsuchenden, sondern gegen sie. Die politischen Enkelkinder der „Eltern des Grundgesetzes" haben ein Grundrecht demontiert, in das die Verpflichtung zu Mitmenschlichkeit eingegossen war. DIE ZEIT (vom 1.7.1994) zog ein Jahr nach Inkrafttreten des Art. 16a GG in einem Dossier die folgende Bilanz:

„Das neue Recht sollte für Ruhe im Lande sorgen. Das ist gelungen – auf dem Rücken der Asylsuchenden."

Das folgende Ereignis illustriert mögliche Auswirkungen des neuen Asylrechts. Das Bundesinnenministerium forderte skandinavische Reedereien auf, die Autos auf den Fähren nach dem Aussehen der Insassen in den Fahrspuren vorzusortieren, um die intensivere Kontrolle „fremdländisch" aussehender Passagiere zu erleichtern. „Unverdächtige nordische" Personen sollten dagegen in deutschen Häfen bevorzugt behandelt werden (lt. TAZ vom 20.1.1994). Die skandinavischen Transportunternehmen haben das vom BMI gewünschte Vorsortieren ihrer Passagiere nach dem Aussehen empört zurückgewiesen. Gesine SCHWAN kommentierte den Vorgang, durch den sie sich an die bürokratische Dehumanisierung des Nazi-Staates und an die Selektionen an den KZ-Rampen erinnert fühlte, folgendermaßen:

„Wenn zur effektiven Durchführung des neuen Asylgesetzes derart inhumane Maßnahmen nahegelegt werden oder gar erforderlich sind, dann ist dies ein Indiz für die Inhumanität der Asylgesetzänderung selbst ... Mittel können ein Zeichen sein für die Verwerflichkeit des Zwecks. Daß ein so verwerfliches Mittel von unserem deutschen Innenministerium empfohlen wird, wirft ein grelles Licht auf beschämende Defizite unserer Demokratie." (DIE ZEIT vom 11.2.1994)

Sicherlich mißverstand Heinrich BÖLL den alten Art. 16 Abs. 2 Satz 2 GG als eine „Einladung, fast so wie die amerikanische Verfassung sie enthält: Kommt alle zu mir, die ihr mühselig und beladen seid". Das Asylrecht sollte und wollte politisch Verfolgten Schutz gewähren; aber es wollte und konnte nicht alle Not dieser Welt lindern. Art. 16a GG bietet politisch Verfolgten nicht mehr Schutz, weil sie das Refugium nicht mehr erreichen können.

4.7.2 Ende eines asylrechtlichen Sonderweges?

Das Recht auf Asyl ist (bzw. war) keineswegs nur im deutschen Grundgesetz, sondern auch in den Verfassungen einiger anderer EU-Staaten verankert:
- Die Präambel der französischen Verfassung proklamiert: „Jeder, der wegen seines Einsatzes für die Freiheit verfolgt wird, hat auf dem Territorium der Republik Anrecht auf Asyl."
- Sowohl die spanische Verfassung (Kap. 1, Nr. 8 Abs. 4) als auch die portugiesische Verfassung (Art. 33 Nr. 5) enthalten ein Recht auf Asyl.
- Die italienische Verfassung (Art. 10 Abs. 3) garantiert zwar ein Recht auf Asyl, schränkt es aber durch einen allgemeinen Gesetzesvorbehalt ein.

Das Asylrecht in europäischen Verfassungen

Der wesentliche Unterschied zwischen diesen Verfassungsartikeln und dem Art. 16 Abs. 2 Satz 2 GG ist, daß sie kein einklagbares Recht, sondern mehr oder weniger verbindliche Programmsätze darstellen, deren Grad der Verbindlichkeit von Verfassungsinterpreten und Gerichten unterschiedlich eingeschätzt wird. Ein Hauptargument der Verfechter einer Änderung des Art. 16 GG war, daß das „liberalste Asylrecht der Welt" einen wesentlichen Grund dafür gebildet habe, daß Deutschland zum Hauptzielland von Asylsuchenden in Europa geworden sei. Leichtfertig wurde behauptet:

„Aufgrund der Verfassungsgarantie des Artikel 16 GG werden in der Bundesrepublik Deutschland derzeit rund zwei Drittel aller Asylbewerber Europas aufgenommen." (so MÜHLUM 1993, 14)

Dieser als Waffe gegen Art. 16 GG hergestellte Zusammenhang zwischen Asylrecht und hohem Zuwanderungsdruck ist nicht zwingend nachweisbar. Der Vertreter des UNHCR wies bei einer Anhörung des Innenausschusses des Deutschen Bundestags darauf hin, daß keine beweiskräftigen Anhaltspunkte dafür vorlägen, daß das „Asylsystem der Bundesrepublik wesentlich offener sei als in den übrigen EG-Mitgliedsstaaten" (vgl. SANTEL 1993). Ein Vergleich der Asylpraxis in den EU-Staaten zeigt, daß die asylrechtliche Sonderrolle der Bundesrepublik schon vor dem Bonner „Asylkompromiß" mehr Anspruch als asylpolitische Realität war. Die Kernthese der Habilitationsschrift von Klaus MANFRASS (1991, VIII) ist, daß die „Ausländerproblematik und Ausländerpolitik einer der Politikbereiche (ist), in denen die zunehmende Ähnlichkeit gesellschaftlicher und politischer Entwicklungen in den Ländern der westeuropäischen Industriegesellschaft besonders augenfällig wird". Dabei gibt es auch europaweite Ausstrahlungs- und Anpassungseffekte: Eine härtere Linie hier liefert sofort Rechtfertigungen für eine härtere Linie dort. Auch Hubert HEINELT (1994, 8 f.) beobachte-

Zusammenhang zwischen Asylrecht und Zuwanderungsdruck?
Die Unterschiede in der Asylpraxis waren gering

te „ähnliche Ausprägungen von politischen Reaktionen in europäischen Staaten auf den gestiegenen Bevölkerungszustrom".

Auch die EU-Staaten, die das Asylrecht nicht einmal als Programmsatz in ihren Verfassungen verankert haben, haben die GFK ratifiziert, die in Art. 33, 1 das Recht von politisch verfolgten Flüchtlingen auf *non-refoulement* verbindlich festschreibt. Zwar ging die subjektive Asylverheißung des Art. 16 GG über das Zurückweisungsverbot der GFK hinaus, indem sie ein vorläufiges Aufenthaltsrecht zur individuellen Prüfung eines Asylantrages einschloß; dennoch verringerten die Anwendung der GFK und die Beachtung der vom Ministerkomitee des Europarates im Jahre 1981 verabschiedeten Empfehlung 16 über die Harmonisierung der Asylverfahren die nationalen Unterschiede in der Asylpraxis. Dies wird auch durch einen Vergleich der Anerkennungsquoten von „Asylberechtigten" bzw. von Flüchtlingen nach den Kriterien der GFK verdeutlicht. Die Unterschiede lagen nicht so sehr im verfassungsrechtlichen Status des Asylrechts, sondern in unterschiedlichen Interpretationen des Begriffs der politischen Verfolgung durch Ausländerbehörden und Verwaltungsgerichte.

Tabelle 10: Anerkennungsquoten im europäischen Vergleich
(nach Entscheidungen der Erstinstanzen)

	1985	1987	1989	1991	1992
Belgien	38,0	48,0	32,0	6,0	..
Deutschland (BRD)	29,2	9,4	8,2	6,9	5
Frankreich	39,4	33,0	28,0	13,0	..
Großbritannien	17,0	42,0	32,0	11,0	3
Niederlande	..	17,0	10,0	3,3	15
Österreich	..	..	..	12,6	..
Portugal	..	..	..	27,0	..
Schweiz	14,0	..	..	3,0	..

Quellen: Wissenschaftliche Dienste des Deutschen Bundestags: Materialien Nr. 116: Asylrecht unter besonderer Berücksichtigung des Verfahrensrechts in 15 europäischen Ländern und in den USA, Bonn 1991; für 1991: Innenministerium des Landes NRW: Gemeinsames Asylrecht für Europa, 2. Aufl., Nov. 1992, S. 85; Eurostat 1994 (für 1992).

Selbst wenn man berücksichtigt, daß verwaltungsgerichtliche Entscheidungen die erstinstanzliche Anerkennungsquote des Zirndorfer Bundesamtes für die Anerkennung ausländischer Flüchtlinge nahezu verdoppelten, lag z. B. die französische Anerkennungsquote nach Ausschöpfung des Rechtsweges 1991 mit 19,7% noch deutlich höher, weil die französischen Behörden beispielsweise weit mehr tamilische Asylsuchende als politische Flüchtlinge anerkennen als das Zirndorfer Bundesamt und die deutschen Verwaltungsgerichte. Das ärmste EU-Land Portugal leistete sich mit 27% die höchste Anerkennungsquote.

Die Akzeptanz von Fremden hängt eben nicht allein von der ökonomischen Aufnahmefähigkeit, sondern nicht minder von Faktoren ab, die in der politischen Kultur und kollektiven Ethik einer Gesellschaft begründet liegen. Allerdings läßt der bis 1991 reichende Vergleich der Anerkennungsquoten nicht hinreichend erkennen, daß fast alle europäischen Staaten – auch die skandinavischen, die lange als asylpolitische Musterländer galten – auf den zu Beginn der 90er Jahre wachsenden Migrationsdruck mit einer restriktiveren Handhabung des Asylrechts reagierten. Die Hoffnung, daß der für 1995 vorgesehene Beitritt von Finnland, Schweden, Norwegen und Österreich zur EU eine asylpolitische Kurskorrektur auf europäischer Ebene bewirken könnte, ist trügerisch.

Ein Rechtsvergleich zeigt auch, daß alle EU-Staaten – entgegen gelegentlichen Behauptungen in der deutschen Asyldebatte – den Asylbewerbern den Rechtsweg nach einer negativen Entscheidung von Ausländer- oder Einwanderungsbehörden eröffnen (vgl. UNHCR 1992; Wissenschaftliche Dienste des Deutschen Bundestages 1991). Die Bundesrepublik zeichnete sich vor dem „Asylkompromiß" zwar durch ein weltweit einmaliges subjektiv-einklagbares Asylrecht aus, das aber auf dem Verwaltungs- und Gerichtswege seine Einmaligkeit verlor.

4.8 Ansätze zu einer europäischen Harmonisierung der Asylpolitik

Angesichts der weltweiten Migrationsprozesse hat sich eine nationalstaatliche Asyl- und Einwanderungspolitik überholt. Ihre Harmonisierung auf europäischer Ebene ist unausweichlich geworden. Die Frage war und ist, an welchen asylrechtlichen Standards sich diese Harmonisierung orientieren soll. Der wachsende Migrationsdruck von außen erzeugte fast zwangsläufig die Tendenz einer Orientierung an Minimalstandards.

Wie bereits erwähnt, sorgte bereits die Genfer Flüchtlingskonvention für eine Vereinheitlichung der Handhabung des Asylrechts, also des Rechts im Asyl. Die für den 1. Januar 1993 geplante Öffnung der Binnengrenzen innerhalb der EU verstärkte dann ab Mitte der 80er Jahre die Bemühungen um eine Harmonisierung des Asylrechts, das sich zunehmend zu einem ungewollten Instrument der Einwanderung entwickelt hatte. Damals ergriffen die Bundesrepublik, Frankreich und die Benelux-Staaten die Initiative, die zum Schengener Abkommen und Schengener Zusatzabkommen vom 19.6.1990 („Schengen II") führte. Allmählich reihten sich Italien, Spanien und Portugal in die Gruppe der „Schengen-Staaten" ein. Einige andere EU-Staaten (Griechenland, Dänemark) und EFTA-Staaten haben ihre Absicht bekundet, dem Abkommen beizutreten, weil sie sich von ihm ebenfalls eine Entschärfung des Asylproblems erhoffen.

Das Schengener Abkommen, das ein völkerrechtlicher Vertrag außerhalb des EU-Rechts ist (und deshalb auch Staaten außerhalb der EU den Beitritt ermöglicht), verhängte erstens über die – inzwischen über 100 – wichtigsten Herkunftsländer von Flüchtlingen einen gemeinsamen Visazwang, der den Zugang zur „Fluchtburg Europa" erheblich erschwert; zweitens drohte es Luftlinien Strafen an, wenn sie Passagiere ohne gültiges Visum befördern; drittens dürfen Asylsuchende nur in einem der „Schengen-Staaten" einen Asylantrag stellen, dessen Ablehnung für alle Vertragsstaaten gilt; viertens soll ein Informationssystem und Datenaustausch die Durchsetzung dieser Vertragsbestimmungen erleichtern.

Europäische Harmonisierung: nach welchen Standards?

Das Schengen-Abkommen

Das Dublin-Abkommen   Wie das Schengener Abkommen strebte auch das im Juni 1990 von allen EU-Staaten unterzeichnete Dubliner „Übereinkommen über die Bestimmung des zuständigen Staates für die Prüfung eines in einem Mitgliedsstaat der Europäischen Gemeinschaft gestellten Asylantrags" noch keine Harmonisierung des materiellen Asylrechts an, sondern regelte nur die Frage der Anerkennung der Erstzuständigkeit von Asylentscheidungen. Das Dubliner Übereinkommen soll einerseits einen „Asyltourismus" durch Antragstellungen in mehreren EU-Staaten vermeiden und andererseits Antragsteller davor bewahren, zwischen mehreren Staaten hin- und hergeschoben zu werden. Die beiden Abkommen zielen auf die gegenseitige Anerkennung von Asylrechtsentscheidungen und auf die Vermeidung von Mehrfachverfahren ab, enthalten aber noch keine für alle Signatarstaaten verbindliche Definition des Flüchtlingsbegriffs, deren Fehlen bisher die unterschiedliche Anerkennungspraxis begründet hatte.

Auf der Grundlage der Art. 30 und 31 des Schengener Abkommens sollte jener Vertragsstaat für die Prüfung eines innerhalb des Vertragsgebietes gestellten Asylantrags verantwortlich werden, der dem Asylbewerber eine Aufenthaltserlaubnis erteilt oder ein Visum ausgestellt hat. Hat ein Zuwanderer die Grenze eines Mitgliedsstaates illegal überschritten, ist jener Vertragsstaat für die Prüfung des Asylantrags zuständig, mit dem der „Illegale" zuerst Bodenkontakt hatte. Diese Regelung bürdet vor allem Italien und Spanien eine hohe Belastung auf, weil hier die Zahl der „Illegalen" bei weitem die Zahl der Asylbewerber übersteigt. Die Erstzuständigkeit schafft ungleiche organisatorische und finanzielle Belastungen.

Die Bundesrepublik mußte aufgrund des Art. 16 GG zunächst noch einen Vorbehalt zum Dubliner Abkommen anmelden, der auch die Zuständigkeit eines Zweitstaates ermögliche und die Gefahr eines „Asyltourismus" über offene Binnengrenzen nicht ausschloß. Sie wurde durch das Verfassungsrecht verpflichtet, in einem anderen EU-Staat abgelehnte Asylanträge auch dann zu überprüfen, wenn dort das Verfahren rechtsstaatlich durchgeführt wurde. Nur deshalb waren „Schengen II" und das Dubliner Übereinkommen mit dem Grundgesetz vereinbar. Dieser Vorbehalt wurde nach der gesetzlichen Kodifizierung des „Asylkompromisses" hinfällig. Nun erst konnten das Schengener und Dubliner Abkommen ihren eigentlichen Sinn und Zweck erfüllen: die Verhinderung des „Asyltourismus" zum Geltungsbereich des Grundgesetzes – allerdings unter Substanzverlust des Art. 16 GG, der zum Markenzeichen der Liberalität und Humanität des Grundgesetzes gehörte.

Durch Art. 16a GG entfielen die verfassungsrechtlichen Vorbehalte gegen die Abkommen von Schengen und Dublin.

4.8.1 Asylpolitik und EU-Gemeinschaftsrecht

EU-Organe haben keine asylrechtliche Regelungskompetenz   Der Europäische Gerichtshof verwies in einem im Juli 1987 gefällten Urteil die Ausländer- und Asylpolitik in den Kompetenzbereich der nationalen Regierungen und versagte der EG-Kommission die Befugnis, in diesem Politikbereich koordinierend tätig zu werden (vgl. HAILBRONNER 1989, 24). Aber das Europäische Parlament äußerte sich in mehreren Entschließungen zum Asylrecht, kritisierte Ansätze zu seiner Harmonisierung auf einem restriktiven Niveau und benannte Eckwerte für eine Harmonisierung, die u. a. eine richterliche Überprüfung von Ablehnungsbescheiden und eine Berufungschance mit aufschiebender Wirkung forderten.

Aber Entschließungen des Europäischen Parlaments haben nur geringes politisches Gewicht, zumal das Asylrecht dem Kompetenzbereich der EU-Organe entzogen blieb. Dennoch ist bemerkenswert, daß sich die Mehrheit der Abgeordneten des Europäischen Parlaments länger gegen die Involution der „Fluchtburg Europa" zur „Festung Europa" wehrte als Mehrheiten in den nationalen Parlamenten. Aber die Europa-Abgeordneten sind auch nationalen Stimmungen weiter entrückt als die Mitglieder nationaler Parlamente; und sie sind nicht dem Zwang von Mehrheitsbildungen unterworfen. Bisher bestimmen allein die nationalen Regierungen die Herausbildung eines europäischen Asylrechts.

Asylpolitische Entschließungen des EP

Unter dem Eindruck steigender Zahlen von Asylsuchenden forderte die EG-Kommission in einer Mitteilung vom 11. Oktober 1991 an Rat und Parlament eine weitere Harmonisierung des Asylrechts und der Aufnahmebedingungen im Asylverfahren, eine Beschleunigung und Vereinheitlichung der Verwaltungs- und Gerichtsverfahren sowie – in deutlichem Unterschied zu den vom Europäischen Parlament 1987 postulierten Eckwerten – eine an die Außengrenzen vorverlagerte Entscheidung über die Asylanträge von Asylbewerbern aus „sicheren Drittstaaten".

Nun rückte auch das Europäische Parlament in einer Entschließung vom 18. November 1992 von einigen Forderungen ab, die es noch 1987 erhoben hatte. So verzichtete es nun auf die prinzipielle Ablehnung von Sammelunterkünften für Asylbewerber und auf die Forderung, den Flüchtlingsbegriff auch auf Bürgerkriegs- und Umweltflüchtlinge auszuweiten und De-facto-Flüchtlinge wie anerkannte Flüchtlinge zu behandeln. Aber es hielt an seiner Forderung fest (die inzwischen von „Schengen II" ignoriert worden war), daß die Visapolitik den Zugang zur „Fluchtburg Europa" nicht beeinträchtigen dürfe. Gleichzeitig forderte es eine Erweiterung der Kompetenzen der Kommission im Bereich der Asyl- und Flüchtlingspolitik und die Einrichtung eines Europäischen Ausschusses für Asyl- und Flüchtlingsfragen.

Die Verträge von Maastricht geben den EU-Organen noch keine Regelungskompetenz in der Asylpolitik durch ein verbindliches Gemeinschaftsrecht, wenn man von der bereits in „Schengen II" vertraglich vereinbarten gemeinsamen Visapolitik absieht. Hierzu stellt Art. 100c fest:

Das Asylrecht in den Maastrichter Verträgen

„Der Rat bestimmt auf Vorschlag der Kommission und nach Anhörung des Europäischen Parlaments einstimmig die dritten Länder, deren Staatsangehörige beim Überschreiten der Außengrenzen der Mitgliedstaaten im Besitz eines Visums sein müssen."

Es gelang der deutschen Bundesregierung nicht, in den Maastrichter Verträgen eine gemeinsame Einwanderungs- und Asylpolitik zu verankern (nicht zuletzt mit der Absicht, auf dem Umweg über „Europa" Art. 16 GG auszuhebeln). Sie wurden dort lediglich als „Angelegenheiten von gemeinsamem Interesse" deklariert (Titel VI: Art. K 1). Allerdings schuf die „Überführungs- oder Brückenklausel" in Art. K 9 die Möglichkeit, daß die Asyl- und Einwanderungspolitik durch einstimmigen Beschluß des Rates (den bisher Großbritannien verhinderte) in Gemeinschaftsrecht überführt werden kann. Art. K 3 gibt dem Rat die Möglichkeit, auf Initiative eines Mitgliedsstaates oder der Kommission mit qualifizierter Mehrheit gemeinsame Maßnahmen zu beschließen, wenn sich „die Ziele der Union aufgrund des Umfangs oder der Wirkungen der geplanten Maßnahme durch gemeinsames Vorgehen besser verwirklichen lassen als durch Maßnahmen der einzelnen Mitgliedsstaaten." Dies trifft sicherlich für die Asyl- und Einwanderungspolitik zu.

Empfehlungen der EU-Einwanderungsminister

In einer Zusatzerklärung wurde der Ministerrat aufgefordert, bis Anfang 1993 eine „gemeinsame Aktion" zur Harmonisierung der Asylpolitik auf der Basis des Berichts der „Einwanderungsminister" an den Gipfel von Maastricht (Dezember 1991) zu unternehmen. Die Empfehlungen der „Einwanderungsminister" stimmten weitgehend mit der Mitteilung der EU-Kommission vom Oktober 1991 überein, d. h. die asylpolitische Harmonisierung zwischen EU-Mitgliedsstaaten und EU-Organen schritt voran. Die Kommission, die eine Regelungskompetenz für den umstrittenen Politikbereich anstrebt, kann sich nicht allzu weit von Mehrheitspositionen der EU-Mitgliedsstaaten entfernen. Und diese Positionen näherten sich bei allen Unterschieden der Migrationstraditionen und Rechtssysteme unter dem wachsenden Migrationsdruck und den Horrorszenarien von „neuen Völkerwanderungen" zunehmend an.

Wenige Tage vor dem EG-Gipfel in Edinburgh (Dezember 1992) fand in London eine Konferenz der „Einwanderungsminister" statt. Die Konferenz beschloß, angetrieben von dem schon in Maastricht erkennbaren Willen zur Harmonisierung, auf einem restriktiven Niveau:

Erklärung des EG-Gipfels in Edinburgh (Dezember 1992)

– Als „unbegründet" sollen künftig auch Anträge von Asylsuchenden gelten, die durch ein als sicher eingestuftes Land gekommen sind. Hier konnte dann ein Kernelement des deutschen „Asylkompromisses" ansetzen, das sich weit von den Eckwerten entfernte, die das Europäische Parlament im November 1992 formuliert hatte.

– Asylsuchende, die an einer EU-Grenze ihre Ausweispapiere vernichtet haben, sollen umgehend abgeschoben werden.

– Ferner sollen Bürgerkriegsflüchtlinge aus Staaten, in denen nur ein Teil des Staatsgebietes vom Bürgerkrieg betroffen ist (wie in Kroatien, Sri Lanka oder im Sudan), nicht mehr generell als Flüchtlinge anerkannt werden; sie müssen außerdem nachweisen, daß sie vor ihrer Flucht alle Rechtswege ausgeschöpft haben – was in Bürgerkriegssituationen nahezu unmöglich ist.

Asylpolitik hinter verschlossenen Türen

Erwartungsgemäß begrüßte der EG-Gipfel in Edinburgh diese Beschlüsse der „Einwanderungsminister". Die Justiz- und Innenminister der EG-Staaten, die seit Mitte der 80er Jahre in der TREVI-Gruppe zusammenarbeiteten (wobei die Initialen von TREVI für Terrorismus, Radikalismus, Extremismus und Violence International stehen und die Asylpolitik in bedenkliche Nähe zur Bekämpfung der grenzüberschreitenden Kriminalität bringen), haben auf zwischenstaatlicher Ebene – weitgehend unter Ausschluß der Öffentlichkeit und sowohl am Europäischen Parlament als auch am Europäischen Gerichtshof vorbei, obwohl sie menschenrechtlich sensible Politikbereiche regeln – die Harmonisierung der Asylpolitik weit vorangetrieben. Die von Präsident Clinton zur Leiterin des *US-Immigration and Naturalization Service* berufene Verfasserin eines Berichts an die *Trilaterale Kommission* kritisierte nachdrücklich, daß die Harmonisierung der europäischen Asylpolitik hinter verschlossenen Türen stattfand (MEISSNER u. a. 1993, 85).

Aber es steht noch eine Harmonisierung des materiellen Asyl- und Asylverfahrensrechts durch ein verbindendes und verbindliches EU-Gemeinschaftsrecht aus. Wenn die Asyl- und Einwanderungspolitik lt. Maastricht-Vertrag „Angelegenheiten von gemeinsamem Interesse" sind, dann wird die Einrichtung einer europäischen Einwanderungsbehörde notwendig, die Einwanderungsquoten festlegen und einen Lastenausgleich innerhalb der EU herstellen kann, weil eine Entlastung der Hauptzielländer von Asylsuchenden und illegalen Zuwanderern (Deutschland, Frankreich, Spanien, Italien) zu einer Gemeinschaftsaufgabe wird. Ein solcher Lastenausgleich könnte auch der Versuchung von Einzelstaaten vorbeugen, sich durch besonders restriktive Maßnahmen von Aufnahmekosten zu entlasten.

Was noch harmonisiert werden müßte

Das Innenministerium von Nordrhein-Westfalen benannte noch weitere „Eckpunkte einer künftigen Harmonisierung" (1992), die sich zwar in einigen wesentlichen Punkten von der bloßen Abschreckungspolitik der „Einwanderungsminister" unterscheiden, aber doch die Annäherung einer von der SPD geführten Landesregierung an den sich innerhalb der EU abzeichnenden Grundkonsens erkennen lassen. Der Problemdruck, die innenpolitische Wahlkampfstimmung und die Taktik der Regierungsparteien, der SPD die Verantwortung für das sich verschärfende Asylproblem zuzuschieben, ließen auch langjährige Verteidiger des Art. 16 GG wanken.

Das Innenministerium von NRW zur Europäischen Harmonisierung

Im Februar 1994 legte die EU-Kommission eine neue Mitteilung (Com (94)23 endg.) zur Zuwanderungs- und Asylpolitik vor, mit der sie ihr Initiativrecht, das ihr der Maastrichter Vertrag zugestand, zu nutzen versuchte. Die Kommission drängte wieder auf eine Vereinheitlichung der Asylverfahren, forderte aber wohlweislich keine Angleichung des materiellen Asylrechts, um bei den Mitgliedsstaaten keine Widerstände zu provozieren; sie plädierte angesichts der wachsenden Arbeitslosigkeit innerhalb der EU kurzfristig für eine restriktive Einwanderungspolitik, lehnte aber aus demographischen Gründen einen langfristigen Einwanderungsstopp ab. Sie machte sich also Argumente zueigen, die Arbeitgeberverbände, aber nicht die Regierungen der Mitgliedsländer vorzubringen pflegen.

Eine neue Richtlinie der EU-Kommission zur Einwanderungs- und Asylpolitik

Die neue Mitteilung machte sich auch Gedanken darüber, wie der wachsenden Ausländerfeindlichkeit in den EU-Staaten begegnet werden kann. Das Kernelement der Brüsseler Gegenstrategie bildet der vernünftige Vorschlag, die bereits in der EU lebenden Ausländer aus Drittstaaten rechtlich mit EU-Bürgern gleichzustellen, also möglichst schnell einzubürgern. Weil die Kommission von einem Anhalten des Migrationsdruckes auf Europa ausgeht, der die Stabilität der EU gefährden könne, drängte sie auf abgestimmte Kontrollen der Zuwanderung, aber auch auf verstärkte Wirtschaftshilfe an die hauptsächlichen Herkunftsländer von Migranten. In ihren Vorschlägen für ein Aktionsprogramm, das „Realismus mit Solidarität" kombinieren soll, verkümmert die Solidarität hinter Überlegungen, wie der kurz- und langfristige Arbeitskräftebedarf durch kontrollierte Einwanderung gedeckt werden kann. Deshalb plädierte sie auch für eine großzügige Erteilung von befristeten Aufenthalts- und Arbeitserlaubnissen.

Eine Kombination von „Realismus mit Solidarität"?

Die Harmonisierung stockt

Die neue Mitteilung, die lediglich eine Diskussion in und zwischen den Mitgliedsstaaten anregen wollte, enthielt wenig Neues. Von ihr werden kaum neue Initiativen zur Harmonisierung der Einwanderungs- und Asylpolitik ausgehen, zumal Vorschläge aus Brüssel mit einer zunehmenden Resistenz gegen Vereinheitlichungstendenzen konfrontiert sind. Das eigentliche heiße Eisen, die Harmonisierung des materiellen Asylrechts, klammerte die Mitteilung völlig aus. Damit ist die EU einer europäischen Wanderungs- und Flüchtlingskonvention keinen Schritt nähergekommen.

4.8.2 Tendenzen zur Abschottung der „Festung Europa"

Rücknahmeabkommen mit Drittstaaten

Die Versuche, durch völkerrechtliche Verträge außerhalb des EU-Rechts die Zugangsbedingungen von Asylsuchenden nach Europa einvernehmlich zu regeln, wurden ergänzt durch Versuche, die EFTA-Staaten und osteuropäischen Staaten in eine europaweite Einwanderungs- und Asylpolitik einzubinden. Im März 1991 schlossen die „Schengen-Staaten" mit Polen ein multilaterales Rücknahmeabkommen, das als Modell für multilaterale Abkommen zwischen den „Schengen-Staaten" und den Nachbarstaaten der EU (Österreich, Schweiz, Tschechische Republik, Ungarn) dient. Der deutsche „Asylkompromiß" kann nur dann seine beabsichtigten Wirkungen erzielen, wenn sich die als „sicher" deklarierten Nachbarstaaten auf solche Rücknahmeabkommen einlassen, die ihnen erhebliche organisatorische Anstrengungen abfordern und finanzielle Lasten aufbürden.

Multilaterale Absprachen gegen illegale Migration

Im Oktober 1991 einigten sich auf der Berliner „Konferenz über die illegale Zuwanderung aus und über Mittel- und Osteuropa" Minister aus den Staaten der EG und EFTA, aus Ost- und Südosteuropa auf schärfere Grenzkontrollen und eine Verhinderung der illegalen Arbeitsmigration über die „grünen Grenzen" hinweg. Eine Nachfolgekonferenz in Budapest verdichtete und konkretisierte die multilateralen Absprachen. Allerdings können die Herkunftsländer von Asylsuchenden und illegalen Arbeitsmigranten ihre Außengrenzen zum Westen noch weniger abschirmen als die Zielländer, falls sie es überhaupt versuchen sollten, weil Migranten wirtschaftlichen und sozialen Krisensituationen zu entfliehen versuchen und ein soziales Ventil öffnen.

Neue Mauern zwischen West- und Osteuropa

Nach dem Abbau des Eisernen Vorhangs entstanden an der „Wohlstandsgrenze" zwischen West- und Osteuropa neue Barrieren und Mauern – obwohl die „Charta für das neue Europa" die Öffnung der Grenzen feierte und das Menschenrecht auf Freizügigkeit betonte, das der Westen vier Jahrzehnte lang als politische Waffe gegen die kommunistischen Regime eingesetzt hatte. Nun richtete sich dieses Menschenrecht gegen die westlichen Wohlstandsinseln und gegen die in ihnen wachsende Festungsmentalität.

Gefährdungen der inneren Rechtstaatlichkeit

Es geht aber nicht nur um Abschottungen nach außen, sondern auch um Gefährdungen der Rechtstaatlichkeit und Liberalität innerhalb der „Festung Europa". Das *Churches Committee for Migrants in Europe* (CCME) wies schon früh auf die Gefahr hin, daß die Pläne der TREVI-Gruppe zur Bekämpfung der illegalen Zuwanderung zum Aufbau eines polizeistaatlichen Überwachungssystems führen könnten (vgl. CRUZ 1990). Anfang März 1994 verabschiedete das Bundeskabinett einen Gesetzentwurf, der darauf abzielte, das beim Bundesverwaltungsamt in Köln angesiedelte Ausländerzentralregister (AZR) als Informationszentrale bei der Bekämpfung der illegalen Zuwanderung und des Untertauchens von abgelehnten Asylbewerbern auszubauen. Erfahrungsgemäß verschonen solche technisch hochentwickelten Überwachungssysteme niemanden, weder Aus- noch Inländer (vor allem solche nicht, die in der Ausländerarbeit engagiert sind). Nahezu zwangläufig muß jede fremd aussehende Person als verdächtige Person gelten, die ständige Personalkontrollen zu erwarten hat. Auch die innere Verfassung der „Festung Europa" steht vor einer Bewährungsprobe.

5 Soziale Situation der Asylsuchenden in Deutschland

Dieses Kapitel untersucht die Lebenssituation, in die Asylsuchende während des häufig jahrelangen Wartens auf die behördlichen und verwaltungsgerichtlichen Entscheidungen über die Asylanträge durch Bundesgesetze, Durchführungsverordnungen, länderspezifische Verwaltungsvorschriften und unterschiedliche Praktiken von Länder- und Kommunalbehörden versetzt werden. Das erklärte Ziel dieser „flankierenden Maßnahmen" zur verfahrensrechtlichen Abwehrpolitik war es, die Lebensbedingungen während dieser Wartezeit möglichst unerträglich zu gestalten, um keine Anreize zum Bleibenwollen zu schaffen.

„Flankierende Maßnahmen" zur Abschreckung

Diesem Zweck diente ein ganzes Bündel von Maßnahmen, die durch die ausdrückliche Einschränkung des Grundrechts auf „körperliche Unversehrtheit" (Art. 2 Abs. 2 Satz 1 GG) im § 37 des Asylverfahrensgesetzes von 1982 gerechtfertigt wurden. Dabei ist die Frage unerheblich, wie aussichtsreich ein Asylantrag ist. Auch Flüchtlinge, die eine „begründete Furcht vor Verfolgung" nachweisen konnten, wurden unterschiedslos einer inhumanen Abschreckungspolitik unterworfen. Allerdings handhaben die Bundesländer die gesetzlichen Ermächtigungen mit unterschiedlicher Konsequenz. Bayern und Baden-Württemberg, also die beiden Bundesländer, die immer wieder auf eine Änderung des Asylgrundrechts drängten, zeichneten sich auch durch eine besonders konsequente Abschreckungs- und Abschiebepolitik aus.

5.1 Zwangseinweisung in Sammellager

Der asylpolitische Sündenfall: Einweisung in Sammellager

§23 des Asylverfahrensgesetzes von 1982 enthielt die Soll-Vorschrift, daß Asylsuchende „in der Regel in Gemeinschaftsunterkünften untergebracht werden" sollen. Diese Vorschrift sanktionierte den asylpolitischen Sündenfall. Auch andere Staaten (Belgien, Schweden) konnten den Ansturm von Asylbewerbern nur mit der Einrichtung von Auffanglagern bewältigen, aber sie machten die Lager nicht zu Exerzierplätzen von Abschreckungsmaßnahmen. Außerdem halten sich die Asylbewerber aufgrund des schnelleren Asylverfahrens nicht so lange in den Sammelunterkünften auf. Nicht allein die Zwangseinweisung in Sammelunterkünfte, sondern auch die häufig lange Dauer dieser Quasi-Internierung ist höchst problematisch.

Die Bundesländer setzten die gesetzliche Soll-Vorschrift weitgehend in die Praxis um, aber nicht so konsequent wie Bayern und Baden-Württemberg. Häufig wandelten sie ausgediente Kasernen, Krankenhäuser und Schulen oder Baracken und Abbruchhäuser in schäbigem Zustand und mit ungenügenden sanitären Anlagen zu Zwangsunterkünften um. Wer hier „wohnt", ist schon optisch als „asozial" aus der Gesellschaft ausgegrenzt und stigmatisiert, ein ungebetener Gast, der tagtäglich auf Ablehnung stößt. Das Asylverfahrensgesetz von 1992 machte die Unterbringung in zentralen Sammelunterkünften obligatorisch.

In den Gemeinschaftsunterkünften werden in der Regel Menschen – Einzelpersonen, Ehepaare und Familien – aus verschiedenen Kontinenten und Kulturkreisen mit verschiedenen Sprachen, Gebräuchen und Verhaltensweisen, mit unterschiedlichen Fluchtmotiven und Aussichten auf ein Bleiberecht auf engstem Raum zusammengepfercht. Nur in kleineren Unterkünften wird Rücksicht auf Herkunft und Kommunikationsfähigkeit genommen. Die Kommunen können auf die ihnen zugewiesenen Kontigente meistens nur mit Notlösungen reagieren. Fast immer stößt die Absicht von Kommunalverwaltungen, irgendwo eine größere Gruppe von Asylbewerbern unterzubringen, auf Proteste von Anwohnern. Die Schuldzuweisung an Politiker und Behörden muß diese Reaktionen in der Gesellschaft berücksichtigen.

Multi-ethnisches Zusammenpferchen

Die großen Sammellager sind Brutstätten von Frustrationen, Depressionen, Konflikten und Gewaltausbrüchen. Die räumliche Enge und die tägliche Erfahrung von Bevormundung und Diskriminierung erzeugen eine aggressive Atmosphäre. Die Asylbewerber aus den verschiedenen Herkunftsregionen grenzen sich meistens gegeneinander ab, beobachten sich gegenseitig eifersüchtig, vermuten leicht eine gruppenspezifische Benachteiligung und sind deshalb kaum zu einem solidarischen Verhalten untereinander und gegenüber der Lagerverwaltung fähig. Streitereien und handgreifliche Auseinandersetzungen gehören zur Tagesordnung des Lagerlebens. Golo MANN, der empfahl, diese „unglücklichen Leute so bald und so freundlich wie möglich hinaus zu befördern", kritisierte die Unterbringung in Sammelunterkünften:

Gewalt in Sammellagern

„Sammelunterkünfte fordern die schlimmsten Rohlinge heraus. Sammelunterkünfte sind höchst geeignete Ziele, um zusammengeschlagen zu werden, ohne sich wehren zu können." (in: DIE WELT vom 19.10.1991)

Die betreuenden Organisationen berichten über eine häufige Überbelegung der Räume, über völlig unzureichende sanitäre Einrichtungen, über den Verlust jeder Privat- und Intimsphäre und über den Mangel an sinnvollem Zeitvertreib (Sportgeräte und Sportanlagen). Der Anspruch auf eine Wohnfläche von maximal 10 qm wird in den überbelegten Unterkünften häufig nicht eingelöst. Die Regierung der Oberpfalz hielt sogar 4 qm pro Person für ausreichend. Ein deutscher Dackel hat einen Rechtsanspruch auf einen 6 qm großen Zwinger. In der Regel bewohnt eine fünfköpfige Familie ein Zimmer mit 15-20 qm. Die Lagerinsassen wohnen nicht, sondern hausen, nur ausgestattet mit einem Bett, Stuhl und Schrankteil.

Verstöße gegen die Menschenwürde

Auf diesen Zustand bezog sich ein umstrittenes Urteil des baden-württembergischen Verwaltungsgerichtshofes (Mannheim) vom August 1989, das selbst der Bundesjustizminister in einer ungewöhnlichen Urteilsschelte als einer

Baunutzungsverordnung vs. Behausungen von Asylsuchenden

„Kulturnation unwürdig" tadelte. Das Gericht gab unter Berufung auf die Baunutzungsverordnung einer Klage gegen die geplante Unterbringung von Asylbewerbern in einer „reinen Wohngegend" statt, weil sie nicht nach üblichen Standards wohnen und deshalb zu Störfaktoren werden könnten. Das Gericht schützte den Anspruch von Hausbesitzern auf eine Wohnidylle, bestätigte aber gleichzeitig – sei es absichtlich oder unabsichtlich – die menschenunwürdige Unterbringung von Asylbewerbern. Einige Politiker empörten sich öffentlich über das Urteil, obwohl sie die Rechtsgrundlagen schufen, die ihm zugrunde lagen.

Das Bundesverfassungsgericht gab den höchstrichterlichen Segen

Die abschreckenden Lebensbedingungen in den Sammelunterkünften erhielten den höchstrichterlichen Segen des Bundesverfassungsgerichts, das in einem Urteil vom 20.9.1983 die „mit der Wohnsitznahme in Gemeinschaftsunterkünften typischerweise verbundenen Beschränkungen" nicht nur für zulässig, sondern im Sinne ihres Abschreckungszweckes sogar für „grundsätzlich erforderlich" erklärte. Diesem Urteil ist ebenso grundsätzlich entgegenzuhalten:

„Ein Zusammenpferchen von Menschen in Massenlagern – ohne Bewegungsfreiheit, ohne Kontaktmöglichkeiten mit ihrer Umgebung, ohne Arbeits- und Bildungsmöglichkeiten, ohne Geld und ohne Zuwendung bei totaler Fremdversorgung – ist menschenunwürdig und richtet Flüchtlinge psychisch und physisch vollends zugrunde." (KAUFFMANN 1986, 110)

5.1.1 Kochverbot und Fremdversorgung

Gemeinschaftsverpflegung bedeutet tagtägliche Fremdbestimmung

Unterbringung in Gemeinschaftsunterkünften bedeutet auch striktes Kochverbot (mit Ausnahme für Mütter mit Säuglingen) und Fremdverpflegung. Die Gemeinschaftsverpflegung aus Großküchen berücksichtigt allenfalls religiöse Tabus (kein Schweinefleisch für Moslems), aber keine Unterschiede in den Ernährungsgewohnheiten oder gar in den Geschmacksrichtungen. Die Gemeinschaftsverpflegung bedeutet tagtägliche Fremdbestimmung in einem elementaren Lebensbereich. Viele Lebensmittel aus „gutbürgerlicher Küche" landen in den Abfalleimern.

Das Kochverbot nimmt Ehefrauen und Müttern keine lästige Pflicht ab, sondern ein anerzogenes Bedürfnis und damit ein Stück Lebenssinn weg; es nimmt auch Männern eine selbstgestaltende Beschäftigungsmöglichkeit während des erzwungenen Nichtstuns. Die Form der Massenabfütterung demütigt nicht nur, sondern nimmt dem Essen auch eine über die bloße Nahrungsaufnahme hinausreichende soziale und kulturelle Funktion:

„Im Kochen und Essen zeigt sich auch eine Verwirklichung von Kultur, von Bestätigung eigener Identität, ja bis hin zum Zelebrieren von Mystik und der Ausübung religiöser Handlungen ... In den Mahlzeiten kann sich Freude, Trauer, Hoffnung und Zuversicht ausdrücken, es können sich darin intime familiäre Ereignisse widerspiegeln, es können sich darin religiöse und weltliche Feste als solche dokumentieren." (REUTHER/UIHLEIN 1985, 41)

Fremdverpflegung ist teurer

Wie die Unterbringung in Sammellagern ist auch die Fremdverpflegung keineswegs kostensparend. Verschiedene Modellversuche haben nachgewiesen, daß die Fremdverpflegung aus Großküchen etwa 10% mehr kostet als der Sozialhilfe-Regelsatz für Selbstversorgung kosten würde. Aber sie dient dem übergeordneten, obgleich kostenintensiven und organisationsaufwendigen Zweck der Abschreckung. Das Asylbewerberleistungsgesetz von 1993 erzwang für das erste Jahr des Aufenthalts den Ersatz von Bargeldleistungen durch die Zuteilung von Eßpaketen, die keinerlei Rücksicht auf Ernährungsgewohnheiten nehmen und die Kommunen doch mehr kosten als die Auszahlung der Sozialhilfe. Profiteure sind Unternehmer, die die Eßpakete liefern, Verlierer sowohl die Asylbewerber als auch die Kommunen (und damit letztlich die Steuerzahler). Die Absicht, die Asylsuche in Deutschland möglichst unattraktiv zu machen und den Schleppern das Geschäft zu verderben, mutet den Betroffenen Unzumutbares zu.

5.1.2 Eingeschränkte Bewegungsfreiheit

Das Lagerleben wird durch die Isolation von der Umwelt und die tagtägliche Erfahrung, ungebetener Gast zu sein, noch zusätzlich erschwert. Es gibt im Lager wenig Möglichkeiten zur grundrechtlich garantierten „Entfaltung der Persönlichkeit", weil sich individuelle Bedürfnisse unter den Bedingungen des Lagerlebens kaum entfalten können. Selbst die Chance, an einem Sprachkurs teilzunehmen, wurde seit 1981 unterbunden.

Es gibt aber auch außerhalb des Lagers zu wenig Bewegungsspielraum, weil die Lagerinsassen den Sprengel der zuständigen Ausländerbehörde nur mit deren Genehmigung verlassen dürfen. Sie lehnt aber häufig selbst Verwandtenbesuche in anderen Verwaltungsbezirken ab. Diese Einschränkung der Bewegungsfreiheit wiegt umso schwerer, da bei der Verteilung der Asylbewerber auf Bundesländer und Kommunen keine Rücksicht auf großfamiliäre Bande oder Freundschaften genommen wird. Das Grundrecht auf Freizügigkeit wird in einem Maße eingeschränkt, das nicht mit irgendwelchen Notwendigkeiten gerechtfertigt werden kann. Im übrigen entsteht ein erheblicher Anteil der in der Kriminalitätsstatistik ausgewiesenen „Kriminalität" bei Ausländern aus Überschreitungen der behördlich abgesteckten Aufenthaltssprengel.

Einschränkung der Freizügigkeit

5.1.3 Vom Arbeitsverbot zum Arbeitszwang

Es muß daran erinnert werden, daß der Parlamentarische Rat das Recht auf Asyl nur deshalb nicht mit einem Recht auf Arbeit verknüpfte, weil er das Recht auf Arbeit bereits im Grundrecht auf die „freie Entfaltung der Persönlichkeit" garantiert sah. Die Asylnovelle 1987 verlängerte das bereits bestehende Arbeitsverbot für Asylbewerber – mit Ausnahme der „Ostblock-Flüchtlinge", denen nur ein einjähriges Arbeitsverbot zugemutet wurde – auf fünf Jahre. Dieses Verbot konnte nicht arbeitsmarktpolitisch begründet werden, sondern hatte wiederum eine abschreckende Funktion.

Das Arbeitsverbot wurde aus menschenrechtlicher Sicht als eine „Bedrohung der seelischen Integrität" (TOMUSCHAT 1984, 151) kritisiert; es zwang zum

Arbeitsverbot als eine „Bedrohung der seelischen Integrität"

Nichtstun und Herumlungern, das in der uninformierten Öffentlichkeit das Vorurteil des Parasitentums auf Kosten der Steuerzahler verstärkte; und es verleitete viele Asylbewerber dazu, illegale Gelegenheitsarbeiten ohne jeden Schutz gegen Ausbeutung oder Unfälle zu übernehmen und außerdem eine strafrechtliche Verfolgung zu riskieren. In einigen Städten gingen die Staatsanwaltschaften auch gegen Asylbewerber vor, die in Restaurants Blumen zu verkaufen versuchten. Die Kontrolle illegaler Arbeit auf Baustellen wurde dagegen wesentlich laxer gehandhabt, obwohl sie Millionenverluste an Steuern und Sozialversicherungsbeiträgen bedeutet.

Verpflichtung zu „gemeinnütziger Arbeit"

Andererseits verpflichteten Kommunalverwaltungen Asylbewerber gelegentlich zu „gemeinnütziger und zusätzlicher Arbeit" im Rahmen des Bundessozialhilfegesetzes (BSHG). Der Bundesparteitag der CDU vom September 1989 beschloß, diese Pflicht zu gemeinnütziger Arbeit zu verstärken. Dabei bilden nicht einmal die niedrigen Stundenlöhne (um 2 DM), sondern der mit Abschiebedrohungen verbundene Zwang ein Rechtsproblem. Die Internationale Arbeitsorganisation (ILO) bewertete eine solche Zwangsarbeit als rechtswidrig. Die Bundesregierung widersprach dieser Rechtsauffassung, obwohl die ILO auf einen völkerrechtlich verbindlichen Vertrag hinweisen konnte. Art. 2 des Übereinkommens über Zwangs- oder Pflichtarbeit von 1930 lautet:

„Als Zwangs- oder Pflichtarbeit im Sinne dieses Übereinkommens gilt jede Art von Arbeit oder Dienstleistung, die von einer Person unter Androhung irgendeiner Strafe verlangt wird und für die sie sich nicht freiwillig zur Verfügung stellt."

Aufhebung des Arbeitsverbots

Das Argument ist populär, daß die Asylbewerber nicht dem Steuerzahler auf die Tasche fallen, sondern selbst für ihren Lebensunterhalt sorgen sollten. Bis zur Verhängung des Arbeitsverbots taten dies gut zwei Drittel trotz teilweise schwieriger Voraussetzungen. Mitte 1989 geriet das prinzipielle Arbeitsverbot als eine Bastion der Abschreckungspolitik ins Wanken – und zwar aus mehreren Gründen: Erstens wuchs in einzelnen Branchen und Dienstleistungsbereichen (Gastronomie, Baugewerbe, Landwirtschaft, Altenpflege) der Mangel an Arbeitskräften; zweitens drängten die Kommunen auf eine Entlastung ihres Sozialetats. Das Asylverfahrensgesetz von 1992 hob das Arbeitsverbot auf. Gleichzeitig verpflichtete das Asylbewerberleistungsgesetz von 1993 die Asylbewerber dazu, eine angebotene Arbeit anzunehmen. Für Tätigkeiten in kommunalen oder gemeinnützigen Einrichtungen sollten sie einen Stundenlohn von 2,00 DM erhalten.

5.1.4 Leben am Existenzminimum

Das Arbeitsverbot zwang die Asylbewerber dazu, Sozialhilfe in Anspruch zu nehmen. Das Bundessozialhilfegesetz (BSHG) verpflichtet den Staat, die „Führung eines Lebens zu ermöglichen, das der Würde des Menschen entspricht". Für Asylbewerber wurde durch eine Änderung des § 120 Abs. 2 BSHG der Sozialhilfe-Regelsatz generell um 15-30% gekürzt – obwohl das Bundesverwaltungsgericht in einem Urteil vom 14.3.1985 eine solche pauschale Kürzung für gesetzwidrig erklärt hatte. Was das BSHG in Einzelfällen (z. B. bei

„absichtlicher Verarmung" oder „gewillkürter" Arbeitslosigkeit) zuläßt, wurde bei Asylbewerbern verallgemeinert.

Teilweise begründeten Sozialämter die Kürzung des Regelsatzes auf das zum Leben Unerläßliche mit einem geringeren Ernährungsbedarf von Menschen aus armen Ländern. Der Berliner Senator für Gesundheit und Soziales stellte 1985 in einem Rundschreiben fest, daß die „generelle Vermutung" angebracht sei, daß die „Lebensbedürfnisse der Asylsuchenden anders, nämlich niedriger, gelagert sind" (vgl. ALT 1987, 16). Viele Sozialämter leisteten einen Teil der Sozialhilfe in Form von Sachleistungen (z. B. von gebrauchter Kleidung und Essenspaketen), die den Empfängern ein weiteres Stück Entscheidungsfreiheit nahmen. Nach dem Asylbewerberleistungsgesetz von 1993 sollen Asylbewerber künftig keine Leistungen nach dem BSHG mehr und für ihren „notwendigen Bedarf" weitgehend nur noch Sachleistungen erhalten. Außerdem erhalten unter 14-Jährige ein Taschengeld von 40 DM pro Monat, Ältere von 80 DM. Die Einschränkung der monetären Leistungen soll auch den Schleppern das Geschäft verderben.

<small>Das Asylbewerberleistungsgesetz von 1993</small>

Diese Leistungskürzungen sind schikanös, die Verweigerung von Krankenhilfe, die über das Allernotwendigste hinausgeht, sittenwidrig. Sozialämter verweigerten schwangeren Frauen Vorsorgeuntersuchungen, Kindern die üblichen Schutzimpfungen, Kriegsverletzten notwendige Operationen. Die Berliner „Ärztegruppe Asyl" lieferte in ihrer Anklageschrift „Abschrecken statt Heilen" hinreichend Belege für die wirksame Einschränkung des Grundrechts auf körperliche Unversehrtheit. Es gibt auch viele Sozialämter, die ihren Ermessensspielraum zu Gunsten der Asylbewerber ausschöpften. Aber auch sie gerieten in die Zwangsjacke verknappender Sozialetats aufgrund der steigenden Aufwendungen der Kommunen für Sozialhilfe und des innerdeutschen Lastenausgleichs.

<small>„Abschrecken statt Heilen"</small>

5.1.5 „Entwurzelungsdepression" im deutschen Exil

Mehrere Untersuchungen über die Folgen eines mehrjährigen Lagerlebens wiesen bei Asylbewerbern mit zunehmender Dauer des Aufenthalts Deprivationserscheinungen und Hospitalismusschäden nach. 60% der Insassen der Thiepval-Kaserne in Tübingen litten unter Depressionen; 50% flüchteten sich in einen übermäßigen Alkoholkonsum (vgl. HENNING/WIESSNER 1982).

<small>Psycho-soziale Folgen des Lagerlebens</small>

Als Folgeerscheinungen des Zwangsaufenthalts in Sammellagern, der ständigen Angst, abgelehnt und abgeschoben zu werden, und des Verlustes an gesicherter Lebensperspektive zählen Sozialarbeiter, Asylanwälte, Kirchen und Wohlfahrtsverbände auf:

– Depressionen, Niedergeschlagenheit, Apathie, Verlust jeder Eigeninitiative;
– verringertes Selbstwertgefühl und Schuldkomplexe;
– psychosomatische Beschwerden (Schlafstörungen und Krankheitsanfälligkeit);
– Verfolgungswahn und Suizidgedanken;
– Aggressionen und leichte Reizbarkeit, die bei nichtigen Anlässen zu Gewaltausbrüchen führen können;

- Anfälligkeit für Kurzschlußreaktionen (auch zur Rückreise trotz drohender Verfolgung);
- Ehe- und Erziehungsprobleme aufgrund dieser psychischen Belastungen.

„Entwurzelungs-depression"

Ärzte und Psychiater entdeckten – wie bei den verfolgten und emigrierten Juden – das typische Krankheitsbild der „Entwurzelungsdepression" (vgl. DER SPIEGEL, Nr. 33/1989). Sie erklärten auch den Amoklauf eines abgelehnten Asylbewerbers in Stuttgart als Ausbruch eines durch die ungesicherte Lebenslage in einem fremden Land aufgebauten Aggressionsstaus. Der Lageraufenthalt hat auch für diejenigen Asylbewerber, die schließlich anerkannt werden, häufig schwerwiegende Folgen: Sie haben nach der jahrelangen Fremdversorgung und Entmündigung große Schwierigkeiten, Dinge zu tun, die sie im Lager nicht tun durften, aber nun tun sollen: selbstverantwortlich einen Haushalt führen, das Leben planen, auf Arbeitssuche gehen etc.

5.1.6 Frauen und Kinder als Hauptleidtragende

Besondere Belastungen von Frauen im Asylverfahren

Frauen und Kinder sind in der Regel die ersten Opfer der Frustrationen und Aggressionen, die sich bei Ehemännern und Vätern stauen. Frauen wird mit dem Kochverbot eine sinnstiftende Aufgabe genommen. Sie sind in der Treibhausatmosphäre der Lager ständig sexuellen Belästigungen ausgesetzt, vor allem dann, wenn sie allein stehen.

Die räumliche Enge verhindert den Aufbau einer Intimsphäre. Gleichzeitig tun sich Frauen besonders schwer, Außenkontakte aufzubauen. Es fehlt an Beamtinnen und Dolmetscherinnen, mit denen sie über ihre Erfahrungen vor und während der Flucht und über traumatische Erlebnisse (wie Folter und Vergewaltigung) sprechen können. Der Versuch, interkulturelle Frauengruppen zu bilden, scheitert meistens an Sprachproblemen und/oder an rivalisierenden ethnisch-kulturellen Gruppenbildungen. SCHAAF/ESSINGER/PREUSS (1988) beschreiben am Beispiel einer tamilischen Flüchtlingsfrau die Zerstörung der weiblichen Identität unter den Bedingungen von Angst und Bedrohung im deutschen Exil.

Kinderfeindlichkeit des Lagerlebens

Unter den Bedingungen des Lagerlebens haben schließlich vor allem die Kinder zu leiden. Diese Lebensbedingungen sind kinderfeindlich, beeinträchtigen ihre soziale und psychische Entwicklung und hinterlassen langfristige Schäden und Verhaltensstörungen. Sie können ihren natürlichen Bewegungsdrang nicht ausleben, stoßen innerhalb des Lagers ständig auf Verbote und auf die Reizbarkeit der Erwachsenen und erleben außerhalb des Lagers Ausgrenzung und Ablehnung. Sprachliche Kommunikationsprobleme erschweren den Aufbau von Freundschaften und das Zusammenspielen. Viele zeigen Verhaltensstörungen, reagieren entweder mit Verängstigung und Krankheitsanfälligkeit oder mit aggressivem Verhalten auf ihre Lebenssituation. Sozialarbeiter berichten, daß sich der Bedürfnisstau häufig in Zerstörungswut austobt.

Die Behörden verweigern den Kindern nicht nur eine hinreichende therapeutische Hilfe, sondern in einigen Bundesländern auch das Recht, einen Kindergarten, eine Schule oder Berufsschule zu besuchen. Nach ministerieller Anordnung findet hier eine „Schulpflicht für Kinder von Asylbewerbern nicht statt", weil sie nicht auf ein Verbleiben in der Bundesrepublik vorbereitet werden sollen. Allerdings gelang es den Betreuungsorganisationen in Absprachen mit den Behörden und Schulverwaltungen, diese Verweigerung der Schule zu durchbrechen.

Auch die Bundesrepublik hat die von der UN-Vollversammlung am 20.11.1959 beschlossene Charta des Kindes unterzeichnet, die in Grundsatz 1 allen Kindern „ohne jede Ausnahme und ohne Unterscheidung oder Benachteiligung durch Rasse, Hautfarbe, Geschlecht, Sprache, Religion, politische oder sonstige Überzeugung, nationale oder soziale Herkunft, Eigentum, Geburt oder sonstige Umstände" besonderen Schutz zusagt. Sie hat auch das Haager Minderjährigen-Schutzabkommen von 1961 unterzeichnet und stimmte der neuen UN-Kinderkonvention zu. Die Bundesrepublik verweigert aber den Flüchtlingskindern viele der in diesen internationalen Abkommen verankerten Rechte.

Widersprüche zur „Charta des Kindes"

5.2 Bilanz der „flankierenden Maßnahmen"

Das Ansteigen der Bewerberzahlen scheint zu belegen, daß die Abschreckungspolitik nach außen nicht gewirkt hat. Andererseits erwies sich die Erfolgsmeldung aus Bayern, daß die besonders konsequente Abschreckungspolitik eine „überproportional hohe freiwillige Ausreise" bewirkt habe, nur als ein „Erfolg" aus bayerischer Sicht. Die Innenminister der anderen Bundesländer beobachteten nämlich eine Fluchtbewegung von Asylbewerbern aus Bayern in andere Bundesländer, wo sie häufig in der Illegalität untertauchen oder den mit Folgekosten verbundenen Verteilungsschlüssel durcheinanderbringen. Es gibt also eine neue Gruppe von Flüchtlingen: Binnenflüchtlinge innerhalb eines föderalistisch verfaßten Zufluchtslandes.

Innerdeutsche Fluchtbewegung von Asylbewerbern

Zusammenfassend schließt sich der Autor der Kritik an, die die vom Kirchenamt der EKD (Evangelische Kirche in Deutschland) 1986 vorgelegte Denkschrift „Flüchtlinge und Asylsuchende in unserem Land" an den Maßnahmen zur Eindämmung des Zustroms von Asylsuchenden übte:

Kritik der EKD

„Aus rechtlichen und vor allem humanen Gründen bestehen ganz erhebliche Bedenken gegen solche asylpolitischen Maßnahmen. Sie sollen den möglichen Mißbrauch des Asylrechts eindämmen, damit es den wirklich politisch verfolgten Flüchtlingen zugute kommen kann. Tatsächlich treffen aber diese Maßnahmen nach allen vorliegenden Erfahrungen vor allem diejenigen, die aus einer wirklichen Verfolgungssituation in ihrem Heimatland fliehen müssen und denen kaum noch eine andere Möglichkeit offen bleibt, die Bundesrepublik auf legalem Weg zu erreichen, oder die hierher kommen konnten und nun als politische Flüchtlinge jahrelang den zermürbenden Zwängen von Lageraufenthalt, Arbeitsverbot usw. ausgesetzt sind. Die negativen Folgen dieses Verfahrens – Abdrängung der Asylsuchenden in die Illegalität von Paßfälschungen usw. einerseits, psychosomatische Erkrankungen und Langzeitschäden und somit nicht zuletzt große Belastungen für die Staatskasse andererseits – werden immer offenkundiger." (23 f.)

Die bereits erwähnten „christlich-sozialen Positionen für eine nationale und ethisch verantwortbare Asylpolitik" übten mitten aus der Regierungsfraktion der

CDU/CSU deutliche Kritik an der asylpolitischen Abschreckungspolitik und betonten unter ihren „Grundsätzen bei der Behandlung von Flüchtlingen, die sich aus unserer Verfassung und dem darin vorgegebenen Menschenverständnis ergeben" etwas Selbstverständliches, was aber in der deutschen Asylpraxis nicht selbstverständlich ist:

„Jeder Flüchtling ist ein Mensch. Unabhängig von den Motiven seiner Flucht, seiner Rechtsstellung und der Dauer seines Aufenthaltes bei uns hat er Anspruch auf menschenwürdige Behandlung." (zitiert nach dem hekt. Manuskript)

5.3 Asylsuchende: eine marginalisierte Randgruppe

Rechtlosigkeit der Asylsuchenden

Die Asylsuchenden und geduldeten de facto-Flüchtlinge bilden – im Unterschied zu den Asylberechtigten – eine Randgruppe mit wenigen Rechten. Ihr Aufenthalt dient zunächst nur dem Zweck, ihre Asylberechtigung festzustellen. Allein die Vermutung, daß rund neun Zehntel dieses Privileg nicht erhalten, bringt sie in eine prekäre Außenseiterrolle. Sie sind ein „völkerrechtliches Nichts", weil sie sich auch nicht auf die GFK berufen können; sie bilden eine im ursprünglichen Wortsinn „asoziale" Gruppe, weil sie von der eigenen Gesellschaft ausgestoßen und von der „Gastgesellschaft" nicht angenommen wurden. Man kann sie durchaus als Paria-Gruppe bezeichnen. Weil sie keinerlei politische Mitspracherechte haben, sind sie auf „proxies" angewiesen, die sich ihrer Sache annehmen.

Es ist hier wiederum wichtig, zwischen der umfassenden Gruppe der „Ausländer" und der Sondergruppe der Asylsuchenden zu unterscheiden. Ausländische Arbeitnehmer mit einer Aufenthalts- und Arbeitsberechtigung, unter ihnen vor allem die mit dem Freizügigkeitsprivileg ausgestatteten EU-Bürger, haben sich inzwischen auf verschiedener Ebene in Interessenverbänden und Ausländerbeiräten organisiert, in denen sie ihre Interessen gegenüber Bundes-, Landes- und Kommunalbehörden zu artikulieren vermögen. Sie haben seit Ende 1978 im Amt des/der „Ausländerbeauftragten" eine Vermittlungsinstanz zu den Bundesinstitutionen erhalten, die aber auftragsgemäß nicht für Asylsuchende, die nicht integriert werden sollen, zuständig ist. Das Zirndorfer Bundesamt ist eine Durchführungsorganisation des Asylverfahrens, die sich nicht als Sachwalterin der Betroffenen versteht. Wenn der Anfang März 1994 vorgelegte Bericht der Ausländerbeauftragten eine Verbesserung der Lage der Ausländer feststellte, dann gilt diese Aussage nicht für die Asylsuchenden.

Asylbewerber sind „ganz unten"

Unter der Großgruppe der Ausländer befinden sich die Asylbewerber „ganz unten" (nach dem Buchtitel von Günther Wallraff), unter ihnen alle mit dunkler Hautfarbe wiederum „ganz unten", weil sie in einer „weißen Gesellschaft" die Fremdesten der Fremden sind und die größte Fremdenangst auslösen. Aus dem Erlebnisbericht eines asylberechtigten Afrikaners:

„Ausländer in Deutschland zu sein, ist schon schlimm genug, aber als Asylant hier zu sein, muß man vermeiden, noch dazu ‚Neger' zu sein, ist das allerletzte, was man sich erlauben kann." (zitiert nach KAUFFMANN 1986, 98)

Auch die Asylsuchenden können sich auf die Grundrechte berufen, soweit sie nicht ausdrücklich deutschen Staatsangehörigen vorbehalten sind. Aber manche Aspekte ihrer gesetzlich geregelten Behandlung lassen sich schwerlich mit dem Gebot zum Schutz der Menschenwürde vereinbaren. Sie ist das Maß der Humanität.

5.4 Forderungen der „Flüchtlingslobby"

Die „Flüchtlingslobby" fordert vor allem die Rücknahme der seit 1982 verhängten Abschreckungsmaßnahmen und die Wiederherstellung des früheren Zustandes, der der Bundesrepublik keine untragbaren Lasten aufgebürdet und ein Stück mehr „praktizierte Humanität" ermöglicht hat:

Forderungen nach Zuerkennung von Menschenrechten

- die Auflösung der Sammellager und die freie Wahl des Aufenthaltsortes;
- die Wiederherstellung der Bewegungsfreiheit;
- das Recht, sich selbst zu versorgen, das den Sozialstaat weniger kostet als die Gemeinschaftsverpflegung;
- das Recht auf Arbeit, das den Deutschen keine Arbeitsplätze wegnimmt, weil die Asylbewerber auch schlecht bezahlte Gelegenheitsarbeiten übernehmen;
- das Recht auf „körperliche Unversehrtheit", das z. B. die Verweigerung notwendiger Krankenhilfe untersagt;
- mehr therapeutische Betreuung für Frauen und Kinder, die besonders unter den Bedingungen des Lageraufenthaltes zu leiden haben;
- kurzum: mehr Anrecht auf menschenwürdige Behandlung und Zuerkennung von allgemein anerkannten Menschenrechten bzw. speziellen Rechten für Frauen und Kinder.

Die „Flüchtlingslobby" neigt in ihrem humanitären Engagement gelegentlich dazu, gesellschaftliche und politische Realitäten zu ignorieren oder zu unterschätzen. So würde die freie Wahl des Aufenthaltsortes mit hoher Wahrscheinlichkeit zu einer Ballung der Asylbewerber in wenigen städtischen Zentren führen, deren Wohnungsmarkt schon überlastet ist. Asylpolitik darf Ressentiments nicht provozieren, weil sie auf breite Akzeptanz angewiesen ist. Maximalforderungen sind auch der Sache der Asylsuchenden nicht förderlich. Ohne eine aktive „Flüchtlingslobby" auf den verschiedenen politischen Handlungsebenen hätten aber die Flüchtlinge, die dem Behördenapparat und einem für sie undurchschaubaren Paragraphenwerk hilflos gegenüberstehen, keine Verteidiger und Fürsprecher gehabt. Sie hat Politik, Verwaltung und Öffentlichkeit gelegentlich genervt, aber auch für die Belange der Flüchtlinge sensibilisiert. Die „Flüchtlingslobby" repariert einige der Schäden, welche die Flüchtlingspolitik anrichtet.

6 Ausländerpolitik und Ausländerrecht

Überlagerung des „Ausländerproblems" durch das „Asylproblem"

Das „Asylproblem" ist nur ein Teilproblem des „Ausländerproblems", hat aber seit Mitte der 80er Jahre die ausländerpolitische Diskussion völlig überlagert. Wie Kap. 2 zeigte, machten „Flüchtlinge" auch zu Beginn der 90er Jahre allenfalls ein knappes Fünftel der in Deutschland lebenden Ausländer aus. Wenn Ausländer Arbeitnehmer, Geschäftsleute oder Studenten waren, beklagten sie sich, Opfer der tatsächlichen oder befürchteten Ausländerfeindlichkeit geworden zu sein, die durch die vom Zustrom von Asylsuchenden, Aus- und Übersiedlern verschärfte Mangel- und Konkurrenzsituation aufgekocht wurde. Die japanische Botschaft hielt ihre Landsleute an, sich schon durch die Kleidung von anderen Ausländern positiv zu unterscheiden.

Funktionen des Ausländerrechts

Das Ausländerrecht regelt die Rechte und Pflichten der in der Bundesrepublik lebenden Ausländer, vor allem aber die „Belange" des Gastlandes und die Pflichten der Ausländer; es ist das in Paragraphen gegossene Resultat der Ausländerpolitik, Ausdruck des Selbstverständnisses der deutschen Gesellschaft und Manifestation ihres Willens, wie sie mit den aus verschiedenen Gründen in das Land gekommenen Fremden umgehen will. Das Ausländerrecht sagt über die psycho-soziale Befindlichkeit einer Gesellschaft, ihr Verständnis von Menschenrechten und ihr Verhältnis zur Außenwelt mehr aus als alle Diplomatie und amtliche Rhetorik.

Politik hat mit Gestaltung und Problemlösungen zu tun, Ausländerpolitik mit der Gestaltung des Zusammenlebens zwischen einheimischer Mehrheit und zugewanderten Minderheiten. Wie hat die deutsche Politik auf die Probleme reagiert, die ihr durch die unfreiwillige Entwicklung zum Einwanderungsland entstanden sind? Sie war im In- und Ausland zunehmend mit dem Vorwurf konfrontiert, einer wachsenden Ausländerfeindlichkeit nicht nur untätig zuzuschauen, sondern sie durch die politische Alltagssprache, gesetzgeberische Maßnahmen und Unterlassungen sogar zu verstärken. Sicherlich bildet die Ausländerpolitik einen Prüfstein für die Toleranzfähigkeit von Gesellschaft und Politik (die sich auf „Volkes Stimme" zu berufen pflegt).

6.1 Phasen der Ausländerpolitik

Phasen der Ausländerpolitik

Man kann mit K.-H. MEIER-BRAUN (1988) die Ausländerpolitik in mehrere Phasen einteilen: In der von Mitte der 50er Jahre bis Anfang der 70er Jahre dauernden „Anwerbephase" wurden, vorbereitet durch staatliche Anwerbeabkommen und durchgeführt von Kommissionen der Bundesanstalt für Arbeit, Millionen von „Gastarbeitern" ins Land geholt. Ausländerpolitik war Arbeitsmarktpolitik.

Die durch den Anwerbestopp von 1973 eingeleitete zweite Phase zielte auf die „Konsolidierung der Ausländerbeschäftigung" durch Zuwanderungsbegrenzung, Rückkehrförderung und Ansätze zu einer sozialen Integration der in der Bundesrepublik bleibenden – und von den Arbeitgebern zum Bleiben animierten – Gastarbeiter und ihrer Familien. Die Rückkehrförderung wurde nicht nur durch die Familienzusammenführung, sondern auch durch die rechtliche Absicherung des Daueraufenthalts durch die Gewährung von unbefristeten Aufenthaltserlaubnissen nach fünf Jahren konterkariert.

In der dritten „Phase der Integrationskonzepte", die 1978 mit der Berufung des ersten „Beauftragten der Bundesregierung für die Integration der ausländischen Arbeitnehmer und ihrer Familienangehörigen" (des früheren Ministerpräsidenten von NRW, Heinz Kühn) eingeleitet wurde, wurden konkurrierende Konzepte zur Integration der „zweiten Ausländergeneration" diskutiert. Während aber das im September 1979 vorgelegte „Kühn-Memorandum" davon ausging, daß aus „Gastarbeitern auf Zeit" Einwanderer auf Dauer geworden seien, und deshalb weitgehende Integrationsvorschläge (von der Erleichterung der Einbürgerung bis zum kommunalen Wahlrecht) machte, blieb die damalige sozialliberale Bundesregierung einer durch Integrationskonzepte ergänzten Arbeitsmarktpolitik verhaftet.

Nach Meier-Braun wurde 1981 die vierte Phase mit einer „Wende in der Ausländerpolitik" eingeleitet, in der der „Wettlauf um Integrationskonzepte" durch einen „Wettlauf um eine Begrenzungspolitik" abgelöst wurde. Diese Wende wurde durch die noch von der sozial-liberalen Koalition beschlossenen Maßnahmen zur Rückkehrförderung eingeläutet, die nach der Bundestagswahl vom März 1983 weitgehend in das Rückkehrförderungsgesetz eingingen. Die Rückkehrprämien (von 10 500 DM pro Kopf) und die vorzeitige Erstattung von Beiträgen aus der Rentenversicherung täuschten Handeln vor, erzielten aber eher „Mitnahmeeffekte" bei ohnehin Rückkehrwilligen, aber keine darüber hinaus gehende Rückkehrbereitschaft.

Die Wende in der Ausländerpolitik (1981)

Der neue Bundesinnenminister Friedrich Zimmermann aus den Reihen der CSU, die sich als besonders familienfreundlich darstellt, brach mit dem Koalitionspartner FDP einen Streit über die Senkung des Nachzugsalters für ausländische Kinder vom Zaun und polarisierte die ausländerpolitische Diskussion durch markige Sprüche, die wenig von der „menschlichen Ausländerpolitik" erkennen ließ, die die neue Bundesregierung in einem Dringlichkeitsprogramm angekündigt hatte. Der damalige bayerische Ministerpräsident Franz-Josef Strauß bereicherte die Verbalinjurien gegen Asylbewerber durch ihre Stigmatisierung als „Asylschnorrer". Die CSU und bayerische Staatsregierung, begleitet von der CDU-Regierung in Baden-Württemberg, trugen wesentlich zur Polarisierung in der Ausländerpolitik bei. Die dringlich erforderliche rechtspolitische Gestaltung des zunehmend demagogisch aufgeheizten „Ausländerproblems" blieb aber aus.

Polarisierung statt Humanisierung der Ausländerpolitik

6.2 Das Ausländergesetz von 1990

Der „Vorreferentenentwurf" für ein neues Ausländergesetz (1988)

Die Regierungserklärung von Bundeskanzler Helmut Kohl vom 18.3.1987 kündigte eine grundlegende gesetzliche Neugestaltung des Ausländerrechts an. Im Februar 1988 wurde ein interner „Vorreferentenentwurf" bekannt, der heftige Kritik auslöste. Er sah neben einem Ausländerintegrationsgesetz (AIG) für eine Minderheit von Ausländern, die schon vor dem Anwerbestopp von 1973 in die Bundesrepublik eingereist waren und nun einen Regelanspruch auf Aufenthaltsverfestigung erhalten sollte, ein Ausländeraufenthaltsgesetz (AAG) vor.

Dieses AAG sollte erklärtermaßen die „nicht mehr verkraftbare Zuwanderung" von Ausländern abwehren, einen „prinzipiellen Vorrang der öffentlichen Interessen vor den Belangen des Ausländers" sicherstellen und „die Frage des Selbstverständnisses der Bundesrepublik Deutschland als eines deutschen Staates" mit entsprechenden Ausgrenzungen beantworten. Zitat aus dem „Vorreferentenentwurf":

„Die Souveränität eines jeden Staates ist auf das eigene Staatswohl und das Wohl des eigenen Staatsvolkes verpflichtet. Auch gehört es zum Kernbereich staatlicher Souveränität, autonom zu entscheiden, ob und inwieweit ausländische und Ausländerinteressen mit den eigenen Interessen übereinstimmen..."

Kritik von vielen Seiten

Die Bewahrung der nationalen Homogenität und des „eigenen nationalen Charakters" war das Leitziel des AAG-Entwurfs, der eine Wagenburg-Mentalität offenbarte. Er wurde von der „Flüchtlingslobby" als „Kampfgesetz gegen Flüchtlinge" kritisiert, weil er das Verbot politischer Betätigung und die Eingrenzung von Gründen, die eine Duldung von de facto-Flüchtlingen erlauben, vorsah. Auch aus der FDP-Fraktion kam der Vorwurf, daß die Verfasser des Entwurfs Ausländer ausschließlich als Last und Bedrohung betrachten würden. Der Entwurf war innerhalb der Koalition nicht mehr konsensfähig, zumal ihn der Bundesinnenminister wieder mit der (CSU-) Forderung nach einer Änderung von Art. 16 Abs. 2 Satz 2 GG überfrachtete.

Rückzug und Wiedervorlage von Gesetzentwürfen

Der umstrittene Gesetzentwurf wurde zurückgezogen, nachdem sich eine breite Ablehnungsfront gebildet hatte, die von den Kirchen, Wohlfahrtsverbänden, Arbeitgeberverbänden und Gewerkschaften, Menschenrechtsgruppen und Flüchtlingsräten über die parlamentarische Opposition bis hinein in Teile der CDU und FDP reichte. Nach den Wahlerfolgen der „Republikaner" bei den Wahlen in Berlin (Januar 1989) und Kommunalwahlen in Hessen (März 1989) wurde der Ruf nach einem neuen Ausländerrecht wieder lauter. Eine Arbeitsgruppe aus Vertretern der drei Koalitionsparteien legte im April 1989 „Eckwerte" für den Entwurf eines neuen Ausländergesetzes vor. Der Bundesparteitag der CDU vom September 1989 verabschiedete einstimmig einen Leitantrag, der eine Verschärfung des Asylverfahrensrechtes vorsah. Wenig später brachte der neue Bundesinnenminister Wolfgang Schäuble einen Gesetzentwurf in das Gesetzgebungsverfahren ein.

„Eckwerte" für ein neues Ausländerrecht

Dieser Gesetzentwurf sah einerseits Erleichterungen (u. a. „Verfestigung" des Aufenthalts, Nachzug von Familienangehörigen) für Ausländer vor, die bereits längere Zeit in der Bundesrepublik lebten, wollte andererseits vor allem die

„Zuwanderung weiterer Ausländer" verhindern. Er errichtete vor allem für Flüchtlinge aus der Dritten Welt fast unüberwindbare Hürden. Die Möglichkeiten von Grenzbehörden zur Zurückweisung sollten erweitert, die Rechtswegegarantie noch weiter eingeschränkt sowie schneller und konsequenter abgeschoben werden. Obwohl wieder eine breite Front der Kritiker entstand und die Ausländerbeauftragte Liselotte Funcke dem Gesetzentwurf eine durch wenige Zugeständnisse geschönte „Verschlimmbesserung des geltenden Ausländerrechts" vorwarf (vgl. FR vom 26.10.1989), wurde er nach kräftigen Korrekturen durch die Experten der Koalitionsfraktionen und zahlreiche Änderungsvorschläge im Innenausschuß am 26. April 1990 vom Bundestag verabschiedet und trat am 1.1.1991 in Kraft.

Das hastig verabschiedete und höchst komplizierte Paragraphenwerk erleichterte einerseits den Familiennachzug und die Einbürgerung und gab den ehemaligen Gastarbeitern durch eine Daueraufenthaltserlaubnis einen Einwanderungsstatus. Das waren begrenzte Fortschritte. Das Gesetz enthält auch einige asylrechtliche Verbesserungen: So dehnte es den Schutz von politisch Verfolgten auch auf Ehepartner und Kinder aus, die bisher in ein getrenntes Asylverfahren gezwungen worden waren, und führte eine „Altfallregelung" ein, die erfolglosen Asylbewerbern, die sich schon seit acht Jahren in der Bundesrepublik aufhielten, eine unbefristete Aufenthaltserlaubnis einräumte; es hielt auch an der bisherigen Regelung fest, die ausländischen Ehepartner von Deutschen nach drei Jahren einen Rechtsanspruch auf unbefristete Aufenthaltserlaubnis zusichert.

Das Ausländergesetz von 1990

Andererseits verschärfte das Gesetz die Ausweisungsbefugnisse (z. B. bei Straftaten), erweiterte die Ermessensspielräume der Ausländerbehörden bei der Verlängerung befristeter Aufenthaltserlaubnisse und machte beispielsweise die Erteilung von unbefristeten Aufenthaltserlaubnissen vom Nachweis ausreichenden Wohnraums abhängig – und dies bei wachsender Wohnungsnot gerade für einkommensschwache Gruppen. Das Gesetz wirbt um das Vertrauen der Ausländer und steckt doch voller Mißtrauen; es behandelt sie als potentielle Gefahr für die innere Sicherheit und das Wohlbefinden der Gastgesellschaft und unterwirft sie deshalb einem polizeistaatlichen Überwachungssystem; es läßt Angst vor dem Fremden erkennen und droht ihm ständig mit dem Knüppel der Ausländerpolizei (vgl. STRUCK 1990).

Ausländer als Gefahr für die innere Sicherheit

Das neue Gesetz hat die Einbürgerung erleichtert, aber nicht vereinfacht. Deshalb tauchten bald Forderungen nach Nachbesserungen auf, auch aus den Regierungsfraktionen, besonders nach den Brandanschlägen auf türkische Familien. Es drückte sich auch um die Einführung einer doppelten Staatsbürgerschaft, ohne die die Bereitschaft zur Einbürgerung gebremst bleibt (vgl. Teil III, Kap. 2.2) bzw. ließ sie nur in Härtefällen zu, wenn z.B. ein Herkunftsstaat die Entlassung aus seiner Staatsangehörigkeit verweigert. Die Bundesregierung versprach den Ausländern mehr Rechtssicherheit, aber diese Sicherheit ging in einem „Meer von Einzelregelungen, von Voraussetzungen und Bedingungen" unter: „Es gibt kein anderes deutsches Gesetz, das einen verderblichen Perfektionismus so auf die Spitze treibt." (Heribert PRANTL in: SZ vom 25.4.1990) Das neue Ausländerrecht ist für Ausländer ein Buch mit sieben Siegeln, für Rechtskundige eine Tortur und für Ausländerbehörden eine äußerst komplizierte Handlungsanleitung.

Ein „Meer von Einzelregelungen"

Das Ausländergesetz von 1990 setzte in Paragraphen um, was Hubert HEINELT (1994, 9) „Integration plus Begrenzung" nannte, also eine Kombination von verschärften Zuzugskontrollen mit Integrationsangeboten für bereits länger ansässige Ausländer. Das Gesetz versuchte, die bereits eingetretene Einwanderungssituation zu regeln, begründete aber noch keine Einwanderungspolitik (vgl. THRÄNHARDT 1994).

6.3 Ungelöste Aufgaben der Ausländerpolitik

Mit der Novellierung des Ausländerrechts und der Ergänzung des Art. 16 GG hat die Bundesrepublik weder die aus der aktuellen Einwanderungssituation resultierenden Probleme in den Griff bekommen noch Konzepte für die Bewältigung der „Zukunftsangst Einwanderung" (WINKLER 1992) gewonnen. Klaus BADE (1992, 42) stellte der Ausländerpolitik einen umfassenden Katalog von Aufgaben:

Leitlinien für eine neue Ausländerpolitik

„Dabei muß den Gemeinsamkeiten und Besonderheiten der verschiedenen Gruppen innerhalb der zugewanderten Minderheiten ebenso Rechnung getragen werden wie ihrem durch unterschiedliche Erfahrungen aus bereits durchlebten Phasen der Einwanderungssituation mitbestimmten Verhältnis zur einheimischen Bevölkerung und zu anderen Gruppen. Der Einwanderungssituation muß legislativ entsprochen werden durch ein für beide Seiten, Aufnahmegesellschaft und zugewanderte Minderheiten, gleichermaßen transparentes Rechtsgebäude für die Gestaltung von Lebensperspektiven. Es muß eingebettet sein in ein tragfähiges, wirtschafts-, sozial- und kulturpolitisches, mithin im weitesten Sinne gesellschaftspolitisches Gesamtkonzept einer Politik für Migration, Integration und Minderheiten. Sie muß das gesamte Spektrum erfassen und durch Ausgleichs- und Vermittlungsfunktionen zu verhindern streben, daß einzelne Segmente kollidieren oder gar gegeneinander ausgespielt werden. Dazu gehört schließlich eine differenzierte, gestufte und in den Übergangszonen flexible Gesamtkonzeption für eine aktive Begleitung von Einwanderungs- und Eingliederungsprozessen der verschiedensten Art für das Zusammenleben mit und innerhalb der zugewanderten Minderheiten. Sie sollte ein institutionelles Netz bieten für weitgefächerte und tiefgestaffelte Hilfs- und Verständigungsangebote. Und sie muß insgesamt eingebracht werden in den übergreifenden Kontext einer europäischen Migrations-, Integrations- und Minderheitenpolitik."

„Manifest der 60"

Das ist ein anspruchsvolles Programm. Ein faktisches Einwanderungsland kann sich aber nicht auf Dauer mit Notlösungen um die Gestaltung der Einwanderungs- und Integrationspolitik herumdrücken. Die Fähigkeit zu einer verantwortungsbewußten Einwanderungspolitik setzt die Einsicht voraus, daß Deutschland zu einem Einwanderungsland und Europa zu einem Einwanderungskontinent geworden ist. Verbale Dementis verändern keine Fakten und lösen keine Probleme. Das „Manifest der 60" (BADE 1993) enthält eine Fülle von konkreten Empfehlungen zur Gestaltung einer zugleich rationalen und humanen Einwanderungspolitik.

Es geht in der Ausländerpolitik aber um mehr als nur die Regelung von Einwanderung; es geht um die Grundsatzfrage, welche Rechte die „ausländischen

Mitbürger", denen zwar Menschenrechte, aber keine Bürgerrechte zustehen, haben sollen und wie sie sich am gesellschaftlichen und politischen Leben des Gastlandes beteiligen können. Diese Trennung zwischen Menschen- und Bürgerrechten steht zur Debatte. Der Entwurf für eine neue deutsche Verfassung sieht zwar die verfassungsrechtliche Verankerung des Umwelt- und Tierschutzes, aber nicht des Schutzes von ethnischen Minderheiten als Staatsziele vor. Ein Pluralismus ohne Anerkennung von Minderheitenrechten ist ein verzerrter Pluralismus, der auch auf den Begriff des „institutionellen Rassismus" gebracht wurde (vgl. Kap. 4.3 von Teil III). Die Ausgrenzung von über fünf Millionen „ausländischen Mitbürgern" aus der Verfassung, die das Zusammenleben der Gesellschaft regeln soll, weist auf das eigentlich ungelöste Problem der deutschen Ausländerpolitik hin.

Teil III:
Herausforderungen an Deutschland und Europa

Einführung zu Teil III

Teil III beschäftigt sich zunächst mit den Herausforderungen, vor die das „unerklärte Einwanderungsland" Deutschland gestellt ist. Ist die Belastungsgrenze für die Zuwanderung bereits überschritten (wie viele Politiker behaupten) oder braucht Deutschland zur Bewahrung seines Wohlstandes und Ausbalancierung seiner Altersklerose noch mehr Einwanderer (wie die Wirtschaftsverbände und viele Wissenschaftler behaupten)? Kapitel 2 behandelt den politischen und rechtlichen Streit über das kommunale Wahlrecht für Ausländer, die doppelte Staatsbürgerschaft und ein Einwanderungsgesetz.

Die Rekonstruktion dieser Streitpunkte zeigt, daß sich die politischen Entscheidungsträger und die „herrschende Lehre" in Rechtswissenschaft und Justiz schwer tun, sich mit den Gegebenheiten und Erfordernissen eines Einwanderungslandes abzufinden. Dies wird auch deutlich bei der emotionsgeladenen Debatte über das Konzept der „multikulturellen Gesellschaft", die manche als friedliche „bunte Republik" romantisieren, manche als „multi-kriminelle Konfliktgesellschaft" dämonisieren. In dieser Debatte tauchte auch der Begriff der „Entdeutschung" auf – ein Begriff aus dem „Wörterbuch des Unmenschen".

Eine Beschäftigung mit dem Migrationsproblem kann nicht die wachsende Fremdenfeindlichkeit in allen westlichen Gesellschaften ausklammern. Kapitel 4 rekonstruiert die Suche nach den Ursachen dieser Xenophobie, die am militantesten dort in Erscheinung tritt, wo die wenigsten Ausländer leben, also in den neuen Bundesländern. Die TheoretikerInnen des „neuen Rassismus" halten schon den Begriff der Fremdenfeindlichkeit für einen Euphemismus, der rassistische Strukturen, Einstellungen und Verhaltensweisen veschleiere. Schließt man sich ihren Prämissen an, dann ist es nicht nur schwierig, sondern sogar unmöglich, nicht rassistisch zu sein.

Kapitel 5 reflektiert über den häufig mißverstandenen, weil mit viel Pathos angereicherten Heimatbegriff, dessen Bedeutung erst durch das Erleiden des Heimatverlustes, des Exils, erahnt werden kann. Thomas MANN sprach vom „Herzasthma des Exils". Das *Deutsche Wörterbuch* der Gebrüder GRIMM entdeckte die Urbedeutung des Wortes „Elend" im „Wohnen im Ausland, in der Fremde". Absicht dieser Gedanken ist, Empathie für diejenigen zu wecken, denen das pauschale und stigmatisierende Mißtrauen entgegenschlägt, als „Wirtschaftsflüchtlinge" oder gar als „Asylschnorrer" in die „Festung Europa" einzudringen.

Das abschließende Kapitel 6 greift die Diskussion des Schlußkapitels von Teil I auf und bezieht sie auf Europa: Welche Optionen hat Westeuropa (EU/EWR), um dem Migrationsdruck aus dem Osten und Süden entgegenzuwirken?

Bleibt das „gemeinsame Haus Europa" zwischen einem „Herrenhaus" im Westen und einem „Gesindehaus" im Osten geteilt, obwohl die KSZE-„Charta für das neue Europa" das Recht auf Freizügigkeit verankerte? Das Kapitel zeigt, daß eine wirksame Eindämmung des Migrationsdruckes aus dem Osten und Süden ohne eine grundlegende Neustrukturierung der internationalen Wirtschaftsbeziehungen und ohne eine Weltsozialpolitik nicht möglich sein wird; sie wird also auch nicht ohne Wohlstandseinbußen auf den Wohlstandsinseln möglich sein.

1 Ist das Boot voll?

Kaum ein Redner in der Debatte im Deutschen Bundestag am 26.5.1993, nach der mit verfassungsändernder Mehrheit die Ergänzung zum Art. 16 GG beschlossen wurde, konnte die Zweifel unterdrücken, daß mit dieser Rundherumverriegelung der deutschen Grenzen tatsächlich der Zuwanderungsdruck aufgefangen werden kann. Bei nüchterner Analyse demographischer, ökonomischer und politischer Entwicklungen in Randeuropa jenseits des EWR und in der übrigen Welt muß Deutschland mit offenen Grenzen zur EU trotz Art. 16a GG und „Schengen II" mit einem Zuwanderungsdruck aus folgenden Quellen rechnen:

Der Zuwanderungsdruck wird anhalten

- mit einer anhaltenden Zuwanderung von Aussiedlern aus dem GUS-Raum, die nur mit administrativen Steuerungsmaßnahmen durch das Bundesverwaltungsamt auf etwa 200.000 pro Jahr begrenzt werden kann – falls die „deutschstämmigen" Aussiedler nicht doch noch Einwanderungsquoten eines eventuellen Einwanderungsgesetzes unterworfen werden sollten (was eine Änderung des Art. 116 GG voraussetzen würde);
- einer innerdeutschen Ost-West-Wanderung, bis eine Angleichung der Lebensverhältnisse eine West-Ost-Rückwanderung in Gang setzen könnte;
- einer von der ökonomischen Entwicklung in den Mitgliedsstaaten der EU abhängigen Binnenwanderung innerhalb des europäischen Binnenmarktes, die allerdings auch eine Abwanderung einschließen könnte;
- einer durch die Änderung des §32 des Ausländergesetzes ermöglichten vorübergehenden Zuwanderung von Kriegs- und Bürgerkriegsflüchtlingen aus den Kriegsgebieten in Randeuropa, die potentiell die Zahl der Asylbewerber übersteigen können, aber höhere Akzeptanz finden;
- einen auch durch die Verriegelung der Außengrenzen im Gefolge von Art. 16a GG und eine zunehmende militärische Abschirmung der „Festung Europa" nicht völlig aufzuhaltenden Zustrom von Asylsuchenden mit „wohlbegründeter Furcht vor Verfolgung";
- einem durch die Verengung der legalen Zugangstore zu erwartenden Anwachsen der Zahl von „irregulären" Zuwanderern, auch über die offenen Binnengrenzen der EU. Diesen ursächlichen Zusammenhang zwischen der Verengung der legalen Zugangstore zu einem attraktiven Zielland und dem Eindringen durch „irreguläre" Hintertüren führen die USA vor Augen.

Quellen des Zuwanderungsdrucks

Einen wesentlichen Unsicherheitsfaktor bildet die – vor allem von der deutschen Bundesregierung propagierte – Osterweiterung der EU. Falls Polen, Tschechien, Ungarn, die baltischen Staaten und möglicherweise sogar die Türkei unter Beibehaltung des Prinzips der Freizügigkeit der Arbeitskräfte in die EU aufge-

Erweiterung der EU nach Osten?

nommen werden sollten, ist mit einer größeren Ost-West-Wanderung zu rechnen, die sich nach bisheriger Erfahrung auf Deutschland konzentrieren würde. Wahrscheinlicher ist aber die Schaffung einer erweiterten Wirtschaftsgemeinschaft mit der Freizügigkeit von Kapital, Gütern und Dienstleistungen, aber ohne Freizügigkeit der Arbeitskräfte, also einer um die Kern-EU gruppierten „zweiten Generation" ohne Vollmitgliedschaft.

1.1 Das „unerklärte Einwanderungsland" in Erklärungs- und Handlungsnöten

„Wir sind kein Einwanderungsland"

Wie reagiert die Politik auf diese Prospektionen? Bisher einerseits mit der hilflosen Beschwörungsformel „Wir sind kein Einwanderungsland", die – so Klaus BADE (1992a, 10) – eine „mangelnde politische Sorgfaltspflicht im Umgang mit der gesellschaftlichen Wirklichkeit" und eine „Flucht aus der Handlungsverantwortung aus Angst vor dem Bürger als Wähler" darstellt, andererseits seit der „ausländerpolitischen Wende" von 1981, die durch das Ausländergesetz von 1990 und die Ergänzung von Art. 16 GG (1993) weitere Drehungen erhielt, durch den „Wettlauf um eine Begrenzungspolitik".

Deutschland: ein „unerklärtes Einwanderungsland"

Diese Politik stellt auch eine Erkenntnisverweigerung dar, weil sie erkennbare Trends und wissenschaftliche Erkenntnisse ignoriert und es versäumt, aus vorliegenden Erkenntnissen und Vorschlägen langfristige Konzepte zu erarbeiten. Heiner Geißler erinnerte die ausländerpolitischen Dinosaurier in seiner eigenen Partei und vor allem in der CSU immer wieder daran, daß es längst nicht mehr um die Frage gehe, ob Deutschland ein Einwanderungsland werden solle, sondern um die Frage, wie es mit der bereits gegebenen Einwanderungssituation umzugehen und die bereits anwesenden Inländer mit fremdem Paß zu behandeln gedenke. Deutschland ist ein „unerklärtes Einwanderungsland" (vgl. THRÄNHARDT 1988), aber diese Unfähigkeit und Unwilligkeit, sich als Einwanderungsland zu erklären, schafft nicht nur Realitätsverzerrungen, sondern blockiert auch ein problemadäquates Handeln.

Mangel an Voraussicht und Verantwortungsethik

Man muß der Politik zugute halten, daß sie die Öffnung der Ost-West-Grenzen im Gefolge der weltpolitischen Veränderungen und die Migrationsschübe im Gefolge zusammenbrechender Staaten, Ordnungs- und Wirtschaftssysteme nicht vorhersehen konnte. Aber sie konnte schon in den 70er Jahren das Entstehen von Einwanderungsminoritäten erkennen und aus der demographischen Entwicklung (d.h. dem Sinken der Geburtenrate, dem Schrumpfen der deutschen Erwerbsbevölkerung und der drohenden Überstrapazierung des Sozialsystems aufgrund der Alterssklerose der deutschen Gesellschaft) den wachsenden Bedarf nach Einwanderung ableiten. Verantwortungsethik hätte verlangt, die Bürger über diese Entwicklungen rechtzeitig und offensiv aufzuklären statt sie mit Beschwörungsformeln über unausweichliche Entwicklungen hinwegzutäuschen.

„Ausländer rein" vs. „Ausländer raus"

Man könnte der Politik notfalls auch zugute halten, daß sie mit konkurrierenden Interessen in und Forderungen aus der Gesellschaft konfrontiert ist, von der Wissenschaft keineswegs mit klaren Handlungsorientierungen versorgt, von der Publizistik aus verschiedenen Interessen- und Gesinnungslagen mit Sperrfeuer belegt wird, schließlich und vor allem mit Wählern zu tun hat. Viele – und das sind Wähler – rufen „Ausländer raus", aber die Arbeitgeberverbände und die ihnen nahestehenden Publikationsorgane halten ihr interessenbedingtes „Ausländer rein" dagegen. Roland TICHY (1990) wollte aufgrund des aktuellen und künftigen Arbeitskräftebedarfs der Wirtschaft nicht einmal die Existenz eines „Ausländerproblems" anerkennen. Linke konnten hinter solchen Plädoyers nur des Kapitals „rücksichtslose Unbekümmertheit um die gesellschaftlichen und kulturellen Folgen" entdecken (vgl. SCHMID 1989).

Die Palette der Positionen zum „Ausländerproblem" und zur Zukunft des Einwanderungslandes Deutschland ist verwirrend und kontrovers. Die einen fordern mehr Einwanderung zur Sicherung des Wohlstandes, die anderen – wie DER SPIEGEL (Nr. 4/1990) oder Horst AFHELDT (1993) – sehen durch Zuwanderung den Sozialstaat und sozialen Frieden gefährdet (und leisten damit dem national-konservativen bis rechtsradikalen politischen Spektrum Argumentationshilfe). Die einen – wie Dieter OBERNDÖRFER (1992), Heiner Geißler und viele Menschenrechtsgruppen – leiten aus den Postulaten der universellen Menschenrechte ein Bekenntnis zur „offenen Republik" und einer nicht mehr durch das *ius sanguinis* begründeten Staatsbürgerschaft ab, andere halten auch das Bedürfnis, sich im eigenen nationalen und kulturellen Mief wohl zu fühlen, für ein Menschenrecht; die einen träumen von der heilen und bunten Welt einer multikulturellen Gesellschaft, für die anderen ist sie ein böser und konfliktbeladener Alptraum – aber auch deshalb, weil beide etwas ganz anderes darunter verstehen (vgl. Kap. 3).

Kontroverse Positionen zum „Ausländerproblem"

1.2 Besteht noch ein Bedarf nach Einwanderung?

Wolfgang SCHÄUBLE erklärte 1987, als er noch nicht Bundesinnenminister war und bevor die große Aus- und Umsiedlerwelle einsetzte:

Bedarfsprognosen für Einwanderung

„Wir werden langfristig nicht umhinkönnen, die Schrumpfung der deutschen Bevölkerung zumindest teilweise durch einen verstärkten Zuzug von Ausländern auszugleichen ... Über alle aktuellen Probleme des Ausländerrechts und des Zustroms von Asylbewerbern dürfen wir diese längerfristige Entwicklung nicht aus dem Auge verlieren. Und wir müssen unsere Integrationspolitik danach ausrichten." (dokumentiert in BADE 1992, 50)

Wurde diese Bedarfsprognose durch den Zuzug von rund 1,4 Millionen Aus- und Übersiedler in die „alte" Bundesrepublik allein in den beiden Jahren 1989/90 überholt? Das *Institut der Deutschen Wirtschaft* konnte in einer im September 1989 vorgelegten Studie auch der Erwartung, daß bis zum Jahr 2000 rund zwei Millionen Aussiedler kommen werden, fast nur positive Wirkungen abgewinnen: einen beträchtlichen Beitrag zum Wachstum des Bruttosozialprodukts und der Steuereinnahmen sowie zur Leistungsfähigkeit der Renten- und Krankenversicherungen. Dieser Einwanderungsgruppe wurde nicht nur ein die

Hoffnungen der Arbeitgeber

Konjunktur belebender Nachholbedarf an kurz- und langfristigen Konsumgütern, sondern dank ihrer günstigen Altersstruktur auch und vor allem ein wertvoller Beitrag zur Revitalisierung und Mobilisierung des Arbeitskräftepotentials zugeschrieben. Der „Chefökonom" der Deutschen Bank, Norbert WALTER, pries die Aussiedler in der FAZ vom 9.8.1989 als Jungbrunnen einer alternden und lahmenden Erwerbsbevölkerung:

> „In den achtziger Jahren sorgten und sorgen noch die ins Berufsleben drängenden Angehörigen der Babyboomgeneration für die notwendige Flexibilität. Je älter und etablierter diese Generation wird, umso weniger übt sie diese Funktion aus. An ihre Stelle könnten in den neunziger Jahren die Aussiedler treten. Sie sind im Durchschnitt relativ jung, sind regional sehr mobil und haben relativ geringe Ansprüche. Damit sind sie weitgehend ‚komplementär', wie die Ökonomen sagen: Sie konkurrieren faktisch nicht mit bereits hier lebenden Deutschen."

Schrumpfen der Deutschen

Andere Bedarfsberechnungen folgern aus längerfristigen Bevölkerungs-, Wirtschafts- und Arbeitsmarkttendenzen einen fortdauernden Bedarf an Einwanderung, vor allem zu Beginn des nächsten Jahrhunderts (vgl. TICHY 1990; SCHUMACHER 1992). Nach Hochrechnungen des Statistischen Bundesamtes wird die deutsche Bevölkerung bis zum Jahr 2030 um ein Drittel schrumpfen: Dann würde es nur noch etwa 65 Millionen („reine") Deutsche geben, falls in der Zwischenzeit nicht Einbürgerungen den Schrumpfungsprozeß ausgleichen würden. Aufgrund ihrer Überalterung werden nicht nur die qualifizierten Arbeitskräfte knapp, sondern aufgrund des Umkippens der Bevölkerungspyramide wird auch das Sozialversicherungssystem überlastet.

Wie kann die Lücke geschlossen werden?

Diese Lücke kann aber weder durch gesellschaftspolitische Maßnahmen wie eine Verlängerung der Lebensarbeitszeit noch allein durch die Aussiedler gefüllt werden, sondern erfordert einen weiteren Zuzug von Ausländern, zumal dann auch die jetzt einwandernden Aussiedler im Rentenalter sein werden. Die „deutschstämmigen" Aussiedler können also die Türken und Einwanderer aus dem übrigen Osten und Süden nicht ersetzen, weil die erhoffte Einwanderung aus den EU-Ländern sehr fraglich ist, weil es auch dort – zumindest in der Kern-EU – ähnliche Verknappungen und deshalb eher Rück- als Abwanderungen geben wird. Ohne Zuwanderung würde die Bevölkerung im EU-Binnenmarkt bis zum Jahr 2040 von jetzt 320 auf 300 Millionen schrumpfen und insgesamt zunehmend vergreisen. Im Jahre 2020 würde das statistische Durchschnittsalter der Europäer bei 45 Jahren liegen.

Quantitativer Einwanderungsbedarf

In den Jahren 1992/93 haben allerdings die sich verschärfende Wirtschafts- und Sozialkrise und die steigende Arbeitslosigkeit in Ost- und Westdeutschland, auch unter Ausländern, den von Arbeitgebern und Gewerkschaften gemeinsam begründeten (und von Heiner Geißler in der politischen Arena verteidigten) Bedarf von 300.000 Zuwanderern pro Jahr in den 90er Jahren durch den Mangel an Arbeitsplätzen überlagert. Wenn Arbeitsmarktforscher errechnet haben, daß es im Jahr 2000 etwa 2,5 Millionen Arbeitsplätze mehr geben wird als im Jahr 1989 (vgl. KLAUDER 1992), dann könnte dieser Zuwachs nur in einer Milchmädchenrechnung (die nicht nur „Republikaner" anzustellen pflegen) durch die Beschäftigung der derzeit Arbeitslosen gedeckt werden.

Qualitativer Einwanderungsbedarf

Die sich entwickelnde Dienstleistungsgesellschaft braucht einerseits höher qualifizierte Erwerbspersonen, weil die produktionsbezogenen Tätigkeiten, die teilweise von Un- oder Angelernten ausgeübt werden können, auf höchstens ein Fünftel der Erwerbstätigen zurückgehen werden, andererseits weiterhin Dienstleistungspersonal zur Erledigung der „Dreckarbeiten" und Pflegepersonal für eine alternde Bevölkerung. Hier entsteht, trotz Arbeitslosigkeit, ein Bedarf nach Arbeitsmigranten. Nach unbestätigten Berichten soll 1991/92 trotz der amtlich verkündeten Abwehrpolitik die Zahl der Arbeits- und Aufenthaltserlaubnisse für Krankenschwestern aus Osteuropa, Südkorea und den Philippinen deutlich erhöht worden sein.

Das von nüchterner Kapitallogik diktierte Diktum des Deutschen Arbeitgeberverbandes „Es geht bei der Arbeitskräftenachfrage nicht um Nationen (Deutsche oder Ausländer), sondern vielmehr um Qualifikationen" hat allerdings mehrere Haken. Die von Ökonomen geführte Diskussion über die Nachfragebelebung aufgrund des konsumptiven Nachholbedarfs und über die „Auffrischung" des Arbeitskräftepotentials durch mobile, anpassungswillige und anspruchslose Aussiedler löste bei Kapitalismuskritikern ohnehin nur bissige Kommentare über die Kaltschnäuzigkeit der „Kapitallogik" aus.

Erstens ist es auch dem DGB nicht gelungen, das Vorurteil auszuhebeln, daß die steigende Arbeitslosigkeit doch mit der Zahl der Ausländer und Aussiedler zusammenhänge, weil diese als Lückenbüßer Tätigkeiten ausüben – auch im Ruhrgebiet mit über 10% Arbeitslosigkeit –. die eingesessene Deutsche nicht mehr annehmen oder nicht annehmen können, weil sie schon über 50 Jahre alt sind (30% der Arbeitslosen), gesundheitlich beeinträchtigt sind (25%) oder keine hinreichende Berufsausbildung haben (50%). Außerdem besteht fast die Hälfte der Arbeitslosen aus Frauen, die in vielen Bereichen (Hoch- und Tiefbau, Bergbau, Schwerindustrie, Straßenreinigung, Nachtarbeit), in denen Ausländer schwerpunktmäßig beschäftigt sind, nicht eingesetzt werden können. Das Handwerk, von Bäcker- bis Schneiderinnungen, klagt schon lange über Schwierigkeiten, die Lehrstellen zu besetzen, weil handwerkliche Berufe trotz des „goldenen Bodens" als wenig attraktive Berufsfelder für den schwindenden Rest von Hauptschülern gelten.

<small>Nehmen die Ausländer den Deutschen die Arbeitsplätze weg?</small>

Horst AFHELDT (1993, 47) hielt dem Versuch einer Studie des RWI (GIESECK u.a. 1993), die Verdrängung von Inländern durch Zuwanderer auf dem Arbeitsmarkt zu widerlegen, entgegen:

<small>Verdrängungswettbewerb auf dem Arbeitsmarkt</small>

„Aber dann verdammt man Frauen, gesundheitlich angeschlagene Menschen, Menschen ohne abgeschlossenen Berufsausbildung, längere Zeit Arbeitslose und die über Fünfzigjährigen zum sozialen Abstieg und belastet so das soziale Netz. ‚Frische Ware' wird dafür hereingeholt, bis auch diese Menschen eines Tages zum ‚Arbeitsschrott' der Industriegesellschaft gerechnet werden ... Arbeitnehmer, die so in die Überlebensprobleme der weltweiten Konkurrenzgesellschaft gestoßen werden und in dieser Konkurrenz ‚verlieren', sprich: ihren Arbeitsplatz abgeben müssen, können daher mit einigem Recht von Verdrängung vom Arbeitsplatz durch Zuwanderung reden."

Diese Parteinahme für die Opfer der kaltschnäuzigen Konkurrenzgesellschaft ist sympathisch. Allerdings beantwortet sie nicht die Frage, ob die deutschen Arbeitslosen wirklich von Zuwanderern arbeitslos gemacht wurden. Wer krank und über 50 Jahre alt war, hat auch schon unter weniger Konkurrenz mit Zuwanderern seinen Arbeitsplatz verloren; und Frauen wurden (außerhalb der Putzkolonnen) weniger durch Ausländerinnen als vielmehr durch die Verlagerung von arbeitsintensiven Branchen in Billiglohnländer und durch die Verringerung von Hilfstätigkeiten im Gefolge des technologischen Strukturwandels aus dem Arbeitsmarkt verdrängt.

Abbildung 16: Ausländerbeschäftigung nach Branchen (Frühjahr 1992) (in % der jeweils Beschäftigten)

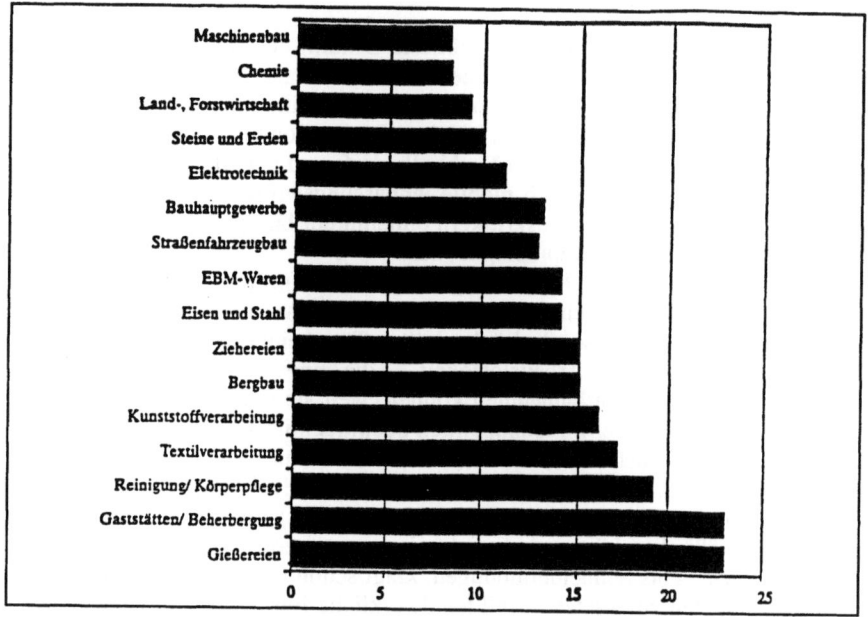

Quelle: RWI/Essen, in: Giesecke u.a. 1993,33

Abschreckung vs. Anwerbung von Ausländern

Es hat gute Gründe, warum industrienahe Stiftungen die Migrationsforschung förderten, weil die Ausländerfeindlichkeit nicht nur ausländische Investoren, Touristen und Studenten, sondern auch dringend benötigte Arbeitskräfte, vor allem im wissenschaftlich-technologischen High-Tech-Bereich, abzuschrecken begann. Der Blick über den Nordatlantik zeigt, daß in den Labors der USA ein wachsender Anteil der Forscher und Fachkräfte aus Ausländern besteht. Die Warnungen des deutschen Forschungsministers und der *Deutschen Forschungsgemeinschaft* können aber gegen die von Innenministern angewiesene Abwehrpolitik gegen ausländische Wissenschaftler wenig ausrichten. Was sie gelegentlich in Ausländerbehörden erleben, ist keine Werbung für die Kulturnation Deutschland und konterkariert die Bemühungen der auswärtigen Kulturpolitik.

Laut einer Aufzeichnung des BMI zur Ausländerpolitik aus dem Jahre 1991 hat die Bundesrepublik keinen Bedarf an Einwanderung mehr. Dann, so kann man folgern, sieht es auch keinen Bedarf für eine Einwanderungspolitik. Aus der Erkenntnisverweigerung folgt die politische Untätigkeit. Das „Manifest der 60", die durch die gemeinsame Sorge über die mangelhafte politische Gestaltung der Migration zusammengeführt wurden, hielt dieser Erkenntnisverweigerung und Untätigkeit ein entschiedenes Plädoyer für eine Einwanderungspolitik entgegen.

1.3 Ist die „Grenze der Belastbarkeit" überschritten?

Alle volkswirtschaftlichen Bedarfsargumente scheinen bei der Einschätzung der „Belastung" durch Asylsuchende zu versagen. Die Kampagne gegen den „Asylmißbrauch" wurde ja auch mit dem Argument geführt, daß es notwendig sei, Platz für Aus- und Übersiedler zu schaffen und das „Ausländerproblem" vom „Asylproblem" zu entlasten. Zwar wurde das Arbeitsverbot für Asylbewerber 1991 wieder aufgehoben, aber sie haben während der Dauer des Asylverfahrens und im ungesicherten Status als de facto-Flüchtlinge allenfalls die Chance, zu Gelegenheitsarbeiten, besonders im Hotel- und Gaststättengewerbe, herangezogen zu werden. 1991 wurden etwa 65.000, 1992 gut 85.000 Arbeitserlaubnisse an Asylbewerber ausgestellt. Sie erzeugen keinen Verdrängungswettbewerb um Arbeitsplätze. Die Zahl der Asylberechtigten, die – unabhängig von der Arbeitsmarktlage – einen Rechtsanspruch auf eine besondere Arbeitserlaubnis erwerben, ist mit rund 100.000 so gering, daß auch ihre arbeitsmarktpolitische Funktion nur marginal ist. Ihre Zuwanderung erfolgt durch das Recht, nicht nach wirtschaftlichen Interessen des Aufnahmelandes.

Politik vs. volkswirtschaftliche Bedarfsargumente

Als Grund für die Bemühungen um eine Änderung des Art. 16 GG wurde häufig das Argument benützt, daß die „Grenze der Belastbarkeit" überschritten sei. Durch die Gleichzeitigkeit des wachsenden Zustroms von Aussiedlern, Übersiedlern und Asylsuchenden nach 1989 waren die räumlichen Aufnahmekapazitäten vieler Städte und Gemeinden tatsächlich erschöpft. Aber die „Belastungsgrenze" ist keine objektiv meßbare Größe, sondern eine politisch gesetzte und veränderbare Toleranzgrenze. Es geht auch in der Ausländer- und Asylpolitik nicht allein um das Können, sondern vor allem um das politische Wollen.

Wo liegt die „Belastungsgrenze"?

Das Bundesinnenministerium, das auf Bundesebene für Ausländer- und Flüchtlingsfragen zuständig ist, lehnte es wohlweislich ab, aus dem Verhältnis zwischen Bevölkerungs- und Flüchtlingszahlen Schlüsse auf die Aufnahmefähigkeit zu ziehen, sondern berief sich stattdessen neben Hinweisen auf die hohe Bevölkerungsdichte in der Bundesrepublik auf die schwierige Lage auf dem Arbeitsmarkt. Einmal abgesehen davon, ob die Aufnahme politisch Verfolgter nach dem Wortlaut des Art. 16 GG und Geboten der Humanität überhaupt von der Arbeitsmarktlage abhängig gemacht werden darf, ist dieses Argument angesichts des langjährigen Arbeitsverbotes für Asylbewerber und der geringen Zahl von Arbeitserlaubnissen nach seiner Aufhebung wenig schlüssig.

Wolfram ENGELS verwies die ökonomisch begründete „Überlastungsthese" in den Bereich der „Vulgärökonomie", allerdings noch vor dem starken Anwachsen der Bewerberzahlen Ende der 80er Jahre (vgl. *Wirtschaftswoche*, Nr. 33/1986). Sein Argument, daß die Asylbewerber durch die zusätzliche Nachfrage ebensoviele Arbeitsplätze schaffen wie sie selbst beanspruchen, dürfte einer fachwissenschaftlichen Überprüfung kaum standhalten. Aber sicherlich kostet die Marktordnung für Rindfleisch die Bundesbürger immer noch mehr als die Unterbringung und Versorgung der gewachsenen Zahl von Asylbewerbern.

„Überlastungsthese" = „Vulgärökonomie"?

Unvereinbarkeit zwischen Sozialstaat und „Sonderrecht auf Asyl"?

Horst AFHELDT (1993, 48 ff.) verwirft alle diese volkswirtschaftlichen Kosten- und Nutzenberechnungen der Einwanderung, bei denen am Ende der Nutzen größer erscheint als die Kosten. Er geht bei seiner ätzenden Kritik an der „erbitterten Verteidigung des in seiner Maßlosigkeit zweifelhaften Sonderrechts auf Asyl" – entgegen aller Realität – von einer „ungehemmten Zuwanderung über offene Grenzen" aus und konstruiert dann eine Unvereinbarkeit zwischen Sozialstaat und diesem „Sonderrecht auf Asyl", weil es einer „potentiell unbegrenzten Zahl von ‚Anspruchsinhabern' überall in der Welt" etwas gäbe, nämlich den Anspruch auf Unterbringung und Versorgung, das der Sozialstaat seinen eigenen Bürgern vorenthalte. Daraus folgert er:

> „Das schrankenlose Asylrecht steht danach im Widerspruch zum Sozialstaatsgebot und bedeutet die Aufkündigung des Gesellschaftsvertrages." (S. 50)

Asylrecht im Widerspruch zum Gesellschaftsvertrag?

Zu diesem Gesellschaftsvertrag zählt er „hauptsächlich den Schutz vor eindringenden Fremden". Fast jedes dieser Argumente, angefangen von der Behauptung eines „schrankenlosen Asylrechts" bis hin zur behaupteten Bevorzugung der Asylbewerber gegenüber den Einheimischen, ist schon deshalb ärgerlich, weil sie vom Horrorszenario einer „ungehemmten Zuwanderung über offene Grenzen" ausgehen. Es gab auch vor der Änderung des Art. 16 GG, auf dessen angebliche „Maßlosigkeit" er sich einschießt, keine „ungehemmte Zuwanderung". Die Bürger haben sehr wohl nach dem Bundessozialhilfegesetz einen Rechtsanspruch auf eine menschenwürdige Daseinsvorsorge, die Asylbewerber nicht. Angesichts der zahlreichen Einschränkungen und der niedrigen Anerkennungsquoten von der „Maßlosigkeit" des Asylrechts zu sprechen, grenzt an eine manische Realitätsverzerrung.

Inszenierung einer Kriminalitätswelle

Nur realitätsblinde Gesinnungstüchtigkeit kann die Probleme leugnen, die eine millionenfache Zuwanderung in einem kurzen Zeitraum schafft. Aber Afheldt baut einen Popanz auf, um mit Argumenten, die nicht einmal die „Republikaner" gebrauchen, das Asylrecht – das älteste Menschenrecht – aus dem Normenkatalog des liberalen Rechtsstaates und europäischen Sozialstaats herauszubrechen. Dabei macht er sich zum Fürsprecher der kleinen Leute, den angeblichen Opfern des „Sonderrechts auf Asyl". Da durfte dann auch der Hinweis auf die Gefährdung der inneren Sicherheit durch die angeblich höhere Kriminalität von Ausländern nicht fehlen. Die Kriminalität von Ausländern (vor allem die Beteiligung am Rauschgifthandel) darf nicht verharmlost werden. Aber es ist längst bekannt und sollte auch denjenigen bekannt sein, die eine höhere Kriminalität von Ausländern behaupten, daß ihre Kriminalitätsrate durch „ausländerspezifische" Ordnungswidrigkeiten wie die Annahme unerlaubter Tätigkeiten oder das Überschreiten der Grenzen von Aufenthaltsbezirken, die Asylbewerbern gesetzt werden, in die Höhe getrieben wird. Wolfgang HERBERT (1993a) hat auch am japanischen Beispiel aufgezeigt, wie „eine Kriminalitätswelle inszeniert wird", um politische Munition gegen eine Einwanderungspolitik zu sammeln.

Es gibt keine „ungehemmte Zuwanderung"

Die „ungehemmte Zuwanderung" nach Deutschland fand nicht statt und wird nicht stattfinden. Der deutsche Sozialstaat ist noch nicht unter den Lasten des „maßlosen" Rechts auf Asyl zusammengebrochen. Ein auf Deutschland beschränkter Vergleich der Aufnahmeleistung vernachlässigt vielmehr den Tatbestand, daß viele Entwicklungsländer, deren Aufnahmekapazitäten aufgrund der eigenen Armut objektiv eng begrenzt sind, absolut und prozentual zur eigenen Bevölkerung weit mehr Flüchtlinge aufnehmen als jedes westliche Industrieland aufzunehmen bereit ist. Die internationale Flüchtlingshilfe nimmt ihnen nur einen Teil der Belastungen ab. Die „Regionalisierung" des Weltflüchtlingsproblems konnte nur gelingen, weil die meisten Entwicklungsländer sich anders verhalten als die Industrieländer.

Die Parole „Das Haus ist voll" erinnert fatal an die Abweisung jüdischer Flüchtlinge an den Grenzen der Schweiz während der Nazi-Herrschaft in Deutschland. Wenn Asylbewerber kollektiv als „Asylschnorrer" stigmatisiert oder zur Gefahr für den Rechts- und Sozialstaat erklärt werden, dann wird die Toleranzgrenze weit unter die tatsächliche Belastungsgrenze abgesenkt. Die von Afheldt behauptete Aufkündigung des Gesellschaftsvertrages durch ein angeblich „schrankenloses Asylrecht" liefert, wenn man die klassischen Vertragstheorien zu Ende denkt, sogar eine Rechtfertigung für Widerstand und Gewaltanwendung.

Recht auf Widerstand?

1.4 Kosten und Nutzen der Migration

AFHELDT (1993, 47) hält allen wirtschaftswissenschaftlichen Bedarfsanalysen kategorisch entgegen, daß es eine Konkurrenz um Arbeit, Wohnung und soziale Sicherung zwischen Einheimischen und Zuwanderern gebe. Heinrich LUMMER (1992) pflegt eine deutlichere Sprache: Einwanderung sei kein Gewinn, sondern ein „gewaltiges Verlustgeschäft für unsere Volkswirtschaft", außerdem eine Belastung für den Sozialstaat und die innere Sicherheit. Er leitet den wirtschaftlichen Erfolg Japans, das zugleich eines der Länder mit der niedrigsten Kriminalität sei, schlicht aus dem Tatbestand ab, daß es keine Einwanderung zulasse. Es paßt nicht ins Bild, daß die „kleinen Tiger" ihre Erfolgsgeschichte wesentlich auch Einwanderern zu verdanken haben.

Einwanderung ein „gewaltiges Verlustgeschäft"?

Andere Analytiker der Zuwanderungssituation bestreiten zwar nicht eine solche Konkurrenzsituation auf dem Arbeits- und Wohnungsmarkt, können aber keine Überlastung der Aufnahmekapazität und des Sozialstaates erkennen. Sie leiten vielmehr aus einer Kosten- und Nutzenanalyse einen höheren Nutzen der Einwanderung für Deutschland ab: neben dem Beitrag zum Wirtschaftswachstum und damit zur Wohlstandssteigerung auch eine Entlastung des Sozialsystems.

Die bereits erwähnte Studie des RWI (GIESECK u.a. 1993) errechnete, daß die in den Jahren 1989-92 nach Westdeutschland zugewanderten 1,4 Millionen Aus- und Übersiedler sowie Asylbewerber im Jahr 1992 Steuern und Sozialversicherungsbeiträge in Höhe von rund 32 Mrd. DM aufgebracht haben – noch nicht eingerechnet die staatlichen Mehreinnahmen bzw. Minderausgaben aufgrund der gesamtwirtschaftlichen Konjunkturbelebung. Diesen Mehreinnahmen standen Aufwendungen des Staates an die Zuwanderer in Höhe von etwa 18 Mrd. DM gegenüber: von knapp 6 Mrd. DM an die Aussiedler in Form von Start- und

Studie des RWI zum Nutzen der Einwanderung

Eingliederungshilfen, Arbeitslosen-, Kinder- und Wohngeld sowie von Altersrenten; von etwa 4 Mrd. DM an die Übersiedler; von 5-7 Mrd. DM in Form von Sachleistungen und Sozialhilfe an die Asylbewerber (die inzwischen das BMZ teilweise auf die Leistungen für Entwicklungshilfe anrechnet, um im internationalen Leistungsvergleich besser abzuschneiden). Außerdem dürften Länder und Kommunen etwa 4 Mrd. DM für die Ausbildung der jugendlichen Zuwanderer aufgewendet haben.

Beitrag zur Sicherung der Renten

Da die Zuwanderer im Durchschnitt 10 Jahre jünger sind als die „Einheimischen", dürften die gesetzlichen Renten- und Krankenversicherungen wesentlich mehr an Beiträgen von ihnen eingenommen als Leistungen für sie erbracht haben. Nach Angaben des VDR (*Verband Deutscher Rentenversicherungsträger*) hatten Ausländer 1988 etwa 10 Mrd. DM an Beiträgen bezahlt, aber nur Leistungen in Höhe von 3,5 Mrd. DM zurückerhalten, weil nur 14,5% der Ausländer (gegenüber 25% der Deutschen) eine Rente bezogen. Mit anderen Worten: Ausländer trugen erheblich zur Sicherung der Renten bei.

Steigerung des BSP und Entlastung des Sozialsystems durch Einwanderer

Nach den ökonometrischen Modellrechnungen des RWI steigerte die Beschäftigung von 1,4 Millionen Zuwanderern in den Jahren 1989-92 nicht nur das Bruttosozialprodukt um insgesamt 6%, sondern drückte auch – nach einer anfänglichen Belastung des Arbeitsmarktes – die Arbeitslosenquote, bewirkte also nicht den von Afheldt vermuteten Verdrängungseffekt von „Einheimischen". Die aus der Mehrbeschäftigung, dem erhöhten Einkommen und dem Mehrverbrauch resultierenden Steuer- und Beitragseinnahmen der öffentlichen Hand beliefen sich 1992 auf über 50 Mrd. DM, denen sozialpolitische Transferleistungen an die Zuwanderer in Höhe von 18 Mrd. DM gegenüberstanden. Die Zuwanderung entlastete also die öffentlichen Haushalte und überlastete nicht den Sozialstaat. Die RWI-Forscher folgerten aus ihrem Zahlenwerk „daß der Zustrom in den Jahren 1988 bis 1992 insgesamt durchweg positive gesamtwirtschaftliche Wirkungen auf Wirtschaftswachstum, Arbeitsmarkt und Staatshaushalt ausgeübt hat." (GIESECK u. a. 1993, 40)

Risiken in der Zukunft

Sie warnten zwar vor einer Fortschreibung dieser positiven Wirkungen der Zuwanderung in die Zukunft, weil mit höheren Leistungen der Renten- und Krankenversicherungen, höheren Aufwendungen für die Entlastung des durch die Zuwanderer belasteten Wohnungsmarktes und für die übrige Infrastruktur (Bildungs- und Gesundheitswesen) sowie mit einer wachsenden Arbeitslosigkeit auch unter den Zuwanderern zu rechnen sei. Diese lag Anfang 1993 im nationalen Durchschnitt schon bei 16%, im Saarland bei 30%. Hier zeichnet sich ein neuer Konflikt in der Ausländerpolitik ab. Dieser Konflikt wurde von der Politik verschärft, indem die *Bundesanstalt für Arbeit* in einem Erlaß von 1993 die Arbeitsämter anwies, die allgemeine Arbeitserlaubnis für rund 300.000 Ausländer zu befristen und die Arbeitsplätze möglichst mit Deutschen oder bevorrechtigten EU-Bürgern zu besetzen. Dennoch wagten die RWI-Forscher die Prognose, daß eine Zuwanderung „auch künftig der gesamtwirtschaftlichen Entwicklung in der Bundesrepublik eher förderlich" sein dürfte.

„Gesamtwirtschaftliches Interesse" oder Interesse der Arbeitgeber?

Ähnlich positive Einschätzungen einer fortdauernden Zuwanderung kamen auch aus dem Institut der Deutschen Wirtschaft und vom DIHT. Sie sahen sich freilich dem Vorwurf (z.B. von Afheldt) ausgesetzt, unter dem Vorwand des „gesamtwirtschaftlichen Interesses" nur die Interessen der Arbeitgeber im Auge zu haben. In der Tat unterschätzt dieses Interessenkalkül Probleme der Immigration, die überall dort entstehen, wo In- und Ausländer bzw. Einheimische und Fremde miteinander konkurrieren. Diese Konkurrenz gereicht „der Wirtschaft" zum Vorteil, schafft aber Verlierer, Verlustängste und psycho-soziale Kosten, die in gesamtwirtschaftlichen Kosten- und Nutzenanalysen nicht auftauchen. In der Diskussion über den „Industriestandort Deutschland" zeichnete sich bereits die Gefahr ab, daß die Arbeitgeberverbände mit der Drohung, Arbeitsplätze in Billiglohnländer auszulagern, einen größeren Import billiger (d.h. unter Tarif bezahlter) Arbeitskräfte erzwingen könnten.

AFHELDT (1993, 44) hat ausnahmsweise recht, daß die Interessen der unteren Schichten der „Einheimischen" und nun auch der zweiten Generation der Ausländer (bzw. Inländer mit fremdem Paß) in „die Schere zwischen Immigration und den Ansprüchen und wirtschaftlichen Möglichkeiten der Reichen" geraten. Da helfen in der Tat nicht moralische Aufforderungen zur Fremdenliebe, sondern kann nur eine Sozialpolitik helfen, die die Grausamkeiten der internationalisierten Konkurrenzgesellschaft, die nicht in Villenvierteln, sondern in städtischen „Problemzonen" zuschlagen, abzufedern versucht. Die Wohnungsbaupolitik, die es versäumte, durch Sofortprogramme mehr erschwinglichen Wohnraum zu schaffen, hat mehr zum Entstehen der Fremdenfeindlichkeit beigetragen als die Propaganda der „Republikaner" oder – wie Afheldt meinte – die Verteidigung des „Sonderrechts auf Asyl". *Soziale Unterschichten als potentielle Verlierer der Einwanderung*

Konkurrenzangst war immer in der Geschichte eine Triebkraft von Fremdenfeindlichkeit. So z.B. auch damals, als die erste Massenflucht der Neuzeit hugenottische Flüchtlinge nach Brandenburg brachte. Sie wurden des „Kurfürsten Freunde, aber des Volkes Feinde". Besonders die alteingesessenen Handwerker sahen in den vom Hof gehätschelten Zuwanderern eine lästige Konkurrenz. In der Tat verdarben ihnen die überlegenen Fertigungs- und Vertriebsmethoden der Hugenotten das Geschäft. Es kam zu einem Kleinkrieg der Zünfte und Handwerker gegen die Fremden. Die „Einheimischen" ließen sich allerhand Schikanen einfallen, um den „Franzosen das Handwerk zu legen". Sie wurden gelegentlich auch handgreiflich, demolierten die Geschäfte der lästigen Konkurrenten und machten ihnen das Leben möglichst schwer. *Hugenotten in Brandenburg: den „Franzosen das Handwerk legen"*

Welche Hirngespinste Konkurrenzangst hervorbringen kann, zeigt das nachstehende Flugblatt der „Kampfgruppe Duisburg" des NSBD (*Nationaler Studenten Bund Deutschland*), das auch deshalb aufschlußreich ist, weil es den Kampf gegen Ausländer mit dem Kampf gegen die Frauenemanzipation verbindet. Bemerkenswert ist auch, daß hier Jungakademiker am Werk waren, die offensichtlich mit dem gesellschaftlichen Werte- und Rollenwandel und mit den Leistungsanforderungen der Leistungs- und Konkurrenzgesellschaft nicht zurecht kamen. *Rechtsradikale Hirngespinste*

„Besonders bei den Promotionen zeigt ein überproportionaler Ausländeranteil von 22%, daß jeder Ausländer eine mehr als doppelt so hohe Chance hat, sich vom deutschen Staat einen Doktortitel finanzieren zu lassen als ein deutscher Student. Wie die Vergangenheit gezeigt hat, können wir es uns aber nicht länger erlauben, Ausländer auf Kosten des deutschen Volkes auszubilden, weil diese anschließend ihr erworbenes Wissen in der Konkurrenz des Weltmarktes gegen Deutschland einsetzen. Wenn jetzt wie in Rheinhausen Stahlwerke geschlossen werden müssen, ist das eine direkte Folge von Billigimporten aus Ländern der dritten Welt, welche erst durch ehemalige ausländische Studenten der Hüttentechnik ermöglicht wurden. Ein Abwandern der gesamten chemischen Industrie aus Deutschland zeichnet sich bereits jetzt ab. Der Grund: Zu hohe Lohnnebenkosten aufgrund ausufernder Leistungen des Staates an Ausländer. Das Märchen, Ausländer würden mit ihren Steuergeldern dem deutschen Staat nutzen, ist lange widerlegt: Allein die an Ausländer gezahlten Sozialleistungen übersteigen die von Ausländern gezahlten Steuern. Wie neuere Berechnungen von H. Beal zeigen, könnten allein durch die Streichung des Kindergeldes für Türken 20 Mrd. jährlich eingespart werden bzw. zur besseren Unterstützung der deutschen Studenten eingesetzt und damit in unsere Zukunft investiert werden!

Wenn wie jetzt die Qualität des deutschen Studiums durch Sparmaßnahmen gefährdet wird, wissen wir, beim wem wir uns bedanken können. Wie demographische Berechnungen von H. Beal zeigen, reicht die hier schon lebende Ausländerschar allein aufgrund ihrer Vermehrungsrate aus, das deutsche Volk schon mittelfristig zu übervölkern. Angesichts dieser Bedrohung durch die überhöhte Geburtenrate der Kanaken gilt es schnell zu handeln, wenn wir eine Besetzung unseres Vaterlandes durch Kanaken verhindern und unseren Kindern jugoslawische Verhältnisse ersparen wollen. Um Mißverständnissen vorzubeugen: Wir sind nicht gegen Ausländer, die unsere Gäste sind. Aber auch bei unseren Gästen ist es für uns selbstverständlich, weiterhin zwischen Dein und Mein zu unterscheiden. Die Endlösung des Türken-Problems besitzt deshalb höchste Priorität. Sowohl das Arbeitsmarkt-Problem als auch das Wohnungsmarkt-Problem (verfallene Stadtteile, in denen hauptsächlich Türken wohnen und dadurch Verknappung des Angebotes an Wohnungen und somit steigende Mieten überall) können nicht mehr von der Türken-Katastrophe getrennt werden. Jeder Türke bedeutet mindestens ein um seine Zukunftschancen betrogener Deutscher.

Die durch die Ausländerflut verursachte Überfremdung der Gesellschaft wird durch die deutsche Karriere-Emanze weiter verschärft, die sich von der Familie entfremdet und mehr und mehr egoistische, konsumorientierte Prinzipien entwickelt und ihre Selbstbefriedigung über Karriere und Kreditkarte auf Bergen von Leichen ermordeter ungeborener deutscher Kinder aufbaut. Das Verhalten dieser inländerfeindlichen Emanzen, die ihrer natürlichen biologischen Rolle entfremdet sind, gefährdet unsere Zukunft im gleichen Maße wie die durch Kanaken verursachte Moslemisierung der Gesellschaft. Wir können uns keine Emanzen leisten, die als Doppelverdiener nur deswegen arbeiten, um sich selbst zu befriedigen, während der deutsche Familienvater aufgrund von Frauenquoten in die Arbeitslosigkeit abgedrängt und die deutsche Konjunktur geschädigt wird, da sich mit egoistischem Emanzen-Gekreische keine Gewinne erzielen lassen. Aus diesem Grunde treten wir für die Rückführung der deutschen Frau in die Familie ein."

(Auszug aus einem Flugblatt, das zu Beginn des WS 1993/94 am Fachbereich 6 (Chemie) der Universität -Gesamthochschule- Duisburg verteilt wurde. Das Rektorat reagierte erst Wochen später mit einer Anzeige gegen Unbekannt. Sprachliche Fehler wurden nicht korrigiert, weil sie die intellektuelle Kapazität der Verfasser erkennen lassen.)

1.5 Das Problem des „brain drain"

Die auf das Zielland von Migration zugeschnittene Kosten- und Nutzenanalyse klammert das ganze Problem des „brain drain", also des Verlusts an Humankapital für die Herkunftsländer, aus. Weil erfahrungsgemäß die jüngeren, qualifizierten, dynamischen und risikobereiten Arbeitskräfte wandern (wenn nicht Flucht und Vertreibung alle sozialen Schichten betreffen), gehen den Herkunftsländern nicht nur die Investitionen in ihre Ausbildung, sondern auch Potentiale für die eigene Entwicklung verloren.

Migration bedeutet Verlust von Humankapital

Diese Verluste werden nur teilweise durch die Entlastung des heimischen Arbeitsmarktes und durch Überweisungen der Migranten ausgeglichen. Die Überweisungen der in der Bundesrepublik beschäftigten ausländischen Arbeitnehmer beliefen sich in den 80er Jahren pro Jahr auf 7-9 Mrd. DM, die erheblich zur Verbesserung der Lebensbedingungen der zurückgebliebenen Familien und zur Entlastung der Zahlungsbilanzen der Herkunftsländer beitragen. Weltweit werden die Überweisungen von Arbeitsmigranten pro Jahr auf etwa 70 Mrd. US-$ geschätzt. In einigen Fällen (Ägypten, Jemen, Türkei, Philippinen) erbringt der Export von Menschen mehr Devisen als der Export von Gütern. Allerdings ist der Export von Menschen noch mehr vom Protektionismus bedroht als der Güterexport, für den es GATT-Regeln gibt. Ähnliche internationale Verhaltensregeln gibt es für den Menschenexport nicht.

Das Problem des „brain drain" ist ein Begleitproblem der internationalen Migration und der Herausbildung eines Weltmarkts für Arbeit. Viele Studien haben nachgewiesen, daß die Zielländer Profiteure der besonderen Mobilität des kreativen und intelligenten „Humankapitals" sind, während der häufig behauptete positive Beitrag zur Entwicklung der Herkunftsländer durch den Verlust an Humankapital relativiert wird. Der Großteil der Überweisungen fließt in den privaten Konsum, nur teilweise in die Ausbildung der Kinder; er verbessert die Lebensbedingungen, aber nur sehr begrenzt die Entwicklungsbedingungen der Herkunftsländer (vgl. APPLEYARD 1989a). Wenn in ländlichen Regionen ein erheblicher Teil der arbeitsfähigen Männer für Jahre abwesend ist (in Lesotho und Botswana z.B. rund 40%), dann leidet die Entwicklung, selbst wenn mit den Überweisungen Investitionen (Geräte, Saatgut etc.) finanziert werden können. Und natürlich verändern sich auch Familienstrukturen und die Rolle der Frau.

Kosten des „brain drain" für die Herkunftsländer

Der von UNDP erarbeitete *Human Development Report* von 1993 illustrierte diese Gewinn- und Verlustbilanz der internationalen Migration. Ohne diesen Zustrom von Intelligenz könnten sich die USA nicht Einsparungen im eigenen Bildungswesen leisten und wären noch weiter auf dem von Paul Kennedy analysierten Weg zur „absteigenden Macht" vorangeschritten. Migranten bilden hier so etwas wie einen Jung- und Gesundbrunnen einer alternden und erschlaffenden Wohlstandsgesellschaft, aber dort eben ein verlorenes Humankapital.

Die Industrieländer als Profiteure des „brain drain"

Die in vielen Industrieländern zur Eindämmung der Zuwanderung verabschiedeten Einwanderungs- oder Niederlassungsgesetze zielen darauf ab, sich die Rosinen aus dem Migrationspotential herauszupicken. Gunnar Myrdal hatte schon vor längerer Zeit auf die Gefahr hingewiesen, daß auf diese Weise gesteuerte Wanderungen reiche Länder immer reicher und arme Länder immer ärmer machen könnten. Auch in der deutschen Diskussion über ein eventuelles

Selektionsfunktion eines Einwanderungsgesetzes

Einwanderungsgesetz zeichnen sich solche qualitativen Selektionsabsichten ab. Meinhard MIEGEL betonte in seinem Beitrag zum „Manifest der 60" die Notwendigkeit einer „sorgfältig gesteuerten Zuwanderung", die sich am Anforderungsprofil der deutschen Wirtschaft und Gesellschaft zu orientieren habe (in BADE 1993, 131). Hier bekommt ein Einwanderungsgesetz eine eindeutige Selektionsfunktion. Diese Steuerung der Zuwanderung nach ausschließlichen Nützlichkeitskriterien unterscheidet sich fundamental von den Überlegungen, die etwa die GRÜNEN/Bündnis 90 dazu bewogen, einen Entwurf für ein Einwanderungsgesetz vorzulegen (vgl. Kap. 2.3).

2 Die widerwillige Einwanderungs- und Integrationspolitik

Es wurde schon darauf hingewiesen (Teil II, Kap. 6), daß bereits das „Kühn-Memorandum" von 1979 von einer Einwanderungssituation ausging und deshalb weitgehende Vorschläge zur Integration der von Gastarbeitern auf Zeit zu Einwanderern auf Dauer gewordenen Arbeitsmigranten aus Süd- und Südosteuropa machte. Diese Vorschläge schlossen die Erleichterung der Einbürgerung und das kommunale Wahlrecht für länger in der Bundesrepublik lebende „Inländer mit fremdem Paß" ein. Nach der Wende in der Ausländerpolitik von 1981 forderte die Kühn-Nachfolgerin Liselotte Funcke im Amt der „Beauftragten der Bundesregierung für die Integration der ausländischen Arbeitnehmer und ihrer Familienangehörigen" mit Hartnäckigkeit die Verwirklichung dieser Integrationsvorschläge.

In der ausländerpolitischen Phase des „Wettlaufs um eine Begrenzungspolitik" (nach MEIER-BRAUN 1988), die weniger durch das *Rückkehrförderungsgesetz* von 1983 und mehr durch forsche Versuche des damaligen Bundesinnenministers Friedrich Zimmermann gekennzeichnet war, den „prinzipiellen Vorrang der öffentlichen Interessen vor den Belangen des Ausländers" zu verteidigen, waren jedoch keine Fortschritte in der Integrationspolitik zu erwarten. Im Gegenteil: Die Integration von Ausländern konfligierte mit dem ideologischen Ziel, den „eigenen nationalen Charakter" zu bewahren. Die Deutschtümelei, die den deutschstämmigen Aussiedlern offene Türen und einen prinzipiellen Vorrang vor Zuwanderern anderer Nationalität verschaffte, hatte Hochkonjunktur. Weil die Existenz einer Einwanderungssituation schlicht geleugnet wurde, schien sich auch das Nachdenken über eine Einwanderungspolitik zu erübrigen; es wurde vielmehr durch die defensive Rückbesinnung auf das Eigene ersetzt.

Zwar erleichterte das Ausländergesetz von 1990 den Familiennachzug und die Einbürgerung und gab den ehemaligen Gastarbeitern einen dauerhaften Einwanderungsstatus mit unbegrenzter Aufenthalts- und Arbeitserlaubnis, klammerte aber weiterhin das kommunale Wahlrecht und eine doppelte Staatsbürgerschaft aus den rechtspolitischen Optionen aus. Während die Diskussion um das kommunale Wahlrecht vorläufig durch eine Entscheidung des Bundesverfassungsgericht von 1990, die es für unvereinbar mit der Verfassung erklärte, abgewürgt wurde, erhielt die Diskussion über eine doppelte Staatsbürgerschaft nach den ausländerfeindlichen Eruptionen neuen Auftrieb.

Trotz des wachsenden Problemstaus, fortgesetzten Zuwanderungsdrucks, steigenden Integrationsproblemen und zunehmender Beunruhigung in der deutschen und ausländischen Bevölkerung erschöpften sich die politischen Energien

Integrationsvorschläge des „Kühn-Memorandums"

Der prinzipielle Vorrang „nationaler Interessen"

Konzeptionslosigkeit der Ausländerpolitik

zu Beginn der 90er Jahre in der zunehmend emotionalisierten Asyldebatte. Die Erarbeitung ganzheitlicher Konzepte blieb aus oder wurde auf eine europäische Alibiebene gehoben und verschoben. Das Rücktrittsschreiben der Ausländerbeauftragten Liselotte FUNCKE vom 17. Juli 1991 sagte viel über die Konzeptionslosigkeit der deutschen Politik gegenüber einem zentralen Gestaltungsproblem der Gegenwart und Zukunft aus:

„Die ausländische Arbeitnehmerbevölkerung sieht sich einer wachsenden Abwehr in der deutschen Bevölkerung und sogar tätlichen Angriffen ausgesetzt, ohne daß von amtlicher Seite ihre Anwesenheit begründet und ihre erwiesenen Leistungen gewertet werden. Ermutigungen zur Integration sind kaum erkennbar ... Die deutsche Bevölkerung ist zunehmend verunsichert angesichts einer ständigen ungeregelten Zuwanderung, für deren Bewältigung sie kein politisches Konzept erkennen kann." (dokumentiert in BADE 1992, 171)

Diese politische Konzeptionslosigkeit und das Verdrängen von Problemen durch die Flucht in die aufgeregte Asyldebatte beklagte auch ein im August 1991 veröffentlichter Aufruf von Professoren, der in BADE (1992, 92) dokumentiert ist:

„Wir warnen davor, das zentrale Politikfeld der Zuwanderung und der Eingliederung zugewanderter Minderheiten weiter zu vernachlässigen ... Die Probleme der Zuwanderung und der Eingliederung zugewanderter Minderheiten müssen endlich als entscheidende Zukunftsaufgabe deutscher und europäischer Politik begriffen und mit umfassenden Konzepten gestaltet werden ... In dieser Situation muß über den Tag hinaus gedacht und in der Verantwortung für die Zukunft gehandelt werden. Dazu fehlt es nach wie vor an Ideen, Instrumenten und Institutionen."

Institutionelle Defizite

Die Ausländerbeauftragte und Wissenschaftler (wie Klaus Bade) forderten schon seit den 80er Jahren die Einrichtung eines ressortübergreifenden Bundesamtes für Migration, Integration und Minderheiten. Claus Leggewie plädiert im „Manifest der 60" für die Bündelung der auf mehrere Ressorts verstreuten Aufgaben in einem eigenen Ministerium, das die bisher disparaten Politiken und Verfahren für Aussiedler, Asylbewerber und Saisonarbeitskräfte zusammenführen soll. Aber die Bundesregierung begnügte sich weiterhin mit dem eher symbolischen Amt des/der Ausländerbeauftragten mit einem minimalen Arbeitsstab: Die Randstellung dieses Amtes hat Symbolkraft für die Verdrängung des „Ausländerproblems". Es blieb in der Ressortzuständigkeit des Bundesinnenministeriums, also dort, wo vor allem in den defensiven Kategorien von Recht und Ordnung, innerer Sicherheit und Kontrolle gedacht wird.

Organisation der Ausländerpolitik in den Nachbarländern

Die Nachbarländer haben sich institutionell und instrumentell besser auf die Problembewältigung eingestellt. Frankreich hat einen Nationalen Rat für Einwandererbevölkerung, das Interministerielle Integrationskomitee und den Hohen Rat für die Integration eingerichtet, die Schweiz die Eidgenössische Kommission für Ausländerprobleme, Großbritannien die Kommission für rassische Gleichheit. Italien hat bereits (1991) ein Einwanderungsministerium geschaffen. Schweden hat nicht nur ein Migrationsamt und einen Ombudsman gegen ethnische Diskriminierung, sondern auch ein von zwei Ministern geleitetes Arbeits- und Migrationsministerium. In mehreren Ländern wurden Gesetze gegen rassische Diskriminierung verabschiedet; in Deutschland steckt die Diskussion über ein solches „Anti-Diskriminierungsgesetz" noch in den Anfängen.

Das Land, das in Europa mit dem größten Zuwanderungsdruck konfrontiert ist, wurstelt sich mit einer Minibehörde mit sehr begrenzten Kompetenzen durch ein komplexes Problemfeld, während es selbst für die Verwaltung der Post einen Minister stellt. Die Organisationsgewalt in der Bundesregierung liegt beim Bundeskanzler. Es läge in seiner Richtlinienkompetenz, geeignete Organisationsstrukturen für ein Politikfeld zu schaffen, das eine hohe innen- und außenpolitische Brisanz besitzt.

2.1 Das blockierte kommunale Wahlrecht für Ausländer

Im Februar 1989 hatten die Länder Hamburg und Schleswig-Holstein die Einführung eines begrenzten kommunalen Wahlrechts für Ausländer beschlossen. Hamburg wollte den 90.000 in Hamburg lebenden Ausländern, die seit mindestens acht Jahren im Bundesgebiet lebten und eine Aufenthaltserlaubnis besaßen, lediglich das Wahlrecht zu den Bezirksversammlungen geben. Schleswig-Holstein wollte das Wahlrecht auf etwa 7.000 Ausländer beschränken, die seit mindestens fünf Jahren in der Bundesrepublik lebten und aus Ländern – wie Dänemark, Schweden, Norwegen, Irland und Holland – kommen, die Bundesbürgern bereits das kommunale Wahlrecht einräumten. Die bayerische Staatsregierung und die CDU/CSU-Bundestagsfraktion klagten beim Bundesverfassungsgericht. Ihre Klage hatte zunächst durch eine Einstweilige Anordnung und dann durch ein Urteil vom 31. Oktober 1990 Erfolg.

Vorstöße zur Einführung des kommunalen Wahlrechts für Ausländer

Das Bundesverfassungsgericht begründete sein Urteil, daß ein Kommunalwahlrecht für Ausländer gegen das Grundgesetz verstoße, mit Art. 28, Abs. 1 Satz 2 GG: Danach wähle das „Volk" in den Kreisen und Gemeinden eine gewählte Vertretung. Unter dem „Volk" sei aber nur – auch gemäß Art. 20, Abs. 2 Satz 1 GG („Alle Staatsgewalt geht vom Volke aus") – das deutsche „Staatsvolk" zu verstehen. Das Bundesverfassungsgericht hatte schon in früheren Entscheidungen das Wahlrecht als „staatsbürgerliches Recht" oder als Grundrecht, das nur den Deutschen vorbehalten sei, bezeichnet.

Das ablehnende Urteil des Bundesverfassungsgerichts

Das Urteil enthält einerseits den folgenden Satz, den Heribert PRANTL als „einen der bedenklichsten, die in Karlsruhe je geschrieben worden sind", kommentierte (SZ vom 2.11.1990): „Wahlen, bei denen auch Ausländer wahlberechtigt sind, können demokratische Legitimation nicht vermitteln." Andererseits wies es den Weg, daß durch eine Verfassungsänderung ein Wahlrecht für Ausländer im Grundgesetz verankert werden könne. Die Politik war also gefordert, aber die klagenden Parteien (CDU/CSU) wollten kein Wahlrecht für Ausländer – möglicherweise auch deshalb, weil sie sich bei diesen bei Kommunalwahlen nicht viele Stimmen erhofften.

Die Begründung des Gerichts, daß Wahlen, an denen sich Ausländer beteiligen, keine demokratische Legitimation vermitteln könnten, läßt wenig höchstrichterliche Sensibilität erkennen, ist demokratietheoretisch kaum nachvollziehbar und auch verfassungsrechtlich problematisch. Die Verfassungsrechtler Manfred Zuleeg und Ingo von Münch sowie der ehemalige Bundesverfassungsrichter Helmut Simon leiteten die Verfassungskonformität eines kommunalen Ausländerwahlrechts gerade aus dem Demokratiegebot des Art. 20, Abs. 1 GG ab (dokumentiert in BADE 1992, 73 ff.). Die „herrschende Lehre" stützt allerdings eher die Position des Gerichts (vgl. SIEVEKING 1989). Die Argumente pro und contra kommunales Wahlrecht für Ausländer können wie folgt zusammengefaßt werden:

Contra	Pro
1. Wahlen sind ein staatsbürgerliches Privileg des deutschen „Staatsvolkes".	Das Volk, verstanden als Lebens- und Schicksalsgemeinschaft, kann auch länger ansässige Ausländer einschließen, die ihren Lebensmittelpunkt dauerhaft in Deutschland haben. Art. 20, Abs. 1 GG verbietet ihre dauerhafte politische Entmündigung.
2. Die unterschiedliche „Pflichtendichte" für In- und Ausländer rechtfertigt eine staatsbürgerliche Ungleichbehandlung.	Auch die Ausländer zahlen Steuern und Sozialversicherungsbeiträge. Die Wehrpflicht hat mit Rechten und Pflichten auf kommunaler Ebene nichts zu tun. Auch das Frauenwahlrecht ist nicht an die Wehrpflicht gebunden. Historisch ist an die Rechtfertigung der amerikanischen Revolution zu erinnern: „No taxation without representation".
3. Die Loyalität gegenüber dem deutschen Staat kann bei Ausländern nicht vorausgesetzt werden.	Es gibt keine Anhaltspunkte, diese Loyalität in Frage zu stellen, die im übrigen durch politische Rechte nur gestärkt werden kann.
4. Die Deutschen können sich ihren Pflichten gegenüber dem Staat nicht entziehen. Diese „Unentrinnbarkeit" schafft auch besondere Rechte.	Die „Entrinnbarkeit" der Einwanderer auf Dauer ist ebenso begrenzt wie die Auswanderungsfreiheit der Deutschen.
5. Die „Homogenitätsklausel" verlangt eine rechtliche Gleichbehandlung von Wahlen auf allen Ebenen.	Diese „Homogenität" ist für die kommunale Ebene nicht zwingend. Europäische Nachbarstaaten, deren demokratische Qualität und Legitimität nicht in Frage steht, haben das kommunale Wahlrecht für Ausländer bereits eingeführt; es ist außerdem in der gesamten EU vorgesehen.
6. Der Nationalstaat hat für die Homogenität des Staatsvolkes Sorge zu tragen.	Dieses Argument gehört zum unheilvollen Erbe von Carl Schmitt und ist rassistisch.
7. Das kommunale Wahlrecht für Ausländer nutzt weder den Deutschen noch den Ausländern, zumal es diesen nur ein minderwertiges Wahlrecht einräumt.	Die Wahlbeteiligung fördert die Integration und hilft, Spannungen abzubauen. Demokratische Mitwirkung ist die beste Gewähr gegen Ausgrenzungen; sie zwingt die Parteien, sich mehr mit den Problemen der Ausländer zu beschäftigen, die erst durch politische Rechte zu „Mitbürgern" werden.

Kommunales Wahlrecht als Förderung oder Hindernis von Integration?

Während Zuleeg und die anderen Befürworter des kommunalen Ausländerwahlrechts die Beteiligung der Ausländer an der Kommunalpolitik als wichtigen Beitrag zur Integration verstanden, stellte es die Bundesregierung eher als Integrationshindernis dar:

„Ein kommunales Wahlrecht für Ausländer ist nach Auffassung der Bundesregierung ein untauglicher und weder für die Betroffenen noch für die deutschen Bürger hilfreicher Ansatz-

punkt. Es gibt nicht ein Wahlrecht erster Güte zum Bundestag und zu den Landesparlamenten, das den Deutschen vorbehalten ist, und ein minderes kommunales Wahlrecht, das auch Ausländern eingeräumt werden kann ... Wahlrecht ist nämlich Staatsbürgerrecht, und Staatsgewalt wird auf allen Ebenen, auch in den Gemeinden, ausgeübt. Geboten sind – und dies ist die erklärte Politik der Bundesregierung – die Integration der lange hier lebenden ausländischen Arbeitnehmer und die strikte Begrenzung des weiteren Zuzugs von Nicht-EG-Ausländern."
(Presse- und Informationsamt der Bundesregierung, November 1989)

Nach dem Urteil des Bundesverfassungsgerichts kündigten die sozialdemokratischen bzw. „rot-grünen" Landesregierungen sowie die GRÜNEN Initiativen zu einer Grundgesetzänderung an, die aber in der Verfassungskommission schmorten. Erst die Brandanschläge in Mölln und Solingen holten das kommunale Wahlrecht zusammen mit der doppelten Staatsbürgerschaft wieder auf die ausländerpolitische Agenda zurück. Durch die Einführung einer doppelten Staatsbürgerschaft würde der Streit über das kommunale Wahlrecht von selbst gelöst werden.

Zum Durchbruch des kommunalen Wahlrechts für Ausländer könnte eine Richtlinie der EU-Kommission vom Januar 1994 verhelfen, die EU-Bürgern bei den im Juni 1994 durchgeführten Wahlen zum Europäischen Parlament das Wahlrecht in ihren jeweiligen Gastländern zusicherte. Der deutsche Gesetzgeber wurde von der EU-Richtlinie überrascht, obwohl sie nur Vorgaben des bereits ratifizierten Vertrags von Maastricht zur verbindlichen Norm erklärte, konnte aber ihre Umsetzung in nationales Recht nicht verhindern. Allerdings blieb dieses Wahlrecht zunächst noch auf EU-Bürger und auf die Wahl zum Europäischen Parlament beschränkt. Die SPD-Fraktion forderte die Regierung in einem begleitenden Entschließungsantrag (12/6744) auf, EU-Bürgern „zum frühestmöglichen Zeitpunkt" auch das aktive und passive Kommunalwahlrecht einzuräumen.

Ausländerwahlrecht bei Wahlen zum EP

2.2 Die doppelte Staatsbürgerschaft: Schlüssel zur Einbürgerung

Integration bedeutet nicht allein, aber vor allem Einbürgerung mit allen Rechten und Pflichten eines Staatsbürgers. Nach deutschem Staatsangehörigkeitsrecht setzt aber die Einbürgerung den Verzicht auf eine andere Staatsangehörigkeit voraus. Das deutsche Einbürgerungsrecht stammt noch weitestgehend vom Reichs- und Staatsangehörigkeitsgesetz (RuStaG) aus dem Jahre 1913, das durch die Einbürgerungsrichtlinien von 1977 und dann durch die Paragraphen 85-91 des neuen Ausländergesetzes (AuslG) geändert wurde. Im Gefolge des „Asylkompromisses" wurde der Regelanspruch bei Erfüllung bestimmter Voraussetzungen, der den Behörden noch ein Restermessen einräumte, in einen Rechtsanspruch umgewandelt.

Hinterlassenschaft des Reichs- und Staatsangehörigkeitsrechts von 1913

Von den 1,5 Millionen Türken und etwa 600.000 Arbeitsmigranten aus dem ehemaligen Jugoslawien erfüllt inzwischen jeder zweite die formalen Voraussetzungen für die Einbürgerung. In den vergangenen Jahren stellte aber weniger als

Erkenntnissen liegt der Grund vor allem im erzwungenen Verzicht auf die Staatsangehörigkeit des Herkunftslandes.

Was bedeutet der Verzicht auf die angestammte Staatsbürgerschaft?

Für Türken beispielsweise bedeutet dieser Verzicht nicht nur den (tatsächlichen oder befürchteten) Verlust der Bindungen an Großfamilie und Kultur, also ein Stück Identitätsverlust, sondern auch den Verzicht auf Erbansprüche – und neuerdings auch eine Art von Rückversicherung bei einer zunehmenden Ausländerfeindlichkeit in Deutschland. Es spricht auch einiges dafür, daß vielen „Inländern mit ausländischem Paß" die Entscheidung zur Einbürgerung deshalb schwer fällt, weil ihnen lange nahegelegt wurde, daß sie als Einwanderer unerwünscht seien (vgl. BADE 1992, 20). Ihnen nun mangelnden Einbürgerungswillen zu unterstellen, verkehrt Ursache und Wirkung.

Argumente gegen die doppelte Staatsbürgerschaft

Die Bundesregierung begründet ihren Widerstand gegen die Zulassung einer doppelten Staatsbürgerschaft mit dem Beitritt der Bundesrepublik zum Übereinkommen des Europarates zur „Vermeidung der Mehrstaatigkeit". Teil I dieses Abkommens hat folgenden Wortlaut:

„Volljährige Staatsangehörige einer Vertragspartei, die infolge einer ausdrücklichen Willenserklärung durch Einbürgerung, Option oder Wiedereinbürgerung die Staatsangehörigkeit einer anderen Vertragspartei erwerben, verlieren ihre vorherige Staatsangehörigkeit; die Beibehaltung der vorherigen Staatsangehörigkeit ist ihnen zu versagen."

Die Bundesrepublik handhabt aber dieses Übereinkommen einerseits weit strikter als die anderen Unterzeichnerstaaten, die größtenteils die Beibehaltung der Ursprungsnationalität gesetzlich oder faktisch zulassen, und ist andererseits bemerkenswert inkonsequent. So durften die Aussiedler aus Osteuropa ihre ursprüngliche sowjetische, polnische oder rumänische Staatsangehörigkeit beibehalten. Offensichtlich gibt es gegenüber diesen „Deutschstämmigen" weniger Bedenken hinsichtlich der Loyalität gegenüber dem deutschen Staat und der Übernahme staatsbürgerlicher Pflichten (Wehrpflicht etc.) als gegenüber anderen Nationalitäten.

Widersprüche zwischen Prinzip und Opportunität

Bemerkenswert ist auch, daß gerade die CSU, die sich am striktesten gegen eine doppelte Staatsbürgerschaft ausspricht, im deutsch-polnischen Vertrag vom Juni 1991 eine doppelte Staatsbürgerschaft für die deutschstämmigen Familien in Polen forderte. 1992 hatten 1,2 Millionen Bundesbürger eine doppelte Staatsangehörigkeit; und diese Zahl steigt. Es ist auch erinnerungswürdig, daß Adenauer im Jahre 1954 für Deutsche und Franzosen eine doppelte Staatsbürgerschaft als Zeichen der Versöhnung forderte.

Das geltende Staatsangehörigkeitsrecht der Bundesrepublik betrachtet die Mehrstaatigkeit im Prinzip als unerwünscht, läßt sie aber aus Opportunität zu. Es geht also gar nicht so sehr ums Prinzip, sondern um Opportunität und um die Frage, in welchen Fällen die Opportunität mehr Gewicht hat als das Prinzip: Es geht also um das politische Wollen.

Argumente gegen das ius sanguinis

Hier setzen ihre Befürworter an. Kann es nicht auch opportun sein, sie als Einbürgerungshilfe zuzulassen, wenn sie ein wesentliches Integrationshindernis darstellt? Der Stuttgarter Oberbürgermeister Manfred ROMMEL (CDU) forderte in einem mutigen (weil quer zur Parteilinie liegenden) und argumentativ starken Beitrag in DIE ZEIT vom 17.2.1989:

„Wenn wir einem Ausländer, der seit zehn oder zwanzig Jahren hier lebt, nicht beim Erwerb des deutschen Passes helfen, bestreiten wir ihm das Heimatrecht ... Wir brauchen eine doppelte Staatsangehörigkeit, von denen eine jeweils herrscht und die andere nicht, je nachdem, in welchem der beiden Länder der Bürger wohnt."

Rommel wußte, daß er damit einen fundamentalen Rechtsgrundsatz in Frage stellte, nämlich das *ius sanguinis*, also das „Recht des Blutes", das ein Abstammungsrecht ist und nur Kindern deutscher Eltern die deutsche Staatsangehörigkeit verleiht – im Gegensatz zum *ius soli*, dem „Recht des Bodens", das die Staatsangehörigkeit aufgrund der Geburt im jeweiligen Staatsgebiet regelt. ROMMEL hielt dagegen – ähnlich wie der Staatsrechtler Ingo VON MÜNCH (vgl. DIE ZEIT vom 3.1.1992):

„Nicht das Blut ist entscheidend, sondern das, was jemand fühlt oder denkt."

Bereits die frühere Ausländerbeauftragte Liselotte Funcke hatte wiederholt die Möglichkeit der doppelten Staatsbürgerschaft gefordert, um die Einbürgerung zu erleichtern. Ihre Nachfolgerin (Cornelia SCHMALZ-JACOBSEN) legte im Februar 1993 einen Gesetzentwurf zur Änderung des Staatsangehörigkeitsrechts vor. Zu seiner Begründung erklärte sie:

<small>Doppelte Staatsbürgerschaft als Einbürgerungshilfe</small>

„Noch wird die Staatsangehörigkeit in der Bundesrepublik nach dem sogenannten „ius sanguinis" vererbt; das heißt: die Abstammung ist das entscheidende Moment. Im Gegensatz zur Bundesrepublik sind andere europäische Staaten (z.B. Frankreich und Großbritannien) von diesem Prinzip längst abgegangen. Angesichts der Bevölkerungsentwicklung ist der Übergang zu einer Mischform von ‚ius sanguinis' und ‚ius soli' auch in unserem Rechtssystem überfällig." (dokumentiert in IZA 1/2/93, 131)

Ebenfalls im Februar 1993 legte die SPD einen Gesetzentwurf zur „Erleichterung der Einbürgerung und Regelung der Zuwanderung" vor, der auch eine doppelte Staatsbürgerschaft und ein kommunales Wahlrecht für Ausländer forderte. Diese Gesetzesinitiative wurde durch eine Kampagne für ein „Referendum Doppelte Staatsbürgerschaft" unterstützt. Der Bundespräsident reihte sich in seiner Weihnachtsansprache von 1992 in die Befürworter ein. Gleichzeitig ließ aber die CDU/CSU-Fraktion in Anhörungen die Garde konservativer Staatsrechtslehrer auftreten, die wieder Gegenargumente lieferten.

Rechtsprinzipien sind eben nicht „heilig", sondern unterliegen dem politischen Veränderungs- und Gestaltungswillen. Angesichts der Herausbildung eines europäischen Bürgerrechts müßten Einwanderer von außerhalb der EU das Festhalten am *ius sanguinis* als Rassismus begreifen. Der Verdacht ist nicht ganz unbegründet, daß auch in Deutschland das Staatsangehörigkeitsrecht, entgegen allen amtlichen Erklärungen, weiterhin als Einbürgerungs- und Integrationsbremse dienen soll; daß also die Regierenden kein ausgeprägtes Interesse an Einbürgerung haben (vgl. HOFFMANN 1990, 88 ff.).

<small>Staatsangehörigkeitsrecht als Einbürgerungsbremse</small>

Im übrigen sollten die Staatsrechtslehrer, die verfassungsrechtliche Bedenken gegen die doppelte Staatsbürgerschaft vorbringen, auch darüber nachdenken, ob das *ius sanguinis* nicht gegen Art. 3, Abs. 3 GG verstößt, der auch die Benachteiligung oder Bevorzugung aufgrund der „Rasse" untersagt. Rassismusforscher entdeckten auch in solchen Rechtsvorschriften die Manifestation eines „institutionellen Rassismus" (vgl. Kap. 4.3).

Die Ermöglichung der doppelten Staatsbürgerschaft wird kommen. Eine Arbeitsgruppe der Koalitionsparteien vertagte eine Entscheidungsvorlage bis nach der Bundestagswahl im Herbst 1994. Das Thema bleibt auf der Tagesordnung.

2.3 Einwanderungsgesetz oder „Einwanderungsverhinderungsgesetz"?

Einwanderungsland ohne Einwanderungsgesetz?

Die Diskussion über ein eventuelles Einwanderungsgesetz ist verwirrend. Die ersten Vorschläge kamen von außerparlamentarischen Gruppen, bevor die GRÜNEN/Bündnis 90 einen Gesetzentwurf einbrachten. Inzwischen läuft die Diskussion quer durch fast alle Parteien. Mit der mehr oder weniger widerwilligen, aber durch die Fakten erzwungenen Akzeptanz einer Einwanderungssituation wuchs die Einsicht, daß mit den verfügbaren gesetzlichen Instrumenten der weiterhin zu erwartende Zuwanderungsdruck nicht gesteuert werden kann. Nur aus Bayern kam weiterhin eine eindeutige Absage, mit dem Argument: Weil wir kein Einwanderungsland sind, brauchen wir auch kein Einwanderungsgesetz.

Intentionen eines Einwanderungsgesetzes

Die ersten Entwürfe dienten vor allem dem Ziel, der Anerkennung der Bundesrepublik als einem Einwanderungsland zum Durchbruch zu verhelfen und das Asylrecht von der Überfrachtung durch Zuwanderer, die mangels anderer legaler Zugangstore in das Asylverfahren und damit auch zum „Asylmißbrauch" gezwungen wurden, zu entlasten. Weil sie aber unmißverständlich darauf abzielten, die Privilegien des Art. 116 GG und des Vertriebenengesetzes für Aussiedler abzuschaffen, war die Idee eines Einwanderungsgesetzes von Anfang an mit dem Verdacht belastet (der durch ähnliche Forderungen von Oskar Lafontaine erhärtet wurde), durch die Abschaffung des Einwanderungsprivilegs für Aussiedler Platz für Asylsuchende schaffen zu wollen. Der viel diskutierte Vorschlag des Bielefelder Flüchtlingsrats verschwieg diese Absicht gar nicht (dokumentiert in BADE 1992, 169 f.). Er begründete die Notwendigkeit eines Einwanderungsgesetzes folgendermaßen:

„Da eine unkontrollierte und sich selbst überlassene Zuzugsbewegung die Aufnahmefähigkeit der Bundesrepublik über kurz oder lang überfordern würde, müssen ... Arrangements gefunden werden, die es ermöglichen, sozialpolitische und infrastrukturelle Weichenstellungen in Richtung auf eine dauerhafte Einwanderung zu treffen. Diesem Ziel dienen die von einem Einwanderungsrat für bestimmte Zeitabschnitte (z.B. jährlich) festzulegenden Aufnahmezahlen."

Strittige Punkte eines Einwanderungsgesetzes

Hier wird schon der springende und strittige Punkt der ganzen Diskussion angedeutet: Wer soll nach welchen Kriterien die verkraftbaren Zahlen von Einwanderern festlegen? Welche Gruppen sollen den Quotierungen unterworfen werden? Sollen zwar die Aussiedler, die nach Art. 116 GG einen Rechtsanspruch auf Einwanderung haben, aber nicht die Asylbewerber mit einem Rechtsanspruch nach Art. 16a Abs. 1 einbezogen werden? Was geschieht, wenn regionale Quoten durch unvorhersehbare Ereignisse (Kriege, Naturkatastrophen) überschritten werden? Wie soll das Verhältnis zwischen Bedarfskriterien und humanitären Kriterien gewichtet werden?

Bei der Anhörung der GRÜNEN zum Plan eines Einwanderungsgesetzes im November 1990 bestand lediglich Konsens, daß die „bisherige am Deutschtum orientierte Einwanderung" durch „menschenwürdige Kriterien" abgelöst werden sollte. Besonders bei der Fraktion der „offenen Türen" innerhalb der GRÜNEN und der ihnen nahestehenden „Flüchtlingslobby" wuchs die Skepsis, daß mit einem Einwanderungsgesetz ganz andere als die ursprünglich geplanten Ziele verfolgt werden könnten. Bemerkenswert ist, daß die bei den GRÜNEN oder in der SPD engagierten Angehörigen der „zweiten Generation" von „Inländern mit fremdem Paß" oder eingebürgerten „Ausländern mit deutschem Paß" auf eine Begrenzung der weiteren Zuwanderung drängen.

Kontroversen innerhalb der GRÜNEN

Die Überlegungen in der SPD laufen ebenso wie Vorschläge aus der Wissenschaft (vgl. den Beitrag von Meinhard Miegel zum „Manifest der 60") auf eine Steuerung der Einwanderung durch Bedarfskriterien hinaus, die dann wieder mit humanitären Auswahlkriterien in Konflikt geraten müßten. Der im Februar 1993 vorgelegte Gesetzentwurf der SPD stellt zur Regelung der Zuwanderung fest:

Gesetzentwurf der SPD

„Zu Beginn jedes Kalenderjahres hat die Bundesrepublik durch Rechtsverordnung mit Zustimmung des Bundesrates die Zahl der Zuwanderung festzulegen und Kontingente für Herkunftsländer, Berufsgruppen ... aufzustellen. Dies wird unter Berücksichtigung der sich wandelnden Erfordernisse des Arbeitsmarktes erfolgen müssen. Vorausgehen muß jedoch vor allem auch die Prüfung, welche Möglichkeiten zur Integration (Wohnungen, Bildungseinrichtungen, familiäre Bindungen ...) bestehen. Bei der Festlegung der Zuwanderungszahl und der Zuwanderungskontingente müssen nicht nur die Zahl der Verlängerungen der Aufenthaltserlaubnisse für Zuwanderer aus den vergangenen Jahren, sondern auch die jährliche Zahl der aufgenommenen Aussiedler, sowie der aus der EG zuziehenden Erwerbstätigen und ihrer Familien berücksichtigt werden." (SPD-Parteivorstand, Vorlage vom 2.2.1993)

Bei diesem Vorschlag bleibt unklar, wer die Kontingente festlegen soll. Die Regierung oder ein pluralistisch zusammengesetzter „Einwanderungsrat", wie ihn der Bielefelder Flüchtlingsrat vorgeschlagen hat? Hier könnten die „klassischen" Einwanderungsländer USA, Kanada und Australien Vorbilder liefern. Aber auch die Einwanderungskommissionen, die es bereits in verschiedenen europäischen Ländern gibt, könnten Modell stehen. Schweden hat seit 1975 ein Einwanderungsgesetz, das als modellhaft für ein Land, das sich ebenfalls nicht als Einwanderungsland versteht, gelten kann. 8% seiner Einwohner sind zwar im Ausland geboren, aber aufgrund einer aktiven Einbürgerungspolitik haben nur noch 306.000 der 670.000 ursprünglichen Ausländer eine fremde Staatsbürgerschaft. Die Integrationsbereitschaft manifestiert sich im Zugang zum Sozialversicherungssystem, in kultureller Autonomie der Minderheiten und im kommunalen Ausländerwahlrecht. Hier wurde das „Ausländerproblem" durch eine Politik, die nicht von einer defensiven Angst um die „nationale Homogenität" bestimmt ist, entschärft.

Wer soll die Quoten festlegen?

Klaus BADE schlägt seit Jahren die Einrichtung eines Bundesamtes für Migration und Einwanderung vor. Das Problem bei einem solchen Bundesamt wäre, daß es als weisungsgebundene Behörde zum Erfüllungsgehilfen des Bun-

Ein Bundesamt für Migration?

desinnenministeriums werden könnte, also der politischen Entscheidungsebene zu nahe und den gesellschaftlichen Gruppen zu weit entrückt wäre. Auf keinen Fall darf die delikate Aufgabe der Quotierung allein der Regierung und Interessengruppen, die den stärksten Einfluß auf den politischen Entscheidungsprozeß haben, überlassen werden. Die Mitwirkung von Bundestag und Bundesrat sichert zumindest die öffentliche Diskussion und Transparenz. Die Einwanderungspolitik braucht ein hohes Maß an Konsens, um Scherbenhaufen zu vermeiden, die die unsägliche Asyldebatte hinterlassen hat.

<small>Notwendig ist ein europäisches Einwanderungsgesetz</small>

Eine einigermaßen funktionstüchtige Steuerung der Zuwanderung wird ohne ein Einwanderungsgesetz nicht möglich sein. Es kann allerdings angesichts offener Binnengrenzen innerhalb der EU nur die Vorstufe oder eine Ergänzung zu einem europäischen Einwanderungsgesetz bilden, denn Einwanderungspolitik ist in Europa im nationalen Alleingang nicht mehr möglich. Der Vertrag von Maastricht ermöglicht eine „europäische Lösung", die aber erst einmal eine grundsätzliche Verständigung darüber voraussetzt, wie sich Europa verstehen und organisieren will: als „Festung Europa" oder als multikulturelles Europa.

<small>Einwanderungsgesetz oder „Einwanderungsverhinderungsgesetz"?</small>

In der Bundesrepublik wurde die Diskussion inzwischen durch Vorschläge konterkariert, die eher auf ein „Einwanderungsverhinderungsgesetz" hinauslaufen. So hat die CDU von NRW ihr Plädoyer für ein Einwanderungsgesetz mit der Erwartung verknüpft, daß damit die Einwanderung auf Null gebracht werden könne. Bezieht man ähnliche Überlegungen der französischen Regierung in die Bewertung ein, dann erweisen sich auch die in anderen europäischen Ländern geplanten Einwanderungsgesetze als Bausteine der „Festung Europa". Die Gruppen, die in der Bundesrepublik die Diskussion über ein Einwanderungsgesetz eröffnet haben, hatten andere Absichten: die Ermöglichung der weiteren Zuwanderung durch ihre Steuerung.

3 Multikulturelle Gesellschaft und „offene Republik"

Der Begriff der multikulturellen Gesellschaft wird mit unterschiedlichen Inhalten ge- *Unterschiedliche*
füllt. Für manche beschreibt er nur eine bereits bestehende Situation, das Nebenein- *Konzepte*
ander von ethnischen Gruppen, die sich kulturell unterscheiden; für sie ist er „nur
eine Tatsachenbeschreibung und keine Utopie" (MEIER-BRAUN 1991, 21). Für andere ist er ein Konzept für das Zusammenleben in einer Einwanderungsgesellschaft
oder gar eine „gesellschaftliche Utopie" (so COHN-BENDIT/SCHMID 1992). Die
Grenzen zwischen analytischen und normativen Bedeutungen des Begriffs sind fließend.

Jürgen MIKSCH (1983, 33), einer der Promotoren des Konzepts der multikul- *Zwei wichtige*
turellen Gesellschaft aus dem kirchlichen Raum, definierte sie als eine Gesell- *Definitionen*
schaft, in der

„Menschen mit verschiedener Abstammung, Sprache, Herkunft und Religionszugehörigkeit
so zusammenleben, daß sie deswegen weder benachteiligt noch bevorzugt werden".

Er machte aber zwei Einschränkungen, die vielen Mißverständnissen und Ver-
ängstigungen hätten vorbeugen können: Erstens hätten sich die Minderheiten „in
den meisten Lebensbereichen" der Mehrheit anzupassen, zweitens bleibe auch
die multikulturelle Gesellschaft von der „Mehrheitskultur" bestimmt. Diese An-
passungsleistung und Orientierung an den Grundwerten der Gastgesellschaft im-
pliziert auch die viel zitierte und gescholtene Definition von Heiner GEISSLER
(1990, 173):

„Multikulturelle Gesellschaft bedeutet die Bereitschaft, mit Menschen aus anderen Ländern
und Kulturen zusammenzuleben, ihre Eigenart zu respektieren, ohne sie germanisieren und
assimilieren zu wollen. Das heißt auf der anderen Seite, ihnen, wenn sie wollen, ihre kulturelle Identität zu lassen, aber gleichzeitig von ihnen zu verlangen, daß sie die universellen Menschenrechte und die Grundwerte der Republik ... achten und zweitens die deutsche Sprache
beherrschen."

Die Diskussion über die multikulturelle Gesellschaft differenzierte sich in den *Ausdifferenzierung des*
80er Jahren zunehmend aus. Je mehr Gruppen – von der „Flüchtlingslobby", den *Begriffs*
Kirchen, den GRÜNEN über Teile der Gewerkschaften und Sozialdemokraten
bis zum Arbeitnehmerflügel der CDU – sich als „Multikulturalisten" zu erkennen gaben, desto buntscheckiger wurden die Vorstellungen über die „bunte Republik". Der Begriff wurde zum Schlagwort, verballhornt („Multi Kulti"), ent-
leert und verdreht („multikriminell"), so daß auch seine Schöpfer auf Ersatzbe-
griffe (wie Multiethnizität) auswichen.

Frank-Olaf RADTKE (1990) unterschied vier Bedeutungsinhalte und Formen des Multikulturalismus, die sich allerdings in der Argumentation häufig vermischen:

– einen programmatisch-pädagogischen, der aus der interkulturellen Pädagogik hervorging und vor allem danach fragte, wie und unter welchen Bedingungen ein friedliches Zusammenleben zwischen Deutschen und Einwanderern verschiedener Ethnizitäten und Kulturen möglich ist und gestaltet werden kann;

– einen kulinarisch-zynischen (aber sehr gebräuchlichen), der die multikulturelle Gesellschaft nur als Bereicherung in Musik, Mode und Küche wahrnimmt;

– einen demographisch-affirmativen, der – wie beispielhaft Roland Tichys „Ausländer rein" – eine bedarfsgerechte Einwanderung aufgrund demographischer und wirtschaftlicher Notwendigkeiten fordert;

– einen reaktiv-fundamentalistischen bei den Migranten, die sich aufgrund der erlebten Ausgrenzung auf ihre kulturelle Identität zurückbesinnen.

Pragmatischer Multikulturalismus

Bei den Befürwortern des Konzepts der multikulturellen Gesellschaft überwiegt ein pragmatischer Multikulturalismus, der Einwanderung weniger aus moralischen Gründen, sondern aufgrund von ökonomischen Nützlichkeitserwägungen gutheißt. Diesen Pragmatismus, der am ehesten die deutsch-nationale Wagenburg-Position erschüttern kann, setzten auch GEIßLER, OBERNDÖRFER oder COHN-BENDIT/SCHMID (1992, 10) als Argumentationshilfe ein, letztere mit dem griffigen Argument:

„... wer Deutschland für die Deutschen reservieren will, schadet auch den Deutschen."

GEISSLER hielt den Dinosauriern in seiner eigenen Partei, die immer noch einen Widerspruch zwischen Einwanderung und dem auf die Bewahrung der „nationalen Homogenität" ausgerichteten „nationalen Interesse" konstruierten, kurz und bündig entgegen, daß Einwanderung „im nationalen Interesse" liege (in: DIE ZEIT vom 15.11.1991).

3.1 Nationalstaat, Menschenrechte und „offene Republik"

Voraussetzung: Ausstattung mit staatsbürgerlichen Rechten

Die nachdenklichen Promotoren des diffusen Konzepts der multikulturellen Gesellschaft, die sich nicht mit oberflächlichen Bildern der „bunten Republik" begnügten, waren sich darin einig, daß ein friedliches Zusammenleben zwischen Deutschen und eingewanderten Minderheiten ohne deren Ausstattung mit staatsbürgerlichen Rechten nicht möglich ist. Damit gerieten sie aber in Konflikt mit der tief verankerten Ideologie und Mythologie der nationalstaatlichen Identität und Homogenität.

Während für die pragmatischen Multikulturalisten die „offene Republik", die auch Einwanderern Bürgerrechte einräumt, eine Voraussetzung für Integration bildet, unternahm Dieter OBERNDÖRFER (1991/92) einen fundamentalen Sturmangriff auf ideologische Bastionen des Nationalstaates, dieses minderheitenfeindlichen Konstrukts der absolutistischen Souveränitätsdoktrin. Dies taten auch COHN-BENDIT/SCHMID (1991), HOFFMANN (1990) und andere, aber der konservative Politologe, der der CDU angehört, konnte nicht so leicht als „Multikulti-Spinner" oder als „Linker" abgefertigt werden.

Für OBERNDÖRFER ist die im Grundrechtskatalog des Grundgesetzes angelegte „offene Republik" noch von „völkischen Orientierungen", wie sie besonders in Art. 116 GG kodifiziert sind, überlagert. Die Qualität und Legitimität einer Republik offenbaren sich für ihn – und hierin liegt das Radikale und Provozierende seiner Argumentation – in ihrer Offenheit für Fremde:

Oberndörfers „offene Republik"

„Die liberale Demokratie hat ein weltbürgerliches Wertefundament. Bürgerrechte werden aus für alle Völker gültigen Menschenrechten abgeleitet. Die ethnische Abstammung darf nicht über die Gewährung von Bürgerrechten entscheiden. Nur ein Staat, der Verfolgten Asyl einräumt, der Menschen einwandern läßt und Eingewanderte auch wirklich integriert, ist ein republikanischer Verfassungsstaat. Wir müssen uns von den wahnhaften Vorstellungen einer ethnisch und kulturell homogenen Volksgemeinschaft für immer und ganz verabschieden. Wenn irgendein Land der Welt nicht zur völkischen Nation werden darf, dann Deutschland, dessen Geschichte für die ethnischen Säuberungen der Gegenwart wohl eine grauenvolle Vorreiterrolle gespielt hat." (in: FR vom 20.11.1993)

OBERNDÖRFER (1991, 11) greift den von Dolf Sternberger geprägten Begriff des „Verfassungspatriotismus" auf: Das Bekenntnis zu den Verfassungsnormen und den universellen Menschenrechten stelle die integrative Grundlage der „offenen Republik" dar. Über diesen Verfassungspatriotismus mit einem verbindlichen und verbindenden Wertekanon – und nicht über die Krücken von „nationalen Werten" – entstehe die Identifikation der Bürger, von Einheimischen und Zuwanderern, mit ihrem Staat. Dieser Verfassungspatriotismus verlangte zwangsläufig das Abrücken vom *ius sanguinis* und vom Verständnis der Deutschen als Abstammungsgemeinschaft.

Verfassungspatriotismus

Diese Begründung der „offenen Republik" setzt der Einwanderung, die konstitutiv für ihre Offenheit ist, prinzipiell keine Grenzen. Aber sie findet ihre Grenzen im politisch Möglichen und sozial Verträglichen. OBERNDÖRFER (1991, 94) berücksichtigt durchaus, daß die „derzeitige psychologische, soziale und politische Aufnahmekapazität" aufgrund der fehlenden Einwanderungstradition gering sei; er schließt auch gar nicht aus, daß das Gute mit dem Nützlichen verbunden und der Bedarf nach qualifizierten Fachkräften berücksichtigt werden kann. Aber dann ist er wieder konsequenter als es selbst DIE GRÜNEN/Bündnis 90 in ihrem Gesetzentwurf zu einem Einwanderungsgesetz waren. Während sie die Einführung eines neuen Status des „Niederlassungsberechtigten" forderten, der erst nach einem fünfjährigen Aufenthalt zusammen mit dem Recht auf Einbürgerung gewährt werden soll, will er von Anfang an einen Rechtsanspruch auf Einbürgerung, die mit einem Eid auf die Verfassung vollzogen werden müsse.

„offene Republik" = offene Grenzen?

3.2 Multikulturelle Gesellschaft = kulturelle Pluralität

Mehrheitskultur und Minderheitenkulturen

Multikulturelle Gesellschaft meint kulturelle Vielfalt, wobei Kultur Lebensweise und Wertsysteme umfaßt. Diese Übersetzung – die schon weniger positiv besetzt erscheint, wenn Vielfalt durch Heterogenität ersetzt wird – ist dazu angetan, einigen schwierigen Fragen auszuweichen. Die oben zitierte Definition von Heiner Geißler deutet bereits ein Dilemma an: Einerseits lehnt er eine „Zwangsgermanisierung" ab und will die kulturellen Identitäten der eingewanderten Minderheiten dulden und bewahren, andererseits fordert er ihnen Anpassungsleistungen ab und will sie einem kulturübergreifenden Wertekonsens unterwerfen. Aber wer setzt die Maßstäbe für diesen Konsens? Ist es nicht doch die „Mehrheitskultur", wie Miksch einräumt? Hier wird die prinzipiell anerkannte Gleichwertigkeit aller Kulturen wieder zurückgenommen – und sie muß zurückgenommen werden, wenn ein verbindender Wertkonsens gefunden werden soll. Der Unterschied zur Definition der Integration als „Prozeß der Einfügung in deutsche Verhältnisse" (lt. Bundesinnenministerium) schwindet.

OBERNDÖRFER (1992, 27) entgeht diesem Dilemma ziemlich elegant, indem er sich bei der Frage, wieviel kulturelle Autonomie den eingewanderten Minderheiten zugestanden werden soll, auf die im Grundgesetz garantierte Freiheit von Glauben und Weltanschauung beruft. Er akzeptiert aber die Wahrscheinlichkeit, daß die Einwanderer die „Mehrheitskultur" verändern werden. Dies tun auch COHN-BENDIT/SCHMID: Langfristig entstehe „etwas Drittes, etwas Neues" (vgl. DIE ZEIT vom 22.11.1991).

Multikulturelle Gesellschaft = kultureller Mischmasch?

Kritiker werteten dann so etwas „Drittes" als Bedrohung der kulturellen Identität der Deutschen, als „kulturellen Mischmasch" oder als identitätslosen „Einheitsbrei" ab. Multikulturalisten halten ihnen entgegen, daß erst durch Austausch und Auseinandersetzung zwischen verschiedenen Kulturen die „kulturelle Unterschiedlichkeit" lebendig werde (vgl. WINKLER 1992, 294). Mit anderen Worten: Erst die Konfrontation mit dem Anderen lasse das Eigene bewußt werden. Kritiker erkannten darin wiederum die Gefahr, daß die multikulturelle Gesellschaft ethnische Differenzierung und Diskriminierung produziere (vgl. RADTKE 1991, 92 ff.).

„Kulturelle Vielfalt statt nationaler Einfalt"

Jenseits unterschiedlicher Einschätzungen des Verhältnisses zwischen „Mehrheitskultur" und Minderheitenkulturen gibt es unter den Befürwortern einer multikulturellen Gesellschaft große Übereinstimmung, daß die kulturelle Vielfalt für die Einwanderungsgesellschaft eine Bereicherung darstelle. Ihr Motto lautet: „Kulturelle Vielfalt statt nationaler Einfalt" (MIKSCH 1989). Beate WINKLER (1992, 95 f.), Referentin für Kultur im Stab der Ausländerbeauftragten, hebt die Bereicherung durch Werte wie Gemeinsinn und Gesellgkeit, die Wiederbelebung handwerklicher Traditionen und das Innovationspotential in Kunst und Literatur hervor.

Jungbrunnen des Wertekonservativismus?

Sogar wertkonservative Kulturpessimisten wie Marcus BAUER (1991) räumten ein, daß die multikulturelle Gesellschaft das Bewußtsein für die eigene kulturelle Identität stärken und einen „Beitrag zur Überwindung der Dekadenz" der „glitzernden Hedonistenwelt" des Westens leisten könne. Der klügere Teil der „Neuen Rechten" entdeckte sie also als Jungbrunnen des Wertekonservativismus (vgl. WEHRHÖFER 1992, 88 ff.). Es bestehen begründete Zweifel, daß diese Fürsprecher der multikulturellen Gesellschaft wirklich begriffen haben, wie radikal dieses Konzept herkömmliche Legitimationsmuster des Nationalstaats in Frage stellt.

3.3 Kritik: Vom „linken Ringelpiez" bis zur „Entdeutschung"

Die Kritik am Konzept der multikulturellen Gesellschaft kommt aus verschiedenen Richtungen, ist teilweise seriös und bedenkenswert, verrät aber teilweise ein zutiefst nationalistisches und rassistisches Denken, das in der Auseinandersetzung mit einem gesellschaftlichen Konzept für die Zukunft Deutschlands und Europas die Schamhüllen fallen läßt.

Bedenkenswert ist die Kritik an der gelegentlichen Romantisierung der durch die Einwanderer kulinarisch und folkloristisch bereicherten „bunten Republik", die weitgehend die historisch belegte Konflikthaftigkeit von Einwanderungsgesellschaften ausblendet:

<small>Romantisierung der „bunten Republik"</small>

„Schaut man sich die Demokratie des rot-grünen Konsenses an, so erscheint die ‚multikulturelle Gesellschaft' nicht selten als der langersehnte Garten Eden – ein friedliches Neben- und Miteinander der verschiedensten Nationalitäten und Ethnien, ein einziges großes Straßenfest, auf dem alle ‚miteinander reden, feiern, essen, trinken und tanzen', ein großer linker Ringelpiez mit Anfassen. Eine biedermeierliche Latzhosenvision von unerträglicher Blauäugigkeit, guter Wille und sonst gar nichts. Verlogen ist das, weil jeder weiß, daß es so nicht funktionieren wird." (SCHMID 1989, 541)

Diese Kritik, die in dem Buch von COHN-BENDIT/SCHMID (1992) weiter entfaltet wird, lehnt das Konzept der multikulturellen Gesellschaft nicht von vorneherein als ein ideologisches Schreckgespenst ab, sondern überdenkt seine Annahmen und durchdenkt seine gesellschaftlichen und politischen Konsequenzen, für die es in Einwanderungsländern Erfahrungen, aber eben nicht nur negative gibt. Dies gilt auch für Frank-Olaf RADTKE (1990), der die Gefahr erkennt, daß der Multikulturalismus die kulturellen Unterschiede gegenüber den sozialen und politischen Ungleichheiten überbetone, gesellschaftliche Konflikte als ethnische Konflikte deute und sie damit mißverstehe. Seine Annahme, daß die vom Multikulturalismus angestrebte Achtung der kulturellen Besonderheiten „äußerst konfliktträchtig" sei, muß Mulitkulturalisten ebenso nachdenklich machen wie seine Warnung, daß ethnische Konflikte zur „neuen sozialen Frage der 90er Jahre" werden könnten.

Manchen blauäugigen Multikulturalisten kann in der Tat vorgehalten werden, daß sie in ihrer Romantisierung der Multikulti-Idylle die potentiellen und bereits virulenten Konflikte in Stadtteilen mit hohen Ausländeranteilen übersehen oder unterschätzen. Bei den Migranten findet nicht nur, wie Radtke beobachtete, eine reaktive Rückbesinnung auf die eigene kulturelle Identität, sondern auch eine Bewaffnung und Bandenbildung statt, vor allem nach der Zunahme von ausländerfeindlichen Tätlichkeiten. Umfragen und viele Interviews legten

<small>Konflikthaftigkeit der multikulturellen Gesellschaft</small>

innerhalb der ethnischen Minderheiten eine wachsende Verunsicherung und Bereitschaft zur Selbstverteidigung offen. Dies ist einerseits eine Reaktion auf eine reale Bedrohungssituation, andererseits auch eine Reaktion auf die Verweigerung von Rechten und Chancen, der allein durch die Gewährung von Rechten entgegengewirkt werden könnte. Die Diskussion über die Entwicklungschancen einer multikulturellen Gesellschaft wurde nach den Brandanschlägen in Mölln und Solingen auch deshalb merklich nüchterner und skeptischer, weil die Skepsis gegenüber der Fähigkeit der deutschen Gesellschaft zum multikulturellen Zusammenleben wuchs.

Kulturelle Unverträglichkeit des Islam

Für manche Kritiker entsteht die Konflikthaftigkeit der multikulturellen Gesellschaft aus der kulturellen Unverträglichkeit, die sie vor allem gegenüber dem islamischen Kulturkreis (und damit gegenüber den Türken) und gegenüber den Roma unterstellen. Der islamische Fundamentalismus hat dieses „Feindbild Islam" noch verstärkt und dient im besonderen als Illustration für die kulturelle Unverträglichkeit zwischen Okzident und Orient und der potentiellen Bedrohung durch muslimische Einwanderer (vgl. HIPPLER/LUEG 1993). An diesem Punkt werden auch „Machos" Verteidiger der Frauenrechte und übersehen die Veränderungskraft westlicher Ideen und Verhaltensweisen, von denen sich Islamisten bedroht fühlen.

STOIBER: Gefährdung der Rechtsgemeinschaft

Unterschiedliche Wert- und Rechtsvorstellungen aufgrund der Differenz der Kulturen verhindern, so argumentiert z.B. Edmund STOIBER, die Bildung eines Wertkonsenses und damit das Funktionieren einer Rechtsgemeinschaft (vgl. DIE WELT vom 25.2.1989). Stoiber fährt aber noch schwereres Geschütz auf: Die weitere Zuwanderung gefährde die „in Jahrhunderten entwickelte nationale und kulturelle Identität" der Deutschen. Diese sei aber die „unverzichtbare Voraussetzung der deutschen Staats- und Rechtsordnung". Dies ist die nationalkonservative Gegenposition zu Oberndörfers „offener Republik".

Erwin FAULS Attacke gegen die „Multikulturisten"

Die schärfste Attacke gegen die „Multikulturisten" ritt der Politologe Erwin FAUL (1992), der sich zeitlebens durch Nachdenklichkeit und Behutsamkeit des Urteils ausgezeichnet hatte. Für ihn zeichnet sich durch die in multikulturellen Gesellschaften ausgetragenen Konflikte zwischen ethnischen Minderheiten im Jahr 2000 schon ein „europäischer Libanon" ab. Diese Sorge teilt er mit vielen anderen. Daß er neben der Gefahr der Slumbildung in Großstädten und der Ausbildung rechtsunsicherer Räume in der Zuwanderung auch eine Umweltbelastung erkennt, ist schon verwunderlicher. Sein besonderer Beitrag zur Kontroverse liegt jedoch in der moralischen Denunzierung der „Multikulturisten", aus deren Reihen er vor allem Heiner Geißler und Dieter Oberndörfer (also zwei CDU-Mitglieder) ins Visier nimmt. Er wirft diesen „offenen Republikanern" in polemischen Wortwendungen vor, einer „artifiziellen Vision einer orts- und volkslosen Bürgerschaft" oder „Allerweltsbürgerschaft" nachzujagen und auf schleichende Weise, aber mit „fundamentalrevolutionärem" Ziel, den „Demos" der deutschen Demokratie auswechseln zu wollen. Schließlich entdeckt er bei den „multikulturellen Missionaren" auch noch einen „inversen Rassismus", die mit der deutschen Wiedervereinigung wenig im Sinn gehabt hätten und mit der Fortsetzung der deutschen Geschichte wenig im Sinn hätten:

„Hysterische Verstärkungen der multikulturellen Missionstätigkeit können sogar als eine Reaktion auf dieses ebenso unerwartete wie unerwünschte Ereignis angesehen werden. Die in der Wolle eingefärbten Multikulturisten lassen uns auch ebensowenig Hoffnung auf eine Fortsetzung der tausendjährigen deutschen Geschichte wie der noch älteren historischen Kontinuität anderer europäischer Völker." (FAUL 1992, 10)

Dieser Versuch, die ganz und gar unpatriotischen oder gar deutschfeindlichen Motive der Multikulturalisten zu enthüllen, ist nicht weit entfernt von der abstrusen Unterstellung des Historikers Ernst NOLTE (1993), daß die liberalen Befürworter der multikulturellen Gesellschaft endlich jene Schichten in der deutschen Gesellschaft ausschalten wollten, denen „man die Schuld am Ausbruch des Ersten Weltkrieges und am Sieg des Nationalsozialismus zuschreibt". Die multikulturelle Gesellschaft ist zu einem roten Tuch geworden, das auch kluge Leute zu wilden Attacken reizt. *[Ernst NOLTES Vermutungen]*

Auch Eckart SCHIFFER (1992) entdeckte den ideologischen Hintergrund der Befürworter einer multikulturellen Gesellschaft im „Versuch einer geschichtlichen Wiedergutmachung durch Entdeutschung". Schon dieses Wort erinnert an das „Wörterbuch des Unmenschen". Hier wird das Konzept der multikulturellen Gesellschaft aus dem Schuldkomplex der Linken abgeleitet und als Strafe für Auschwitz gedeutet – und damit zu einem psychopathischen Problem abgewertet. Die Entdecker und Kritiker des „inversen Rassismus" müssen sich fragen lassen, ob sie nicht einem neuen Rassismus das Wort reden, der sich nicht nur gegen Konzepte einer multikulturellen Gesellschaft wendet, sondern die akademische Version von „Ausländer raus" bildet. *[Multikulturalismus = „Entdeutschung"?]*

Man kann in der deutsch-nationalen Gegnerschaft zum Entstehen einer multikulturellen Gesellschaft durch weitere Einwanderung einen „differentialistischen Rassismus" ausmachen. Gemeint ist damit: *[„Differentialistischer Rassismus"]*

„Das Eigene wird so definiert, daß es das Fremde ausschließt ... Die Zuwanderer werden als fremd und different konstruiert, indem ihnen negative, vor allem aber bedrohliche und zerstörerische Eigenschaften zugesprochen werden ... Die Vorstellung, daß kulturelle Identitäten durch Abstammung erworben, also vererbt werden, strukturiert die Diskussion, ohne daß sie deutlich ausgesprochen wird." (WEHRHÖFER 1992, 64 f.)

Der auch vom Bundesverfassungsgericht im Urteil gegen das kommunale Wahlrecht für Ausländer benützte Begriff des „Staatsvolkes" suggeriert eine kollektive Identität, die zur Quelle der Diskriminierung von Minderheiten wird. Die mystische nationale Identität lebt von der Unterscheidung, um sich ihres eigenens Wertes zu vergewissern (vgl. HOFFMANN 1989, 763). Eine solche Mystik ist unverträglich mit dem Konzept der multikulturellen Gesellschaft, die – wie Oberndörfer konsequent argumentiert – völkische Orientierungen radikal in Frage stellt. Wenn sie nicht in Frage gestellt werden, bleibt eine europäische Staatsbürgerschaft ein juristisches Artefakt. *[Mystifizierung der nationalen Identität]*

4 Fremdenfeindlichkeit: Manifestation eines „neuen Rassismus"?

Demonstration der Ausländerfreundlichkeit

Die Bundesregierung verkündet von Amts wegen: Deutschland ist ein ausländerfreundliches Land. Sie verkündete dies umso öfter, je mehr sich die Gewalttaten gegen Ausländer häuften und je kritischer die Auslandspresse über das „neue Deutschland" berichtete. Sie rief zu einer „ausländerfreundlichen" Großdemonstration in Berlin auf (an der die bayerische Staatsregierung demonstrativ nicht teilnahm), um das im Ausland lädierte Deutschlandbild aufzupolieren. Gleichzeitig brachte sie im Bundestag das *Asylbewerberleistungsgesetz* ein, das den Aufenthalt von Asylsuchenden im „ausländerfreundlichen" Deutschland noch mehr erschweren sollte.

Ausländerfeindlichkeit: nur ein Problem von Randgruppen?

Die Regierung verurteilte „aufs schärfste" ausländerfeindliche Gewalttaten und lieferte gleich passende Erklärungen nach: den durch die „Asylantenflut" entstandenen „Staatsnotstand" und die kriminelle Energie einzelner asozialer Elemente – wobei sie geflissentlich den Tatbestand überging, daß die Ausländerfeindlichkeit dort (nämlich in den neuen Bundesländern) am militantesten auftrat, wo in ganz Europa die wenigsten Ausländer leben. Diese „Erklärungen" hatten offensichtlich die Funktion, die Politik aus der Mitverantwortung für das Geschehen zu nehmen. Gleichzeitig ersparte diese Schuldzuweisung eine selbstkritische Ursachenanalyse der zunehmenden Gewaltbereitschaft und ein Nachdenken über den Beitrag der Politik zur Enthemmung der Fremdenfeindlichkeit.

Fremdenfeindlichkeit ist nicht nur das Epiphänomen kleiner rechtsradikaler Gruppierungen, die sich auch noch offen dazu bekennen. Ist sie aber nicht ein weltweites Phänomen? Schließlich war die polizeilich registrierte Zahl von ausländerfeindlichen Aktionen in Großbritannien 1992 mit 7993 weit größer als in Deutschland. Ein Sprecher des UNHCR beklagte bei der Vorstellung des Jahresberichtes 1993, daß nun auch „Politiker in feinen Anzügen offen rassistische Ideen" verkünden. Der übliche Hinweis, daß es überall Rassisten gibt, ist ein verlegener Banalisierungs- und Rechtfertigungsversuch des eigenen Übels. Jörg Haider (Österreich), Jean-Marie Le Pen (Frankreich), Michael Portillo (Großbritannien) oder weniger prominente Rechtspopulisten in anderen Ländern eignen sich nicht als Alibi für das Geschehen in Hoyerswerda, Mölln und Solingen.

Erklärungsversuche der Fremdenfeindlichkeit

Die Rassismus- und Rechtsextremismusforschung bietet individual- und sozialpsychologische Erklärungen an: Ist Fremdenfeindlichkeit in Persönlichkeitsstrukturen und Sozialisationsmechanismen zu verorten, die sich vortrefflich für mehr oder weniger vulgärpsychologische Deutungen und außerdem für Klagen über den hier von Eltern und Lehrern der 68er Generation und dort von einem unmoralischen System bewirkten Werteverfall eignen? Ist sie aus einer Atmosphäre der sozialen Verunsicherung, der Status- und Konkurrenzängste zu erklären, die sich zu einem gegen Fremde gerichteten Konfliktpotential verdichten (vgl. BACKES 1990)? Oder hat sie nicht doch ihren Nährboden in einem „alltäglichen Rassismus", den aktuelle soziale Probleme (wachsende Arbeitslosigkeit und Wohnungsnot), der politische Umgang mit dem „Ausländerproblem" und der Populismus von Wahlkampfreden mit Rechtfertigungen versorgen?

Der Bielefelder Soziologe und Erforscher des neuen Rechtsextremismus, Wilhelm HEITMEYER (1993, 7), entdeckte hinter dem unterschiedlichen Beliebtheitsgrad von Erklärungsmustern von Fremdenfeindlichkeit das Ergebnis der Auseinandersetzung mit politischen Positionen und Legitimationen:

„Nun ist ganz offensichtlich, daß diejenigen Erklärungen, die am weitestgehenden die Probleme erklären, die politisch unbeliebtesten sind. Beliebt sind dagegen solche Erklärungen, die Fremdenfeindlichkeit aus den Mechanismen der Entstehung herauslösen und auf individuelle Personen und anthropologische Grundkonstanten reduzieren. Die Beliebtheit steigt noch weiter an, wenn man dann auch noch leibhaftiger Fremdenfeinde habhaft werden kann, um sich so dann in entsprechender Pose von ihnen distanzieren zu können. Diese Reduzierung auf Fremdenfeinde ist gewissermaßen das seitenverkehrte Bild der Fremdenfeindlichkeit und weist ein entsprechend vereinfachtes Schema auf. So wie die Fremdenfeinde die Fremden ausschließen wollen, um die Probleme zu beseitigen, so einfach wollen zahlreiche politische Interessenten die Fremdenfeinde einschließen – im wahrsten Sinne des Wortes. Dies sind dann bestenfalls Verschleierungen von Ursachen."

4.1 Erklärungsversuche von Fremdenfeindlichkeit

Unter dem Begriff der Fremdenfeindlichkeit werden verschiedene Einstellungen und Verhaltensweisen, die sich gegen Fremde richten, zusammengefaßt. Ihre Erscheinungsformen reichen von „Türkenwitzen" und Pöbeleien über die institutionalisierte Diskriminierung in Gesetzen und Verordnungen bis zu tätlichen Angriffen und Brandanschlägen. Sicherlich muß zwischen Fremdenangst und Abwehrhaltungen gegenüber fremdartigen Verhaltensweisen, die nicht in Gewalt umschlagen, und Fremdenfeindlichkeit mit Gewaltanwendung oder Billigung von Gewaltanwendung, also zwischen Fremdenangst und Fremdenhaß, unterschieden werden.
Erscheinungswesen der Fremdenfeindlichkeit

Fremden- und Ausländerfeindlichkeit werden meistens synonym gebraucht, aber da sich die Fremdenfeindlichkeit auch gegen Aus- und Übersiedler zu richten begann, ist der umfassendere Begriff der Fremdenfeindlichkeit vorzuziehen. Ausländer ist ein juristischer Begriff, der/das Fremde eine soziologische Kategorie.

Fremdenfeindlichkeit kann nicht auf militante Aktionen gegen Fremde eingeengt und damit zum Problem einer rechtsradikalen Minderheit heruntergespielt werden, wie es die Bundesregierung auch in ihrer Antwort auf eine kleine Anfrage der SPD-Fraktion über „Rechtsextremismus und Ausländerfeindlichkeit" (BT-Drucksache 10/5888) tat. Andererseits wird der Begriff inflationiert,
Verengung und Inflationierung der Fremdenfeindlichkeit

wenn schon „jede Weigerung, dem Ausländer dieselben Recht einzuräumen, die die Inländer innehaben", als Ausländerfeindlichkeit begriffen wird (so HOFFMANN/EVEN 1984, 179). Solange die Welt in Nationalstaaten organisiert ist, gibt es Staatsangehörigkeitsrechte, die Inländern besondere Rechte einräumen und Pflichten auferlegen. Dies hat noch wenig mit Ausländerfeindlichkeit zu tun.

Psychologische Deutungen „äußerer Bedrohungen"

Hier können nicht die Erkenntnisse und Kontroversen der Vorurteilsforschung entfaltet werden (vgl. u.a. MARKEFKA 1990). Soziologen und Psychologen stimmen weitgehend überein, daß zwar Persönlichkeitseigenschaften – wie ein autoritärer Charakter – erklären können, warum die einen bei gleichen Umweltbedingungen zur Fremdenfeindlichkeit neigen und die anderen nicht. Aber Psychologisierungen können von gesellschaftlichen und politischen Bedingungen ablenken, in denen Fremdenfeindlichkeit erst ihre Virulenz entfaltet. Der Psychologe Peter BECKER (1993, 38) zählt zu solchen Umweltbedingungen, die als „äußere Bedrohung" wahrgenommen werden und fremdenfeindliche Einstellungen verstärken können:

- Verschlechterungen der wirtschaftlichen und sozialen Lebensbedingungen (drohende Arbeits- und Perspektivlosigkeit, Konkurrenz auf dem Arbeits- und Wohnungsmarkt);
- Frustrationen von Erwartungen;
- das tatsächliche oder wahrgenommene Unvermögen der Politik, die anstehenden Probleme zu lösen;
- den starken Zustrom von „Fremden" (Aussiedlern, Asylbewerbern, Flüchtlingen).

Kritik am verhaltensbiologischen „Schwellenmodell"

HEITMEYER (1993, 8) lehnt dieses verhaltensbiologische „Schwellenmodell" ab, dem zufolge nach Überschreiten einer Toleranzschwelle („Pferchungstoleranz") durch Fremde/Ausländer die Neigung zur Gewaltanwendung gegen Fremde wächst. Er kann einerseits auf Großstädte (wie Frankfurt) verweisen, in denen ein hoher Ausländeranteil nicht – gemäß dem „Schwellenmodell" – zum Rassenkrieg führte, andererseits auf Ostdeutschland, wo in quantitativer Hinsicht die „Pferchungstoleranz" im europäischen Vergleich weit unterschritten ist. Die Wahlforschung in Deutschland und Frankreich zeigte, daß die „Republikaner" und der *Front National* ihre höchsten Stimmengewinne nicht in Stadtteilen mit den höchsten Ausländeranteilen, sondern in benachbarten Distrikten erzielten, wo offensichtlich eine Angst vor dem Eindringen der Ausländer, dem Wertverlust von Immobilien und dem Verlust an Sicherheit und Lebensqualität umgeht.

Absenken der Hemmschwelle

Umfragen deuten darauf hin, daß die Fremdenangst in der Bundesrepublik auch durch die starke Zuwanderung am Ende der 80er und zum Beginn der 90er Jahre nicht größer geworden ist, aber politische Bedingungen entstanden sind, die die Hemmschwelle für ausländerfeindliche Äußerungen und Aktionen gesenkt haben. Die in Bonn geführte Asyldebatte und die sich in der Wortwahl verschärfenden Denunzierungen des „massenhaften Asylmißbrauchs" haben die Asylsuchenden kollektiv stigmatisiert und nahezu kriminalisiert. Die Massenmedien haben diese öffentliche Stimmungsmache aufgeheizt (vgl. Kap. 4.2).

Abbildung 17: Rahmenmodell zu den Bedingungsvariablen für Fremdenfeindlichkeit

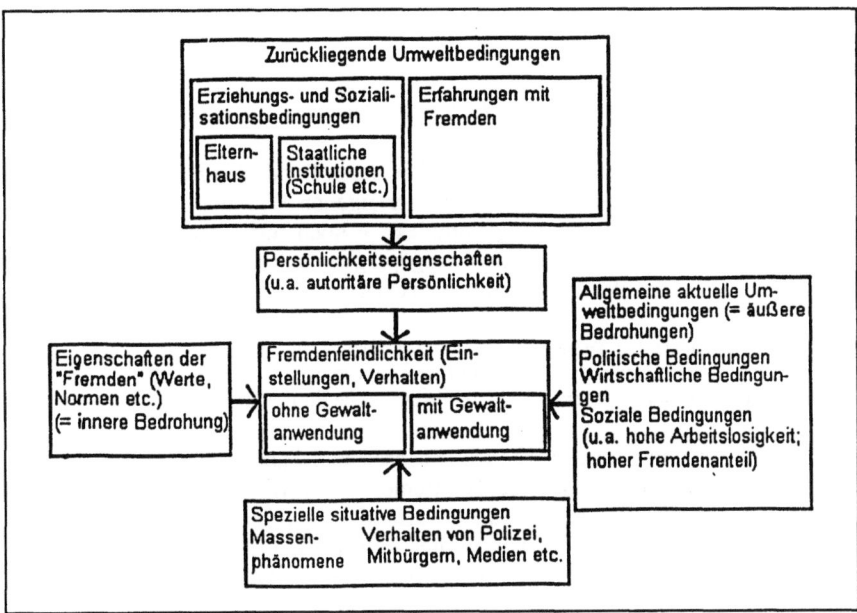

Quelle: Becker 1993,36

Das von Peter BECKER (1993, 36) komponierte Rahmenmodell der Bedingungsvariablen für Fremdenfeindlichkeit ist ein nützliches heuristisches Modell. Es weist neben Sozialisationsbedingungen (die Wilhelm Heitmeyer stark betont), Persönlichkeitseigenschaften und äußeren Bedrohungsperzeptionen auch auf Mechanismen der „inneren Bedrohung" und Verunsicherung durch die Präsenz von Fremden hin, die Günther GUGEL (1992, 135) gut zusammengefaßt hat:

Bedingungsvariablen für Fremdenfeindlichkeit

„Die eigene Identität, das eigene Streben nach Sicherheit und einem schlüssigen Weltbild, die eigenen Lebensweisen und Gewohnheiten werden durch die bloße Existenz von ‚Fremden' mit anderen Gewohnheiten, Lebensweisen, Anschauungen, Gebräuchen derart infrage gestellt, daß sie bereits als Angriff auf die eigene Person empfunden werden. Als Schutzmechanismus, um die eigene Person zu bewahren, wird so das ‚Fremde' als minderwertig, nicht anerkennenswert gesehen. Der nächste Schritt ist die Rationalisierung dieses Gefühls: Das ‚Eigene' wird als höherwertig eingestuft, das ‚Fremde' als minderwertig. So vollzieht sich eine Abwertung, die der Bekämpfung des als Bedrohung empfundenen Minderwertigen vorausgeht."

Einfacher ausgedrückt: Durch die Herabsetzung des Fremden wird die Illusion der eigenen Überlegenheit geschaffen. Noch einfacher ausgedrückt: Ich verdränge meine eigene Schwäche und steigere mein Selbstwertgefühl, wenn ich jemanden „ganz unten" beleidigen und demütigen kann. Dieses Verhaltenssyndrom war ebenso bei aus Deutschland vertriebenen Juden gegenüber Schwarzen oder ist innerhalb der „Hackordnung" zwischen Arbeitnehmern aus EU-Ländern und türkischen Arbeitnehmern zu beobachten – und nun eben auch bei fru-

Steigerung des Selbstwertgefühls durch Abwertung des Fremden

strierten „Ossis" gegenüber Vietnamesen, Polen und Asylsuchenden aus allen Teilen der Welt. Bei „äußeren Bedrohungen" und inneren Verunsicherungen dient das Nationale (Deutschtum) als Krücke des Selbstwertgefühls.

4.1.1 Erklärungsversuche zu Hoyerswerda

Persönlichkeitseigenschaften der „Ossis"

Peter BECKER (1993, 52 f.) erklärt die in den neuen Bundesländern beobachtbare militante Fremdenfeindlichkeit – trotz seiner eigenen Warnung vor „jeder Verkürzung auf nur einen Bedingungskomplex" – doch mit einigen bei Ostdeutschen stärker als bei Westdeutschen ausgeprägten und durch eigene Untersuchungen festgestellten Persönlichkeitseigenschaften:

„Dies gilt insbesondere für Teilaspekte des Autoritarismus, wie Konventionalismus/ Normorientierung, autoritäre Unterwürfigkeit, autoritäre Aggression gegen Menschen, die konventionelle Werte mißachten, Konservatismus sowie politische Entfremdung."

Untersuchungen unter Jugendlichen in Sachsen und Sachsen-Anhalt lassen seit 1990 ein deutliches Anwachsen rechtsextremer Ideologie und Gewaltbereitschaft erkennen, die zunehmend entschiedener, affektiver und radikaler vertreten werden. Der Leipziger Jugendforscher Walter FRIEDRICH (1993, 26) weist jedoch auf die Situationsbedingtheit dieses Mentalitäts- und Verhaltenswandels hin:

„Die Jugend wächst stets in einer von den Erwachsenen, von älteren Generationen ‚produzierten' Welt heran, reagiert auf deren Existenzbedingungen, Lebensweise, Lebensprobleme. Wenn 13-14jährige Jugendliche heute verstärkt zu Fremdenhaß, Gewalt, rechtsextremen Ideologien neigen, dann tun sie das doch nicht ‚aus sich heraus' oder wegen plötzlich veränderter pubertärer Antriebe, sondern weil ihre soziale und kulturell-geistige Umwelt anders geworden ist."

Ursachen der „sozialen Allergie"

Zu den sozialen Faktoren, die das hohe Konfliktpotential, das Stimmungstief, die typischen Urteils- und Verhaltensmuster im ostdeutschen Alltag erzeugen und zur Ausbreitung einer „sozialen Allergie" mit aggressiven Reaktionen führen, zählt er:

– den in der deutschen Geschichte einmaligen Zusammenbruch der Beschäftigungsstruktur, der schlagartig zum Verlust von etwa der Hälfte der Arbeitsplätze führte;
– die zunehmende Wohnungsnot und die Bedrohung, aus finanziellen Gründen die Wohnung zu verlieren;
– Ängste um den Verlust des meist bescheidenen Eigentums durch Rückerstattungsansprüche aus dem Westen;
– die zunehmende soziale Polarisierung und die Herausbildung einer ungewohnten neuen Armut;
– Deklassierungserfahrungen gegenüber den Westdeutschen in allen Lebensbereichen;
– den Rückgang der sozialen Empathie und Solidarität durch das Ausbreiten eines rücksichtslosen Konkurrenzverhaltens;

- Ängste vor Gewalt, Kriminalität, Drogen und der kalten Ellenbogengesellschaft;
- Selbstvorwürfe und Zweifel am Sinn und Wert der persönlichen Biographie.

FRIEDRICH (1993, 27) erklärt die breite Verunsicherung in Ostdeutschland aus zwei Frustrationskomplexen: *Frustrationskomplexe in Ostdeutschland*

„Das betraf zum einen die letzten Jahre des SED-Regimes: den zunehmenden Verlust von Hoffnungen, Lebensorientierungen, des Engagements, schließlich die wachsende Ablehnung und Opposition, die damit verknüpfte Suche nach neuen Werten und Horizonten ... Nach dem totalen Systemzusammenbruch und der schnellen Vereinigung setzte bald eine so nicht erwartete Umwälzung der Lebensverhältnisse der Ostdeutschen ein. Die neue Gesellschaft kam für die meisten als eine „kalte Dusche", begann mit einem Sturz in eine fremdartige, fürs erste unüberschaubare Lebenswelt, der oft brutale Folgen hatte. Illusionen zerstoben damit millionenfach, dafür breiteten sich Ängste, Unsicherheit, Ohnmachts- und Minderwertigkeitsgefühle aus."

ELSNER/ELSNER (1993, 205) kamen aus ostdeutscher Perspektive zu ähnlichen Erkenntnissen:

„Der Prozeß der nationalen Einheit begünstigte auf der einen Seite die Überheblichkeit eines Teils der Bevölkerung gegenüber Angehörigen anderer Völker. Auf der anderen Seite begann sich im innerdeutschen Vergleich ein Gefühl der Unterlegenheit in den ostdeutschen Bundesländern herauszubilden. Nach vollzogenem Anschluß traten soziale Unsicherheit, Arbeitslosigkeit, ungelöste und politische Fragen stark in den Vordergrund, wurden Ostdeutsche zu Menschen 2. Klasse degradiert, was oftmals die Kolonialherrenmentalität westdeutscher Politiker und ihrer Abgesandten besonders deutlich machte."

Ist also Hoyerswerda doch nicht überall? Die wachsende Fremdenfeindlichkeit ist ein gesamtdeutsches Phänomen. Die zivile Konfliktbewältigung ist keine deutsche Tugend, weder im Westen noch im Osten (vgl. das Memorandum des *Frankfurter Instituts für Sozialforschung*, in: FR vom 11.12.1991). Aber in Ostdeutschland ist die Fremdenfeindlichkeit sozialisations- und situationsbedingt stärker und aggressiver. Eine im Jahre 1994 durchgeführte Umfrage unter Studierenden förderte zutage, daß die Antipathie gegen Asylbewerber bei ostdeutschen Studierenden fast doppelt so hoch (38,2%) wie im Westen (21,2%) ist (vgl. SZ vom 28.12.1994). *Ist Hoyerswerda doch nicht überall?*

4.1.2 Schichtenspezifische und zielgruppenorientierte Fremdenfeindlichkeit

Das „Ausländerproblem" verschaffte den Meinungsforschern eine Hochkonjunktur. Ihre Interpretationen der erhobenen Daten waren nicht immer frei von den Interessen der Auftraggeber. Es ist eben ein Unterschied, ob die Hälfte der Bevölkerung für ausländerfreundlich oder ausländerfeindlich erklärt wird, wobei es wesentlich davon abhängt, mit welchen Fragen Einstellungen erforscht werden. Hauptauftraggeber des Allensbacher Instituts ist die Bundesregierung (wenn sie *Fragwürdige Demoskopie* von der CDU geführt wird), die hier ihren „Beweis" erhielt, daß die Mehrheit der Deutschen ausländerfreundlich sei, während *Infas* zu derselben Zeit aus den Antworten der Befragten folgerte, daß „knapp die Hälfte der Bevölkerung klar ausländerfeindlich eingestellt" sei. Auch bei dieser „klaren" Grenzziehung gibt es interpretationswürdige Übergangs- und Grenzzonen.

Veränderungen des Meinungsklimas

Die verschiedenen Meinungsumfragen ließen darauf schließen, daß sich schon zu Beginn der 80er Jahre die deutsche „Aufnahmegesellschaft nachgerade in eine Abwehrgesellschaft zu verkehren" begann (so BADE 1983, 113). Dieses Meinungsklima hat sich in Westdeutschland trotz des starken Zuzugs von Aussiedlern und Asylsuchenden und trotz der gelegentlich hysterischen Reaktionen in Politik und Medien bis Anfang der 90er Jahre offensichtlich nicht wesentlich geändert. Nach einer Mitte 1991 vorgestellten Umfrage im Auftrag der EG-Kommission vertraten nun 55% der befragten Deutschen die Meinung, daß „zu viele Personen aus Drittländern in der EG" leben. Jeder fünfte EU-Bürger wollte Asylbewerber „am liebsten gar nicht aufnehmen".

Rassismus als Volkskrankheit?

Klaus BADE (1992, 43) oder die SÜDDEUTSCHE ZEITUNG (vom 6./7.7.1991) folgerten aus dieser Umfrage ein Anwachsen der „Intoleranz gegenüber Fremden". JÄGER (1993, 81) fand in solchen Umfragen sogar den Beleg, daß „die überwältigende Mehrheit aller Deutschen mehr oder weniger stark in rassistische Diskurse verstrickt" sei. Man könnte aus ihnen aber auch die Erkenntnis gewinnen, daß der Rassismus noch nicht zu einer politischen Volkskrankheit geworden ist, die in jeder Ritze der deutschen Volksseele schlummert. Die Zustimmung zu der suggestiven Feststellung, daß zu viele Ausländer hier leben, ist noch kein Beweis für Fremdenhaß und Rassismus. Aus der Meinungsforschung ist bekannt, daß die Aussagekraft von Antworten wesentlich von der Präzision der Fragen abhängt.

Schichtenspezifische Einstellungen

Eine schichtenspezifische Aufschlüsselung der demoskopischen Umfragen und die Jugendstudien in Sachsen und Sachsen-Anhalt belegen den aus allen Gesellschaften bekannten Tatbestand, daß die Aversion gegenüber Fremden mit dem steigenden Grad der Schulbildung sinkt. Eine im Auftrag des Bundesministers für Arbeit und Sozialordnung vom ISG/Köln erstellte Studie über die „Ausländerfeindlichkeit in der ehemaligen DDR" faßte ihre Befunde so zusammen:

„Arbeitslose männliche Jugendliche und junge Erwachsene mit geringer beruflicher Qualifikation gelten nach den Befragungsbefunden daher als die typische Gruppe, bei der mit einer relativ weiten Verbreitung von ausländerfeindlichen Einstellungs- und Verhaltensmustern zu rechnen ist." (ISG 1990, 144)

Eine *Sinus*-Studie vom Herbst 1989 entdeckte bei Sympathisanten der „Republikaner" im westdeutschen Arbeitermilieu einen „Wohlstands-Chauvinismus" und „Sündenbock-Mechanismus" (wobei die „Republikaner" bei Kommunal- und Landtagswahlen gerade in traditionellen „Arbeiterbezirken" und SPD-Hochburgen überdurchschnittliche Stimmengewinne erzielten):

„Ob Arbeitslosigkeit, Finanzkrise des Staates, ob Wohnungsbau, Verslumung der Großstädte, steigende Kriminalität – schuld sind die Fremden." (DER SPIEGEL, Nr. 41/1989)

Hier muß an die unterschiedliche Betroffenheit durch die Konkurrenz am Arbeits- und Wohnungsmarkt erinnert werden, mit der Horst AFHELDT (1993, 47) seine Kritik an der Verleugnung der Interessen der sozialen Unterschichten durch die „linken" Verteidiger des „maßlosen Asylrechts" begründete:

„Arbeitnehmer, die so in die Überlebensprobleme der weltweiten Konkurrenzgesellschaft gestoßen werden und in dieser Konkurrenz ‚verlieren', ... können daher mit einigem Recht von Verdrängung vom Arbeitsplatz durch Zuwanderung reden. Es ist deshalb unzulässig, ihnen Fremdenfeindlichkeit oder gar Rassismus vorzuwerfen."

Ist hier nicht bereits der Schritt von der Erklärung zur Rechtfertigung getan? Aber es ist sicherlich richtig, daß nicht jede Stimme für die „Republikaner" schon als Manifestation des Rechtsextremismus oder Rassismus gedeutet werden kann, sondern als Mittel des politischen Protests verstanden werden muß, der viele Ursachen haben kann. *Von der Erklärung zur Rechtfertigung*

In der deutschen Einwanderungsgesellschaft hat sich schon in den 80er Jahren ein ethnisch begründetes Schichtungssystem herausgebildet, das den sozialen Status aus der ethnischen Herkunft ableitet, also rassistisch determiniert ist. In ihm haben deutsche Übersiedler und Aussiedler, unter denen die Abgrenzung zu den Ausländern am stärksten ausgeprägt ist, als Deutsche mit gleichen Rechten die besten Chancen, in der kollektiven Identität unterzutauchen. Die soziale Distanz und kulturelle Differenz zu Ausländern aus den EU-Staaten nimmt im gleichen Maße ab wie sie gegenüber ausländischen Arbeitnehmern aus Südosteuropa und besonders aus der Türkei zunimmt. Ganz unten stehen die „fremdartigen" Asylbewerber aus Asien und Afrika sowie die Sinti und Roma. Aber das fremde Aussehen allein erklärt noch nicht diese unterschiedlichen Reaktionen der Einheimischen. *Herausbildung eines ethnisch begründeten Schichtungssystems*

Der Zunahme einer kollektiven Xenophobie muß auch die Erfahrung einer zielgruppenorientierten Xenophilie gegenübergestellt werden. Die weißen US-Soldaten in den süd- und südwestdeutschen Standorten der US-Streitkräfte oder die Japaner in Düsseldorf erleben keine Fremdenfeindlichkeit, weil sie in der öffentlichen Wahrnehmung nichts kosten und nichts wegnehmen, sondern etwas bringen. Dies gilt auch für italienische, spanische oder griechische und sogar für chinesische Gastronomen. Bemerkenswert ist, daß in den neuen Bundesländern die Abneigung gegenüber den (abziehenden) Russen weit weniger ausgeprägt war als gegenüber den Nachbarn aus Polen (vgl. DER SPIEGEL, Nr. 26/1990). *Zielgruppenorientierte Xenophilie*

4.2 Die Massenmedien als Verstärker von Vorurteilen

Die Frage, wie die Bevölkerung auf das Asyl- und Ausländerproblem reagiert, ist eng mit der Behandlung des Themas in den Massenmedien verbunden. Ihre Einflußnahme auf das Alltagsbewußtsein ist höher als die anderer Sozialisationsagenturen (Schulen, Kirchen, politische Parteien). Verschiedene Untersuchungen, u.a. des *Duisburger Instituts für Sprach- und Sozialforschung* (DISS), ha- *Mitverantwortung der Medien* ben ihnen eine erhebliche Mitverantwortung für die „Hochkonjunktur des Rassismus" angelastet:

> „Sie schaffen zwar nicht allein den alltäglichen Rassimus, und es handelt sich auch keineswegs um eine Einbahnstraße von den Medien hin zum Alltagsbewußtsein. Selbstverständlich nehmen die Medien alltägliches Denken auf, spitzen es zu und reproduzieren solche Haltungen von Tag zu Tag immer wieder aufs Neue." (JÄGER 1993, 74)

Rassistische Stimmungsmache

Wenn man nur die Überschriften der Berichterstattung über die „Asylantenschwemme" im Sommer 1986 und dann wieder in den Jahren 1990-92 überfliegt, kann man feststellen, daß nicht nur die berüchtigten Boulevardblätter, sondern auch anspruchsvollere Tageszeitungen und Magazine wenig Aufklärung leisteten. Nicht nur „BILD" betrieb eine ausgesprochen rassistische Hetze gegen Asylbewerber (vgl. QUINKERT/JÄGER 1991), sondern auch DER SPIEGEL verließ in mehreren Titelgeschichten und -bildern den Anspruch des rationalen Mediendiskurses. So stellte beispielsweise das Titelbild der Ausgabe vom 9.9.1991 ein überfülltes Boot dar, das der Arche Noah ähnelte und Assoziationen mit dem „vollen Boot" weckte. Die Botschaft des Bildes war eindeutig: Das Boot ist von Überfüllung und vom Kentern bedroht. Hier spiegelt DER SPIEGEL nicht nur eine öffentliche Panikmache wider, sondern verstärkte sie.

Die Medienanalysen entdeckten in Bildern und Berichten den häufigen Gebrauch der assoziativen Metaphern von „Flut", „Sprengsatz" und „Bombe", in ihren Worten: „BrandSätze und Schlagzeilen" (vgl. JÄGER 1993). Besonders Roma und Sinti tauchten in der Lokalpresse fast ausschließlich im Kontext von Kriminalität und Konflikten auf:

> „Die bundesdeutsche Presse spielt über die Selektion der artikulierten Meinungen und die mediale Aufbereitung der Informationen eine zentrale Rolle bei der Definition des ‚sozialen Problems Roma' und der Legitimierung einer repressiven Flüchtlingspolitik." (BOHN u.a. 1993, 101)

Medien und Anwachsen der Gewaltbereitschaft

Die Medienforschung hat zwar herausgefunden, daß die Rezipienten das Informationsangebot selektieren und eher das aufnehmen, was ihre vorgefaßte Meinung bestätigt, als sich durch Informationen oder Kommentare zu Meinungskorrekturen bewegen zu lassen. Aber sie können Vorurteile verstärken oder sie mit journalistischem Geschick zu erschüttern versuchen. Die Medienforschung hat vor allem das Fernsehen für das Anwachsen der Gewaltbereitschaft mitverantwortlich gemacht, die sich in Gewaltakten gegen Ausländer austobt. Aber es kann diese Wirkung nur erzielen, wenn andere gesellschaftliche Instanzen (Familie, Schule, Kirchen) in ihrer sinnstiftenden und wertorientierenden Funktion versagen.

Es sind nur wenige Zeitungen (wie die FRANKFURTER RUNDSCHAU und die SÜDDEUTSCHE ZEITUNG), kirchliche und linke Publikationsorgane (wie die TAZ), die sich nicht an der fremdenfeindlichen Stimmungsmache beteiligten, die sich vor allem gegen Asylbewerber richtete. Aber sie werden vorwiegend von Gruppen gelesen, bei denen Meinungsumfragen ohnehin den niedrigsten Grad der Fremdenangst ermittelt haben. Den sprichwörtlichen „kleinen Mann auf der Straße", der wesentlich anfälliger für fremdenfeindliche Einstellungen und Verhaltensweisen ist, erreichen am ehesten Massenblätter, Lokalzeitungen und das Fernsehen.

Die aktuellen Nachrichtensendungen der Fernsehanstalten verstärkten schon durch die wiederholten Kameraeinstellungen, die auf Ansammlungen von Asylbewerbern gerichtet waren, oder durch Zufallsinterviews, die in der Regel den „Zorn des Volkes" ausdrückten, den Eindruck einer katastrophenähnlichen Situation, die latente Ängste verstärken mußte. Die Momentaufnahmen wurden kaum durch eine differenzierende Gesamtschau des Problems erklärt. Nur selten kamen Organisationen, die tagtäglich mit Asylbewerbern zu tun haben und eine genaue Problemkenntnis haben, zu Wort.

ProblemMRatische Momentaufnahmen

Untersuchungen über das Bild der Ausländer in den Medien haben herausgefunden, daß

Ausländer als mediale Objekte

„Ausländer und/oder Ausländerthemen nicht nur bevorzugt negativ bewertet werden, sondern daß Ausländer in einer Soziomatrix von Bewertungen, Handlungsanweisungen und Prognosen immer nur als Objekt, nicht aber als Subjekt, Autor oder Akteur auftreten" (MERTEN 1986, 28).

Inzwischen haben sich AusländerInnen auch als Subjekte und AutorInnen zu Wort gemeldet. Aber tendenziell ist das Untersuchungsergebnis aus den 80er Jahren immer noch zutreffend, wenn auch das „immer nur" relativiert werden muß.

Eine Untersuchung über „Massenmedien und Ausländer in der Bundesrepublik" (DARKOW/ECKHARDT/MALETZKE 1985) zog keine positive Bilanz über die Leistungen von Rundfunk und Fernsehen für die Völkerverständigung. Es genügt eben nicht, durch fremdsprachige Sendungen die „ausländischen Mitbürger" anzusprechen; es geht vielmehr darum, durch mehr Information und sachliche Aufklärung gerade für die Randgruppe der Asylbewerber Verständnis zu wecken. Es gab gelegentlich gute Reportagen über das Flüchtlingsproblem, aber sie blieben selten. Es ist auch schwer, mit sachlicher Information gegen einen Journalismus à la BILD anzukommen. Chefredakteure von Radio- und Fernsehanstalten begründen das magere Angebot von „Problemsendungen" mit dem geringen Interesse von Hörern und Sehern. Auch sie unterliegen dem Diktat von Einschaltquoten.

Kritik an den Medien

4.3 Theorien des „neuen Rassismus"

Einstellungen, Verhaltensweisen und Ideologien, die in der Bundesrepublik auf die Begriffe der Ausländer- oder Fremdenfeindlichkeit gebracht wurden, werden in anderen Ländern weniger verschämt Rassismus genannt. In den letzten Jahren griffen auch deutsche Psychologen, Sozial- und Sprachwissenschaftler zur Erklärung der wachsenden Fremdenfeindlichkeit den Rassismusbegriff auf. Sie unterschieden ihn als „neuen Rassismus" von älteren biologischen und anthropologischen Rassenlehren mit plumpen Klischees über die Höher- oder Minderwertigkeit von Rassen, die allenfalls an Stammtischen ihre Zählebigkeit behielten, aber selbst bei der „neuen Rechten" keine offenen Verteidiger mehr finden. Ganz auszurotten sind allerdings Vergleiche der menschlichen Gesellschaften und Kultu-

Zählebigkeit rassistischer Einstellungen

ren mit der Tier- und Pflanzenwelt, in der es höhere und niedrige Entwicklungsstufen gibt, niemals: Sie erscheinen eben ohne intellektuelles Räsonieren ungemein einleuchtend. Der Rassismus befriedigt primitive Instinkte.

Neuansätze der deutschen Rassismusforschung

Die deutsche Rassismusdiskussion wurde wesentlich von Arbeiten des *Centre for Contemporary Cultural Studies* (CCCS) an der Universität Birmingham beeinflußt, vom Hamburger *Institut für Migrations- und Rassismusforschung* fortgeführt und in der Zeitschrift „Das Argument" publiziert. Seit Beginn der 90er Jahre bereicherten das *Duisburger Institut für Sprach- und Sozialforschung* (DISS) um den Sprachwissenschaftler Siegfried Jäger und der Bochumer Sprachwissenschaftler Jürgen Link mit ihren inhaltsanalytischen Untersuchungen des Alltagsdiskurses die akademische Diskussion über den „alltäglichen Rassismus".

Theorien des „neuen Rassismus"

Gemeinsamer Ausgangspunkt der Theorien über den „neuen Rassismus" ist das Verständnis von „Rasse" als einem sozialen und ideologischen Konstrukt. In dem „Rassismus ohne Rassen" (nach HALL 1989, 913) wird der Begriff „Rasse" vom Begriff der „Kultur" ersetzt; an die Stelle der biologischen Differenz (mit Annahmen über die Über- und Unterlegenheit von Rassen) tritt die kulturelle Differenz, die eine Unvereinbarkeit von Wertsystemen und Lebensweisen behauptet. AutorInnen wie HALL (1989), BALIBAR/WALLERSTEIN (1990), MILES (1991), KALPAKA/RÄTHZEL (1990) und WEHRHÖFER (1992) sprechen deshalb von einem „differentialistischen Rassismus", dessen ideologisches Kernelement die Bewahrung der „kulturellen Differenz" ist:

> „Der neue Rassismus behauptet weniger die Überlegenheit, sondern die Unvereinbarkeit der ‚eigenen' mit den ‚anderen', ‚fremden' Kulturen aufgrund ihrer bestehenden Differenz. Die Verabsolutierung der Differenz führt zur Behauptung, daß gerade wegen ihrer absoluten Differenz zur eigenen Kultur bestimmte Kulturen nicht assimilierbar, also nicht zu integrieren sind ... Die Ausgrenzung der Fremden wird zur notwendigen Bedingung für den Erhalt der eigenen nationalen und kulturellen Identität, denn die ‚eigene' (deutsche oder europäische) Kultur erscheint als die bedrohte und daher zu schützende." (WEHRHÖFER 1992, 21)

„Kulturelle Differenz"

Wenn aber das Eigene durch das Fremde bedroht erscheint, dann kann aus dieser Bedrohungsvorstellung ein Recht auf Selbstverteidigung abgeleitet werden und kann sich der Rassismus als Patriotismus gerieren. Fremdenfeindliche Aktionen können dann als „natürliche" Reaktionen auf die Bedrohung des Eigenen und die Verletzung von Grenzziehungen der „kulturellen Differenz" gedeutet und legitimiert werden. Befürworter des Multikulturalismus sehen sich mit dem Vorwurf konfrontiert, durch die Nichtbeachtung dieser Differenz rassistische Abwehrreaktionen zu provozieren.

Gemeinsame Annahme der TheoretikerInnen des „neuen Rassismus" ist auch, daß der „alltägliche Rassismus" zwar in Zeiten sozialer und politischer Krisen sichtbarer wird, aber latent in materiellen und mentalen Strukturen angelegt ist:

> „Rassismus ist in materiellen Strukturen angelegt, die seit langem existieren und einen Teil der sogenannten nationalen Identität bilden. Unterliegt er auch Schwankungen und Tendenzwenden, so verschwindet er doch niemals von der Bühne, es ändern sich höchstens die Kulissen." (BALIBAR/WALLERSTEIN 1990, 262)

Allerdings erzielen rassistische Argumente dann eine größere Breitenwirkung, wenn Besitzstände durch Krisensituationen bedroht erscheinen. Klaus MANFRASS (1991) kam durch eine vergleichende Rekonstruktion der Bedrohungsszenarien in Deutschland und Frankreich zur Schlußfolgerung, daß in Krisensituationen die Sorge um die nationale Identität hinter wohlfahrtsökonomische Verlustängste zurücktritt. Dann wächst auch die Versuchung der politischen Klasse, durch den Rückgriff auf eine populistische Gemeinschaftsideologie die Krise zu meistern. Und Gemeinschaftsgefühle werden eben am leichtesten und wirksamsten durch die Inszenierung von Bedrohungen mobilisiert – wie z.B. durch die Beschwörung eines „Staatsnotstandes" durch die weitere Zuwanderung von Fremden. Durch die insinuierte Bedrohung von außen kommt es zur Identifikation mit „unserem Land" oder – wie es KALPAKA/ RÄTHZEL (1990, 25) in sozialwissenschaftlicher Sprachmanier ausgedrückt haben – zur „ideologischen Vergesellschaftung". Bedrohungsszenarien und Krisen als Bodensatz des „alltäglichen Rassismus"

Rassismus hat also nicht nur eine nach innen gewandte subjektive Funktion der Selbstversicherung der „Dazugehörigen", sondern auch eine herrschaftsstabilisierende Funktion, die umso kräftiger eingesetzt wird, je bedrohter die Legitimation der politischen Klasse oder auch nur der Machtbesitz einer regierenden Partei ist. Der erste Entwurf zum Ausländergesetz von 1990 aus dem „Hause Zimmermann" hatte eine aufklärende Wirkung, weil er solche Zusammenhänge kaum verschwieg.

Rassismus grenzt das Eigene gegen Fremdes, die Gemeinschaft der „Dazugehörigen" von „Ausländern" ab. Er wird zum „institutionellen Rassismus", wenn er zum Ausschluß ethnischer „Fremdgruppen" vom Zugang zu Rechten und Ressourcen gebraucht und gerechtfertigt wird (vgl. MILES 1991, 113). Ein solcher „institutioneller Rassismus" ist auch in Art. 116 GG angelegt, der Deutsche über das Kriterium der „Volkszugehörigkeit" als Abstammungsgemeinschaft definiert und von der Vererbung nationaler Kultur und Eigenart (also des „Deutschtums") über Generationen hinweg ausgeht. Solange Fremde nicht als soziale Subjekte, sondern als Angehörige einer fremden Nation und Träger einer fremden Kultur wahrgenommen werden (auch wenn sie in der Gastgesellschaft aufgewachsen sind und von ihr kulturell sozialisiert wurden), sind sie von solchen Ausgrenzungsmechanismen bedroht. „Institutioneller Rassismus"

Die TheoretikerInnen des „neuen Rassismus" bemühen sich auch um eine inhaltliche Unterscheidung zwischen Rassismus und Nationalismus, betonen aber dann doch mehr die Gemeinsamkeiten denn die Unterschiede: Beide wollen nach innen Gemeinschaftsgefühle erzeugen und nach außen ab- und ausgrenzen; beide florieren in Krisensituationen (vgl. GEIGER 1992, 280); beide haben ähnliche Zwecke und Wirkungen: die Mobilisierung von Wir-Gefühlen gegen Fremde. Beide sind Feinde von Toleranz und Friedfertigkeit, nach innen und nach außen. Rassismus und Nationalismus

Ein kritischer Punkt der neueren Rassismusdiskussion wurde bereits angedeutet: Wenn schon die Verweigerung gleicher Rechte für In- und Ausländer als Rassismus bezeichnet wird, dann wird der Begriff inflationiert; dann gibt es keine Gesellschaft ohne Rassismus. Dann ist es – um den Buchtitel von KALPAKA/RÄTHZEL (1990) zu variieren – nicht nur schwierig, sondern sogar unmöglich, nicht rassistisch zu sein. Es fragt sich allerdings, was ein derart infla- Banalisierung des Rassismus tionierter Begriff analytisch und kritisch noch zu leisten vermag. Was überall und alltäglich ist, wird zur Banalität. Rassismus ist aber keine Banalität, wenn sein harter Kern nicht wegdefiniert wird.

Die Rassismusdiskussion könnte für Erscheinungsweisen des „alltäglichen Rassismus" sensibilisieren, blieb aber weitgehend eine akademische Diskussion, die vom öffentlichen Diskurs weitgehend ignoriert wurde. Dies lag aber nicht nur an der Erkenntnisverweigerung auf Seiten der Adressaten der Rassismuskritik, sondern auch an der intellektuellen Arroganz der Rassismuskritiker, die sich wie eine erleuchtete Sekte unter lauter Rassisten gerieren. Wer noch von Ausländerfeindlichkeit spricht, verschleiert nach Siegfried JÄGER (1993, 9) bereits ein „ausgesprochen rassistisches Denken" und läuft gar Gefahr, in die „überwältigende Mehrheit aller Deutschen" eingereiht zu werden, die vom Rassismus angesteckt ist.

Kritik an kollektiven Stigmatisierungen

Ein derartiger Diskursstil mag die Gemeinde der Aufgeklärten befriedigen, trägt aber kaum zur Aufklärung der unbewußten Rassisten oder gar zur Bekehrung der bewußten Rassisten bei. Es ist aufschlußreich, daß sich die Entdecker des „neuen Rassismus" nicht am „Manifest der 60" beteiligt haben, also des Versuchs von 60 Migrationsforschern, mit konkreten Vorschlägen auf die Einwanderungs- und Flüchtlingspolitik der Bundesrepublik Einfluß zu nehmen. Sie ließen sich auch nicht durch die Lichterketten und Großdemonstrationen gegen Ausländerfeindlichkeit in ihrer kollektiven Stigmatisierung der deutschen Gesellschaft als rassistisch beirren. Wenn Kritik zur Selbstbestätigung und Selbstbefriedigung wird, verliert sie ihre verändernde Kraft. Der inflationär gebrauchte Rassismusvorwurf dient weder der Analyse und Kritik des Rassismus noch dem Erlernen von Toleranz und Akzeptanz des Fremden; er erzeugt bestenfalls selbstkritische Reflexionen von Denk- und Verhaltensweisen, aber eher Trotzreaktionen und Rechtfertigungsübungen zur Abwehr von Schuldgefühlen. Moralische Erpressung ist kontraproduktiv.

4.4 Lichterketten: nur eine folgenlose „Betroffenheitsgala"?

Lichterketten: ein „nazi-deutsches Erbe"?

Die Lichterketten, Rockkonzerte und sonstigen vielfältigen Aktionen gegen Fremdenfeindlichkeit setzten Fanale gegen den Rassismus. Es gab nicht überall, wie in Hoyerswerda, Rostock und anderswo, Beifall für Gewalttäter und Brandstifter. Manche Kritiker konnten in den Lichterketten nur eine „Betroffenheitsgala" oder „Olympiade des guten Willens", ein „Begräbnisritual des politischen Protests" oder nur ein folgenloses Happening entdecken. Brigitte Seebacher-Brandt reihte sie in einem FAZ-Kommentar gar in das „nazi-deutsche Erbe" ein. Der „Entwicklungsminister" aus den Reihen der CSU, Carl Dieter SPRANGER, lieferte dagegen eine ganz andere Deutung:

„Für mich sind die ständigen Demonstrationen gegen angebliche, aber gar nicht vorhandene Ausländerfeindlichkeit und Rassismus, an denen sich vornehmlich SPD, DGB und PDS beteiligen, nichts anderes als ein Identifikationsthema für unverbesserliche Sozialisten nach dem

weltweiten Zusammenbruch des Kommunismus. Da wird gegen ein Phantom demonstriert."
(Interview in: NEUE OSNABRÜCKER ZEITUNG vom 21.2.1994)

Die etwa drei Millionen Teilnehmer an Großdemonstrationen in mehreren Städten haben die Änderung des Art. 16 GG nicht verhindern können; sie haben auch der Regierung geholfen, das im Ausland lädierte Deutschlandbild aufzupolieren, ohne ihre Asyl- und Ausländerpolitik verändern zu können. Sicherlich gehörte auch keine Zivilcourage dazu, sich in eine Lichterkette einzureihen, und konnte mancher Teilnehmer auf allzu romantische Weise sein Gewissen beruhigen. Dennoch haben die Demonstranten mit ihren „friedlichen und Friedlichkeit ausstrahlenden ästhetischen Okkupationen vieler Städte beeindruckende Gegeninszenierungen angesichts brennender Asylbewerberwohnheime auf die Beine gestellt" (BALISTIER 1993, 213); sie haben den Politikern eine andere „Volksstimme" zu Gehör gebracht und es ihnen schwerer gemacht, sich auf ausländerfeindliche Einstellungen der „schweigenden Mehrheit" zu berufen; sie haben auch einen Teil der Schäden an der politischen Kultur repariert, die die Politik angerichtet hat – und nebenbei auch mehr für das Ansehen Deutschlands in der Welt getan als alle auswärtige Kulturpolitik mit viel Geld erreichen kann.

<small>Fanale gegen den Rassismus</small>

Der Historiker Ernst NOLTE (1993), der vor einigen Jahren den „Historikerstreit" über die Einschätzung des Nationalsozialismus ausgelöst hatte, kritisierte an den Lichterketten, daß sie unter dem Deckmantel des Protests gegen Fremdenfeindlichkeit die Absicht verfolgten, das erwachende Nationalbewußtsein „im Keim zu ersticken". Wenn dem so wäre, dann hätten die Demonstranten lobliche Fanale gegen die Wiedergeburt von Nationalismus und Rassismus – und gegen Versuche von deutschen Professoren, sie des Bösen zu entkleiden – gesetzt. Sie haben jedenfalls keine Traditionslinie zum nazi-deutschen Erbe hergestellt, wie ihnen Seebacher-Brandt unterstellte; sie waren auch keine Veranstaltungen „unverbesserlicher Sozialisten", wie ihnen ein CSU-Minister in einer unverbesserlichen Suche nach innenpolitischen Feindbildern anzuhängen versuchte. Allerdings konnte die Demonstration des guten Willens in der Vorweihnachtszeit nicht völlig ausschließen, daß sich die Lichterketten im Nachhinein als „Begräbnisritual des politischen Protests" erweisen und von der Politik zum Beleg für die „Ausländerfreundlichkeit" umgedeutet werden.

<small>„Begräbnisritual des politischen Protests"?</small>

5 Heimat und Fremdsein

Fremdes als Bereicherung und Bedrohung

Fremdes fasziniert und verunsichert, zieht an und stößt ab. Der in vielen Kulturen tief verwurzelten Tradition der Gastfreundschaft steht die vielfache Erfahrung der Fremdenangst oder gar der Fremdenfeindlichkeit gegenüber. Fremdes gilt gleichzeitig als Bereicherung und Bedrohung des Eigenen. In der Ausnahmesituation des Urlaubs suchen viele das Exotische, das sie in den eigenen Straßen stört; sie begegnen dem Tamilen auf Sri Lanka anders als im eigenen Land. Dort sind sie Fremde, hier ist er Fremder (vgl. die Beiträge in FUCHS 1988; SCHÄFFTER 1991; BIELEFELD 1991).

Fremdsein ist keine Eigenschaft

Fremdsein ist keine Eigenschaft, sondern ein Verhältnis zwischen Menschen. Die Einschätzung, jemand sei ein Fremder, wird immer von einer Person oder einer Gruppe getroffen. Auch das subjektive Gefühl des Fremdseins resultiert aus der Begegnung mit anderen Menschen, ist also eine Reaktion auf das Verhalten der Umwelt. Die tiefgründigen Wortspiele zwischen Karl VALENTIN und Liesl KARLSTADT verdeutlichen, warum jemand ein Fremder ist und wann er nicht mehr Fremder ist.

> **Die Fremden**
>
> Karlstadt: Was ist ein Fremder?
> Valentin: Ja, ein Fremder ist nicht immer ein Fremder.
> Karlstadt: Wieso?
> Valentin: Fremd ist der Fremde nur in der Fremde.
> Karlstadt: Das ist nicht unrichtig. – Und warum fühlt sich ein Fremder nur in der Fremde fremd?
> Valentin: Weil jeder Fremde, der sich fremd fühlt, ein Fremder ist, und zwar so lange, bis er sich nicht mehr fremd fühlt, dann ist er kein Fremder mehr.
> Karlstadt: Sehr richtig!– Wenn aber ein Fremder schon lange in der Fremde ist, bleibt er dann immer ein Fremder?
> Valentin: Nein. Das ist nur so lange ein Fremder, bis er alles kennt und gesehen hat, denn dann ist ihm nichts mehr fremd.
> Karlstadt: Es kann aber auch einem Einheimischen etwas fremd sein!
> Valentin: Gewiß, manchem Münchner zum Beispiel ist das Hofbräuhaus nicht fremd, während ihm in der gleichen Stadt das Deutsche Museum, die Glyptothek, die Pinakothek und so weiter fremd sind.

Karlstadt:	Damit wollen Sie also sagen, daß der Einheimische in mancher Hinsicht in seiner eigenen Vaterstadt zugleich noch ein Fremder sein kann.
Karlstadt:	Und was sind Einheimische?
Valentin:	Dem Einheimischen sind eigentlich die fremdesten Fremden nicht fremd. Der Einheimische kennt zwar den Fremden nicht, kennt aber am ersten Blick, daß es sich um einen Fremden handelt.
Karlstadt:	Das Gegenteil von fremd wäre also – unfremd?
Valentin:	Wenn ein Fremder einen Bekannten hat, so kann ihm dieser Bekannte zuerst fremd gewesen sein, aber durch das gegenseitige Bekanntwerden sind sich die beiden nicht mehr fremd. Wenn aber die zwei mitsammen in eine fremde Stadt reisen, so sind diese beiden Bekannten jetzt in der fremden Stadt wieder Fremde geworden. Die beiden sind also – das ist zwar paradox – fremde Bekannte zueinander geworden.

Die Angst vor Fremden beruht auf der Angst, etwas Eigenes zu verlieren – gerade auch dann, wenn man sich des Eigenen gar nicht so gewiß ist. Sie wird zu einem Mittel der Identitätswahrung. Friedrich NIETZSCHE, der nicht ohne eigenes Zutun von den nationalsozialistischen Rassen- und Machtideologen vereinnahmt werden konnte, stellte in „Die Unschuld des Werdens" sogar einen Automatismus zwischen Gruppenidentität und Fremdenhaß fest:

„Je bestimmter eine organische Einheit (z.B. eine Gemeinde, Herde) sich zum Bewußtsein kommt, um so stärker ist ihr Haß gegen das Fremde. Die Sympathie mit den Zugehörigen und der Haß gegen das Fremde wachsen miteinander."

Das „Lexikon zur Soziologie" (1973, 213) definiert die „Fremdgruppe" als   *Definition der „Fremdgruppe"*

„die Gruppe, von der man sich distanziert; sie steht im Gegensatz zur eigenen Bezugsgruppe, der man sich zugehörig fühlt ..., und kann daher auch als „negative Bezugsgruppe" bezeichnet werden."

Fremde oder Ausländer bilden diese „negative Bezugsgruppe", von der „man" sich im Schutze der eigenen positiven Bezugsgruppe distanziert. „Man" hat eine diffuse Angst vor diesen Fremden, denen „man" auf Straßen und Bahnhöfen, in Fabriken und Schulen begegnet. „Man" fühlt sich im eigenen Land von einer Überschwemmung durch „die" Fremden bedroht. „Man" reagiert die Fremdenangst in sanfter Form durch Distanz und Kontaktscheu, in aggressiver Form durch Schmierereien an Häuserwänden oder in öffentlichen Verkehrsmitteln, mit „Türkenwitzen" (die sich kaum von den „Judenwitzen" unterscheiden) oder Gewalttätigkeiten ab. Die Einteilung in „wir" (=„man") und „sie" teilt die Welt in Eigenes/Vertrautes und Fremdes, aber auch in soziale Hierarchiemuster von unten und oben.

In anderen Ländern haben „sie" nur einen anderen Namen, und sind die   *Fremdenfeindlichkeit ein*
„Fremdgruppen" anders zusammengesetzt: z.B. Nordafrikaner in Frankreich,   *universelles Phänomen*
Westinder und „Pakis" in Großbritannien, Surinamer und Molukker in Holland,

Angolaner und Kapverder in Portugal, „Latinos" in USA, „Kanaken" in Australien und Neuseeland oder „Kaffer" in Südafrika. „Man" artikuliert seine Vorurteile und Aggressionen, Ängste und Abwehrreaktionen gegenüber den Fremden nur in anderer Sprache, aber aus denselben diffusen Beweggründen. „Man" sieht die Welt, wie die Vorurteilsforschung gezeigt hat, durch die Filter von Stereotypen. Fremdenfeindlichkeit ist also ein internationales Phänomen mit verschiedenartigen Ausdrucksformen. Es ist eine Frage der politischen Kultur, ob die verantwortlichen Politiker den in jeder Gesellschaft latent vorhandenen Vorbehalten gegenüber Fremden entgegenwirken oder sie für politische Ziele zu benutzen versuchen.

5.1 Heimat – ein Menschenrecht

Romantisierung der Heimat
Der besonders in der deutschen Hoch- und Trivialliteratur mit gefühlsschwerer Romantik beladene Begriff der Heimat wurde durch die nationalsozialistische Blut- und Bodenpropaganda vollends pervertiert. Deshalb tun sich Deutsche im Umgang mit diesem Begriff schwer. Dennoch kann ihn die Beschäftigung mit den Problemen von Flucht, Vertreibung, Entwurzelung und Asyl nicht einfach umgehen, zumal er in der politischen Alltagssprache und sogar in der Literatur wieder eine Renaissance erlebt. Bei einer Inhaltsanalyse sollte man zwischen zwei Ebenen unterscheiden: dem politisch-rechtlichen Gehalt des Heimat-Begriffes („Heimatrecht") und seinen emotionalen Dimensionen und Assoziationen („Heimatgefühl", Heimweh etc.).

Heimat und Staatsangehörigkeit
In juristischer Betrachtungsweise ist der Heimat-Begriff eng mit der Staatsangehörigkeit verbunden: Sie bindet den Einzelnen in eine Rechtsgemeinschaft ein und macht ihn im aristotelischen Sinne erst zu einem politischen Subjekt. Staatsangehörigkeit bedeutet – zumindest in der Staatstheorie – das „Recht, Rechte zu haben".

Im klassischen Völkerrecht ist nur der Staat Rechtssubjekt. Die Staatsangehörigkeit bildet das Verbindungsglied zwischen dem durch den Staat mediatisierten Einzelnen und der internationalen Gemeinschaft. Dieses Verbindungsglied wird durch Flucht oder Vertreibung durchbrochen. Rechtlich gesehen leiden Flüchtlinge „daran, daß im klassischen Verständnis der Ordnungsregelung in dieser Welt der Einzelne faktisch eine res nulla (ein Nichts) ist" (KÜHNHARDT 1984, 189).

Heimat: ein Menschenrecht
Unter dem Eindruck der totalitären Diktaturen Europas, der Massenflucht und den Beispielen für zwangsweisen Entzug der Staatsbürgerschaft seit Beginn des 20. Jahrhunderts gelangte die aus Deutschland in die USA emigrierte Philosophin Hannah ARENDT zu der Erkenntnis, daß Heimat- und Staatsbürgerschaftsverlust die größten denkbaren Menschenrechtsverletzungen seien; sie zog daraus den Schluß, daß das Recht auf Mitgliedschaft in einem politischen Gemeinwesen zu den grundlegenden Menschenrechten gehören müsse. Reinhard MARX (1984) griff diese Argumentation auf und leitete die Rechtsetzungsbefugnis der Natio-

nalstaaten aus dem „Basisrecht auf Zugehörigkeit zu einer politischen Gemeinschaft" ab.

Die Sowjetunion erklärte 1921 per Dekret alle Staatsangehörigen für staatenlos, die länger als fünf Jahre außer Landes gelebt, das Land ohne Genehmigung verlassen hatten oder in militärische Aktionen gegen die Sowjetmacht verwickelt waren. Davon waren bis 1925 rund zwei Millionen Gegner der sowjetischen Revolution betroffen. Im NS-Deutschland wurden mit dem *Reichsstaatsbürgergesetz* von 1941 alle im Ausland lebenden deutschen Juden denaturalisiert. Bereits 1935 waren durch das Nürnberger *Reichsbürgergesetz* vor allem Juden als Reichsbürger im Unterschied zu Staatsbürgern deklassiert worden. In der Tschechoslowakei, in Polen und in Jugoslawien wurden 1945/1946 per Dekret die in diesen Ländern lebenden Deutschen ausgebürgert.

Totalitäre Ausbürgerungen

Erst nach dem Zweiten Weltkrieg fanden Formulierungen in völkerrechtliche Verträge Eingang, die ein Vertreibungsverbot aussprachen und ein Recht auf Heimat konstatierten, um den Sturz in „das völkerrechtliche Nichts" der Staatenlosigkeit zu verhindern. So heißt es in Art.15 der *Allgemeinen Erklärung der Menschenrechte* der Vereinten Nationen von 1948:

Vertreibungsverbot und Recht auf Heimat

1. Jeder Mensch hat Anspruch auf Staatsangehörigkeit.
2. Niemandem darf seine Staatsangehörigkeit willkürlich entzogen noch ihm das Recht versagt werden, seine Staatsangehörigkeit zu wechseln.

Der Internationale Pakt über bürgerliche und politische Rechte von 1966 erklärt in Art.12 Abs.4:

„Niemandem darf willkürlich das Recht entzogen werden, in sein eigenes Land einzureisen."

5.2 Das komplementäre Recht auf Freizügigkeit

Zum Recht auf Staatsangehörigkeit gehört komplementär das Recht auf Freizügigkeit. Wer fliehen will oder muß, dem ist gerade die Staatsangehörigkeit, die Einbindung in einen Staat, zur Existenzfrage geworden. So besehen steht das Recht auf Heimat einem Recht auf Flucht gegenüber. Der Straftatbestand der „Republikflucht" widersprach deshalb internationalem Recht. Sowohl die *Menschenrechtserklärung* als auch der *Internationale Pakt über bürgerliche und politische Rechte* belegen diese Auffassung.

Recht auf Freizügigkeit

Artikel 13 der Menschenrechtserklärung lautet:

1. Jeder Mensch hat das Recht auf Freizügigkeit und freie Wahl seines Wohnsitzes innerhalb eines Staates.
2. Jeder Mensch hat das Recht, jedes Land, einschließlich seines eigenen, zu verlassen sowie in sein Land zurückzukehren.

Artikel 12 des Internationalen Paktes über bürgerliche und politische Rechte lautet:

1. Jedermann, der sich rechtmäßig im Hoheitsgebiet eines Staates aufhält, hat das Recht, sich dort frei zu bewegen und seinen Wohnsitz frei zu wählen.
2. Jedermann steht es frei, jedes Land einschließlich seines eigenen zu verlassen.

Geschichte des Rechts auf Freizügigkeit

Die völkerrechtliche Durchsetzung des Grundsatzes der Freizügigkeit hat eine lange geschichtliche Entwicklung. Wenn es bestritten wurde, dann aus religiösen, landesherrlichen, in aller Regel aber ökonomisch motivierten Gründen:

- Im Mittelalter war Leibeigenen jedes Entfernen grundsätzlich verboten. Freie Untergebene konnten die Abzugsmöglichkeit durch eine Steuerabgabe erwerben.
- Der Augsburger Religionsfrieden von 1555 gewährte freien Untertanen das Auswanderungsrecht in Gebiete, in denen die eigene Konfession (*cuius regio, eius religio*) ausgeübt werden konnte.
- Die Staatsräson des absoluten Staates zwang die Rechte des Einzelnen wieder systematisch zurück. 1685 erließ Colbert in Frankreich ein Auswanderungsverbot für Arbeiter seines Manufaktursystems.
- Im Zeichen der Aufklärung und der Naturrechtslehren des 17.und 18. Jahrhunderts erkannten Hugo Grotius und Samuel Pufendorf die Landesflucht als eine Form des Widerstands gegen einen unrecht handelnden Fürsten im Prinzip an. Albert Otto HIRSCHMAN (1974) griff dann wieder diese Idee des *exit* als Akt des Widerspruchs auf.
- Der Deutsche Bund (1815) und die Verfassung der Paulskirche (1848) gewährten Bewegungsfreiheit vor allem aus ökonomischen Gründen. In den Anfängen der Industrialisierung waren zum einen mobile Arbeitskräfte erforderlich, zum anderen sollte das Land vom Bevölkerungsdruck entlastet werden: Zwischen 1800 und 1939 wanderten über 40 Millionen Europäer nach Amerika aus, aus Baden allein zwei Millionen, z. T. unterstützt und finanziert durch ihren Landesherrn.

Nach dem Ende des Kalten Krieges wurde das Recht auf Freizügigkeit in der KSZE-„Charta für das neue Europa" verankert – aber nicht das komplementäre Recht auf Einwanderung. Auch die *Europäische Menschenrechtskonvention* klammerte das „heiße Eisen" des Asylrechts aus. Ohne Recht auf Einwanderung hat das Recht auf Auswanderung aber nur einen halben Wert. Alan DOWTY (1987) illustrierte den „Anschlag auf die Freizügigkeit" vorwiegend mit Beispielen aus der ehemaligen Welt hinter dem Eisernen Vorhang. Nun endet das Recht auf Freizügigkeit an neuen Mauern.

5.3 „Heimat ist, wo sich jemand wohlfühlt"

Bedeutung von Heimat

Die Sicherung des Rechts auf Staatsangehörigkeit und auf Freizügigkeit bildet eine juristische Grundlage, aber sie füllen die Bedeutung des Wortes „Heimat" nicht aus. Heimat ist nicht einmal in erster Linie ein juristisches Definitionsproblem, obwohl es für den Flüchtling in der „Welt der Nationalstaaten" zu einem existentiellen Problem werden kann. Heimat bedeutet laut *Duden*:

> „wo jemand zu Hause ist; Land, Landesteil oder Ort, in dem man (geboren und) aufgewachsen ist oder ständigen Wohnsitz gehabt hat und sich geborgen fühlt oder fühlte". Der *Duden* fügt hinzu: „Wird oft angewandt, um eine besonders gefühlsbetonte Stimmung auszudrücken oder zu erwecken".

Heimat bedeutet Gemeinschaft, Schutz, Geborgenheit und Sicherheit, die allesamt zu den menschlichen Grundbedürfnissen gehören. Jean AMERY (1989, 34) betonte aus der eigenen Erfahrung des Exils vor allem diesen Aspekt der Sicherheit:

„Heimat ist Sicherheit"

> „Heimat ist Sicherheit, sage ich. In der Heimat beherrschen wir souverän die Dialektik von Kennen-Erkennen, von Trauen-Vertrauen: Da wir sie kennen, erkennen wir sie und getrauen uns zu sprechen und zu handeln, weil wir in unsere Kenntnis-Erkenntnis begründetes Vertrauen haben dürfen. Das ganze Feld der verwandten Wörter treu, trauen, Zutrauen, anvertrauen, vertraulich, zutraulich gehört in den weiteren psychologischen Bereich des Sich-sicher-Fühlens. Sicher aber fühlt man sich dort, wo nichts Ungefähres zu erwarten, nichts ganz und gar Fremdes zu fürchten ist. In der Heimat leben heißt, daß sich vor uns das schon Bekannte in geringfügigen Varianten wieder und wieder ereignet ... Hat man aber keine Heimat, verfällt man der Ordnungslosigkeit, Verstörung, Zerfahrenheit."

Heimat kann mit den Worten von Karl VALENTIN als der Ort definiert werden, wo sich ein Fremder nicht mehr fremd fühlt, oder – mit den Worten von Sigmund Freud – als der Ort, „wo man lieben und arbeiten kann". Dieser Ort kann auch außerhalb des Staates liegen, in den ein Mensch hineingeboren wurde. Heimatgefühl erwächst nicht so sehr aus der Bindung an einen Ort, sondern aus Beziehungen zu Menschen und aus konkreten Lebensbedingungen, die Glücksgefühle erzeugen. Heimat ist die soziale Umwelt, in der sich jemand heimisch fühlt und mit der sich jemand identifizieren kann. Das „Ringen um Heimat" ist ein ständiges Suchen nach dieser Identifizierung.

Heimat als Ort, „wo man lieben und arbeiten kann"

Ernst BLOCH (1973, 1628) griff in den Schlußsätzen von „Das Prinzip Hoffnung" über jeden territorial gebundenen Heimatbegriff hinaus. Heimat – „etwas, das allen in die Kindheit scheint und worin noch niemand war" – wird zur konkreten Utopie: Sie entsteht erst dann und dort, wo der „arbeitende, schaffende, die Gegebenheiten umbildende und überholende Mensch (...) das Sein ohne Entäußerung und Entfremdung in realer Demokratie begründet". Diese Heimat, „worin noch niemand war", ist das Reich der Freiheit. Diese Verortung der Heimat in der individuellen Freiheit entblößte der Schweizer Schriftsteller Peter BICHSEL (1989, 291) völlig des üblichen patriotischen Pathos:

Heimat: das Reich der Freiheit

> „Ich brauche nicht Heimat, ich brauche Freiheit. Wenn man mir die garantiert, dann werde ich so viel Heimat finden, wie ich brauche ... – denn letztlich bin nur ich selbst meine Heimat und all das, was ganz tief in mir steckt und ganz tief zu mir gehört, meine Gewohnheiten, meine Unarten, meine Leidenschaften."

Noch nie in der Menschheitsgeschichte überbrückten Verkehrsmittel und Medien so leicht und schnell Grenzen von Staaten und Kulturen, brachten so viele Fremde in Kontakt miteinander, schien die technische Zivilisation eine verbindende Weltkultur mit einer neuen Spezies von „Weltbürgern" hervorgebracht zu haben. Jürgen HABERMAS (1992, 660) entdeckte das Heraufdämmern eines

Heraufdämmern eines „weltbürgerlichen Zustands"

„weltbürgerlichen Zustands". Wird Heimat durch diese Entwicklungen nicht zu einem absterbenden Relikt ohne jede Sinnstiftung? Oder ist die Vision von Ernst Bloch nicht ein intellektuelles Abstraktum, weit entfernt vom menschlichen Grundbedürfnis nach Heimat im Sinne von Jean Amery?

Hinwendung zur „kleinen Geschichte"

Gleichzeitig gibt es eine Gegenbewegung, die diesem grenzenlosen „Weltbürgertum" wieder die Heimat, den überschaubaren Mikrokosmos, auch das Provinzielle, die Suche nach einer nationalen und kulturellen Identität entgegensetzt. Die Herausbildung einer Weltgesellschaft ist von einer „Krise des politischen Universalismus" begleitet (vgl. HIRSCH 1993). Die Fernsehserie „Heimat" von Edgar REIZ (WDR/SFB) vom Frühjahr 1985 beschäftigte die Nation über Monate hinweg. Die Hinwendung zum Lokalen, Vertrauten, zur „kleinen Geschichte" des Alltags, wurde in den Medien und in der Literatur wiederentdeckt, weil die durchrationalisierte und entfremdete technische Zivilisation offensichtlich einen Bedarf nach „Heimatgefühl" oder Sich-heimisch-Fühlen weckt. Die Politikwissenschaft hat sich in rationaler Distanz zu einem emotionsgeladenen Begriff noch zu wenig mit diesem Bedürfnis nach Heimat beschäftigt.

5.4 Heimatverlust– „Herzasthma des Exils"

Erleiden des Exils

Thomas Mann, der sein Exil in den „Logen und Parterreplätzen des Auslands" verbrachte, beklagte das „Herzasthma des Exils, die Entwurzelung, die nervösen Schrecken der Heimatlosigkeit". Für ihn und andere exilierte Literaten (wie Bertolt Brecht, Jean Amery, Erich Fried, Boris Pasternak oder Lew Kopelew) bedeutete Heimatverlust vor allem den Verlust des muttersprachlichen Milieus.

Elend = Wohnen in der Fremde

Die Literatur ist reich an beredten und häufig pathetischen Klagen über das Schicksal der Heimatlosigkeit, sei es von Einzelpersonen oder Gruppen erlitten. Das *Deutsche Wörterbuch* der Gebrüder GRIMM (von 1862) entdeckte die Urbedeutung des Wortes „Elend" im „Wohnen im Ausland, in der Fremde". EURIPIDES läßt in seinem Drama „Medea" den Chor der Korintherinnen klagen:

> „Heimisch Land, väterlich Haus,
> nie möge ich von Euch verbannt sein,
> um Hilfe beraubt und rechtlos
> durch die Welt zu irren,
> schmachtend in kläglicher Not!
> In den Tod, in den Tod wünscht ich zu gehn,
> denn der Heimat beraubt zu sein,
> nenn ich der Übel größtes."

Weniger pathetisch, doch nicht weniger eindringlich, hatte Bertolt BRECHT sein Erleiden des Exils in seinen „Svendborger Gedichten" in Versform gebracht:

Bertolt BRECHT über „Emigranten"

Über die Bezeichnung Emigranten

„Immer fand ich den Namen falsch, den man uns gab:
Emigranten.
Das heißt doch Auswanderer. Aber wir
Wanderten doch nicht aus, nach freiem Entschluß
Wählend ein anderes Land. Wanderten wir doch auch nicht
Ein in ein Land, dort zu bleiben, womöglich für immer.
Sondern wir flohen. Vertriebene sind wir, Verbannte.
Und kein Heim, ein Exil soll das Land sein, das
uns da aufnahm.
Unruhig sitzen wir so, möglichst nahe den Grenzen
Wartend des Tags der Rückkehr, jede kleinste Veränderung
Jenseits der Grenze beachtend, jeden Ankömmling
Eifrig befragend, nichts vergessend und nichts aufgebend
Und auch verzeihend nichts, was geschah, nichts verzeihend.
Ach, die Stille der Stunde täuscht uns nicht! Wir hören die
Schreie
Aus ihren Lagern bis hierher. Sind wir doch selber
Fast wie Gerüchte von Untaten, die da entkamen
Über die Grenzen. Jeder von uns,
Der mit zerrissenen Schuhn durch die Menge geht,
Zeugt von der Schande, die jetzt unser Land befleckt.
Aber keiner von uns
Wird hier bleiben. Das letzte Wort
Ist noch nicht gesprochen."

Das Erleiden der Entwurzelung hängt wesentlich davon ab, wie tief die Verwurzelung in der Heimat war und welche Gründe zur Trennung führten. Es besteht sicherlich ein subjektiv erlebter Unterschied zwischen einer Zwangsentwurzelung und einer selbstbestimmten Trennung. Flüchtlinge oder Vertriebene, die ihre angestammte Heimat unfreiwillig aufgeben mußten, erleiden die Heimatlosigkeit und Entwurzelung wesentlich stärker als Emigranten aus eigenem Entschluß.

Wenn die Flüchtlinge wider eigenen Willen die Gefahren der Flucht, die Rechtsunsicherheit an den Grenzen irgendeines Aufnahmelandes und die Angst, abgewiesen oder abgeschoben zu werden, überstanden haben, leben sie oft monate- oder jahrelang in Flüchtlingslagern, in denen sie ihrer gewohnten Lebensweise beraubt, unter anderen Fremden eingepfercht, vom Aufsichtspersonal gegängelt, von Almosen abhängig, weil durch Arbeitsverbot zur Untätigkeit verdammt, und einer häufig feindlichen Umwelt ausgesetzt sind. Viele fallen in eine „Entwurzelungsdepression", eine Krankheit, die früher bei verfolgten Juden entdeckt wurde. Das *Psychosoziale Zentrum für Flüchtlinge* in Frankfurt (CALMUND 1982, 112) hat dieses „Krankwerden am Exil" beschrieben:

Entwurzelungsdepression

Krankwerden am Exil

„Politisches Exil heißt: erzwungene Auswanderung, die die Streß-Situation, der der Flüchtling in seiner Heimat ausgesetzt war, fortsetzt. Er verliert auch sämtliche persönlichen Bezugspunkte, die ihm früher eine Strukturierung seines Lebens innerhalb von Zeit und Raum erlaubten. Denn der Sinn für Zeit, für den Rhythmus des Lebens ist ein kulturhistorisches Produkt, das bei den Völkern sehr unterschiedlich ausgeprägt ist. Das Exil verlangt eine veränderte Art des Handelns. Gegenstände und Funktionen, die in der Vergangenheit ihren genauen Stellenwert hatten und somit der Selbstbestätigung dienten, sind zunächst einmal verloren. Das daraus resultierende Stadium der Unausgeglichenheit kann zu einer Krise führen, die den rationalen Gebrauch positiver Eingewöhnungsmechanismen erschwert und zu Angst-, Unlust-, Schuld- und Schamgefühlen führt, die dann ihrerseits eine Krise auslösen können. Der Betroffene fühlt sich unfähig, seine derzeitige Lebenssituation zu meistern."

Auch „Edelemigranten" wie beispielsweise Thomas Mann, die keine finanziellen Sorgen und viele andere Sonderbedingungen haben, erleiden das „Herzasthma des Exils", des Andersseins. Flucht ist eben nicht nur ein Ortswechsel und ein Problem von Unterkunft und Versorgung, sondern ein zutiefst seelisches Problem, das man den Flüchtlingen weniger ansieht als äußere Mangelerscheinungen. Die Mehrzahl der Flüchtlinge erlebt aber nicht nur mehr oder weniger subtile Entwurzelungsdepressionen, sondern grausame Ausgrenzungen, Diskriminierungen und Deprivationen.

5.5 Heimatfindung jenseits der angestammten Heimat

Verwurzelung in der Fremde

Die mythische Verklärung des Heimat-Begriffes schließt nahezu die Möglichkeit aus, daß Menschen ihre angestammte Heimat auch deshalb verlassen, weil sie ihnen nicht Schutz, Geborgenheit und Sicherheit bietet; daß sie die Freiheit in einem anderen Staat der Unfreiheit in der Heimat vorziehen. Die Fremde wird dann nicht zum „Elend", sondern zur Hoffnung. Sie klammert den vielfachen Vorgang der „inneren Emigration", des Fremdseins in der Heimat, aus: Man kann auch Flüchtling im eigenen Land sein. Und sie verdrängt den historischen Tatbestand, daß Einwanderer in Nord- und Südamerika, in Südafrika, in Palästina und in Australien die Einheimischen zu Fremden gemacht haben.

Die Gleichsetzung von Heimat und Herkunftsland bzw. Staatsangehörigkeit übersieht auch den millionenfachen und von der Migrationsforschung intensiv untersuchten Vorgang in Geschichte und Gegenwart, daß Auswanderer, Arbeitsmigranten oder Flüchtlinge in einem anderen Land Wurzeln schlagen, eine andere Heimat suchen und finden; sie übersieht beispielsweise die Geschichte des „Schmelztiegels Amerika": Dort waren die *China Towns*, *Irish Towns* oder *Latin Quarters* zugleich Orte der kurzfristigen Segregation und der langfristigen Integration, ein Durchgangsstadium von der Einwanderung zur Heimatfindung.

Ein Viertel der Deutschen sind ehemalige Flüchtlinge

Dies gilt ebenso für die „Polenzechen" im Ruhrgebiet oder für die „Kolonien" anderer Einwanderungsminderheiten in Deutschland. Etwa ein Viertel der Bevölkerung der Bundesrepublik Deutschland besteht aus ehemaligen Flüchtlingen, ihren Kindern und Kindeskindern. Dies gilt allerdings nur in modifizierter Weise für die Millionen von Auslandschinesen oder Auslandsindern, die sich zwar in die Wirtschaft der Gastländer integrierten (und besonders im Handel eine gefährliche, weil Neidkomplexe der Gastgesellschaften mobilisierende Führungsrolle übernahmen), aber ihre kulturelle Identität nicht aufgaben und sich nur ganz selten durch interethnische Heiraten in einen ethnisch-kulturellen Schmelztiegel einrühren ließen. Die Auslandschinesen verstehen sich auch in der Fremde als „Söhne und Töchter des gelben Kaisers" und betrachten China – welches auch immer – als „Mutter", auch wenn sie längst nicht mehr an eine Rückkehr denken.

Einen Sonderfall stellt die jüdische Diaspora dar, die als ein permanentes Flüchtlingsdasein zu verstehen ist:

Der Sonderfall der jüdischen Diaspora

„Das Besondere an der Situation der Juden ist nicht, daß sie in der Diaspora waren (und noch sind), sondern daß sie so lange eine Diaspora-Existenz aushielten und unter den Verhältnissen der Diaspora sogar florierten und darüber hinaus an ihrer Hoffnung auf eine Rückkehr in die Heimat, die nur noch im tradierten religiösen Sinne bestand, festhalten konnten." (ASHKENASI 1988, 15)

Heimatverlust und Heimatfindung bilden einen langwierigen und schmerzhaften Prozeß der Entwurzelung an einem alten Ort und der Verwurzelung an einem neuen Ort, durchlaufen häufig generationsübergreifende Phasen des Identitätsverlusts, der Identitätssuche und der schrittweisen Entwicklung eines neuen Heimat- und Zugehörigkeitsgefühls.

Einen solchen Des- und Reintegrationsprozeß durchläuft paradigmatisch die „zweite Generation" der Gastarbeiter in der Bundesrepublik: Sie kennt das Herkunftsland ihrer Eltern häufig nur noch von gelegentlichen Besuchen, erlebt dort ebenso Entfremdung wie im Gastland, beherrscht häufig die „Muttersprache" nicht mehr, fühlt sich von der einen Gesellschaft abgestoßen und von der anderen nicht angenommen und deshalb keiner zugehörig. Hin- und hergerissen zwischen zwei gebrochenen Identitäten entscheidet sie sich in der großen Mehrheit letztlich notgedrungen für die Gesellschaft, in der sie lebt, arbeitet und weiter zu leben gedenkt, obwohl ihr die Option zur Rückkehr in das Herkunftsland ihrer Eltern offen steht. Die zunehmende Verwurzelung hier ist begleitet von einer endgültigen Entwurzelung dort. Die doppelte Staatsbürgerschaft könnte diesen schwierigen Entwurzelungs- und Verwurzelungsprozeß erleichtern.

Des- und Reintegration der „zweiten Generation" von Gastarbeitern

6 Europäische Perspektiven: Defizite und Imperative

Ausländer in der EU Ende der 80er Jahre lebten rund 13 Millionen Menschen ständig auf dem Gebiet der zwölf EU-Staaten, ohne die Staatsbürgerschaft für das jeweilige Aufenthaltsland zu besitzen; sie bildeten 4% der 327 Millionen Einwohner EU-Europas. Von ihnen stammten 8,1 Millionen oder 61% aus Drittstaaten (vgl. Tabelle 11). Das Migrationsproblem in und für EU-Europa ist also – quantitativ gesehen – nur zu einem Drittel ein EU-internes Problem, das von der Mehrheit der EU-Bürger nicht mehr als Problem wahrgenommen wird. Laut Umfragen bilden für Deutsche und Holländer die Türken, für Franzosen und Italiener die Migranten aus Nord- und Schwarzafrika, für Briten die Asiaten (vor allem aus Indien, Pakistan und Bangladesh), für Dänen die „Orientalen" aus dem Nahen Osten das „Ausländerproblem". Nur die Luxemburger, Belgier und Portugiesen nehmen die Europäer an erster Stelle als Ausländer wahr, obwohl – und das ist bemerkenswert – in Portugal die Zahl der farbigen Zuwanderer aus Afrika größer ist (vgl. TAZ, Sonderausgabe vom 8.6.1991).

Tabelle 11: Zusammensetzung der Wohnbevölkerung in den 12 EU-Mitgliedstaaten (in %)

Aufenthaltsland	Nicht-EU-Ausländer	EU-Ausländer	Einheimische
Belgien	3,7	5,4	90,8
Dänemark	2,7	0,6	96,7
Bundesrepublik Deutschland	5,5	1,9	92,7
Griechenland	1,5	0,6	97,9
Spanien	0,5	0,4	99,1
Frankreich	4,0	2,3	93,7
Italien	0,8	0,2	99,1
Irland	0,6	2,1	97,3
Luxemburg	3,5	28,6	67,9
Niederlande	3,7	1,2	95,2
Portugal	0,9	0,3	98,8
Vereinigtes Königreich	2,1	1,4	96,5
Insgesamt	2,9	1,4	95,7

Quelle: Eurostat: Bevölkerung der Gemeinschaft nach Staatsangehörigkeit (1.1.1992)

Tabelle 12: Ansässige Nicht-EU-Ausländer nach Nationalitäten in den 12 Mitgliedstaaten in Tsd. (1.1.1992)[a]

Staatsbürger von:	B	DK	D	GB	GR	E	FR	I	L	NL	P	insgesamt[b]
Europa[c]	658465	103671	4856428	949400	114145	180446	1661486	198494	119926	425787	33013	9301261
davon:												
Jugoslawien	6459	10719	775082	9000	3052	..	52453	20735	3110	15148	80	895838
Türkei	88365	32018	1779586	29400	2303	..	197712	2767	218	214830	37	2347236
Afrikanische	188565	8152	236370	(195400)	20914	62925	1633142	170164	(1261)	197651	57998	2762542
Länder												
davon:												
Maghreb insgesamt	162956	3859	111423	11100	1064	51776	1393195	94661		167082	132	1997248
Algerien	10971	347	9073	..	269	2263	614207	2592	..	809	40	640571
Marokko	145600	3170	75145	9500	387	49513	572652	61695	..	163697	78	1081437
Tunesien	6385	342	27205	1600	408	..	206336	30374	..	2576	14	275240
Asien	24096	39970	553383	(500100)	39057	32285	226956	85820	(1167)	56792	4456	1564082
davon:												
Indien	3024	932	32759	151500	2121	5352	4579	6625	..	3293	640	210825
Iran	1763	8800	97924	18800	2834	1907	15209	9568	393	6472	512	164182
Sonstige	21101	17732	236086	(351700)	39264	84999	75018	82564	(1576)	52638	28511	991189
Länder												
davon:												
USA	11697	4358	99712	117300	19699	13184	24236	19610	1385	12093	7210	330484
Kanada	1695	978	9168	36100	1526	1090	6808	2994	..	2526	2026	64911
Nicht-EG-Ausländer insgesamt	367042	141095	4394996	1211900	151862	202412	2284710	425861	13922	556774	83929	9835403

[a] für Frankreich: 1990 Zensusdaten, für Großbritannien: Frühjahr 1992 „Labour Force Survey"; [b] ohne Irland; [c] inkl. EG,EWR, Mittel- und Osteuropa und „übriges Europa" (Türkei, Jugoslawien, Schweiz); ( ) geschätzt von Eurostat; .. nicht verfügbar;

Quelle: Eurostat; Bevölkerung der Gemeinschaft nach Staatszugehörigkeit.

Widerstände gegen eine europäische Staatsbürgerschaft	Am 1. Januar 1993 erhielten auch Spanien und Portugal die volle Freizügigkeit innerhalb der EU. Selbst wenn nun mehr Spanier und Portugiesen dieses Privileg nutzen sollten, weil die Arbeitslosigkeit in ihren Heimatländern wächst, erzeugt diese Binnenwanderung in den Zielländern keine großen Probleme, obgleich zu einer „europäischen Heimat" noch vieles fehlt. Das für ganz EU-Europa geplante kommunale Wahlrecht für Ausländer aus den EU-Staaten bildet allenfalls eine halbherzige Vorstufe zu einer europäischen Staatsbürgerschaft. Gegen ihre Einführung wachsen allerdings die Widerstände aus Kreisen, deren politisches Denken um die „heilige Kuh" des Nationalstaates kreist, ebenso wie gegen die Ablösung nationaler Währungen oder anderer nationalstaatlicher Besitzstände durch europäische Konstrukte. Beispielhaft sind Edmund Stoibers populistische Attacken gegen die Euro-Idealisten.

Nach der Wiederherstellung des deutschen Nationalstaates hörte auch die Bundesrepublik Deutschland auf, die Rolle des „europäischen Musterknaben" zu spielen. Manche politische Strategen in den Nachbarländern, besonders in Frankreich, aktualisierten deshalb ein Ursprungsinteresse der europäischen Integration: die Eindämmung Deutschlands durch Integration. Aber die Europäisierung Deutschlands ist zunächst einmal eine Aufgabe der deutschen Politik und Gesellschaft. Das „neue Deutschland" muß sein Selbstverständnis erst noch finden.

„Europa gegen den Rest der Welt?"

Die euphorische Idee der „Vereinigten Staaten Europas" in Form eines Bundesstaates beginnt sich zu verflüchtigen, nicht zuletzt durch das Schwinden des Feindbildes „Osten", das nun allerdings durch das Bedrohungsszenario „neuer Völkerwanderungen" aus dem Osten ersetzt wird. Das nun wieder propagierte „Europa der Vaterländer" hat nach innen integrationsfeindliche Komponenten, organisiert sich aber nach außen als „Festung Europa", um eine als neue Bedrohung perzipierte Herausforderung zu bestehen; es gewinnt also seine Identität nicht so sehr als Wertegemeinschaft, sondern als Abwehrgemeinschaft.

Europa hat sich in seiner Geschichte immer dann als Einheit begriffen und organisiert, wenn es um die „Abwehr einer gemeinsamen Gefahr" ging (vgl. SCHULZE 1990, 31). Dieses defensive Selbstverständnis hat erhebliche Auswirkungen auf den Umgang mit der übrigen Welt, aus der nun mehr und mehr Menschen nach Europa kommen wollen. Der Buchtitel „Europa gegen den Rest der Welt?" (BUTTERWEGGE/JÄGER 1993) deutet eine politische und moralische Existenzfrage des künftigen Europa an.

6.1 Der europäische Harmonisierungsbedarf

Harmonisierungsinitiativen aus Brüssel

Seit der Vorlage des Weißbuchs zum Europäischen Binnenmarkt durch die EG-Kommission (1985) haben sich die Kommission und das Europäische Parlament (EP) wiederholt in Berichten, Memoranden, Mitteilungen und Entschließungen mit der Einwanderungs- und Asylpolitik beschäftigt. Es scheint, daß sich die europäischen Institutionen realitätsbewußter mit der Gegenwart und Zukunft Europas als Einwanderungkontinent auseinandersetzen als manche nationale Regierung, die diese Realität durch das litaneienhafte Dementi „Wir sind kein Einwanderungsland" zu verdrängen versucht.

Der Europarat, dem mehr Nicht-EU-Staaten angehören, begleitete diese Entwicklungen und Diskussionen innerhalb der EU und Abschottungstendenzen gegenüber dem übrigen Europa mit kritischen Ermahnungen: Er hat das „gemeinsame Haus Europa" im Auge, die EU dagegen nur das „Herrenhaus", zu dem nun nicht nur einige reiche und willkommene EFTA-Nachbarn, sondern auch weniger willkommene Aspiranten für die EU-Regionalfonds (Polen, Ungarn, Tschechien, Malta, Zypern und Türkei) Einlaß begehren. Sein Fachausschuß CAHAR (*Comité ad hoc sur les aspects juridiques de l'asile territorial et les refugiés*) erarbeitete wichtige Empfehlungen zur Handhabung des Asylrechts, u.a. die Empfehlung Nr. R(84)1 vom 25.1.1994 über die Aufnahme von de facto-Flüchtlingen, die aus humanitären Gründen nicht abgeschoben werden sollen. Aber dies sind eben nur Empfehlungen. Eine größere und eher integrationsfeindliche Bedeutung erlangte das in Kap. 2.2 erwähnte Übereinkommen des Europarats von 1963 über die „Verringerung der Mehrstaatlichkeit und über die Wehrpflicht von Mehrstaatern".

Rolle des Europarates

Auf der Ebene der EU-Institutionen gab es einen Konsens, daß die nationalstaatlichen Ausländer- und Asylpolitiken angesichts der Öffnung der Binnengrenzen einer Harmonisierung bedürfen. Den wirtschaftlichen Interessen, die vom Anstoß zur EWG bis zum Gründungsbeschluß des Binnenmarktes Motor der europäischen Integration waren, stehen viele nationale Interessen und Eigenbröteleien, historische Erfahrungen, Affinitäten und Aversionen gegenüber (vgl. Walter SCHMID, in: TAZ, Sonderausgabe vom 8.6.1991):

Nationale Eigenbröteleien

— Jedes Land hat eigene Einreisebestimmungen, die der Kontrolle und Begrenzung der Einreise dienen. Wenn über die Harmonisierung des Asylrechts gesprochen wird, geht es „vielfach um diese Einreisebestimmungen: um Zulassungsvorschriften, um Visabestimmungen, um wirksame Kontrollen und um die Bestrafung von Fluggesellschaften, die Passagiere ohne gültige Dokumente transportieren".
— Jedes Land hat eigene Asylverfahren, mal ein reines Verwaltungsverfahren, mal ein gemischtes Verfahren, an dem auch Gerichte beteiligt sind.
— So verschieden die Anerkennungspraxis ist, so verschieden ist auch die Abschiebungspraxis:

„Weil die asylrechtliche Selektion in den wenigsten Ländern wirksam funktioniert, weil also der größte Teil der Asylsuchenden ohnehin hier bleibt, auch wenn sie abgewiesen werden, versprechen sich viele europäische Staaten mehr von wirksamen Einreisebeschränkungen als von einem effizienten Asylverfahren, an das sie nicht mehr glauben." (SCHMID, s.o.)

— Europa ist zwar nicht nur als einheitlicher Wirtschaftsraum, sondern auch als einheitlicher Sozialraum konzipiert. Aber die Arbeitsmigranten und Asylsuchenden sind von dieser tendenziellen Angleichung der Sozialrechte noch weitgehend ausgeschlossen, worauf das Europäische Parlament wiederholt mahnend hinweis (s.u.). Die Behandlung der Asylsuchenden ist sehr unterschiedlich, im europäischen Vergleich am besten in Frankreich und in den EFTA-Staaten Schweiz und Schweden, schlechter in Spanien und Italien, am

Unterschiedliche Behandlung der Migranten

schlechtesten – nach SCHMID, einem Berater des französischen Arbeits- und Sozialministeriums – in der Bundesrepublik:

„Mit einem fünfjährigen Arbeitsverbot belegt (das inzwischen aufgehoben wurde, F.N.), teilweise in Kollektivunterkünften untergebracht, einzelnen weit entfernten Kommunen zugeordnet, auf minimale Fürsorgeleistungen gesetzt, ist ihr Leben tatsächlich trist. Und wäre da nicht die Chance der Illegalität, der Schwarzarbeit, müßte man von lebensvernichtender Aussichtslosigkeit sprechen." (SCHMID, s.o.)

Das EP als Motor einer europäischen Einwanderungs- und Asylpolitik

Das Europäische Parlament drängte die EG-Kommission und den Rat in verschiedenen Entschließungen zu einer Harmonisierung dieser Einwanderungs- und Asylpolitiken unter Wahrung menschenrechtlicher Normen, sozialrechtlicher und humanitärer Gesichtspunkte. In seiner Entschließung vom 18.11.1992 (A3-0280/92) forderte es beispielsweise u.a.

- die Erarbeitung eines Status für Armuts- und Kriegsflüchtlinge, die nicht durch die Genfer Konvention und das New Yorker Protokoll geschützt werden;
- die Einrichtung eines Europäischen Fonds für Flüchtlinge und die Erarbeitung eines Notplans für die Aufnahme und ausgewogene Verteilung von Flüchtlingen auf die Mitgliedsstaaten;
- die Anerkennung, daß die Roma und Sinti in Mittel- und Osteuropa „stark diskriminiert sind und besondere Aufmerksamkeit verdienen";
- die Durchführung von Informationskampagnen innerhalb der EU, um Verständnis für die Beweggründe der Zuwanderer zu wecken und ihre schwierige Lebenssituation besser zu begreifen, sowie eine entschlossene Unterbindung ausländerfeindlicher Gewalttaten;
- die Erteilung eines Visums an „alle Bürger aus Nicht-EU-Staaten, die ein EU-Visum beantragen";
- die Gewährung „derselben sozialen Rechte" an legal in der EU ansässige Bürger aus Drittländern wie sie zu- und abwandernde Gemeinschaftsbürger besitzen;
- die Ausarbeitung einer europäischen Einwanderungscharta.

Sachverständigenbericht zur Einwanderungspolitik

Ein im Auftrag der EG-Kommission erarbeiteter und von dieser im September 1990 veröffentlichter Sachverständigenbericht über „Wanderungspolitiken und soziale Eingliederung der Zuwanderer in der EG" enthielt bemerkenswerte Einsichten und Forderungen an die Politik der Gemeinschaft:

„Zunächst geht es in jedem Staat, aber auch für Europa, darum, die demokratischen Werte und die Werte der Solidarität zu verkünden und hochzuhalten. Und das ist eine große Herausforderung – wie soll man die Menschenrechte für jedermann geltenlassen, wenn doch alle unsere Gesellschaften durch die Zuwanderung mit Pressionen und Spannungen der ganze Welt konfrontiert werden ... (Nr. 103).

Auf dem Spiel steht auch unmittelbar der Aufbau Europas, und zwar sowohl aus politischen als auch aus wirtschaftlichen Gründen. Ein Scheitern der Eingliederungspolitik auf nationaler Ebene würde nämlich bedeuten, daß Instinkte einer „Fremdenfurcht" geweckt oder entwickelt werden, denen sich die Länder der Gemeinschaft heute nicht aussetzen können, ohne daß die Beziehungen zwischen ihren Völkern Schaden nehmen.

Darüberhinaus könnte eine Politik, die als diskriminierend gegenüber den Zuwanderern aus Drittländern empfunden wird, Reaktionen in der übrigen Welt hervorrufen, dort das Image

Europas schädigen und das Anwachsen von Spannungen begünstigen, insbesondere im Umkreis des Mittelmeerraumes ... (Nr. 104).

In diesem Zusammenhang muß betont werden, daß eine sehr weitgehende Einschränkung des freien Verkehrs von Zuwanderern aus Drittländern diskriminierende Auswirkungen haben kann ... (Nr. 105).

In einem umfassenden Sinne ist die Zielsetzung einer Eingliederung ein Prüfstein für die Gemeinschaftspolitiken, in dem Maß, in dem sie speziell auf Bürger der Mitgliedstaaten abgestellt sind. Wenn die zahlreichen Hilfs- und Modellversuchsprogramme Bürgern der Mitgliedsstaaten vorbehalten sind, könnte dies Diskriminierungen hervorrufen, die dem Gedanken der Eingliederung entgegenstehen ... (Nr. 106).

Kap. 3.8 von Teil II wies bereits darauf hin, daß der Europäische Gerichtshof die Umsetzung solcher Forderungen in die Politik der Gemeinschaft erschwert hatte, weil er in einem Urteil von 1987 der EG-Kommission im Bereich der Einwanderungs- und Asylpolitik eine Regelungskompetenz absprach und ihr lediglich eine Koordinierungsfunktion überließ (vgl. BARWIG 1989). Mit anderen Worten: Für Ausländer aus Drittstaaten, die bereits in einem EU-Staat leben oder dorthin einwandern wollen, ist die EU nicht zuständig.

_{Brüssel hat keine ausländer- und asylrechtliche Regelungskompetenz}

Weder die EU noch die *Europäische Menschenrechtskommission* haben spezifische Ausländerrechte definiert, obwohl der Europarat und das Europäische Parlament wiederholt eine solche Definition anmahnten. Die EU verfügt auch noch nicht über ein gemeinschaftliches Instrumentarium für den Umgang mit Migranten. Die EU-Kommission führte zwar im Juni 1988 ein Mitteilungs- und Abstimmungsverfahren über die Migrationspolitik gegenüber Drittstaaten ein, aber dieses Verfahren schränkte die einzelstaatliche Regelungskompetenz nicht ein.

Entgegen dem Bemühen der deutschen Bundesregierung und auf Drängen der britischen Regierung erklärte auch der Vertrag von Maastricht diesen Politikbereich in Titel VI, Art. K1 lediglich zu einer „Angelegenheit von gemeinsamem Interesse". Allerdings schuf die Überführungs- oder Brückenklausel, in Art. K9 die Möglichkeit, daß er durch einstimmigen Beschluß des Rates in Gemeinschaftsrecht überführt werden kann. Und Art. 100c (1) regelte bereits die Vereinheitlichung der Visa-Politik und überwies damit ein wirksames Kontrollinstrument in die Kompetenz des Rates auf Vorschlag der Kommission.

6.2 Bauelemente der „Festung Europa"

Angesichts dieser Rechtslage bemühten sich die nordwestlichen Kernstaaten der EU, die dem stärksten Zuwanderungsdruck ausgesetzt waren, außerhalb des EU-Gemeinschaftsrechts, ohne Mitwirkung des Europäischen Parlaments und ohne Harmonisierung des materiellen Asyl- und Einwanderungsrechts um eine Absicherung der gemeinsamen Außengrenzen gegen Zuwanderer aus Drittländern. Dies geschah erstens durch das Zusatzabkommen zum Schengener Abkommen von 1985 („Schengen II" von 1990, benannt nach einem kleinen Städtchen in Luxemburg, in dem sich die Verhandlungsdelegationen zuerst getroffen hatten),

„Schengen II"

das zunächst nur die Bundesrepublik, Frankreich und die Benelux-Staaten unterzeichneten, aber eine Pilotfunktion für alle EU- und EFTA- bzw. EWR-Staaten erhielt.

Kernelemente von „Schengen II"

„Schengen II" zog die Konsequenzen aus der Öffnung der Binnengrenzen und dem Abbau der Grenzkontrollen innerhalb der EU, verlegte die Personalkontrollen von den Binnen- an die gemeinsamen Außengrenzen und vereinbarte vertraglich „ergänzende Maßnahmen zur Inneren Sicherheit", in denen manche Kritiker schon den Kern einer Europäischen Fahndungsunion entdeckten, zumal das Schengen-Abkommen durch Vereinbarungen der TREVI-Gruppe zur Zusammenarbeit der Polizeien ergänzt wurde. Kernelemente von „Schengen II" sind:

— die gemeinsame Verhängung der Visumpflicht für damals 57 und inzwischen über 100 Länder und die Einführung eines einheitlichen, für alle EU-Länder rechtsverbindlichen, fälschungssicheren und maschinenlesbaren Einreisevisums;
— die Bestrafung von Luftlinien, wenn sie Passagiere ohne gültige Visa befördern;
— der Aufbau eines die Vertragsstaaten vernetzenden Informationssystems (SIS) und der Austausch von Personaldaten (der den Verdacht aufkommen ließ, daß eine europaweite Fahndungsunion geplant sei);
— Erarbeitung gemeinsamer Lagebeurteilungen in den Herkunftsländern von Fluchtbewegungen zur Abstimmung der Aufnahme- und Abschiebekriterien;
— die gegenseitige Anerkennung von Asylrechtsentscheidungen zur Vermeidung von Mehrfachverfahren;
— Intensivierung der polizeilichen Zusammenarbeit, um die durch die Öffnung der Binnengrenzen entstehenden Risiken für die innere Sicherheit zu verringern.

Harmonisierung außerhalb des EU-Gemeinschaftsrechts

Der zwischenstaatliche Vertrag außerhalb des EU-Rechts hatte eine Binnen- und Außenwirkung: Erstens gebrauchte ihn die deutsche Bundesregierung, die wegen Art. 16 GG verfassungsrechtliche Vorbehalte anmelden mußte, als Brechstange gegen dieses Grundrecht und als Pressionsinstrument gegen die parlamentarische Opposition (die im Gegenzug den Vertrag für verfassungswidrig erklärte, aber im „Asylkompromiß" einlenkte). Zweitens ermöglichte der Vertrag außerhalb des EU-Rechts die Einbeziehung der EFTA-Staaten in das Vertragswerk und setzte sowohl diese als auch die anderen sieben EU-Staaten unter Druck, ihm beizutreten, um der möglichen Umleitung von Migrationsströmen zu entgehen.

Abkommen von Dublin

Das *Abkommen von Dublin* (ebenfalls von 1990) soll durch die Zuweisung der Zuständigkeit des Erstaufnahmelandes für die Abwicklung des Asylverfahrens und die Verhinderung einer mehrfachen Asylantragsstellung („One chance only") einen „Asyltourismus" über die offenen Binnengrenzen hinweg verhindern (vgl. Kap. 4.8.1 von Teil II).

Die europäischen „Einwanderungsminister" (in der Regel die Innenminister) verständigten sich im Dezember 1992 vor dem EG-Gipfel in Edinburgh – wiederum außerhalb des EU-Rechts und am Europäischen Parlament vorbei – auf ein Bündel weiterer abschreckender Maßnahmen: so auf die schnellere Abschiebung bei „offensichtlich unbegründeten" Asylanträgen und – unter dem Druck von Frankreich und Großbritannien – auf eine Begrenzung der Aufnahme von Bürgerkriegsflüchtlingen aus Bosnien-Herzegowina. Die Änderung des Art. 16 GG setzte also nur in deutsches Verfassungsrecht um, was bereits – wenn auch unter formalen Vorbehalten der Bundesrepublik – auf europäischer Ebene durch zwischenstaatliche Verträge und Vereinbarungen geregelt worden war.

Art. 16a GG verlegte durch die „Drittstaatenregelung" (vgl. Kap. 4.7 von Teil II) die EU-Außengrenzen an die Ostgrenzen von Polen, Tschechien und Ungarn vor und wies diesen Ländern die Rolle eines „Migration-Auffangbeckens im östlichen Mittelmeerraum" zu (vgl. STÖLTING 1991). Die drei Länder erhalten als Gegenleistung für diese Vorfeldfunktion erhebliche finanzielle Subsidien, die aber weit unter den Beträgen liegen, die Deutschland vorher zur Abwicklung der Asylverfahren und zur Sicherung seiner Ostgrenzen aufwenden mußte.

Vorverlegung der EU-Außengrenzen durch „Drittstaatenregelung"

Was bisher an europäischer Harmonisierung der Einwanderungs- und Asylpolitik geschah, war nicht das Werk europäischer Institutionen, schon gar nicht des Europäischen Parlaments, sondern nationaler Regierungen und ihrer Bürokratien. Aber auch die nationalen Parlamente verfolgten diesen intergouvernementalen Verhandlungsprozeß nur mit wenig Anteilnahme, obwohl mehr als nur technische Aspekte der inneren Sicherheit verhandelt wurden, nämlich die Rechte von Menschen. Heinz Oskar VETTER, der ehemalige DGB-Vorsitzende und spätere EP-Abgeordnete, der im März 1987 seinen vielbeachteten „Vetter-Bericht" über die Lage der Ausländer und Flüchtlinge in den EG-Staaten vorgelegt hatte, beobachtete kritisch den bürokratischen Entscheidungsprozeß, wie er geradezu paradigmatisch bei „Schengen II" ablief:

Kritik am bürokratischen Entscheidungsprozeß in der EU

„Die EG muß aufgrund ihrer Möglichkeiten supranationales Recht zu setzen, und aufgrund des Fortfalls der Binnengrenzen in Europa rechtliche und soziale Mindeststandards für Asylsuchende und Flüchtlinge definieren, die zumindest für alle Länder der Gemeinschaft rechtsverbindlich sind. Damit können alle Asylsuchenden und Flüchtlinge in jedem Land der EG gleich behandelt und das Entstehen der ‚refugees in orbit' vermieden werden. Damit kann aber auch verhindert werden, daß die Erledigung eines so großen Problems der Menschheit durch ministerielle Bürokratie und Polizeiführungen unkontrolliert an parlamentarischen Entscheidungen vorbei vollzogen wird." (zitiert nach BADE 1992, 180)

Die Maßnahmen zur Abschottung der „Festung Europa" haben sich weit von den Forderungen des Europäischen Parlaments und den oben zitierten Einsichten des von der EU-Kommission bestellten Sachverständigenrats entfernt. Und sie sind noch weit entfernt von einer gemeinschaftlichen Asyl- und Ausländerpolitik. Es gelang den Regierungen nicht einmal, sich auf das kommunale Wahlrecht für Ausländer aus EU-Staaten zu einigen, das die Niederlande, Irland und Dänemark bereits eingeführt haben.

Es bleibt also noch ein erheblicher Harmonisierungsbedarf, um so etwas wie eine gemeinschaftliche Ausländer- und Flüchtlingspolitik zu schaffen, die angesichts der Problemlage dringend erforderlich wäre:

Desiderata einer gemeinschaftlichen Ausländer- und Asylpolitik

1. EU-Europa wird für die EU-Bürger staatsrechtlich erst durch eine europäische Staatsbürgerschaft zum „gemeinsamen Haus". Das kommunale Wahlrecht schafft lediglich ein Zwei-Klassen-Wahlrecht, das auch EU-Bürger weiterhin ausgrenzt. Der rote EU-Paß täuscht etwas vor, was es noch nicht

gibt: eben die europäische Staatsbürgerschaft. Gleiche Rechte sind die Voraussetzung für ein friedliches Zusammenleben ohne Ausgrenzungen und Diskriminierungen.

2. Europa könnte erst dann zu einem asylrechtlichen Vorbild werden, wenn es das Asylrecht als einklagbares Recht in die *Europäische Menschenrechtskonvention* aufnehmen würde. Eine Harmonisierung des Asylrechts setzt allerdings eine Verständigung über den Verfolgungsbegriff voraus, dessen unterschiedliche Auslegung bisher sehr verschiedene Anerkennungspraktiken begründete.

<small>Europäische Flüchtlingskonvention</small>

3. Es steht noch die vom EP geforderte *Europäische Flüchtlingskonvention* aus, die den Mindeststandard der *Genfer Flüchtlingskonvention* verallgemeinert und sie durch Schutzregeln und verbindliche Verteilungsschlüssel für Kriegs- und Bürgerkriegsflüchtlinge ergänzt. Der Umgang Europas mit den Bürgerkriegsflüchtlingen aus Bosnien-Herzegowina war ein unmenschliches Trauerspiel. Wichtig wäre auch ein EU-interner Lastenausgleich, um der Versuchung vorzubeugen, durch einen Wettbewerb der Abschreckungsmaßnahmen Flüchtlinge abzuschrecken oder loszuwerden.

<small>Europäische Wanderungskonvention und Einwanderungsbehörde</small>

4. Die Verabschiedung von nationalen Einwanderungsgesetzen und die Einrichtung von nationalen Einwanderungsbehörden machen bei offenen Binnengrenzen nur noch Sinn, wenn sie als Unterbau der Gemeinschaftsebene eingesetzt werden. Notwendig sind also die Erarbeitung einer Europäischen Wanderungskonvention sowie die Einrichtung einer Europäischen Einwanderungsbehörde, die dem Rat der „Einwanderungsminister" jährlich festzulegende Einwanderungsquoten sowie ihre Verteilung auf die Migliedsstaaten vorschlägt. An diesem Vorschlag müssen Organisationen wie der UNHCR, *Amnesty International*, Wirtschafts- und Wohlfahrtsverbände beratend, das Europäische Parlament legislativ und kontrollierend beteiligt werden. Auch auf europäischer Ebene darf Einwanderungs- und Asylpolitik nicht zum *arcanum imperii* von Bürokratien werden.

6.3 Europa zwischen „Wohlstandsfestung" und „offener Republik"

<small>„Wohlstandsfestung" oder „offene Republik"?</small>

Diese rechtspolitischen Schritte zur Herstellung einer gemeinschaftlichen Asyl- und Einwanderungspolitik wären Fortschritte auf dem Weg zu einer Politischen Union, aber doch nur defensive Reaktionen auf eine von außen erzeugte Problemlage. Europa steht aber vor wesentlich tiefer- und weiterreichenden Entscheidungen: Ob es sich nach innen als Verband der ethnisch möglichst homogenen Vaterländer („Europa der Vaterländer") oder als multikulturelle Vielvölkerrepublik und nach außen als abgeschottete „Wohlstandsfestung" oder als weltbürgerliche „offene Republik" verstehen und organisieren will (vgl. BUTTERWEGGE 1993; OBERNDÖRFER 1993). Auf europäischer Ebene stehen also ähnliche Optionen zur Wahl wie auf nationalstaatlicher Ebene.

Die Verwirklichung der Freizügigkeit innerhalb der EU verstärkt das wirtschaftliche, politische und kulturelle Zusammenwachsen von Kerneuropa; sie verwandelte die europäischen Gesellschaften bereits in multiethnische Gesellschaften und aufgrund der weiteren Zuwanderung aus anderen Kulturkreisen tendenziell auch in multikulturelle Gesellschaften. Die politische Einigung Europas ist gar nicht möglich ohne eine positive Bewertung der nationalen Heterogenität, verlangt also die Überwindung der Mythologie der „nationalen Homogenität" und des Nationalismus.

Dieter OBERNDÖRFER (1993, 248 f.) überträgt folgerichtig seine normativen Postulate zur „offenen Republik" auf Europa und setzt dem europäischen Nationalstaat die „europäische Republik" entgegen, die „die alten nationalen Ideologien durch eine republikanische Ordnung und einen europäischen Verfassungspatriotismus" überwindet: „Europäischer Verfassungspatriotismus"

„Die republikanische politische Gestalt eines vereinigten Europas wird nur in einem langen und schwierigen Annäherungs- und Einigungsprozeß zustande kommen. Die Gründung eines weltbürgerlichen Europas setzt aber notwendigerweise den Bruch mit den nationalistischen Ideen der Vergangenheit voraus. Dieser Bruch mit dem Nationalismus ist kein Ausstieg aus der je eigenen Geschichte, vielmehr nur eine Absage an die ideologischen Kunstprodukte der nationalen Geschichtsschreibung und den darin angelegten Geschichtsdeterminismus."

Das ist eine normative Utopie, die gegenläufigen Entwicklungstendenzen zu trotzen versucht. Der Nationalismus stirbt nicht ab, sondern feiert eine Wiedergeburt. BUTTERWEGGE (1993, 215) geht dennoch optimistisch davon aus, daß die erhöhte Durchlässigkeit für Kapital, Waren, Dienstleistungen und Personen innerhalb der EU „längerfristig die Chancen für eine breite Akzeptanz der Multikulturalität (fördert), zumindest dann, wenn der Integrationsprozeß durch mehr Bürgerbeteiligung, demokratische und soziale Grundrechte fundiert wird". Weltbürgertum vs. Eurochauvinismus

Für ihn liegt deshalb der „Scheideweg Europas" nicht so sehr zwischen Europäisierung und Nationalismus, sondern in einer „doppelten Konfliktlinie", die wiederum eine optimistische Perspektive eröffnet:

„Zwischen dem fortbestehenden, aber bornierten (einzelstaatlichen) Nationalismus der Vergangenheit und einem sich bereits ansatzweise herausbildenden Eurochauvinismus einerseits sowie zwischen diesem und einem das vereinte Europa als Zwischenschritt auf dem Weg zur Überwindung des Nationalstaates begreifenden Weltbürgerbewußtseins." (BUTTERWEGGE 1993, 226)

Die Nationalstaaten sind in der Tat „politische Dinosaurier des gegenwärtigen Zeitalters", aber sie sind zählebig und offensichtlich nicht vom baldigen Aussterben bedroht. Vieles deutet daraufhin, daß sie zum europäischen Staatenbund mutieren, der nicht das sein wird, was sich Oberndörfer unter der „europäischen Republik" vorstellt, die ihre Legitimität aus der Offenheit für Einwanderer und der großzügigen Asylgewährung gewinnt. Nationalstaaten als politische Dinosaurier

6.4 Europas Verantwortung in einer „neuen Weltordnung"

Rechtfertigungen der „Festung Europa"

In Deutschland lautet eine Standardformel zur Rechtfertigung von Abwehrmaßnahmen gegen Arbeitsmigranten und Flüchtlinge aus dem Osten und Süden: „Wir können uns hier nicht alles aufladen" (vgl. JÄGER/WICHERT 1993). Nicht viel anders lauten die Rechtfertigungen für die Abschottung der „Festung Europa". Und dann kommen, wie im deutschen Diskurs, die rhetorischen Ablenkungsmanöver: Das Migrations- und Flüchtlingsproblem sei ein Weltordnungsproblem, das nur durch eine Weltsozialpolitik gelöst werden könne (vgl. MÜHLUM 1993, 14). Diese Einsicht ist zwar richtig, wird aber zum Alibi, wenn sie nach dem St. Florianprinzip Verantwortlichkeiten auf eine andere Handlungsebene verlagert und der Globalismus zum Eskapismus wird.

EU-Europa ist nicht nur sicherheitspolitischer Gewinner der Überwindung des Ost-West-Konflikts, sondern erhielt auch einen weltpolitischen Bedeutungszuwachs, der mit der Weiterentwicklung zur Europäischen Union mit einer außen- und sicherheitspolitischen Dimension sowie der beschlossenen Erweiterung zum EWR noch wachsen wird. Gleichzeitig könnte durch eine Erschließung des in Sibirien lagernden Rohstoffpotentials auch seine wirtschaftliche Selbstbezogenheit, die größer ist als die der USA und Japans, noch zunehmen mit der Folge, daß auch die Befürchtungen vor einer „Festung Europa" berechtigter würden.

„Friedensprojekt Europa"

Dieter SENGHAAS (1992, 180) hält diesen Befürchtungen entgegen, daß allein die Tatsache, daß der EWR „auf Gedeih und Verderb mit den übrigen Ländern der OECD politisch, kulturell und ökonomisch vernetzt ist, ... diesem Trend zur Festung entgegenwirken" wird. Er geht auch davon aus, daß sich der EWR weder den Aufgaben in Osteuropa noch den Problemstellungen im Mittelmeerraum und in der Golfregion entziehen wird, weil von dort nicht nur Erdöl, sondern auch Flüchtlinge kommen. Die Migrationsdrohung verbiete zwar auch ein Vergessen der Nöte in den Armutsregionen, aber deren weltwirtschaftliche Marginalisierung könne nur langfristig und durch einen dramatischen Kurswechsel der nationalen und internationalen Entwicklungspolitik überwunden werden. Dieser „dramatische Kurswechsel" in der Entwicklungspolitik gehört allerdings nicht zum Programm seines eurozentrierten „Friedensprojekts Europa". Vielmehr empfiehlt er EU-Europa, sich erst einmal auf den Aufbau von „Europa 2000" zu konzentrieren, im gesamten Europa einen einheitlichen und modellhaften Rechts-, Sicherheits-, Wirtschafts- und Kulturraum aufzubauen und mit dieser „konstruktiven Botschaft an die übrige Welt" an der „überfälligen Neugestaltung der internationalen Politik" mitzuwirken. Die Dritte Welt vertröstete er auf die Segnungen dieses dann kraftvollen und zu wirksamer Hilfe fähigen Europa.

Das Nord-Süd-Problem als europapolitische Marginalie

Ein Task-Force-Bericht an die *Trilaterale Kommission*, an dem von deutscher Seite Kurt Biedenkopf mitwirkte, betonte die besondere Verantwortung Westeuropas für Osteuropa und ordnete dieser gesamteuropäischen Aufgabe die Südpolitik der EG nach (vgl. NYE/BIEDENKOPF/SHIINA 1992). Ein von der *Bertelsmann Stiftung* arrangierter Sammelband über die „globalen Verantwortlichkeiten" Europas in der „Welt von morgen" ging ebenfalls nur am Rande auf Europas Verhältnis zur Dritten Welt ein (vgl. WEIDENFELD/JANNING 1991).

Das Nord-Süd-Problem scheint nach dem Ende des Kalten Krieges zur europapolitischen Marginalie geworden zu sein, weil erstens Sicherheitspolitiker in den in Ost- und Südosteuropa aufbrechenden ethno-nationalen Konflikten und in der politischen Labilität Rußlands größere Sicherheitsrisiken für Westeuropa erkennen als in weit entfernten Regionalkonflikten und Bürgerkriegen; weil zweitens Wirtschaftspolitiker diesseits und jenseits des Urals größere und lohnendere Wirtschaftspotentiale vermuten als in großen Teilen der verarmenden Dritten Welt. Drittens erscheint der Migrationsdruck aus dem Osten aufgrund der geographischen Nähe hautnäher und bedrohlicher, obwohl das Migrationspotential im Süden weit größer ist und die Migration aus dem Osten nach ihrer jahrzehntelangen Blockade durch den Eisernen Vorhang nur zur früheren Normalität zurückkehrte, freilich durch den Migrationsstau zunächst „flutartig" einsetzte.

Westeuropa fühlt sich nach dem Ende des Kalten Krieges aus dem Osten nicht mehr militärisch, aber von krisenhaften Entwicklungen und potentiellen Massenwanderungen bedroht, die GUS-Politiker anzudrohen pflegen, um ihren Forderungen nach Wirtschaftshilfe Nachdruck zu verleihen. Die Dritte Welt hat guten Grund zur Sorge, Opfer der neuen Problem- und Interessenperzeptionen in Europa zu werden, zumal sie weltwirtschaftlich immer weiter marginalisiert wurde und nach dem Ende des Ost-West-Konflikts auch ihre politischen Trumpfkarten im Ost-West-Gerangel um Einflußzonen verloren hat (vgl. NUSCHELER 1992).

Marginalisierung des Südens

Westeuropa ist im Hinblick auf das Migrationsproblem im Osten und Süden vor neue Herausforderungen gestellt, die ihm keine Wahlentscheidung zwischen den beiden Problemregionen lassen: Es muß hier wie dort versuchen, durch die Verbesserung der Lebensbedingungen die Push-Faktoren von Migration einzudämmen. Allerdings ist dieser Versuch in Osteuropa aussichtsreicher als in der von vielen Strukturkrisen heimgesuchten unterentwickelten Welt. Osteuropa braucht Hilfe, aber andere Hilfe als der Süden; der Süden braucht mehr Hilfe, aber andere, als er bisher bekommen hat.

Neue Herausforderungen für Europa

Schon vor zwei Jahrzehnten betonte Erhard EPPLER, daß die Dritte Welt nur noch wenig Zeit habe. Jüngst aktualisierte er seine damalige Aussage:

„... erstens hat der Süden nicht mehr so viel Zeit, daß er ein Jahrzehnt ohne katastrophale Folgen verlieren könnte, und zum anderen ist keineswegs wahrscheinlich, daß die neunziger Jahre weniger verloren sein werden" (vgl. DER SPIEGEL, Nr. 37/1992).

Diese Zeit ist angesichts der Massenverelendung und Umweltzerstörung noch knapper geworden – allerdings auch für den Norden, der mit „neuen Bedrohungen" aus dem Süden, vor allem in Gestalt von Elends- und Umweltflüchtlingen, konfrontiert ist.

Der *Brandt-Bericht* von 1980 betonte schon in seinem Untertitel die „gemeinsamen Überlebensinteressen zwischen Industrie- und Entwicklungsländern". Der *Brundtland-Bericht* von 1987 und die Rio-Konferenz von 1992 konkretisierten diese gemeinsamen Überlebensinteressen im Bereich der Ökologie. In Zukunft werden aus der Umweltzerstörung größere Verunsicherungen der Weltgesellschaft entstehen als aus militärischen Gefahrenlagen. Und die Rio-Konferenz verdeutlichte auch den Wirkungszusammenhang zwischen Armut und Umweltzerstörung, zwischen dieser und dem wachsenden Migrationsdruck.

Gemeinsame Überlebensinteressen

Es gibt eine globale Interdependenz der Probleme, der sich auch eine nach außen abgeschottete „Festung Europa" nicht entziehen könnte (vgl. *Globale Trends 93/94*).

<small>Globalpolitik und Weltethik</small>

Diese „Weltberichte" stellten den nur an kurzfristigen Interessen orientierten Szenarien das Modell einer Weltgesellschaft oder der Einen Welt gegenüber, das auf der Einsicht aufbaut, daß alle global relevanten Probleme im Zusammenhang stehen, Norden und Süden gemeinsame Überlebensinteressen haben und deshalb ein fairer Interessenausgleich ein entwicklungs- und friedenspolitischer Imperativ ist. Sicherheit erhält eine ökonomische, soziale und ökologische Dimension. Die „neuen Bedrohungen" aus dem Süden erzwingen geradezu eine an „global commons" orientierte Politik des Interessenausgleichs und eine globale Verantwortungsethik, wie sie Hans Jonas oder Hans Küng einer verantwortungslosen Macht- und Interessenpolitik, als „Verantwortungsethik" kaschiert, gegenübergestellt haben.

EU-Europa hat mehr Gewicht in der Weltpolitik gewonnen und muß nun auch mehr weltpolitische Verantwortung übernehmen – und zwar nicht nur in Form von weltweit operierenden Interventionstruppen; es kann sich auch in der internationalen Umwelt- oder Entwicklungspolitik nicht mehr in dem von den USA angeführten OECD-Geleitzug verstecken; es muß an der Gestaltung der schon in Art. 28 der *Allgemeinen Erklärung der Menschenrechte* geforderten neuen „sozialen und internationalen Ordnung" mitwirken, die den Habenichtsen im internationalen Umfeld nicht Ordnungsprinzipien verwehrt, die zu den Bausteinen des eigenen Wohlstands gehören.

<small>Moral und Eigeninteresse</small>

EU-Europa ist nicht nur aus historischer und moralischer Verantwortung, sondern auch im wohl verstandenen Eigeninteresse gefordert, eine aktive Südpolitik zu betreiben – sofort und nicht erst dann, wenn es „Europa 2000" vollendet hat. Es liegt nicht nur den Entwicklungen und Problemen Osteuropas näher als die USA oder Japan, sondern ist nur durch das Mittelmeer vom „Krisenkontinent" Afrika getrennt. Dessen Überlebensprobleme sind teilweise auch Hypotheken der europäischen Kolonialherrschaft, die Verantwortung schaffen.

<small>Das knausrige Europa</small>

Was EU-Europa bisher im Bereich der Entwicklungszusammenarbeit sowohl als Summe von Einzelstaaten als auch via EG-Kommission (mit einem multilateralen Beitrag, der gerade 10% der bilateralen Leistungen ausmacht) getan hat, ist zu wenig und zum Teil sogar kontraproduktiv. Dies gilt für seine passive Haltung in der entwicklungspolitischen Gretchenfrage der Überschuldungskrise und vor allem für seinen handels- und agrarpolitischen Protektionismus, der die Entwicklungsländer weit mehr kostet als ihnen alle bi- und multilateralen Leistungen der EU-Staaten zurückbringen. Die in den von der *Bertelsmann Stiftung* entwickelten „Strategies and Options for the Future of Europe" ausgeklammerte, aber in den Maastrichter Verträgen zur Gemeinschaftsaufgabe erklärte Entwicklungspolitik gehört zu Europas „global responsibilities".

6.4.1 Entwicklungspolitische Handlungspotentiale der EU

EU-Europa sieht sich der zunehmenden Erwartung aus der Dritten Welt gegenüber, bei der Lösung des Nord-Süd-Konflikts eine Führungsrolle zu übernehmen. Bisher hat es sich dieser Aufgabe weitgehend verweigert. Unter Verweis auf fehlende Handlungskompetenzen, aber auch wegen der beobachtbaren Rivalität zwischen den EU-Führungsmächten und unterschiedlicher Prioritätensetzungen, konnte man sich bisher nicht zu einer gemeinsamen Nord-Süd-Politik durchringen. Zudem war die Position des achselzuckenden Sich-als-nicht-zuständig-Erklärens bequemer einzunehmen, als eine gemeinsam verantwortete Führungsrolle mit absehbaren finanziellen und politischen Konsequenzen.

Wenig Gemeinsamkeiten in der Nord-Süd-Politik

An diesen Rahmenbedingungen hat auch der Vertrag von Maastricht wenig geändert. Zwar haben darin die EU-Staaten eine „Gemeinsame Außen- und Sicherheitspolitik" im Grundsatz vereinbart, doch zeigt die Analyse der Bestimmungen, daß es sich dabei um „Minimalreformen" handelt. Nach wie vor bestehen die EU-Staaten bei außenpolitischen Beschlüssen auf dem Prinzip der Einstimmigkeit.

Ähnlich halbherzig fielen auch die Aussagen des Unionsvertrages zur Entwicklungszusammenarbeit aus. Art. 130u des EG-Vertrages legt ausdrücklich fest, daß die gemeinschaftliche Politik eine Ergänzung der entsprechenden Politiken der Union darstellt. Zwar wird die Notwendigkeit der Koordination der einzelstaatlichen Aktivitäten nachdrücklich unterstrichen, eindeutige Handlungsvollmachten werden der künftigen Europäischen Union hierfür jedoch nicht eingeräumt. Der Kommission wird lediglich eine Initiativrolle im Koordinierungsbereich zugewiesen.

Die Entwicklungspolitik im Vertrag von Maastricht

Besonders hemmend für eine aktivere Rolle der EU im Nord-Süd-Dialog könnte das in Art. 130y niedergelegte Prinzip werden, wonach die grundsätzlich angestrebte Zusammenarbeit der EU-Staaten in den zuständigen internationalen Organisationen insofern durchbrochen wird, als es ausdrücklich heißt: „Absatz 1 berührt nicht die Zuständigkeit der Mitgliedstaaten, in internationalen Gremien zu verhandeln und internationale Abkommen zu schließen." Die EU hat demnach keine Möglichkeit, eine gemeinsame Politik im Rahmen internationaler Verhandlungen etwa zur Verschuldungsfrage, globalen Umweltkrise oder zum Weltflüchtlingsproblem gegen den Willen einzelner Mitgliedsstaaten durchzusetzen. Jeder einzelne EU-Staat kann auch künftig unter Verweis auf den Unionsvertrag eine Befassung der EU mit wesentlichen Nord-Süd-Problemen verhindern.

Somit werden mit der Realisierung der Maastrichter Verträge die Handlungsmöglichkeiten der Europäischen Union in der Außenpolitik und bei wesentlichen internationalen Nord-Süd-Fragen – Verschuldung, Asyl- und Einwanderungspolitik – begrenzt bleiben. Angesichts des wachsenden Problemdrucks stellt sich die Frage, ob sich die Gemeinschaft in Zukunft eine Zuschauerrolle in diesen Problemfeldern noch wird leisten können.

6.4.2 Optionen für eine migrationshemmende Südpolitik von EU/EWR

1. Angesichts der Dimensionen der zu lösenden Weltprobleme und der Bedrohlichkeit von Bevölkerungswachstum, Umweltzerstörung und Fluchtbewegungen, die allesamt ihre Ursachen in wachsender Armut haben, darf Entwicklungspolitik nicht länger eine Nebensache im politischen Prioritätenkatalog bleiben, sondern muß eine zentrale Aufgabe sowohl nationaler als auch internationaler Politik werden. Das „Friedensprojekt Europa" à la Senghaas bliebe ohne eine aktive Entwicklungspolitik nur eine Variante der „Festung Europa".

Internationaler Lastenausgleich

2. Gute Entwicklungspolitik hängt zwar nicht in erster Linie von der Menge des Geldes ab, die für „Entwicklungshilfe" zur Verfügung gestellt wird, aber ein Abbau des Nord-Süd-Gefälles ist ohne massive Transferleistungen nicht möglich. Außer den Niederlanden und den skandinavischen Staaten haben die EU-Staaten wie auch die anderen Mitglieder des Europäischen Wirtschaftsraums ihre auf Nord-Süd-Konferenzen ständig wiederholte Absichtserklärung, 0,7% ihres Bruttosozialprodukts für Entwicklungshilfe aufzubringen, nicht eingelöst. Hier geht es nicht um das Können, sondern um das Wollen und den politischen Mut, den Steuerzahlern einen Beitrag zur internationalen Solidarität abzufordern. Zur Überwindung der „globalen Apartheid" und Eindämmung der globalen Gefährdungen werden auch diese 0,7% nicht ausreichen. Eine Weltsozialpolitik verlangt einen wesentlich höheren Lastenausgleich, der ohne Einschnitte in Besitzstände der „Wohlstandsinseln" nicht möglich sein wird.

Plädoyer für eine Europäisierung der Entwicklungspolitik

3. Europa könnte durch eine gemeinschaftliche Außen- und Entwicklungspolitik, wie sie die Verträge von Maastricht vorsehen, aber noch gegen viele – und eher wachsende – nationalstaatliche Interessen durchgesetzt werden muß, einen wirksameren Beitrag zur Entschärfung des Nord-Süd-Konflikts leisten als durch die Summe einzelstaatlicher Entwicklungspolitiken mit multilateralen Ergänzungen. Wenn neben der Außenwirtschaftspolitik auch eine gemeinsame Außenpolitik angestrebt wird, dann gehört Entwicklungspolitik zum Marschgepäck dieses *joint venture*. Angesichts der Zählebigkeit von nationalstaatlichen Interessen in der Außenpolitik könnte sie sogar zu einem gemeinschaftsbildenden Ferment werden. Eine gemeinschaftliche Entwicklungspolitik könnte auf jeden Fall der Südpolitik der EU mehr Gewicht und Profil geben. Dieses Plädoyer für eine Europäisierung der Entwicklungspolitik setzt allerdings erstens eine entwicklungspolitische Handlungsorientierung voraus, die bisherigen Lomé-Leitlinien folgt, zweitens eine Demokratisierung der europäischen Politik. Bliebe die gemeinschaftliche Entwicklungspolitik auf absehbare Zeit ein bürokratisches Unternehmen der EU-Kommission, wäre einer parlamentarisch kontrollierten nationalstaatlichen Entwicklungspolitik aus übergeordneten verfassungspolitischen Gründen der Vorzug zu geben.

Entwicklungspolitische Präventivstrategien

4. Eine gemeinschaftliche Entwicklungspolitik müßte sich auf Präventivstrategien gegen die „neuen Bedrohungen" (Umweltzerstörung, Ursachen von armuts- und umweltbedingten Migrationsbewegungen) konzentrieren, die Europa vor allem aus der Verelendung Afrikas erwachsen. Das Mittelmeer bil-

det eine Grenze zwischen Wohlstand und Massenarmut. Dieses Wohlstandsgefälle erzeugt Schub- und Sogfaktoren für Migration. Komplementär zum Versuch, durch eine Verbesserung der Lebensbedingungen den Migrationsdruck zu verringern, muß eine gemeinschaftliche Einwanderungs- und Asylpolitik aufgebaut werden, die sich an menschenrechtlichen Normen (die eine Abschottung der „Festung Europa" verbieten) orientiert. Notwendig ist auch ein innereuropäischer Lastenausgleich, der ungleiche Migrationsbelastungen (wie Frankreichs durch den Migrationsdruck aus Nordafrika oder Deutschlands durch den Migrationsdruck aus Osteuropa) umverteilt.

5. Entwicklungspolitik kann nicht mit „Entwicklungshilfe" gleichgesetzt werden, sondern bedeutet zuallererst einen fairen Interessenausgleich (mit anderen Worten: mehr Gerechtigkeit) in den Nord-Süd-Wirtschaftsbeziehungen, d.h. höhere Preise für Rohstoffe und offene Märkte für Exporte der Entwicklungsländer. Und da hat gerade Europa noch viel zu tun. Solange die EU-Agrarpolitik mehr schadet als alle Agrarhilfe reparieren kann, ist auch von einer Europäisierung nicht viel Gutes zu erwarten. Die Wirtschaftsmacht Europa könnte, wenn sie nur wollte, zum Pionier beim Bau einer neuen Weltwirtschaftsordnung werden. Eine wirklich neue gerechtere und friedlichere Weltordnung ist ohne eine neue „soziale und internationale Ordnung", wie sie schon Art. 28 der *Allgemeinen Erklärung der Menschenrechte* von 1948 gefordert hatte, nicht möglich.

Europa als potentieller Pionier einer neuen Weltwirtschaftsordnung

6. Die EU hat vorwärtsweisende Verfahren und Instrumente entwickelt, auf denen eine gemeinschaftliche Entwicklungspolitik nach Maastricht aufbauen könnte. Das Lomé-Abkommen könnte durchaus als Modell für eine Neue Weltwirtschaftsordnung dienen, allerdings nur bei Erfüllung einiger Voraussetzungen:

Lomé-Modell

- Erstens müßten die Ausgleichsfonds von STABEX und MINEX, die bei einem starken Zerfall der Exporterlöse für agrarische und mineralische Exportgüter Ausgleichszahlungen leisten, finanziell wesentlich besser ausgestattet werden, um einen wirklichen Stabilisierungseffekt für Exporterlöse zu erzielen. Der Beschluß des Haushaltsausschusses des Deutschen Bundestages, die Finanzmittel für den *Europäischen Entwicklungsfonds*, aus dem STABEX und MINEX finanziert werden, zu kürzen, ist kontraproduktiv.
- Zweitens dürften zollpolitische Konzessionen nicht wieder durch eine Fülle von nicht-tarifären Handelshemmnissen neutralisiert werden. Die durch GATT-Vereinbarungen oder durch eine Ausweitung der Geltungszone des Lomé-Abkommens drohende Präferenzerosion für die bisherige „AKP-Familie" könnte durch Sonderbedingungen für die ärmsten Entwicklungsländer aufgefangen werden. Nach einer gemeinsamen Studie von OECD und Weltbank ist Afrika südlich der Sahara die einzige Region, die vom Abschluß der Uruguay-Runde negativ betroffen sein wird (vgl. GOLDIN u.a. 1993).
- Drittens müßte der *Europäische Entwicklungsfonds* in den Haushalt der EU eingestellt und nicht von der Zahlungswilligkeit der Mitgliedsstaaten abhängig gemacht werden. Er müßte zum Entwicklungsbudget

265

einer vergemeinschafteten Entwicklungspolitik unter einer wirksamen parlamentarischen Haushaltskontrolle aufgewertet werden.

EU als Hilfsagentur von IWF und Weltbank?

7. Die EU betätigte sich in den 80er Jahren auch als Hilfsagentur der Strukturanpassungspolitik von IWF und Weltbank. Teilweise wurden Schwerpunkte der EU-Entwicklungspolitik (Ernährungssicherung, Umweltschutz, Bildung von Humankapital, Förderung der regionalen Kooperation) durch die Beteiligung an der Strukturanpassungspolitik konterkariert. EU-Europa muß sein Gewicht in den Exekutivgremien der internationalen Finanzorganisationen stärker nutzen, um neue und wirklich problemlösende Initiativen zur Überwindung der Überschuldungskrise einzuleiten und die Strukturanpassungspolitik sozial- und umweltverträglicher zu gestalten, weil Europa von ihren sozialen Folgekosten in Gestalt von Flüchtlingen besonders betroffen ist. Die EU kann sich nicht länger hinter den anonymen Expertokratien von IWF und Weltbank verstecken, weil sie aufgrund ihrer Kapital- und Stimmenanteile die politischen Richtlinien dieser Organisationen maßgeblich mitbestimmen kann. Auch die Rücksichtnahme auf die USA ist unter den veränderten weltpolitischen Bedingungen nicht länger eine hinreichende Entschuldigung für die mangelnde Bereitschaft, mehr Verantwortung bei der Gestaltung der internationalen Wirtschaftsbeziehungen zu übernehmen.

8. Europa als hochindustrialisierter Kontinent muß seine Industriegesellschaften ökologisch umbauen, um seinen Beitrag zur globalen Umweltzerstörung zu vermindern. Weil die Eine Welt die Fortsetzung des auf Wirtschaftswachstum beruhenden Wohlstandsmodells nicht verträgt, muß die industrialisierte Welt durch Verzicht auf eigenes Wachstum der armen Welt Spielräume für „sustainable development" lassen. Dies ist nicht nur ein Gebot der Verantwortungsethik, sondern liegt auch im langfristigen Eigeninteresse, das gegen kurzfristige Nutzenkalküle durchgesetzt werden muß. Außerdem - und das war die wichtige Lehre der Umwelt-Konferenz in Rio - sind alle umweltpolitischen Ermahnungen an die Adresse der Entwicklungsländer unglaubwürdig und unwirksam, wenn die Industrieländer ihre eigenen Hausaufgaben nicht machen. Angesichts der Bremserfunktion der USA in der internationalen Umweltpolitik muß Europa ggf. aus dem OECD-Geleitzug ausscheren und - im wohlverstandenen Eigeninteresse – eine umweltpolitische Vorreiterrolle übernehmen. Diese schließt eine ökologische Orientierung der Entwicklungspolitik, die sich nicht mit der Förderung von Monokulturen, der „Erschließung" des tropischen Regenwaldes oder dem Export von Giftmüll verträgt, ebenso ein wie einen ökologischen Verhaltenskodex für multinationale Unternehmen, der z. B. die Auslagerung von „schmutzigen Industrien" untersagt.

Ökologische Strukturanpassung Europas Aufbau internationaler Regime

9. Weltprobleme wie das Weltflüchtlingsproblem, das Drogenproblem oder das Umweltproblem können weder durch Nationalstaaten noch durch regionale Staatenbünde bewältigt werden; sie verlangen den Aufbau internationaler Regime und Organisationen mit klar festgelegten Regeln, Zuständigkeiten und Verpflichtungen. Die Vereinten Nationen werden zunehmend mit hohen Erwartungen überfordert, die sie nicht einlösen können, weil ihnen die Staaten weder die Kompetenzen noch die finanziellen Mittel für wirksame Pro-

blemlösungen zu übertragen bereit sind. Es liegt auch im Interesse Europas, die UNO zu reformieren und zu stärken und ihr bei Bedarf ihre vielfältigen Ressourcen (z.B. Nahrungsmittel bei Hungerkatastrophen oder Transportkapazitäten und technische Hilfsdienste bei Naturkatastrophen) zur Verfügung zu stellen. Bereits bestehende oder noch entstehende europäische Institutionen sollten sich als regionaler Unterbau und nicht als Konkurrenz von UN-Organisationen begreifen.

10. Das „Friedensprojekt Europa" muß sich in Bemühungen um eine „neue Weltordnung" einschalten. Das Plädoyer für eine Europäisierung der Entwicklungspolitik ist auch ein Plädoyer für eine Multilateralisierung von Problemlösungen und gegen das Festhalten an der „anachronistischen Souveränität" von Nationalstaaten, die die eigentlichen Stolpersteine und Bremsklötze für den Aufbau einer „neuen Weltordnung" sind. Eine als Friedenspolitik oder „präventive Sicherheitspolitik" verstandene Entwicklungspolitik kann auch die Beteiligung an Operationen von UN-Friedenstruppen (Blauhelmen) einbeziehen, schließt aber alle Formen eines neuen Kolonialismus aus, auch wenn sie sich hinter dem Deckmantel einer „Treuhandschaft" verbergen. — Plädoyer für Multilateralismus

Europa hat die friedens- und entwicklungspolitische Mission, vor allem auf dem „Krisenkontinent" Afrika, durch Förderung regionaler Kooperation die Spielräume für selbstbestimmte Entwicklung (*self-reliance*) zu vergrößern, ökologische Krisen einzudämmen und Verelendungsprozesse mit ihren migrationsfördernden und friedensgefährdenden Folgen aufzuhalten. Das „Friedensprojekt Europa" dient nur dann dem Frieden, wenn es sich als Baustein einer Weltfriedensordnung begreift, die eine Überwindung der „globalen Apartheid" höchst ungleicher Lebenschancen zum Ziel hat. Die Dritte Welt kann nicht darauf warten, bis sich Europa nach innen als Friedensmacht konsolidiert hat (vgl. NUSCHELER/SCHMUCK 1992). — Forderungen an das „Friedensprojekt Europa"

Wenn gerade mit Bezug auf Afrika mit dem höchsten Bevölkerungswachstum, das je eine Region in der Menschheitsgeschichte erreichte, der Einwand vorgebracht hat, daß externe Hilfe keine Verbesserung der Lebensbedingungen bewirken könne, solange alle Entwicklungsfortschritte durch die Vermehrung der Menschen aufgezehrt werden, wird geflissentlich übersehen, daß Armut nicht nur die Folge, sondern auch die Ursache von Bevölkerungswachstum und Umweltzerstörung ist. Das Beispiel der heutigen Industrie- und Schwellenländer lehrt, daß das Verelendungsgesetz von Malthus durch Entwicklung falsifiziert werden kann. Wer Angst vor der Vermehrung der Habenichtse und vor Massenwanderungen von Elendsflüchtlingen hat, muß mehr gegen die Armut tun (vgl. NUSCHELER/FÜRLINGER 1994).

6.4.3 Optionen für eine migrationshemmende Ostpolitik von EU/EWR

Das Wohlstandsgefälle zwischen West- und Osteuropa erzeugt einen Migrationsdruck, aber keine unaufhaltsame Migrationsautomatik. Aussagen, wie sie Albert STATZ (1993, 251 f.) auf die Ost-West-Migration bezog, ignorieren Realitäten: — Steuerung der Ost-West-Migration

„Die weltweiten Flucht- und Wanderungsbewegungen sind weder umkehrbar, noch unterliegen sie großen Möglichkeiten der politischen Steuerung ... Die Grenzen sind ein ungeeigneter Ort, ‚Migrationspolitik' zu betreiben. Sie lassen sich nicht schließen, damit die Einheimischen ‚in Ruhe' weiterleben können wie bisher ..."

Die Ost-West-Migration wird politisch gesteuert. Die Ost-West-Grenzen bilden wirksame Hindernisse, auch wenn sie durchlässiger geworden sind als der Eiserne Vorhang. Das in der KSZE-"Charta für das neue Europa" verankerte Recht auf Freizügigkeit verspricht lediglich das Recht auf Auswanderung, nicht auf Einwanderung. Bisher bestand aus deutscher Sicht der größte Teil der Ost-West-Migranten aus deutschstämmigen Aussiedlern, denen die „deutsche Volkszugehörigkeit" die Grenzen öffnete. Ihre Westwanderung wurde seit 1990 ebenso wirksam gesteuert wie die Aufnahme von Bürgerkriegsflüchtlingen vom Balkan. „Schengen II" und Art. 16a GG haben die Außengrenzen der EU weit in den Osten vorgeschoben.

Was müßte die EU tun? Auf Dauer kann der Migrationsdruck aus dem Osten nur verringert werden, wenn das „gemeinsame Haus Europa" mehr bedeutet als nur die Beseitigung von Stacheldraht und Minenfeldern an den Ost-West-Grenzen: nämlich eine Annäherung der Lebensverhältnisse. Dies ist jedoch eine Aufgabe von Jahrzehnten. Was kann und soll Westeuropa im Verbund mit den anderen OECD-Staaten tun, um die befürchtete „neue Völkerwanderung" aus dem Osten aufzuhalten?

Marktwirtschaftliche Strukturreformen
1. Osteuropa ist nicht unterentwickelt, obgleich in vielen Lebensbereichen „Dritte Welt-Verhältnisse" entstanden sind. Es hat eine industrielle Basis und vor allem ein Humankapital, das der Entfesselung durch marktwirtschaftliche Strukturreformen bedarf. Diesen Transformationsprozeß müssen die Gesellschaften und ihre mehr oder weniger neuen politischen Klassen selbst bewerkstelligen. Die Patentrezepte des IWF haben bisher die soziale Krise verschärft, ohne die Strukturprobleme zu lösen – wie in vielen Entwicklungsländern. Westeuropa muß sein Stimmengewicht in den internationalen Finanzorganisationen (IWF, Weltbank, Europäische Entwicklungsbank) zur Verhinderung einer destruktiven Auflagenpolitik einsetzen.

Entschuldung
2. Wenn der Westen nicht mehr Menschen aus dem Osten aufnehmen will, dann muß er seine Märkte für Güter aus dem Osten öffnen und dort investieren. Die osteuropäischen Ökonomien brauchen Devisen, um ihre Schulden bedienen und neue Investitionen finanzieren zu können. Der großzügige Schuldenerlaß für Polen mit einem Forderungsverzicht über etwa die Hälfte der Auslandsschulden muß auch den anderen Ländern eingeräumt werden, um ihre Chancen für die wirtschaftliche Stabilisierung zu verbessern und den Verelendungsdruck zu verringern. Der Schuldendruck hat ähnliche migrationsfördernde Wirkungen wie in den Schuldnerländern der Dritten Welt, weil er auch migrationswillige und -fähige Mittelschichten trifft.

3. Auf jedem Weltwirtschaftsgipfel wurde ein Marshallplan für Osteuropa (in der Regel für Rußland, weil dessen Präsidenten am Katzentisch sitzen durften) angekündigt, aber diesen Ankündigungen folgte zunächst der Streit über die Lastenbeteiligung und dann das Ausdünnen der Zusagen, das hinter Schwierigkeiten eines sinnvollen Mitteleinsatzes versteckt wurde.

4. Die positiven und negativen Erfahrungen der herkömmlichen Entwicklungspolitik gegenüber dem Süden sind nur begrenzt auf die Osthilfe anwendbar, weil die Voraussetzungen und die zu lösenden Probleme andere sind. Aber wenn die Westhilfe dort ankommen soll, wo aus Hoffnungslosigkeit Migrationsentscheidungen entstehen, dann muß sie zur Eindämmung der Verelendung, Wiederherstellung des Gesundheitswesens, Stärkung der sozialen Infrastruktur und Förderung dezentraler „Entwicklung von unten" eingesetzt werden. Selbst die viel gescholtene Nahrungsmittelhilfe bekommt einen Sinn, wenn sie zur Überwindung der alltäglichen Versorgungsprobleme und nicht zur Zerstörung der Selbstversorgungsfähigkeit eingesetzt wird. [„Osthilfe"– aber wie?]

5. Umfragen, die in Osteuropa die Migrationsbereitschaft erkundeten, wiesen auch daraufhin, daß die Migrationswilligen eher auf Zeit denn auf Dauer im westlichen Ausland arbeiten wollen. Diese Erkenntnis könnte und sollte dazu genutzt werden, das Angebot begrenzter Arbeitsaufenthalte zu erweitern (und nicht einzuschränken, wie es im Bonner „Asylkompromiß" verabredet wurde). Jürgen FIJALKOWSKI (1993, 69 f.) spricht von „neuen Zeiteinwanderungsformen", die einerseits die geringe Bereitschaft, eine dauerhafte Einwanderung über einen bestimmten Grundstock hinaus zu tolerieren, andererseits den Bedarf an Arbeitskräften berücksichtigen und außerdem noch den Interessen von temporären Arbeitsmigranten entgegenkommen könnten. Migrationspolitischen Vorrang muß das Ziel haben, durch die Öffnung legaler Zugangstore die Grauzone der Illegalität einzugrenzen. Damit wäre den Migranten, die Illegalität der alltäglichen Rechtsunsicherheit und vielen Formen der Ausbeutung ausliefert, und den Gastländern gedient, für die illegale Arbeit in größerem Umfang nicht nur den Verlust an innerer Ordnung, an Steuereinnahmen und Sozialversicherungsbeiträgen, sondern vor allem eine Gefährdung des sozialen Friedens bedeutet. [Neue Migrationsformen]

6. Wenn die hohe Migrationsbereitschaft mit einer ebenso hohen Remigrationsabsicht verbunden ist, dann könnte – wie Albert STATZ (1993, 262) fordert – die Verbindung von Migration und Remigration den Hebel zu einem sinnvollen Ressourcentransfer und zu einer dauerhaften Zusammenarbeit zwischen Herkunfts- und Zielländern bilden. Migranten wären dann nützliche Bauarbeiter am „gemeinsamen Haus Europa". [Remigration als Chance]

7. Mittel- und längerfristig braucht das „gemeinsame Haus Europa" Strukturen, die ein Haus zusammenhalten und die Durchlässigkeit der Grenzen dauerhaft regeln, sei es durch die Mitgliedschaft im EWR oder durch Assoziationsverträge, die nicht nur den Austausch von Kapital, Gütern und Dienstleistungen, sondern auch von Menschen zur Normalität machen. [Einbindung in das „gemeinsame Haus Europa"]

Gegen solche Forderungskataloge wird häufig der Einwand vorgebracht, daß Westeuropa – auch im Verbund mit den anderen OECD-Ländern – nicht die Probleme von vier Fünfteln der Menschheit lösen könne. Dies wäre in der Tat auch durch eine substantielle Umverteilung des Wohlstands nicht möglich. Aber zunächst müssen sich die Menschen auf den Wohlstandsinseln zur Einsicht durchringen, daß ohne Veränderung der eigenen Lebensweise, d.h. auch ohne Wohlstandsverzichte, die „globale Apartheid" höchst ungleicher Lebensverhältnisse, die Migrationsprozesse auslöst, nicht abgebaut werden kann. Und die politischen Klassen müssen den Mut aufbringen, ihren Wählern diese Wahrheit zuzumuten, statt sie mit trügerischen Hoffnungen auf die Wehrhaftigkeit der „Festung Europa" zu täuschen und sich auf ihre militärische Absicherung vorzubereiten. Der Slogan „Nicht die Flüchtlinge, sondern die Fluchtursachen bekämpfen!" verlangt vorausschauende Politik und verbietet den Rückgriff auf atavistische Mittel und Ideologien (Nationalismus und Rassismus).

6.5 Plädoyer für ein internationales Migrationsregime

Der Autor schließt sich dem normativen Plädoyer von Dieter OBERNDÖRFER für eine „offene Republik" auf der Grundlage eines menschenrechtlich begründeten Verfassungspatriotismus an:

Abschied vom Nationalismus

„Ein Abschied vom Nationalismus erfordert primär eine radikale Absage an die Prämissen seiner ideologischen Begründung und die Durchsetzung einer republikanischen Verfassungspraxis. Der Nagelprobe einer neuen republikanischen Verfassungspraxis muß dabei gerade die Durchsetzung einer liberalen Einbürgerungs- und Asylpolitik bilden ... Die allmähliche Umwandlung der Bundesrepublik von einem „völkisch homogenen" Staat in ein Einwanderungsland muß als mögliche Bereicherung wahrgenommen und nicht von vornherein als Belastung abgewertet werden ... Durch eine Einwanderungspraxis, in der die Republik als Fluchtburg von Freiheit, Recht und besseren Lebenschancen erfahren wird, gewinnt die Republik neue und überzeugte Patrioten, werden Vitalität und Dynamik gewonnen und die drohende Alterssklerose vermieden. Zugleich würden durch die großzügige Einwanderungs- und Asylpolitik auch Barrieren gegen die Einigung Europas abgebaut." (in: DIE ZEIT vom 13.11.1987)

Die Politik und Gesellschaft der Bundesrepublik Deutschland haben diesen „Nageltest einer neuen republikanischen Verfassungspraxis" nicht bestanden. Der asyl- und menschenrechtliche Sündenfall ist in Art. 16a GG verankert. Aber im Entstehungsprozeß der Politischen Union Europas geht es schon nicht mehr um solche nationalstaatlichen Atavismen, sondern um die wirklich zukunftsprägende Frage, ob die Europäer den Mut und die Kraft aufbringen, sich den Chancen und Risiken einer multikulturellen Zukunft zu öffnen oder ob sie sich in einer „Wohlstandsfestung" zu verschanzen versuchen.

Forderung nach einem internationalen Migrationsregime

Auch der Eiserne Vorhang schien eine säkulare Einrichtung zu sein. Mauern können auch wieder eingerissen werden. Nicht der Spießbürger, der sich im nationalstaatlichen Schneckenhaus verkriecht, sondern der Weltbürger im „Reich der Freiheit" ist die vom „Prinzip Hoffnung" inspirierte konkrete Utopie. Diese Vision mag völlig illusionär sein und jenseits einer konkreten Utopie liegen. Wenn die eingangs dargestellten Horrorszenarien oder die von Paul KENNEDY (1993) für das 21. Jahrhundert prognostizierten Entwicklungen der Realität näherkommen sollten, müßte sich die Staatengemeinschaft möglichst schnell auf ein internationales Migrationsregime verständigen, das Regeln für die Mobilität von Menschen aufstellt, wie GATT Regeln für den Austausch von Gütern und Dienstleistungen vertraglich vereinbart hat. Die GFK genügt den Anforderungen längst nicht mehr, zumal sie nur den Rechtsstatus einer kleinen Gruppe von grenzüberschreitenden Migranten, den Flüchtlingen aus

„wohl begründeter Furcht vor Verfolgung", regelt.

Am 18. Dezember 1990 verabschiedete die UN-Vollversammlung per Resolution die „Internationale Konvention zum Schutz der Rechte aller Wanderarbeiter und ihrer Familienangehörigen" (die sogenannte „Wanderarbeitnehmerkonvention"), die für Arbeitsmigranten einen weitreichenden Schutz vor Benachteiligungen aller Art vorsah. Man könnte das umfangreiche Dokument auch als Menschenrechtscharta für Migranten bezeichnen, die allerdings kaum eine Chance hat, verbindliches Völkerrecht zu werden. Bis zum Dezember 1993 wurde sie nur von einigen Entsendeländern von Wanderarbeitern (Marokko, Ägypten, Philippinen, Mexiko und Chile) unterzeichnet, die ein besonderes Interesse am Schutz ihrer Staatsangehörigen, die im Ausland arbeiten, haben. Nach Auffassung der deutschen Bundesregierung läuft die von einer Staatenmehrheit aus der Dritten Welt verabschiedete Konvention in ihrer „grundsätzlichen Ausrichtung und in zahlreichen Einzelbestimmungen den Interessen der Beschäftigungsstaaten ausländischer Arbeitnehmer zuwider" (vgl. BT-Drucksache 11/6553). „Wanderarbeitnehmerkonvention"

Damit ist auch die vom früheren UNHCR AGA KHAN schon 1981 geforderte „Neue Internationale Humanitäre Ordnung", die den Komplex des Flüchtlings-, Asyl-, Staatsangehörigkeits- und Arbeitsrechts neu ordnen wollte und die rechtliche Grundlage eines internationalen Migrationsregimes bilden sollte, vorläufig blockiert. Die OECD-Länder wehren sich entschieden gegen eine Beschränkung ihrer Regelungskompetenz in diesen sensiblen Politikbereichen. Blockierung einer „Neuen Internationalen Humanitären Ordnung"

Der Problemdruck macht aber die Arbeit an einem Migrationsregime unausweichlich. Internationale Regime entwickeln sich gradualistisch, nicht durch „große Würfe", die auf einmal viele konfligierende Interessen auf einen konsensualen Nenner bringen müßten. MEISSNER u.a. (1993, 128 f.) zählen in ihrem Bericht an die *Trilaterale Kommission* folgende Elemente eines Migrationsregimes auf:

- Wenn die von der UN-Vollversammlung verabschiedete „Wanderarbeitnehmerkonvention" am Widerstand der Industrieländer scheitern sollte, müßte ein anderes Rechtsinstrument entwickelt werden, das den Wanderarbeitern den Schutz universell anerkannter Menschenrechte, vor allem der im internationalen „Sozialpakt" kodifizierten Sozialrechte, gewähren soll. Es läge am politischen Willen der Industrieländer, bereits gültige Vertragswerke der ILO auch auf Wanderarbeiter anzuwenden und ein internationales Regelwerk für den Umgang mit dem wachsenden Problem „irregulärer" Arbeitsmigration zu schaffen. Elemente eines Migrationsregimes
- Neue internationale Vereinbarungen sollen die Gleichbehandlung der Asylbewerber in allen Staaten gewährleisten und die nationalen Einwanderungsbehörden zur Anwendung international vereinbarter und überprüfbarer asylrechtlicher Standards verpflichten. Am besten könnte dieses Ziel durch eine neue internationale Flüchtlingskonvention erreicht werden, die Ergänzungen der Genfer Flüchtlingskonvention durch regionale Flüchtlingskonventionen (vgl. Kap. 6.2 von Teil I) aufgreift. Dazu gehört auch eine Erweiterung des Flüchtlings- und Verfolgungsbegriffs, der auch existenzbedrohende Notlagen als Flucht- und Asylgrund anerkennt (vgl. Kap. 6.3 von Teil I).

Weitere Empfehlungen des Berichts stimmen weitgehend mit Forderungen überein, die schon in Teil I begründet wurden:

Mandatserweiterung für den UNHCR
- Eine bereits praktizierte, aber noch nicht kodifizierte Mandatserweiterung soll den UNHCR dazu ermächtigen, Rechtsschutz und seine humanitäre Hilfe auch auf innerstaatliche *displaced persons* auszuweiten.

Humanitärer Interventionismus
- Ein Friedensvölkerrecht kann die Hauptquelle von Gewalt und Fluchtbewegungen nicht länger als innere Angelegenheit betrachten. Deshalb muß das Recht auf humanitäre Intervention völkerrechtlich geregelt und dem Zwielicht imperialistischer Einmischung entrückt werden (vgl. Kap. 8.1 von Teil I).

Schutz von Minderheiten
- Eine internationale Minderheitenkonvention muß bedrohten Minderheiten einen wirksameren Schutz gegen Verfolgung und Vertreibung gewähren, der notfalls – nach dem Muster der *Resolution 688* des UN-Sicherheitsrates – auch eine humanitäre Intervention einschließen kann (vgl. Kap. 8.2 von Teil I).

Reorganisation und Stärkung von UNO und UNDHA
- Die Vereinten Nationen müssen gestärkt werden, um wirksamer die Ursachen von Fluchtbewegungen bekämpfen zu können. Dazu gehört auch die von UN-Generalsekretär Butros Butros-Ghali in der *Agenda for Peace* geforderte Möglichkeit, unter eigenem Kommando UN-Truppen zur Friedenssicherung entsenden zu können. Außerdem sollte die Fähigkeit des Untergeneralsekretärs für humanitäre Angelegenheiten (UNDHA) gestärkt werden, um die Aktivitäten der UN-Organisationen, die sich mit Flucht- und Migrationsproblemen beschäftigen, wirksamer koordinieren zu können. Gelegentlich stehen sich konkurrierende UN-Organisationen gegenseitig im Weg. Es geht nicht nur um mehr Geld, sondern auch um ein besseres Krisenmanagement. Die UNO hat noch große Organisations- und Handlungsdefizite, die ihre Fähigkeit zu *global governance* begrenzen.

Weltprobleme können nur durch „global governance" gelöst werden
Internationale Regime kommen erfahrungsgemäß nur bei einem hohen Problemdruck, der durch Nationalstaaten nicht mehr bewältigt werden kann, und bei gemeinsamen Interessen zustande. Der Problemdruck ist vorhanden, die Erkenntnis gemeinsamer Interessen wird aber noch durch nationalstaatliche Anachronismen und Egoismen blockiert. Die KSZE-Schlußakte, die unter den Bedingungen des Ost-West-Konflikts zustande kam und eine Kooperation zwischen verfeindeten Staatengruppen in die Wege leitete, könnte als Vorbild dienen. Die internationale Zusammenarbeit, die mehrere Resolutionen der UN-Generalversammlung forderten (vgl. Kap. 7.2 von Teil I), muß in Vertragswerken verdichtet werden, die durch einen Interessenausgleich zwischen Herkunfts- und Zielländern von Migration eine international vereinbarte Steuerung der Wanderungsbewegungen ermöglichen. Ein Weltordnungsproblem verlangt eine Weltordnungspolitik (*global governance*).

Zitierte und weiterführende Literatur

AFHELDT, Horst 1993: Sozialstaat und Zuwanderung, in: Aus Politik und Zeitgeschichte, B7/93, S. 42-52.
AGHA, Tabareh/SCHLUCKER, Monika 1991: Frauen im Iran. Lebensbedingungen und Verfolgungserfahrungen (Arbeitsheft des BIVS), Berlin.
AMERY, Jean 1989: Wieviel Heimat braucht der Mensch?, in: Manfred KLUGE (Hrsg.), S. 28-47.
ANGENENDT, Steffen 1992: Ausländerforschung in Frankreich und der Bundesrepublik Deutschland, Frankfurt/New York.
APPLEYARD, Reginald (Hrsg.) 1988: International Migration Today. Vol. 1: Trends and Prospects, Paris.
APPLEYARD, Reginald (Hrsg.) 1989: The Impact of International Migration on Developing Countries, Paris.
APPLEYARD, Reginald 1989a: Migration and Development: Myths and Reality, in: International Migration Review, Bd. 23 (Heft 3).
APPLEYARD, Reginald 1991: International Migration: Challenge for the Nineties (IOM), Genf.
AREND-ROJAHN, Veronika (Hrsg.) 1983: Ausgeliefert. Cemal Altun und andere, Hamburg.
ARGUMENTE-SONDERBAND 1992: Rassismus und Migration in Europa (AS201), Hamburg.
ASHKENASI, Abraham (Hrsg.) 1988: Das weltweite Flüchtlingsproblem, Bremen.
AUTRATA, Otger u. a. (Hrsg.) 1989: Theorien über Rassismus, Hamburg.
BACKES, Uwe 1989: Politischer Extremismus in demokratischen Verfassungsstaaten, Opladen.
BACKES, Uwe 1990: Extremismus und Populismus von rechts, in: APZ, B 46/47, S. 3-14.
BADE, Klaus J. 1983: Vom Auswanderungsland zum Einwanderungsland? Deutschland 1880-1980, Berlin.
BADE, Klaus J. 1984: Auswanderer, Wanderarbeiter, Gastarbeiter, Bevölkerung, Arbeitsmarkt und Wanderung in Deutschland seit der Mitte des 19. Jahrhunderts, 2 Bände, Ostfildern.
BADE, Klaus J. (Hrsg.) 1990: Neue Heimat im Westen: Vertriebene – Flüchtlinge – Aussiedler, Münster.
BADE, Klaus J. 1992: Ausländer, Aussiedler, Asyl in der Bundesrepublik Deutschland, Bonn (Bundeszentrale für politische Bildung).
BADE, Klaus J. 1992a: Angst geht um in der Republik, in: Universität Osnabrück – Magazin, Dezember.
BADE, Klaus J. (Hrsg.) 1992: Deutsche im Ausland – Fremde in Deutschland. Migration in Geschichte und Gegenwart, München.
BADE, Klaus J. (Hrsg.) 1993: Das Manifest der 60. Deutschland und die Einwanderung, München.
BALIBAR, Etienne 1991: Der Rassismus: auch noch ein Universalismus, in: Uli BIELEFELD (Hrsg.), S. 175-188.
BALIBAR, Etienne/WALLERSTEIN, Immanuel 1990: Rasse – Klasse – Nation. Ambivalente Identitäten, Hamburg.
BALISTIER, Thomas 1993: Lichterketten – Bekenntnisse ohne Folgen, in: Jahrbuch Frieden 1994, München, S. 205-214.

BALKE, Friedrich/HABERMAS, Rebekka/NANZ, Patrizia/SILLEM, Peter (Hrsg.) 1993: Schwierige Fremdheit. Über Integration und Ausgrenzung in Einwanderungsländern, Frankfurt/M.

BARKHOLDT, Bernhard 1989: Asylbetrug und Überfremdung. Kann Deutschland deutsch bleiben?, München.

BARWIG, Klaus u. a. (Hrsg.) 1989: Asylrecht im Binnenmarkt. Die europäische Dimension des Rechts auf Asyl, Baden-Baden.

BARWIG, Klaus u. a. (Hrsg.) 1991: Das neue Ausländerrecht, Baden-Baden.

BARWIG, Klaus/MIETH, Dietmar 1987: Migration und Menschenwürde. Fakten, Analysen und ethische Kriterien, Mainz.

BAUER, Marcus 1991: Vielfalt gestalten. Rechte Perspektiven zum Projekt „multikulturelle Gesellschaft", in: Stefan ULBRICH (Hrsg.), S. 137-157.

BECKER, Peter 1993: Persönlichkeitsstrukturen von Ost- und Westdeutschen: ihre Bedeutung im Zusammenhang mit Fremdenfeindlichkeit, in: Friedrich-Ebert-Stiftung (Hrsg.): Fremdenfeindlichkeit und Gewalt, Bonn, S. 35-56.

BEITZ, Wolfgang G./WOLLENSCHLÄGER, Michael 1980/81: Handbuch des Asylrechts, Baden-Baden.

BERLINER INSTITUT FÜR VERGLEICHENDE SOZIALFORSCHUNG/NETZWERK MENSCHENRECHTE (Hrsg.) 1992 ff.: Weltflüchtlingsbericht. Ein Handbuch zu Fluchtursachen und Asyl, Bevölkerungsbewegungen und Entwicklungspolitik, Berlin (Loseblattsammlung).

BETHÄUSER, Franz 1983: Der anderweitige Schutz vor Verfolgung im Asylrecht, München.

BIELEFELD, Uli (Hrsg.) 1991: Das Eigene und das Fremde, Hamburg.

BIERMANN, Rafael 1992: Migration aus Osteuropa und dem Maghreb, in: Aus Politik und Zeitgeschichte, B9/92, S. 29-36.

BISCHOFF, Detlef/TEUBNER, Werner 1991: Zwischen Einbürgerung und Rückkehr. Ausländerpolitik und Ausländerrecht der Bundesrepublik Deutschland, Berlin.

BLAHUSCH, Friedrich 1992: Zuwanderer und Fremde in Deutschland, Freiburg.

BLANKE, Bernhard (Hrsg.) 1993: Zuwanderung und Asyl in der Konkurrenzgesellschaft, Opladen.

BLASCHKE, Jochen/GERMERSHAUSEN, Andreas (Hrsg.) 1992: Sozialwissenschaftliche Studien über das Weltflüchtlingsproblem, Berlin.

BLASCHKE, Jochen/NUSCHELER, Franz 1993: Migration, in: Globale Trends 93/94, Frankfurt/M., S. 121-142.

BLOCH, Ernst 1973: Das Prinzip Hoffnung, Frankfurt/M.

BLUME, Michael/KANTOWSKY, Detlef (Hrsg.) 1988: Assimilation, Integration, Isolation: Fallstudien zum Eingliederungsprozeß südostasiatischer Flüchtlinge in der Bundesrepublik Deutschland, 2 Bände, München/Köln/London.

BOEHME, Günther u.a. (Hrsg.) 1994: Migration und Ausländerfeindlichkeit, Darmstadt.

BOEHNCKE, Heiner/WILTICH, Harald (Hrsg.) 1991: Buntes Deutschland. Ansichten zur multikulturellen Gesellschaft, Reinbek.

BONELLI, Michele (Hrsg.) 1986: Interkulturelle Pädagogik, Baltmannsweiler.

BRANDT, Birgit/SEYB, Helga 1988: Frauenspezifische Verfolgung, Flucht und Diskriminierung im Aufnahmeland, in: Migration, 4, S. 93-114.

BRÖCKER, A./REUTENBERG, J. 1986: Die Asylpolitik in der Bundesrepublik unter Berücksichtigung des Asylmißbrauchs, Berlin.

BUDZINSKI, Manfred (Hrsg.) 1988: Alle Menschen sind AusländerInnen – fast überall, Göttingen.

BURGKART, Claus 1984: Das Heidelberger Manifest – Grundlage staatlicher Ausländerpolitik?, in: Rolf MEINHARDT (Hrsg.): Türken raus?, Reinbek.

BUTTERWEGGE, Christoph 1993: Europa am Scheideweg: Von der Wirtschaftsgemeinschaft zur „Wohlstandsfestung" oder zur multikulturellen Gesellschaft?, in: Christoph BUTTERWEGGE /Siegfried JÄGER (Hrsg.), S. 206-227.

BUTTERWEGGE, Christoph/JÄGER, Siegfried (Hrsg.) 1993: Europa gegen den Rest der Welt? Flüchtlingsbewegungen – Einwanderung – Asylpolitik, Köln.

BUTTERWEGGE, Christoph/JÄGER, Siegfried (Hrsg.) 1993: Rassismus in Europa, 2. Aufl., Köln.
CALMUND, Brigitte u. a. 1982: Krankwerden am Exil, in: Herbert SPAICH (Hrsg.): Asyl bei den Deutschen, Reinbek, S. 112-134.
CASTLES, Stephan 1987: Migration und Rassismus in Westeuropa, Berlin.
CLARK, William 1985: Das Mexiko-Syndrom. Der Nord-Süd-Konflikt 1987, München.
COHEN, Robert 1988: The New Helots. Migrants and the International Division of Labour, Aldershot.
COHN-BENDIT, Daniel/SCHMID, Thomas 1992: Heimat Babylon. Das Wagnis der multikulturellen Demokratie, Hamburg.
COLBERG, A. R. 1991: Die Zukunft der internationalen Migrationsbewegungen, in: Prokla, Heft 21, S. 189-221.
CRUZ, A. 1990: An Insight into Schengen, Trevi and other European Intergovernmental Bodies, Brüssel.
DARKOW, Michael/ECKHARDT, Josef/MALETZKE, Gerhard 1985: Massenmedien und Ausländer in der Bundesrepublik, Frankfurt/M.
DEUTSCHER BUNDESTAG/WISSENSCHAFTLICHE DIENSTE 1991: Asylrecht unter besonderer Berücksichtigung des Verfahrensrechts in 15 europäischen Ländern und in den USA, Bonn.
DEUTSCHES JUGENDINSTITUT (Hrsg.) 1988: Beiträge zur Ausländerforschung – Wege der Integration, München.
DICKE, Klaus 1993: Die UN-Deklaration zum Minderheitenschutz, in: Europa-Archiv, Folge 4, S. 107-116
DITTRICH, Eckhard J./RADKE, Frank-Olaf (Hrsg.) 1990: Ethnizität. Wissenschaft und Minderheiten, Opladen.
DOWTY, Alan 1987: Closed Borders. The Contemporary Assault on Freedom of Movement, New Haven/London.
DUSCH, Hans-Georg 1983: Die Reform des Asylverfahrens aus der Perspektive des Bundesamtes für die Anerkennung ausländischer Flüchtlinge, in: Gottfried KÖFNER/Peter NICOLAUS (Hrsg.), S. 166-178.
DUVE, Freimut 1986: Der Pakt des Anstands und der Verantwortung ist zerbrochen, in: Heiko HOFFMANN (Hrsg.) 1986, S. 7-12.
EG-KOMMISSION 1990: Wanderungspolitiken und soziale Eingliederung der Zuwanderer in der Europäischen Gemeinschaft, Brüssel (SEK(90)1813).
ELSCHENBROICH, Donata 1986: Eine Nation von Einwanderern. Ethnisches Bewußtsein und Integrationspolitik in den USA, Frankfurt/New York.
ELSNER, Eva-Maria/ELSNER, Lothar 1993: Ausländerpolitik und Ausländerfeindlichkeit in der DDR, in: HESSLER, Manfred (Hrsg.), S. 185-209.
ESSER, Hartmut 1980: Aspekte der Wanderungssoziologie, Darmstadt/Neuwied.
ESSER, Hartmut/FRIEDRICHS, Jürgen (Hrsg.) 1990: Generation und Identität. Theoretische und empirische Beiträge zur Migrationsideologie, Opladen.
EVANGELISCHE AKADEMIE ISERLOHN (Hrsg.) 1989: Multikulturelle Gesellschaft – Wunsch, Realität oder Reizwort?, Iserlohn.
EVANGELISCHE KIRCHE IN DEUTSCHLAND 1986: Flüchtlinge und Asylsuchende in unserem Land, Hannover.
FELDERER, Bernhard (Hrsg.) 1990: Bevölkerung und Wirtschaft (Schriften des Vereins für Sozialpolitik, N.F. 202), Berlin.
FAUL, Erwin 1992: Gegen die Multikulturisten, in: Die politische Meinung, Nr. 268, S. 4-11.
FERSTL, Lothar/HETZEL, Harald 1990: „Wir sind immer die Fremden". Aussiedler in Deutschland, Berlin.
FIJALKOWSKI, Jürgen 1993: Nationalismus und Ausländerpolitik in Westeuropa, in: Christoph BUTTERWEGGE/Siegfried JÄGER (Hrsg.), S. 52-67.
FINKE-OSIANDER, Renate 1984: Die Initiative der Bundesrepublik Deutschland bei den Vereinten Nationen zur Vermeidung von weiteren Flüchtlingsströmen, in: Otto Benecke Stiftung (Hrsg.), S. 19-32.

FISCHER, Uwe/IRRGANG, Hannelore 1984: Die eingeschränkte rechtliche und soziale Stellung der Asylbewerber in der BRD, Bielefeld.

FOITZIK, Andreas u. a. (Hrsg.) 1992: Ein Herrenvolk von Untertanen. Rassismus – Nationalismus – Sexismus, Duisburg (DISS).

FRAENKEL, Michael 1991: Einführende Hinweise zum neuen Ausländergesetz, Baden-Baden.

FRANZ, Fritz 1982a: Einwanderungsland Bundesrepublik Deutschland. Entwicklung und Krise des Asylrechts, Baden-Baden.

FRANZ, Fritz 1982b: Politisches Asyl in der Bundesrepublik Deutschland zwischen Grundrecht und Verwaltungspraxis, in: Ulrich O. SIEVERING (Hrsg.), S. 17-37.

FRANZ, Wolfgang/SMOLNY, Werner 1990: Internationale Migration und wirtschaftliche Entwicklung, in: Bernhard FELDERER (Hrsg.): Bevölkerung und Wirtschaft (Schriften des Vereins für Sozialpolitik, N.F. 202), Berlin.

FREY Martin/MÜLLER, Ulf (Hrsg.) 1982: Ausländer bei uns – Fremde oder Mitbürger?, Bonn.

FRIEDRICH, Walter 1993: Fremdenfeindlichkeit und rechtsextreme Orientierungen bei ostdeutschen Jugendlichen, in: Friedrich-Ebert-Stiftung (Hrsg.): Fremdenfeindlichkeit und Gewalt, Bonn, S. 21-34.

FRITSCH-OPPERMANN, Sybille (Hrsg.) 1992: Die Bedrohung des Fremden (Loccumer Protokolle 6/92), Rehburg-Loccum.

FROWEIN, Jochen/KÜHNER, Rolf 1983: Drohende Folter als Asylgrund und Grenze für Auslieferung und Ausweisung, in: ZdöVR, 43, S. 537-565.

FUCHS, Ottmar (Hrsg.) 1988: Die Fremden, Düsseldorf.

GALLANT, Judy A. 1992: Humanitarian Intervention and Security Council Resolution 688: A Reappraisal in the Light of a Changing World Order, in: The American University Journal of International Law and Policy, Bd. 7, S. 881-920.

GEBAUER, Stefanie 1987: Soziokulturelle Konflikte von Asylbewerberinnen in der Bundesrepublik Deutschland, Bonn.

GEIER, Jens (Hrsg.) 1991: Vielfalt in der Einheit. Auf dem Weg in die multikulturelle Gesellschaft, Marburg.

GEIGER, Klaus F. (Hrsg.) 1985: Rassismus und Ausländerfeindlichkeit in Deutschland, Kassel.

GEIGER, Klaus F. 1989: Gesellschaft ohne Ausländerfeinde oder multikulturelle Gesellschaft, in: Otger AUTRATA (Hrsg.), S. 135-157.

GEIGER, Klaus F. 1992: Nationalistische Diskurse im Verteilungskampf in der Bundesrepublik Deutschland, in: Rassismus und Migration in Europa. Argument-Sonderband 201, Hamburg, S. 273-287.

GEIGER, Klaus F./HALLER, Ingrid (Hrsg.) 1991: Ethnische Minderheiten in Industriegesellschaften, Kassel.

GEISSLER, Heiner 1990: Zukunft, München.

GENSCHER, Hans Dietrich 1982: Internationale Zusammenarbeit zur Vermeidung neuer Flüchtlingsströme, in: Zeitschrift für Ausländerrecht und Ausländerpolitik, Jg. 1, Heft 4.

GEORGE, Susan 1992: The Debt Boomerang, London.

GESTRICH, Andreas (Hrsg.) 1991: Historische Wanderungsbewegungen: Migration in Antike, Mittelalter und Neuzeit, Münster/Hamburg.

GIESECK, Arne/HEILEMANN, Ullrich/LOEFFELHOLZ, Hans Dietrich von 1993: Wirtschafts- und sozialpolitische Aspekte der Zuwanderung in die Bundesrepublik, in: Aus Politik und Zeitgeschichte, B7/93, S. 29-41.

GIESEN, Bernhard (Hrsg.) 1991: Nationale und kulturelle Identität, Frankfurt/M.

GIESLER, Volkmar/WASSER, Detlef 1993: Das neue Asylrecht. Die neuen Gesetzestexte und internationalen Abkommen mit Erläuterungen, Köln.

GOLDIN, Ian/KNUDSEN, Odin/MENSBRUGGHE, Dominique van der 1993: Trade Liberalisation: Global Economic Implications, Paris (OECD)/Washington, D.C. (Weltbank).

GOLINI, A./GERANO, G./HEINS, F. 1991: South-North Migration with Special Reference to Europe, in: International Migration, Nr. 2, S. 253-279.

GORDENKER, Leon 1987: Refugees in International Politics, London/Sydney.

GOTTSTEIN, Margit 1988: Frauenspezifische Verfolgung und ihre Anerkennung als politische Verfolgung im Asylverfahren, in: Abraham ASHKENASI (Hrsg.), S. 274-283.

GRÄTZ, Christoph/LÖFFELSEND, Rude/MÖLLER, Hans-Jürgen 1992: Aus dem Teufelskreis herauskommen (Caritas-Schriftenreihe, Bd. 2), Essen.

GREENWOOD, Christopher 1993: Gibt es ein Recht auf humanitäre Intervention?, in: Europa-Archiv, Folge 4, S. 93-106.

GRONEMEYER, Reiner/RAKELMANN, Georgia A. 1988: Die Zigeuner. Reisende in Europa, Köln.

GUGEL, Günther 1992: Ausländer – Aussiedler – Übersiedler. Fremdenfeindlichkeit in der Bundesrepublik Deutschland, 4. Aufl., Tübingen.

GUSY, Christoph 1980: Asylrecht und Asylverfahren in der Bundesrepublik Deutschland, Königstein.

GUSY, Christoph 1983: Asylrecht in der Rechtsprechung des Bundesverfassungsgerichts, Bonn (ZDWF-Schriftenreihe 3).

HABERMAS, Jürgen 1992: Faktizität und Geltung, Frankfurt/M.

HAERDTER, Michael (Hrsg.) 1992: Facetten des Fremden. Europa zwischen Nationalismus und Integration, Berlin.

HAILBRONNER, Kay 1980/81: Asylrecht und Völkerrecht, in: Wolfgang G. BEITZ /Michael WOLLENSCHLÄGER (Hrsg.): Handbuch des Asylrechts, Baden-Baden, S. 69-142.

HAILBRONNER, Kay 1984: Ausländerrecht. Ein Handbuch, Heidelberg.

HAILBRONNER, Kay 1992: Einbürgerung von Wanderarbeitnehmern und doppelte Staatsangehörigkeit, Baden-Baden.

HALL, Stuart 1989: Rassismus als ideologischer Diskurs, in: Das Argument, Nr. 178, S. 913-921.

HAMBURGER ARBEITSKREIS ASYL (Hrsg.) 1988: Schwarzbuch Asyl – Lager – Verteilung – Abschiebung, 2. Aufl., Hamburg.

HAMMAR, Tomas (Hrsg.) 1985: European Immigration Policy. A Comparative Study, Cambridge.

HARTMANN, Bruno 1984: Die Situation der Asylbewerber in der Bundesrepublik und in Frankreich, Bielefeld.

HECKMANN, Friedrich 1981: Die Bundesrepublik: Ein Einwanderungsland? Zur Soziologie der Gastarbeiterbevölkerung als Einwandererminorität, Stuttgart.

HEINRICHS, Hans-Jürgen 1992: Inmitten der Fremde. Von In- und Ausländern, Reinbek.

HEITMEYER, Wilhelm 1987: Rechtsextremistische Orientierungen bei Jugendlichen, München.

HEITMEYER, Wilhelm 1993: Fremdenfeindlichkeit und Gewalt bei Jugendlichen, in: Friedrich-Ebert-Stiftung (Hrsg.): Fremdenfeindlichkeit und Gewalt, Bonn, S. 7-20.

HENKEL, Joachim/KIMMINICH, Otto 1982: Asylrecht und Asylverfahren, Heidelberg/ Karlsruhe.

HENNIG, Claudius/WIESSNER, Siegfried 1982: Lager und menschliche Würde. Die psychische und rechtliche Situation der Asylsuchenden im Sammellager Tübingen, Tübingen.

HENTGES, Gudrun 1993: Asylpolitik im vereinten Europa. AStA der Universität Marburg, Marburg.

HERBERT, Ulrich 1985: Fremdarbeiter. Politik und Praxis des „Ausländer-Einsatzes" in der Kriegswirtschaft des Dritten Reiches, Berlin/Bonn.

HERBERT, Ulrich 1986: Geschichte der Ausländerbeschäftigung in Deutschland 1880 bis 1980, Berlin/Bonn.

HERBERT, Wolfgang 1993: „Illegale" Arbeitsmigration nach Japan, in: Journal für Entwicklungspolitik, Bd. IX/2, S. 167-188.

HERBERT, Wolfgang 1993a: Wie eine Kriminalitätswelle inszeniert wird – zur Auseinandersetzung um ausländische ArbeiterInnen in Japan, in: Arno PILGRAM (Hrsg.), S. 195-212.

HESSLER, Manfred (Hrsg.) 1993: Zwischen Nationalstaat und multikultureller Gesellschaft. Einwanderung und Fremdenfeindlichkeit in der Bundesrepublik Deutschland, Berlin.

HIPPLER, Jochen/LUEG, Andrea (Hrsg.) 1993: Feindbild Islam, Hamburg.

HIRSCH, Joachim 1993: Globalisierung des Kapitals, Nationalstaat und die Krise des politischen Universalismus, in: Links, Nr. 278/279, S. 37-41.
HIRSCHMAN, Albert Otto 1974: Abwanderung und Widerspruch, Tübingen.
HOFFMANN, Lutz 1989: Zur Problematik des Begriffs der „multikulturellen Gesellschaft", in: Evangelische Akademie Iserlohn (Hrsg.), S. 5-8.
HOFFMANN, Lutz 1990: Die unvollendete Republik. Zwischen Einwanderungsland und deutschem Nationalstaat, Köln.
HOFFMANN, Lutz/EVEN, Herbert 1984: Soziologie der Ausländerfeindlichkeit, Weinheim/Basel.
HOHENWARTER, Andrea/ALTHALER, Karl S. (Hrsg.) 1992: Torschluß. Wanderungsbewegungen und Politik in Europa, Wien.
HUBER, Bertold 1983: Ausländer- und Asylrecht, München.
HUISKEN, Frerk 1987: Ausländerfeinde, Ausländerfreunde. Eine Streitschrift über den geächteten wie den geachteten Rassismus, Hamburg.
INNENMINISTERIUM DES LANDES NRW 1992: Gemeinsames Asylrecht für Europa, 2. Aufl., Düsseldorf.
INTERNATIONALER SOZIALDIENST (Hrsg.) 1986: Flüchtlingsfrauen in der Bundesrepublik Deutschland, Frankfurt.
ISG 1990: Ausländerfeindlichkeit in der ehemaligen DDR, Köln.
ITALIAANDER, Rolf (Hrsg.) 1983: Fremde raus? Fremdenangst und Ausländerfeindlichkeit, Frankfurt/M.
JACOBSON, Jodi L. 1989: Umweltflüchtlinge, in: Worldwatch Institute (Hrsg.), Zur Lage der Welt 89/90, Frankfurt/M., S. 95-130.
JÄGER, Margret 1993: BrandSätze und Schlagzeilen. Rassismus in den Medien, in: Friedrich-Ebert-Stiftung (Hrsg.): Entstehung von Fremdenfeindlichkeit, Bonn, S. 73-92.
JÄGER, Siegfried 1992: BrandSätze. Rassismus im Alltag, Duisburg.
JÄGER, Siegfried 1993: Rassismus und Rechtsextremismus – Gefahr für die Demokratie, in: Friedrich-Ebert-Stiftung (Hrsg.): Entstehung von Fremdenfeindlichkeit, Bonn, S. 7-33.
JELPKE, Ulla (Hrsg.) 1992: Rassismus in Europa, Bonn.
KALB, Peter E. (Hrsg.) 1992: Leben und Lernen in der multikulturellen Gesellschaft, Weinheim/Basel.
KÄLIN, Walter/MOSER, Rupert (Hrsg.) 1989: Migrationen aus der Dritten Welt: Ursachen und Wirkungen, Bern.
KALPAKA, Annita/RÄTHZEL, Nora (Hrsg.) 1986: Die Schwierigkeit, nicht rassistisch zu sein, Berlin.
KANEIN, Werner 1984: Deutsches Ausländerrecht. Die wesentlichsten Vorschriften des deutschen Fremdenrechts, München.
KARLEN, Rudolf (Hrsg.) 1986: Fluchtpunkte: Menschen im Exil, Basel.
KAUFFMANN, Heiko (Hrsg.) 1986: Kein Asyl bei den Deutschen, Reinbek.
KENNEDY, Paul 1993: In Vorbereitung auf das 21. Jahrhundert, 2. Aufl., Frankfurt/M.
KIESEL, Doron/WOLF-ALMANASREH, Rosi (Hrsg.) 1991: Die multikulturelle Versuchung. Ethnische Minderheiten in der deutschen Gesellschaft, Frankfurt/M.
KIMMINICH, Otto 1962: Der internationale Rechtsstatus der Flüchtlinge, Köln.
KIMMINICH, Otto 1982: Die Entwicklung des internationalen Flüchtlingsrechts – faktischer und rechtsdogmatischer Rahmen, in: Archiv des Völkerrechts, Jg. 20, Heft 4, S. 369-410.
KIMMINICH, Otto 1983: Grundprobleme des Asylrechts, Darmstadt.
KIMMINICH, Otto 1984: Harmonisierung des Flüchtlingsrechts und der Asylverfahren im europäischen Rahmen, in: Otto Benecke Stiftung (Hrsg.) 1984, S. 53-80.
KIMMINICH, Otto 1985: Bibliographie zum Deutschen Asylrecht, Asylverfahren und zur deutschen Asylpolitik, Bonn.
KIMMINICH, Otto 1986: Grundlagen des Asylrechts in der Bundesrepublik Deutschland, Bd. 1, Mainz/München.
KIMMINICH, Otto 1992: Asylgewährung als Rechtsproblem, in: Aus Politik und Zeitgeschichte, B9/92, S. 3-12.

KLAUDER, Wolfgang 1992: Deutschland im Jahr 2030: Modellrechnungen und Visionen, in: Klaus J. BADE (Hrsg.), S. 59-61.
KLAUSMEIER, Simone 1984: Vom Asylbewerber zum „Scheinasylanten". Asylrecht und Asylpolitik in der Bundesrepublik seit 1973, Berlin.
KLEMT-KOZINOWSKI, G. u. a. (Hrsg.) 1987: Platz zum Leben gesucht. Lesebuch Asyl, Baden-Baden.
KLÖCKER, Michael u. a. (Hrsg.) 1990: Miteinander – was sonst? Multikulturelle Gesellschaft im Brennpunkt, Köln.
KLUGE, Manfred (Hrsg.) 1989: Heimat. Ein deutsches Lesebuch, München.
KNIGHT, Ute/KOWALSKY, Wolfgang 1991: Deutschland nur den Deutschen? Die Ausländerfrage in Deutschland, Frankreich und den USA, Erlangen/Bonn/Wien.
KÖFNER, Gottfried/NICOLAUS, Peter 1983: Probleme des Asylrechts in der Bundesrepublik Deutschland. Dokumentation einer wissenschaftlichen Konferenz, München/Mainz.
KÖFNER, Gottfried 1985: Bibliographie zum deutschen Asylrecht, Asylverfahren und zur deutschen Asylpolitik, Bonn.
KÖFNER, Gottfried/NICOLAUS, Peter 1986: Grundlagen des Asylrechts in der Bundesrepublik Deutschland, 2 Bände, Mainz/München.
KOMITEE FÜR GRUNDRECHTE UND DEMOKRATIE (Hrsg.) 1988: Flucht und Asyl. Berichte über Flüchtlingsgruppen, Berlin.
KÖRNER, Heiko 1990: Internationale Mobilität der Arbeit: Eine empirische und theoretische Analyse der internationalen Wirtschaftsmigration im 19. und 20. Jahrhundert, Darmstadt.
KÖRNER, Heiko 1992: Immigration aus Afrika: Herausforderung für Europa (Friedrich-Ebert-Stiftung), Bonn.
KOWALSKI (Deutscher Bundestag/Wissenschaftliche Dienste) 1989: Das Asylrecht in den Ländern der Europäischen Gemeinschaft, Reg. Nr. 190/88.
KRELL, Gert 1992: Migration und Asyl. Die Weltbevölkerung zwischen Integration und Polarisierung, HSFK-Report, Nr. 4.
KREUZBERG, Hans/WAHRENDORF, Volker (Hrsg.) 1992: Grundrecht auf Asyl. Materialien zur Entstehungsgeschichte, Köln.
KRITZ, Mary M. (Hrsg.) 1992: International Migration Systems. A Global Approach, Oxford.
KÜHN, Heinz 1979: Stand und Weiterentwicklung der Integration der ausländischen Arbeitnehmer und ihrer Familienangehörigen in der Bundesrepublik Deutschland, Bonn.
KÜHNE, Winrich 1993: Ohne Soldaten geht es nicht! Rettung aus der Not durch „robuste" Blauhelmeinsätze, in: Volker MATTHIES (Hrsg.), S. 123-138.
KÜHNHARDT, Ludger 1984: Die Flüchtlingsfrage als Weltordnungsproblem. Massenzwangswanderungen in Geschichte und Politik, Wien.
KULISCHER, Alexander und Eugen 1932: Kriegs- und Wanderzüge – Weltgeschichte als Völkerbewegung, Berlin/Leipzig.
KUNIG, Philip 1993: Humanitäre Intervention, in: Jahrbuch Dritte Welt 1994, München, S. 47-63.
LEGGEWIE, Claus 1990: Multi-Kulti: Spielregeln für die Vielvölkerrepublik, Nördlingen.
LEHMANN, Albrecht 1991: Im Fremden ungewollt zuhause. Flüchtlinge und Vertriebene in Westdeutschland 1945-1990, München.
LEIPRECHT, Rudolf 1990: „.... da baut sich in uns ein Haß auf ..." Zur subjektiven Funktionalität von Rassismus und Ethnozentrismus bei abhängig beschäftigten Jugendlichen, Hamburg.
LEVEAU, Rémy/RUF, Werner (Hrsg.) 1991: Migration und Staat. Inner- und intergesellschaftliche Prozesse am Beispiel Algerien, Türkei, Deutschland und Frankreich, Münster.
LOESCHER, Gil (Hrsg.) 1990: Refugees and International Relations, Oxford.
LOESCHER, Gil 1994: Beyond Charity. International Cooperation and the Global Refugee Crisis, Oxford.
LUDWIG, Klemens 1993: Europa zerfällt. Völker ohne Staaten und der neue Nationalismus, Reinbek.
LUMMER, Heinrich 1992: Gefährliches Experiment, in: Die politische Meinung, Nr. 272, S. 47-51.

MALCHOW, Barbara/TAYEBI, Keyumars/BRAND, Ulrike 1990: Die fremden Deutschen. Aussiedler in der Bundesrepublik, Reinbek.
MANFRASS, Klaus 1991: Türken in der Bundesrepublik – Nordafrikaner in Frankreich, Bonn/Berlin.
MARKEFKA, Manfred 1990: Vorurteile, Minderheiten, Diskriminierung, 6. erw. Aufl., Neuwied/Frankfurt.
MARRUS, Michael R. 1985: The Unwanted. European Refugees in the Twentieth Century, New York/Oxford.
MARTINEZ, Oscar J. 1988: Troublesome Border, Tucson.
MARX, Reinhard 1984: Eine menschenrechtliche Begründung des Asylrechts, Baden-Baden.
MARX, Reinhard 1988: Die Definition der politischen Verfolgung in der Bundesrepublik Deutschland, in: Dietrich THRÄNHARDT /Simone WOLKEN (Hrsg.), S. 148-158.
MARX, Reinhard 1991: Asylrecht und Menschenrechte, 3 Bände, Baden-Baden.
MATTHIES, Volker 1985: Die Dritte Welt als Flüchtlingslager, in: Jahrbuch Dritte Welt, Bd. 3, S. 58-70.
MATTHIES, Volker 1988: Kriegsschauplatz Dritte Welt, München.
MATTHIES, Volker 1991: Neues Feindbild Dritte Welt: Verschärft sich der Nord-Süd-Konflikt?, in: Aus Politik und Zeitgeschichte, B25-26/91, S. 3-19.
MATTHIES, Volker (Hrsg.)1992: Kreuzzug oder Dialog. Die Zukunft der Nord-Süd-Beziehungen, Bonn.
MATTHIES, Volker (Hrsg.) 1993: Frieden durch Einmischung?, Bonn.
MEIER-BRAUN, Karl Heinz 1981: Das Asylanten-Problem. Ein Grundrecht in der Bewährungsprobe, Frankfurt/M.
MEIER-BRAUN, Karl-Heinz 1988: Integration oder Rückkehr? Zur Ausländerpolitik des Bundes und der Länder, Mainz.
MEIER-BRAUN, Karl-Heinz 1991: Auf dem Weg zur multikulturellen Gesellschaft?, in: Zeitschrift für Kulturaustausch, Nr. 41, S. 9-26.
MEISSNER, Doris M./HORMATS, Robert D./WALTER, Antonio G./OGATA, Shijuro 1993: Internationale Migration: Herausforderungen einer neuen Ära (Forschungsinstitut der Deutschen Gesellschaft für Auswärtige Politik), Bonn.
MEMMI, Albert 1992: Rassismus, Frankfurt/M.
MENGELE, Hans-Peter 1983: Ausländerrecht. Lehr- und Arbeitsbuch, Stuttgart.
MENZEL, Ulrich 1992: Das Ende der Dritten Welt und das Scheitern der großen Theorie, Frankfurt/M.
MERTEN, Klaus 1986: Das Bild der Ausländer in der deutschen Presse, Frankfurt/M.
MEYNS, Peter/NUSCHELER, Franz 1993: Struktur- und Entwicklungsprobleme von Subsahara-Afrika, in: Dieter NOHLEN/Franz NUSCHELER (Hrsg.): Handbuch der Dritten Welt, Band 4, Bonn, S. 13-101.
MICHLER, Walter 1992: Schwarzafrika – Kontinent der Flüchtlinge?, in: Gewerkschaftliche Monatshefte, 2/1992, S. 99-107.
MIKSCH, Jürgen (Hrsg.) 1991: Deutschland – Einheit in kultureller Vielfalt, Frankfurt/M.
MIKSCH, Jürgen 1983: Multikulturelles Zusammenleben. Theologische Erfahrungen, Frankfurt/M.
MIKSCH, Jürgen 1989: Kulturelle Vielfalt statt nationaler Einfalt. Eine Strategie gegen Nationalismus und Rassismus, Frankfurt/M.
MIKSCH, Jürgen 1992: Interkulturelle Politik statt Abgrenzung gegen Fremde, Frankfurt/M.
MILES, Robert 1991: Rassismus. Einführung in die Geschichte und Theorie eines Begriffs, Hamburg.
MINC, Alain 1991: La vengeance des nations, Paris.
MOSSE, George L. 1990: Die Geschichte des Rassismus in Europa, Frankfurt/M.
MÜHLUM, Albert 1993: Armutswanderung, Asyl und Abwehrverhalten. Globale und nationale Dilemmata, in: Aus Politik und Zeitgeschichte, B7/93, S. 3-15.
MÜLLER, Johannes (Hrsg.) 1990: Flüchtlinge und Asyl. Politisch handeln aus christlicher Verantwortung, Frankfurt/M.

MÜNCH, Ursula 1992: Asylpolitik in der Bundesrepublik Deutschland. Entwicklung und Alternativen, Opladen.
NAM, Charles B./SEROUR, William J./SLY, David F. (Hrsg.) 1990: International Handbook on Internal Migration, New York.
NANDA, Ved P. 1989: Refugees Law and Policy – International and U.S. Responses, New York.
NENNING, Günther 1990: Die Nation kommt wieder. Würde, Schrecken und Geltung eines europäischen Begriffs, Zürich.
NEUFFER, Martin 1982: Die Erde wächst nicht mit, München.
NICOLAUS, Peter 1984: Kein Asylrecht trotz Verfolgung? Eine Studie zum Problem der inländischen Fluchtalternative, Bonn.
NICOLAUS, Peter/HAFNER, Elke 1981: Wer ist politischer Flüchtling? Versuch einer Begriffsbestimmung, Bonn.
NIRUMAND, Bahman 1992: Angst vor den Deutschen. Terror gegen Ausländer und der Zerfall des Rechtsstaates, Reinbek.
NITZSCHE, Volker (Hrsg.) 1982: Multikulturelle Gesellschaft – multikulturelle Erziehung?, Stuttgart.
NOHLEN, Dieter/NUSCHELER, Franz (Hrsg.)1993: Handbuch der Dritten Welt, Band 4, Bonn, S. 13-101.
NOLTE, Ernst 1993: Streitpunkte. Heutige und künftige Kontroversen um den Nationalsozialismus, Berlin.
NUSCHELER, Franz 1988: Nirgendwo zu Hause. Menschen auf der Flucht, München.
NUSCHELER, Franz 1991: Flucht und Migration: Gefahren für den Frieden?, in: Jahrbuch Frieden 1992, München, S. 89-98.
NUSCHELER, Franz 1992: Der Nord-Süd-Konflikt nach der Auflösung des Ost-West-Konflikts, in: Franz NUSCHELER/Otto SCHMUCK (Hrsg.): Die Süd-Politik der EG, Bonn, S. 43-57.
NUSCHELER, Franz 1992a: Menschenrechtliche Doppelstandards in der Entwicklungspolitik, in: Civitas. Festschrift für Bernhard Vogel, Paderborn, S. 457-468.
NUSCHELER, Franz 1993: Europa vor neuen Herausforderungen: Reaktionen auf den Migrationsdruck, in: Politische Bildung, Heft 3, S. 65-78.
NUSCHELER, Franz/SCHMUCK, Otto (Hrsg.) 1992: Die Süd-Politik der EG, Bonn.
NUSCHELER, Franz/FÜRLINGER, Ernst (Hrsg.) 1994: Weniger Menschen durch weniger Armut?, Salzburg.
NYE, Joseph S./BIEDENKOPF, Kurt/SHIINA, Motoo 1992: Globale Kooperation nach dem Ende des Kalten Krieges: Eine Neueinschätzung des Trilateralismus, Bonn.
OBERNDÖRFER, Dieter 1991: Die offene Republik. Zur Zukunft Deutschlands und Europas, Freiburg.
OBERNDÖRFER, Dieter 1992: Vom Nationalstaat zur offenen Republik, in: Aus Politik und Zeitgeschichte, B9/92, S. 21-28.
OBERNDÖRFER, Dieter 1993: Freizügigkeit als Chance: Europa als neuer Nationalstaat oder offene Republik?, in: Christoph BUTTERWEGGE /Siegfried JÄGER (Hrsg.), S. 243-250.
OBERNDÖRFER, Dieter/BERNDT, Uwe 1992: Einwanderungs- und Eingliederungspolitik als Gestaltungsaufgaben, Gütersloh.
Ockenfels, Wolfgang (Hrsg.) 1994: Problemfall Völkerwanderung, Trier.
OECD 1992: Trends in International Migration. Continuous Reporting System on Migration, Paris.
OPITZ, Peter J. 1985: Flüchtlingspolitik und deutsche UN-Initiative, in: Außenpolitik, Jg. 36, Heft 3, S. 328-340.
OPITZ, Peter J. (Hrsg.) 1988: Das Weltflüchtlingsproblem. Ursachen und Folgen. München.
OPITZ, Peter J. 1992: Droht der große Marsch gen Norden? Flüchtlingsströme und Völkerwanderungen, in: Volker MATTHIES (Hrsg.), Kreuzzug oder Dialog. Die Zukunft der Nord-Süd-Beziehungen, Bonn, S. 90-106.
OTTO BENECKE STIFTUNG (Hrsg.) 1983: Asylpolitik der Bundesrepublik Deutschland, Baden-Baden.

OTTO BENECKE STIFTUNG (Hrsg.) 1984: Flüchtlinge in Europa, Baden-Baden.
OTTO BENECKE STIFTUNG (Hrsg.) 1987: Asylnovelle 1987 und Schutz der De-facto-Flüchtlinge, Baden-Baden.
OTTO, Karl A. (Hrsg.) 1990: Westwärts – Heimwärts? Aussiedlerpolitik zwischen „Deutschtümelei" und „Verfassungsauftrag", Bielefeld.
PARNREITER, Christof 1994: Migration und Arbeitsteilung. AusländerInnenbeschäftigung in der Weltwirtschaftskrise, Wien.
PFENNIG, Werner (Hrsg.) 1988: Südostasien: Minderheiten, Migration, Flüchtlinge, Berlin.
PILGRAM, Arno (Hrsg.) 1993: Grenzöffnung, Migration, Kriminalität, Baden-Baden.
PFLÜGER, Peter M. (Hrsg.) 1991: Abschiedlich leben. Umsiedeln – Entwurzeln – Identität suchen, Olten/Freiburg.
POLIAKOV, Léon/DELACAMPAGNE, Christian/GIRARD, Patrick 1992: Rassismus. Über Fremdenfeindlichkeit und Rassenwahn, Hamburg/Zürich.
POLLERN, Hans Ingo von 1981: Die Entwicklung der Asylbewerberzahlen seit 1979, in: Zeitschrift für Ausländerrecht und Ausländerpolitik, Jg. 1, H. 1 (Fortsetzung in den folgenden Jahrgängen).
POTTS, Lydia 1988: Weltmarkt für Arbeitskraft. Von der Kolonisation Amerikas bis zu den Migrationen der Gegenwart, Hamburg.
QUANG, Truong Hong 1992: Zur Situation der Kontraktarbeiter in den neuen Bundesländern, in: FRITSCH-OPPERMANN (Hrsg.), S. 36-45.
QUARITSCH, Helmut 1985: Recht auf Asyl. Studien zu einem mißgedeuteten Grundrecht, Berlin.
QUINKERT, A./JÄGER, Siegfried 1991: Warum dieser Haß in Hoyerswerda? Die rassistische Hetze von BILD gegen Flüchtlinge im Herbst 1991, Duisburg.
RADTKE, Frank-Olaf 1990: Multikulturalismus – vier Formen der Ethnisierung, in: Frankfurter Rundschau vom 19.6.1990.
RADTKE, Frank-Olaf 1992: Multikulturalismus. Ein postmoderner Nachfahre des Nationalismus?, in: Vorgänge, Nr. 117, S. 23-30.
RADTKE, Frank-Olaf 1993: Multikulturalismus – Ein Gegengift gegen Ausländerfeindlichkeit und Rassismus?, in: Manfred HESSLER (Hrsg.) 1993, S. 91-104.
REIMANN, Helga/REIMANN, Horst (Hrsg.) 1987: Gastarbeiter. Analysen und Perspektiven eines sozialen Problems, Opladen.
REUTHER, Thomas/UIHLEIN, Hermann (Hrsg.) 1985: Asyl, Anspruch, Praxis, Beratung, Freiburg.
RICHTER, Roland 1992: Flüchtlingsfragen in Afrika, Baden-Baden.
RITTER, Manfred 1990: Sturm auf Europa: Asylanten und Armutsflüchtlinge. Droht eine neue Völkerwanderung?, München.
RONGE, Volker 1993: Ost-West-Wanderung nach Deutschland, in: Aus Politik und Zeitgeschichte, B7/93, S. 16-28.
ROPERS, Norbert/STIFTUNG ENTWICKLUNG UND FRIEDEN 1992: Agenda für den Frieden (Eine Welt, Nr. 8), Bonn (Vorwort).
RÜTHERS, Bernd/STERN, Klaus (Hrsg.) 1984: Freiheit und Verantwortung im Verfassungsstaat, München
RUF, Werner 1993: Neue Risiken – alte Antworten, in: BUTTERWEGGE, Christoph/JÄGER, Siegfried (Hrsg.), S. 174-190.
RUGE, Irene 1990: Ausland DDR. Fremdenhaß, Berlin.
RUSSELL, Sharon Stanton/TEITELBAUM, Michael 1992: International Migration and International Trade (Weltbank), Washington, D.C.
SANTEL, Bernhard 1993: Geschichte, Struktur und Perspektiven von Migration in Europa, in: Politische Bildung, Heft 1, S. 61-77.
SASSEN, Saskia 1991: Die Mobilität von Arbeit und Kapital: USA und Japan, in: Prokla, Heft 2, S. 222-248.
SCHAEFFER, Klaus 1980: Asylberechtigung, Köln usw.
SCHÄFFLER, Ortfried (Hrsg.) 1991: Das Fremde, Opladen.

SCHIFFER, Eckart 1992: Wie stellt sich Europa zur Einwanderung?, in: ZAR, Nr. 12, S. 107-111.
SCHMALZ-JACOBSON, Cornelia/HINTE, Holger/TSAPANOS, Georgios 1993: Einwanderung – und dann? Perspektiven einer neuen Ausländerpolitik, München.
SCHMID, Thomas 1989: Multikulturelle Gesellschaft – großer linker Ringelpiez mit Anfassen, in: Die Neue Gesellschaft/Frankfurter Hefte, Nr. 6, S. 541-546.
SCHMIDT, Hans-Joachim 1994: Nicht-militärische und militärische Interventionsmöglichkeiten aus ethischer und politikwissenschaftlicher Sicht, in: Deutsche Kommission Justitia et Pax (Hrsg.): Der Konflikt im ehemaligen Jugoslawien, 2. Aufl., Bonn 1994, S. 18-73.
SCHNEIDER, Robin 1992: Zum Beispiel Flüchtlinge, Göttingen.
SCHNEIDER-WOHLFAHRT, Ursula u. a. (Hrsg.) 1990: Fremdheit überwinden. Theorie und Praxis des interkulturellen Lernens in der Erwachsenenbildung, Opladen.
SCHÖTTES, Martina/SCHUCKAR, Monika 1993: Frauenspezifische Fluchtgründe und Aufnahmebedingungen von weiblichen Flüchtlingen in Deutschland, in: BIVS (Hrsg.), Weltflüchtlingsbericht, 2. Lieferung, Berlin, S. 2.1.4.1.2.-1-20.
SCHULTE, Axel 1989: Multikulturelle Gesellschaft: Soziokulturelle pädagogische und gesellschaftspolitische Aspekte, in: Evangelische Akademie Iserlohn (Hrsg.), S. 27-72.
SCHULZ-HAGELEIT, Peter (Hrsg.) 1989: Alltag – Macht – Folter, Düsseldorf
SCHULZ-VOBACH, Klaus Dieter 1990: Die Deutschen im Osten, München.
SCHULZE, Hagen 1990: Die Wiederkehr Europas, Berlin.
SCHULZE, Rainer/BRELIE-LEWIEN, Doris von der/GREBING, Helga (Hrsg.) 1987: Flüchtlinge und Vertriebene in der westdeutschen Nachkriegsgeschichte, Hildesheim.
SCHUMACHER, Harald 1992: Einwanderungsland BRD. Warum die deutsche Wirtschaft weiter Ausländer braucht, Düsseldorf.
SCHWAB, Siegfried 1989: Deutsche unter Deutschen. Aus- und Übersiedler in der Bundesrepublik, Pfaffenweiler.
SCHWEIZERISCHES INSTITUT FÜR AUSLANDSFORSCHUNG (Hrsg.) 1991: Das Flüchtlingsproblem – eine Zeitbombe?, Chur.
SEGAL, Aaron 1993: An Atlas of International Migration, London/Melbourne/Munich/New Jersey.
SENGHAAS, Dieter 1988: Konfliktformationen im internationalen System, Frankfurt/M.
SENGHAAS, Dieter 1992: Friedensprojekt Europa, Frankfurt/M.
SEROW, William J./NAM, Charles B./SLY, David F./WELLER, Robert H. (Hrsg.) 1990: Handbook on International Migration, New York et al.
SIEVEKING, Klaus u. a. (Hrsg.) 1989: Das Kommunalwahlrecht für Ausländer, Baden-Baden.
SIEVERING, Ulrich O. (Hrsg.) 1982: Praxisprobleme im Asylverfahren. Das Recht auf politisches Asyl in der Bundesrepublik Deutschland zwischen Verfassungsauftrag und Verwaltungsaufgabe, Frankfurt/M.
SIEVERING, Ulrich O. (Hrsg.) 1984: Politisches Asyl und Einwanderung, Frankfurt/M.
SPAICH, Herbert (Hrsg.) 1982: Asyl bei den Deutschen. Beiträge zu einem gefährdeten Grundrecht, Reinbek.
SPAICH, Herbert 1981: Fremde in Deutschland. Unbequemes Kapitel unserer Geschichte, Weinheim/Basel.
STAHL, Charles (Hrsg.) 1988: International Migration Today. Vol. 2: Emerging Issues, Paris.
STAMMEN, Theo (Hrsg.) 1987: Vertreibung und Exil. Lebensformen – Lebenserfahrungen (Schriftenreihe der Kath. Akademie Freiburg), München/Zürich.
STATZ, Albert 1993: Einwanderer als Brücke – der migrationsverträgliche Umbau unserer Gesellschaften und die gemeinsame Entwicklung in Europa, in: Christoph BUTTERWEGE/Siegfried JÄGER (Hrsg.), S. 251-266.
STEINACKER, Karl 1988: Der Hohe Flüchtlingskommissar und die Mär von der unpolitischen Flüchtlingshilfe, in: Abraham ASHKENASI (Hrsg.), S. 178-194.
STEINACKER, Karl 1992: Flüchtlingskrisen – Möglichkeiten und Grenzen von Entwicklungszusammenarbeit, München/Köln/London.
STÖLTING, Erhard 1991: Festung Europa. Grenzziehungen in der Ost-West-Migration, in: Prokla, Nr. 83, S. 249-263.

STRUCK, Manfred (Hrsg.) 1990: Ausländerrecht und Ausländerpolitik, Bonn.
TAGUIEFF, Pierre-André 1991: Die ideologischen Metamorphosen des Rassismus und die Krise des Antirassismus, in: Uli BIELEFELD (Hrsg.), S. 221-268.
TETZLAFF, Rainer (Hrsg.) 1992: Perspektiven der Demokratisierung in Entwicklungsländern, Hamburg.
TETZLAFF, Rainer 1993: Die deutsche Entwicklungspolitik nach dem Ende des Ost-West-Konflikts, in: Jahrbuch Dritte Welt 1994, München, S. 29-46.
THRÄNHARDT, Dietrich (Hrsg.) 1992: Europe. A New Immigration Continent. Policies and Politics in Comparative Perspective, Münster/Hamburg.
THRÄNHARDT, Dietrich 1988: Die Bundesrepublik Deutschland – ein unerklärtes Einwanderungsland, in: Aus Politik und Zeitgeschichte, 10.6.1988, S. 3-13.
THRÄNHARDT, Dietrich/WOLKEN, Simone (Hrsg.) 1988: Flucht und Asyl. Informationen, Analysen, Erfahrungen aus der Schweiz und der Bundesrepublik Deutschland, Freiburg.
TICHY, Roland 1990: Ausländer rein! Warum es kein „Ausländerproblem" gibt, München.
TOMUSCHAT, Christian 1984: Menschenrechte als Mindeststandard für Menschen ohne Heimat, in: Otto Benecke Stiftung (Hrsg.) 1984, S. 143-160.
TOMUSCHAT, Christian 1989: Rechtlicher Schutz gegen Folter? Zum Verhältnis von nationalen und internationalen Rechtsnormen, in: SCHULZ-HAGELEIT, Peter (Hrsg.): Alltag – Macht – Folter, Düsseldorf, S. 95-118.
TREIBEL, Annette 1990: Migration in modernen Gesellschaften. Soziale Folgen von Einwanderung und Gastarbeit, Weinheim/München.
ULBRICH, Stefan (Hrsg.) 1991: Multikultopia. Gedanken zur multikulturellen Gesellschaft, Vilsbiburg.
UNFPA/WELTBEVÖLKERUNGSBERICHT 1993: Das Individuum und die Welt: Bevölkerung, Migration und Entwicklung in den neunziger Jahren, Bonn (DGVN).
UNHCR 1992: Legal Fact sheets on Asylum Procedures in Europe and North America, Genf.
UNHCR (Hrsg.) 1994: Die Lage der Flüchtlinge in der Welt, Bonn.
VEITER, Theodor 1979: Entwurzelung und Integration. Rechtliche, soziale und politische Probleme von Flüchtlingen und Emigranten, Wien.
VIERHOCK, Maike 1988: Asyldiskussion in der BRD und Theorien zur Ausländerfeindlichkeit, in: Abraham ASHKENASI (Hrsg.), S. 225-235.
WAGNER, M. 1989: Räumliche Mobilität im Lebensverlauf. Eine empirische Untersuchung sozialer Bedingungen der Migration, Stuttgart.
WAEVER, Ole u.a. 1993: Migration and the New Security Agenda in Europe, London.
WEHRHÖFER, Birgit 1992: Zwischen Multikulturalismus und „Festung Europa". Diplomarbeit an der Universität -Gesamthochschule- Duisburg, Studiengang Sozialwissenschaften.
WEIDENFELD, Werner/JANNING, Joseph (Hrsg.) 1991: Global Responsibilities: Europe in Tomorrow's World, Gütersloh.
WEINER, Myron (Hrsg.) 1993: International Migration and Security, Boulder.
WERNER, Jan 1992: Die Invasion der Armen. Asylanten und illegale Einwanderer, Mainz/München.
WEU/ASSEMBLY 1993: Security in the Mediterranean. Document 1371 (39. Sitzung).
WINKLER, Beate 1992: Zukunftsangst Einwanderung, München.
WISSENSCHAFTLICHE DIENSTE DES DEUTSCHEN BUNDESTAGES 1991: Asylrecht unter besonderer Berücksichtigung des Verfahrensrechts in 15 europäischen Ländern und in den USA (Materialien Nr. 116), Bonn.
WÖHLCKE, Manfred 1992: Umweltflüchtlinge. Ursachen und Folgen, München.
WOLKEN, Simone 1988: Das Grundrecht auf Asyl als Gegenstand der Innen- und Rechtspolitik in der Bundesrepublik Deutschland, Frankfurt/Bern/New York/Paris.
WOLLENSCHLÄGER, Michael 1983: Die sozialrechtliche Stellung von Asylbewerbern, Asylberechtigten und Kontingentflüchtlingen, in: Otto Benecke Stiftung (Hrsg.), S. 141-182.
WOLLENSCHLÄGER, Michael 1987: Die Auswirkungen der Asylnovelle auf das Asylverfahrensrecht und das Grundrecht auf Asyl, in: Otto Benecke Stiftung (Hrsg.), S. 31-47.
WOYD, Johann 1987: Ausländische Arbeitskräfte in Deutschland. Vom Kaiserreich bis zur Bundesrepublik, Heilbronn.

WOYD, Johann 1987: Ausländische Arbeitskräfte in Deutschland. Vom Kaiserreich bis zur Bundesrepublik, Heilbronn.
ZEIDLER, Wolfgang 1984: Einige Bemerkungen zu den Versuchen, den Begriff der „politischen Verfolgung" zu bestimmen, in: Bernd RÜTHERS/Klaus STERN (Hrsg.): Freiheit und Verantwortung im Verfassungsstaat, München, S. 551-564.
ZOLBERG, Aristide R. 1989: The Next Waves: Migration Theory for a Changing World, in: International Migration Review, Heft 3, S. 402-430.
ZOLBERG, Aristide R. 1991: Die Zukunft der internationalen Migrationsbewegungen, in: Prokla, Heft 2, S. 189-221.
ZOLBERG, Aristide R./SUHRKE, Astri/AGUAYO, Sergio 1989: Escape from Violence. Conflict and the Refugee Crisis in the Developing World, New York/Oxford.
ZULEEG, Manfred (Hrsg.) 1987: Ausländerrecht und Ausländerpolitik in Europa, Baden-Baden.

If you have any concerns about our products,
you can contact us on
ProductSafety@springernature.com

In case Publisher is established outside the EU,
the EU authorized representative is:
**Springer Nature Customer Service Center GmbH
Europaplatz 3, 69115 Heidelberg, Germany**

Printed by Libri Plureos GmbH
in Hamburg, Germany